Johann Matthias Schroeckh

Christliche Kirchengeschichte

Fünfter Teil

Johann Matthias Schroeckh

Christliche Kirchengeschichte
Fünfter Teil

ISBN/EAN: 9783742870452

Hergestellt in Europa, USA, Kanada, Australien, Japan

Cover: Foto ©ninafisch / pixelio.de

Manufactured and distributed by brebook publishing software (www.brebook.com)

Johann Matthias Schroeckh

Christliche Kirchengeschichte

Christliche Kirchengeschichte

von

Johann Matthias Schröckh,
ordentlichem Lehrer der Geschichte auf der Universität
Wittenberg.

Fünfter Theil.

Leipzig,
bey Engelhart Benjamin Schwickert.
1778.

Vorrede.

Ich fange hiemit an, das Versprechen zu erfüllen, welches ich in der Vorrede zum vierten Theile dieser Geschichte gethan hatte, jährlich einen neuen Theil derselben herauszugeben: und ich hoffe damit, so weit es in meiner Gewalt steht, ununterbrochen fortzufahren.

Zwar erweitert sich der Umfang des Werks wider meine erste Absicht; aber doch nicht nach bloß willkührlichen Grundsätzen, und am wenigsten durch die Begierde, ein Bändereiches Buch zu schreiben. Wie leicht es sey, solche Bücher über ein so fruchtbares Feld als die christliche Kirchengeschichte ist, zu verfertigen, und wie sehr sie den meisten Lesern zur Last fallen, das beweisen mehrere Beispiele. Der Entwurf allein, den ich mir bey dieser Geschichte vorgeschrieben habe, bestimmt die ausführlichere oder kürzere Vorstellung der Begebenheiten. Daß also in dem gegenwärtigen Theile bloß das Zeitalter Constan-

Vorrede.

stantins des Grossen vorkommt, wird niemand wundern, der sowohl die Wichtigkeit desselben überhaupt im Verhältniß auf alle folgende Zeitalter der christlichen Kirche kennt; als zu beurtheilen weiß, wo sich zweckmäßige Vollständigkeit und Weitschweifigkeit von einander scheiden. Alles was zur letztern Art gehören sollte, bin ich bereit, selbst zuerst auszustreichen.

Da mich freundschaftlicher Rath und eigene Erfahrung belehret haben, daß es zum Gebrauche des Werks am dienlichsten sey, wenn jedem Theile ein besonderes Register beigefügt wird: so habe ich den Anfang damit bey diesem Theile gemacht. Ich werde auch selbst das allgemeine Register, das ich dem vierten Theile angehängt habe, etwas reichhaltiger einzurichten suchen, wenn derselbe eine neue Auflage erleben sollte. Wittenberg, am 20. November des Jahrs 1778.

Christliche Kirchengeschichte.

Fünfter Theil.

Zweyter Zeitraum

der

christlichen Kirchengeschichte

von

Constantin dem Großen

bis auf

Carln den Großen.

Jahrbuch

des

Zweyten Zeitraums.

Nach einer Dauer von dreyhundert Jahren, bekam endlich die christliche Religion, die schon so viele tausend Anhänger in dem mächtigsten Reiche der Welt hatte, auch die völlige Herrschaft in demselben. Constantinus, der ihr diesen Vorzug schenkte, folgte seinem Vater, dem Kayser Constantius Chlorus, zuerst nur in dem Besitze der abendländischen Provinzen des Römischen Reichs in Europa; da indessen Galerius und andere Fürsten in dem übrigen weit größern Theile desselben regierten. Aber bald erweiterte er sein Gebiet, und erklärte zugleich seine Neigung gegen das Christenthum. Er glaubte, durch eine wunderbare Erscheinung am Himmel zur Annehmung desselben aufgefordert zu werden. Gleich

4 Zweyter Zeitraum der christl. Kircheng.

J. n.
C. G.
312.
313. darauf ertheilte er gemeinschaftlich mit dem Kayser Licinius den Christen eine völlige Religionsfreyheit im Reiche; nach und nach aber that er alles, was man von dem eifrigsten Mitgliede ihrer Parthey erwarten konnte. Er gab ihnen und ihren Lehrern insonderheit viele Rechte, Ehrenbezeigungen, Geschenke und Einkünfte, verwandte einen Theil seiner Schätze auf die äußerliche Pracht ihres Gottesdienstes, nahm den eifrigsten Antheil an ihren kirchlichen Angelegenheiten und Religionsstreitigkeiten, führte zuerst unter ihnen allgemeine Kirchenversammlungen ein; und stürzte dagegen die Macht und den Wohlstand der heidnischen Religion, anfänglich mit Behutsamkeit, in der Folge auch gewaltsam um. Alles dieses that er am nachdrücklichsten und freyesten, nach-

323. dem er durch die Gefangennehmung des Licinius, der einzige Herr des Römischen Reichs geworden war. Auf der andern Seite gründete er das höhere Ansehen und selbst die richterliche Gewalt der Bischöfe in Glaubens= auch sogar in bürgerlichen Sachen; die unermeßlichen Reichthümer der Kirche und der Geistlichkeit; ingleichen die Gewaltthätigkeiten des Verfolgungsgeistes gegen Irrende in der Religion. Der Aberglaube breitete sich zu seiner Zeit zuerst unaufhaltsam und in vielerley Gestalten unter den Christen aus: und die Mönche, deren vornehmstes Oberhaupt Antonius war, bekamen eine festere Verfassung in den Morgenländern. Beyde begünstigte Constantinus ausnehmend, erhielt durch eine Menge äußerlicher Merkmale seiner Liebe zur Religion, und Frömmigkeit, von den Christen den Ehrennahmen des Großen, und vollendete sein Bekenntniß des

337. Christenthums durch die Taufe, die er kurz vor seinem Tode empfieng.

Wäh=

Während seiner Regierung also stieg der blühende
Zustand der Christen in vielen Stücken sehr hoch.
Auch die Wissenschaften und Künste giengen mehr
als jemals von den Heyden zu ihnen über, und dienten
ihnen, um ihre Religion zu stärken, und die heydnische zu bestreiten. So nützte der gelehrteste Mann
unter den christlichen Lehrern dieser Zeit, Eusebius, 314.
Bischof von Cäsarea in Palästina, seine Wissenschaft
zur Vertheidigung der Wahrheit des Christenthums
gegen Juden und Heyden; er erwarb sich auch den
Ruhm, der Vater der christlichen Geschichtbeschreibung
zu heissen. Gleichergestalt wandte Lactantius, ein 320
Lehrer der römischen Beredsamkeit zu Nicomedien,
diese Kunst und seinen Scharfsinn dazu an, in Schriften zu zeigen, wie weit die christliche Religion der abgöttischen vorzuziehen sey. Athanasius, Bischof von 326.
Alexandrien, that sich besonders durch seinen Eifer in
der Widerlegung und Unterdrückung der sogenannten
Ketzereyen hervor. Andere christliche Lehrer breiteten
ihre Religion unter den Heyden, in und außerhalb
den Gränzen des Römischen Reichs aus, wie Ulphi-
las unter den Gothen, und verschiedene bey den Armeniern, Iberiern und Aethiopiern. Zwar verfolgte Sapor, König von Persien, die Christen in 330.
seinem Reiche viele Jahre nach einander; ohne jedoch
ihre Gemeine gänzlich auszurotten.

Aber in dem Römischen Reiche, wo ihr Hauptsitz
war, artete gleichwohl zu Constantins Zeiten, ihre
Religion und kirchliche Einrichtung, mitten unter allen äußerlichen Vortheilen, theils durch die schon genannten Veränderungen, theils insonderheit durch ihre
theologischen Streitigkeiten, sichtbar aus. Diese
wurden mit einer immer größern Hitze und Erbitterung, zum Unglück der bürgerlichen Gesellschaft, getrieben;

trieben; geringfügige Uneinigkeiten brachen in starke und langdauernde Partheyen aus; man verwirrte den Glauben durch Spitzfindigkeiten und Gezänke; bey dem allen aber wurden öfters die Aussprüche und Kunstwörter angesehener Lehrer den übrigen Christen als göttliche Vorschriften aufgedrungen. In den Händeln, welche Meletius, Bischof zu Lycopolis in Aegypten, veranlaßte, weil er von dem Bischof zu Alexandrien, wegen gewisser Vergehungen, seines Amtes entsetzt worden war, sah man ihn selbst, eine Menge Bischöfe und andere Christen sich von den übrigen absondern, mit denen diese Parthey der Meletianer erst nach hundert Jahren wieder vereinigt werden konnte. Weit länger noch erhielt sich die Spaltung der Donatisten in der Kirche. Sie entstand über die Wahl des Cäcilianus zum Bischof von Carthago. Donatus und seine Anhänger erklärten dieselbe vor ungültig, und stifteten eine besondere Gemeine, deren Oberhaupt Majorinus, nachmals Donatus, wurde. Von persönlichen Vorwürfen, auf welchen anfänglich ihr Unterscheid von den Catholischen beruhte, kam der Streit gar bald hauptsächlich auf die Lehre der Donatisten an, daß eine wahre christliche Gemeine mit gar keinen Verbrechen ihrer Mitglieder befleckt seyn dürfe, und daß daher selbst die Taufe der Catholischen ungültig sey. Vergebens gab sich Constantinus einige Zeit alle Mühe, diesen Unruhen ein Ende zu machen. Die gefährlichsten aber, und die er eben so wenig stillen konnte, waren die Arianischen. Ein Aeltester zu Alexandrien, Arius, leugnete es, daß Jesus Christus gleiches Wesens und gleich ewig mit seinem Vater sey; ob er ihm gleich in gewissem Verstande den Nahmen Gott, und Gottes Sohn, zugestand. Da es ihm nicht an gelehrten Vertheidigern seiner Meinung fehlte, und darüber die heftigsten Bewegungen hervorkavorkamen: berief Constantinus die erste allgemeine Kirchenversammlung nach Nicäa, auf welcher der Streit untersucht und entschieden werden sollte. Es wurde also auf derselben der Schluß gemacht, daß diejenigen Ketzer wären, welche nicht glaubten, daß der Sohn Gottes gleiches Wesens mit seinem Vater sey: und es wurde ein besonderes Glaubensbekenntniß vorgeschrieben, worinne die allgemeine Lehre der Kirche begriffen war. Arius und seine Anhänger wurden daher auch aus der Gemeinschaft der Kirche gestoßen. Aber in den letzten Jahren Constantins änderte sich vieles zu ihrem Vortheil: und dadurch wurden die öffentlichen Zwistigkeiten der Kirche von neuem rege.

n. C. G. 325.

Unter der Regierung seiner Söhne, des jüngern Constantinus, des Constantius, und Constans, die ihm an Klugheit so unähnlich, und selbst mit einander uneins waren, litten die Christen eben deswegen viel durch jene Händel. Häufige Kirchenversammlungen, unter welchen die zu Sardica gehaltene die berühmteste ist, vergrößerten, wie ehemals, dieselben, durch ihren gebieterischen Widerspruch gegen einander. Die Arianer selbst theilten sich zwar in verschiedene Partheyen: in die Anomöer, welche auch von ihren Anführern, dem Aetius und Eunomius, den Nahmen führten; und in die halben Arianer. Allein, ob sie gleich unter einander, wie mit den Rechtgläubigen, unaufhörlich stritten; so behielten doch die Arianer überhaupt die Oberhand: besonders, nachdem sich Constantius, der allein von den drey Brüdern übrig blieb, völlig für dieselben erklärt, und ihren Lehrbegriff im Reiche herrschend gemacht hatte. Kunstgriffe aller Art, und sogar blutige Gewaltthätigkeiten, wurden viele Jahre ausgeübt, während daß man sich

337.

344.

350.
359.

stets das Ansehen gab, die Sache der Religion zu vertheidigen. Mit diesem großen Streite waren einige andere verwandt, die eben dieselbe Lehre von dem Sohne Gottes und dem göttlichen Geiste betrafen. **Photinus**, Bischof zu Sirmium, behauptete, **Christus** sey ein bloßer Mensch gewesen; den man aber, weil sich das göttliche Wort oder der Verstand Gottes mit ihm vereinigt hätte, auch Gott nennen könne. Er wurde darum von Kirchenversammlungen als ein Ketzer verurtheilt und zuletzt abgesetzt; aber auch seine Parthey erhielt sich eine Zeitlang. Noch zahlreicher waren die **Macedonianer**, deren Urheber **Macedonius**, Bischof von Constantinopel war, ein halber Arianer, und der zugleich den Geist Gottes vor eine bloße göttliche Kraft ausgab. So verursachten auch der jüngere **Apollinaris**, und **Marcellus**, Bischof von Ancyra, durch ähnliche neue Vorstellungsarten nicht geringe Bewegungen. Eine neue **Meletianische** Spaltung zu Antiochien, Händel mit den schwärmerischen **Audianern** oder **Anthropomorphiten**, und dergleichen mehrere, kamen noch hinzu. Unter einem solchen Zustande verlor das ächte kraftvolle Christenthum am meisten. Dagegen füllten die Mönche, darunter in den Morgenländern **Pachomius** berühmt war, nunmehro auch die abendländischen Gegenden an. Abweichungen von abergläubischen oder andern durchgängig eingeführten Meinungen und Anstalten, wurden schon als Ketzereyen betrachtet. Daher sah man es als schlimme Irrthümer des **Aerius** an, da dieser keinen ursprünglichen Unterscheid zwischen Bischöfen und Aeltesten zugab, das Gebet für die Verstorbenen verwarf, und das gottesdienstliche Fasten durch keine Gesetze bestimmt wissen wollte. Doch hatte die Kirche manchen gelehrten und eifrigen Lehrer, wie den **Eustathius**, Bischof von Antiochien; den

vorzüg-

vorzüglichen Schriftausleger, Eusebius, Bischof
von Emisa; und den Hilarius, Bischof von Pictavium, der die Arianer so muthig bestritt, und aus
Gallien zurückhielt.

 Eine neue Gestalt der Angelegenheiten des Christenthums erhob sich unter der Regierung des Kaysers
Julianus. Kaum hatte er sie angetreten: so suchte
er seiner bisher geheim gehaltenen Ergebenheit gegen
die heydnische Religion eine Genüge zu thun. Sie
wurde von ihm, so weit es ohne die äußerste Gewaltthätigkeit geschehen konnte, und bey der festgegründeten Macht des herrschenden Glaubens möglich war,
wieder in ihr altes Ansehen eingesetzt. Ueber
die Christen ergieng zwar keine allgemeine grausame
Verfolgung; aber er bediente sich mancherley Bedrückungen, Einschränkungen, Spöttereyen, und
anderer öffentlichen Angriffe auf ihre Religion, um ihren freywilligen Fall zu verursachen. Sie lernten dadurch die Vortrefflichkeit der Duldung wieder, die sie
unter den vorhergehenden Regierungen nicht einmal
gegen einander ausgeübt hatten: und sie kamen desto
mehr in die Nothwendigkeit, das Christenthum, an
welchem sie bisher so viel gekünstelt, und worüber sie
so ärgerlich gestritten hatten, wenn es ferner ehrwürdig bleiben sollte, ganz auf seinen wahren Werth zurückzuführen. Allein sein frühzeitiger Todt, der
sie von Drangsalen und Furcht befreyete, machte auch,
daß sie diese Lehren bald wieder vergaßen: zumal da
sie um diese Zeit den Heyden viele Gelehrsamkeit, Witz
und Beredsamkeit, eine überall tief eingewurzelte Liebe
für ihre Religion, und viele andere Vortheile, entgegen setzen konnten.

 Als daher, vom Jovianus an, wieder eifrigchristliche Kayser den Thron bestiegen, hatten auch die

10 Zweyter Zeitraum der christl. Kircheng.

J. H.
C. G.
alten Religionsstreitigkeiten der Christen, mit bürgerlichen Unruhen verknüpft, von neuem ihren Fortgang.

364. Von den beyden Brüdern, Valentinianus dem ersten und Valens, welche das Römische Reich unter sich theilten, warf sich dieser in den Morgenländern zum Freunde und Beschützer der Arianer auf, und verfolgte die sogenannten Rechtgläubigen mit solcher Hitze, daß es das Ansehen hatte, sie würden in seinem Reichsantheil völlig vertilgt werden. Nach sei-

378. nem Tode aber, da Gratianus gemeinschaftlich mit dem Theodosius, und bald dieser letztere allein, das Reich beherrschte, wurde die Arianische Parthey durch Zwangsmittel und Strafen größtentheils unterdrückt: nur unter den Gothen erhielt sie sich noch ferner. Theodosius war es auch, der durch gleiche Mittel, der Ausübung des Heydenthums im Römischen Reiche den letzten Stoß gab. Die allgemeinen Kirchenversammlungen wurden nun weiter gebraucht, Kirchengesetze und Verdammungsurtheile zu entwerfen. Eine

381. solche die zu Constantinopel gehalten ward, erklärte die Macedonianer vor Ketzer, und setzte zu dem Nicänischen Glaubensbekenntnisse noch einige Bestimmungen hinzu, damit die Lehre der Rechtgläubigen vom heiligen Geiste nicht leicht verändert werden könnte. Eben diese Kirchenversammlung wies dem Bischof von Constantinopel die zweyte Stelle in der Kirche nach dem Römischen, und völlig gleichen Rang und Ehre mit demselben an; reitzte aber dadurch die Eifersucht zwischen beyden, und besonders die Herrschbegierde des Römischen Bischofs, der seit einiger Zeit in aller Betrachtung der größeste zu seyn versuchte. Bald darauf fieng man zuerst an, sich

385. Lebensstrafen gegen die Ketzer zu bedienen, indem Priscillianus, ein Spanier, der Manichäische und andere verworfene Lehrsätze vorgetragen hatte, auf

Befehl

Befehl des Kaysers Maximus, mit einigen seiner Anhänger hingerichtet wurde.

J. n.
C. G.

Ueberhaupt kämpfte zu dieser Zeit der Aberglauben gewissermaaßen zum letztenmale mit der reinen christlichen Religion und Frömmigkeit, und behielt von nun an vollkommen den Sieg. Die Vervielfältigung von Kirchen und Festtagen, die vermeinte wunderthätige Heiligkeit des Kreutzzeichens, die Verehrung der verstorbenen Heiligen, die Einführung der Bilder in die Kirchen, die Wallfahrten an die geheiligten Oerter, viele andere Cärimonien, und die gesammte Mönchsfrömmigkeit, hatten schon seit geraumer Zeit der wahren Gottseeligkeit merklichen Abbruch gethan; aber alles dieses zeigte jetzt immer schädlichere Folgen. Einige Lehrer der Christen widersetzten sich noch diesem Uebel; die meisten aber bezeigten entweder Nachsicht dagegen, weil sie auf die gutgemeinten Absichten bey dieser neuen christlichen Andacht sahen; oder vertheidigten dieselbe gar mit Heftigkeit. Als daher Jovinianus behauptete, der ehelose Stand habe keinen Vorzug vor dem Ehestande, noch das Fasten vor dem Genuß der Speisen: wurde ihm dieses zur Ketzerey angerechnet. Und da einige Zeit darauf Vigilantius sich wider die gottesdienstliche Verehrung der Märtyrer und ihrer Ueberbleibsale erhob, die Fürbitte der Heiligen für die Lebenden, die geglaubte Verdienstlichkeit des ehelosen und die Heiligkeit des Mönchsstandes nicht einräumen wollte, auch manche andere Mißbräuche tadelte: erfuhr er eine Verfolgung, die ihm beynahe das Leben gekostet hätte. Solchergestalt zogen die Christen aus dem stärksten Eifer für ihre Religion, und aus den vortrefflichsten Gaben vieler ihrer Lehrer, die sie noch besaßen, einen geringern Nutzen, als unter andern Gesinnungen. In der morgenländischen

388.

Kirche

370.

378.

Kirche waren Basilius der Große, Bischof zu Neucasärea in Cappadocien, und Gregorius von Nazianzus, Bischof zu Sasima in eben dieser Landschaft, auch eine kurze Zeit zu Constantinopel, an Gelehrsamkeit, Scharfsinn, Beredsamkeit und Verdiensten, die beyden vornehmsten. Noch lebte auch Athanasius: und außer denselben hatten Cyrillus, Bischof zu Jerusalem, Gregorius, Bischof von Nyssa, Amphilochius, Bischof zu Iconium, Didymus, Lehrer zu Alexandrien, Epiphanius, Bischof zu Constantia auf der Insel Cypern, Ephraem, ein Aeltester in Syrien, und andere mehr, sich vielen Ruhm erworben. Die lateinische Kirche kannte keinen größern Gelehrten und Ausleger der heiligen Schrift, als den

378. Hieronymus, der als Aeltester und Mönch zuletzt zu Bethlehem gelebt hat. Aber auch Ambrosius, Bischof zu Meyland, Rufinus, ein Aeltester zu Aquileja, und mit ihnen mehrere, machten sich um die Kirche verdient. Gleichwohl haben die meisten dieser Lehrer mehr zur Ehre der theologischen Gelehrsamkeit, zum Wachsthum der Kirche und ihres Standes, als zur Wiederherstellung des ersten Christenthums, beygetragen.

395. Der Todt des Theodosius, und die Theilung des Römischen Reichs, welche er kurz vorher angestellt hatte, brachten sowohl in demselben, als in dem Zustande der christlichen Religion und Kirche, sehr große Veränderungen hervor. Seine Söhne, Arcadius, der über das Morgenländische Reich regierte, und Honorius, dem die Abendländer gehorchten, waren beyde zu schwach und ungeschickt, um so viele feindseelige Völker die an ihren Grenzen standen, und schon sehr oft über dieselben eingebrochen waren, noch ferner zurückzuhalten. Sie drangen also von allen Seiten in das

Römische Gebiet ein, und errichteten nach und nach in dem abendländischen Theil desselben viele Reiche. Durch die Verwüstungen und Eroberungen dieser heydnischen Völker geschah es, daß das Christenthum auf eine Zeitlang das meiste von seinem äußerlichen Glanze verlor. Der Götzendienst erholte sich dagegen von neuem: und von dieser Zeit an gerieth auch die Gelehrsamkeit in einen solchen Verfall, besonders in den Abendländern, daß die christliche Religionswissenschaft seicht, die Fähigkeit dieselbe zu untersuchen selten, und die schon längst leichtgläubigen, nunmehro stets unwissendern Christen desto mehr in die Gewalt ihrer Lehrer übergeben wurden. Zeitig traten zwar die **Burgunder, Alanen, Sueven** und **Vandalen** zum christlichen Glauben, wiewohl mit den Arianischen Lehren vermischt; aber diese deutschen Ueberwinder der Römer konnten das von ihnen und vorher schon von dem Aberglauben gestiftete Uebel nicht wieder aufheben. Unterdessen war noch in beyden Hauptkirchen der Christen, bis gegen die Mitte des fünften Jahrhunderts, Licht und Wissenschaft genug übrig. **Johannes Chrysostomus**, Bischof zu Constantinopel, verdunkelte die meisten vorhergehenden Lehrer der Christen durch ausnehmende Gelehrsamkeit, ungemeine Beredsamkeit, gemäßigten Eifer, und andere ehrwürdige Sitten. Ihm war **Theodoretus**, Bischof zu Cyrus in Syrien, der nächste, vorzüglich auch, wie er, in der biblischen Schriftauslegung geübt, und in einem streitbaren theologischen Zeitalter von sanfterer Denkungsart. Zu Alexandrien lebte der Bischof **Cyrillus**, freylich noch mehr durch seinen verketzernden Ungestüm, als durch seine Wissenschaft bekannt: und die Schriften des **Isidorus von Pelusium**, des **Nonnus**, des **Synesius**, des **Socrates** und **Sozomenus**, waren auch Früchte von mancherley

cherley Nutzbarkeit. Unter den Lehrern der lateinischen Kirche behauptete **Augustinus**, Bischof von Hippo in Africa, die erste Stelle an gelehrten Kenntnissen, Scharfsinn, und eifriger Geschäftigkeit zum Dienste der Religion und Kirche; ob er gleich auch das vornehmste Muster einer zu spitzfindigen Lehrart in der Theologie abgab. Mit ihm lebte noch viele Jahre **Hieronymus**: und neben ihnen beyden erregten auch **Sulpicius Severus**, **Johannes Cassianus**, **Vincentius von Lerina**, die Dichter **Prudentius** und **Sedulius**, einige Aufmerksamkeit. Der letzte Lehrer der abendländischen Kirche von verdientem Ansehen war **Leo der erste**, oder der große, Bischof von Rom. Aber eben derselbe bediente sich der stürmischen Zeiten des Reichs, in welchem er lebte, und dem er nothwendig geworden war, um den Römischen Bischöfen eine gewisse Herrschaft über die Christen zu verschaffen. Ohnedieß hatte der Römische Bischof, der erste unter den vier Hauptbischöfen oder Patriarchen, deren Nahmen und Rechte um diese Zeit völlig aufgekommen waren, lange schon weit mehr günstigere Gelegenheiten als alle übrige, vor sich, um täglich mächtiger zu werden.

Mittlerweile wurden die Streitigkeiten der Christen über ihren Glauben häuffiger und mannichfaltiger, als sie jemals gewesen waren; veranlaßten immer mehr Ausschweifungen, und erzeugten auch neue Partheyen unter ihnen. Zu den übrigen alten Händeln, unter welchen die Arianischen von neuem wegen des Schutzes, den dieser Lehrbegriff bey den Gothen und andern deutschen Völkern fand, wichtig wurden, kamen zuerst die **Pelagianischen**. Der Mönch **Pelagius** leitete das sündliche Verderben der Menschen nicht nach der damals herrschenden Lehre, von der

der Sünde Adams, sondern von äußerlichen Ursachen und Reitzungen her, und hielt die menschlichen Kräfte vor hinlänglich, Gutes nach dem Willen Gottes zu verrichten. Man erklärte ihn, den Caelestius, und andere seiner Anhänger, auf Kirchenversammlungen vor Ketzer; aber seine Meinungen wurden dennoch fortgepflanzt. Einige, wie Caßianus, nahmen nur einen Theil davon an, indem sie lehrten, daß der Mensch wenigstens den Anfang seiner Besserung selbst machen, das übrige aber der göttlichen Gnade überlassen müsse: und sie wurden deswegen halbe Pelagianer genannt. Andere, unter denen Augustinus selbst und manche seiner Schüler waren, fochten so hitzig wider den Pelagius, daß sie, um ihn Irrthümer zu überzeugen, auf den entgegengesetzten fielen, nemlich diesen, daß Gott denen welche er zur Seeligkeit vorher bestimmt habe, eine ihnen dazu unentbehrliche, aber auch unwiderstehliche Gnade ertheile. Diesen gaben jene den Nahmen der Prädestinatianer.

Ueberhaupt entstanden zu dieser Zeit mehrmals die schlimmsten Zwistigkeiten und Trennungen unter den Christen aus Folgerungen und Wortgezänke. So wurde Nestorius, Patriarch zu Constantinopel, weil 429. er den Nahmen Gottesgebährerinn vor unschicklich für die Jungfrau Maria hielt, beschuldigt, daß er eine doppelte Person in Christo glaube. Ohngeachtet seiner erträglichen Erklärungen, sprach doch die allgemeine Kirchenversammlung zu Ephesus das 431. Urtheil über ihn, daß er als ein Ketzer sein Amt verlieren sollte: und er starb in einer traurigen Verweisung. Seine Vertheidiger, denen man nicht minder übereilt und hart begegnete, wurden eben dadurch gezwungen, in eine besondere Parthey zusammen zu treten, die sich weit ausbreitete, und nicht wieder untergegan-

16 Zweyter Zeitraum der christl. Kircheng.

J. n.
E. G.
gegangen ist. Sie ~~hatte am~~ *nigends sich Inn* Theodorus, Bischof von Mopsveste in Cilicien, einen sehr gelehrten Ausleger der heiligen Schrift. Indem Eutyches, ein

448. Abt bey Constantinopel, diese Parthey bestritte, gerieth er wiederum auf den entgegenstehenden Abweg; wenigstens folgerte man aus seinen Worten, daß er nach der Vereinigung der beyden Naturen in Christo

449. nur Eine Natur annehme. Eine Kirchenversammlung zu Ephesus, auf welcher seine Freunde selbst Gewaltthätigkeiten anbrachten, sprach ihn anfänglich von dem Vorwurfe der Ketzerey loß. Aber seine Gegner

451. hatten auf der allgemeinen Kirchenversammlung zu Chalcedon die Oberhand, verdammten daselbst ihn und seine Meinung, schrieben auch neue Bestimmungen vor, deren man sich, zu Verhütung solcher Irrthümer in der Lehre von Christo, künftig bedienen sollte. Aber dadurch konnte doch nicht verhindert werden, daß die Entychianer oder Monophysiten, wie sie auch genannt worden sind, an Menge immer zugenommen hätten.

Nunmehr äußerte sich der Mangel an vortrefflichen Lehrern in der Kirche, an gründlicher theologischer Gelehrsamkeit, und edler Freyheit in Religionssachen, auf allen Seiten unter den Christen. Durch die Erhaltung der alten Glaubensbekenntnisse, und Beobachtung der Schlüsse von Kirchenversammlungen, auch der Aussprüche ansehnlicher Lehrer, glaubte man hinlänglich im Besitze des wahren Christenthums zu seyn; wenn es gleich durch den Aberglauben täglich mehr verunstaltet wurde. Der Eifer für die Religion zeigte sich eben in der Ausübung und unerschöpflichen Fruchtbarkeit von äußerlichen spielenden Merkmalen der Frömmigkeit; in der Bekehrung der heydnischen Völker zum Christenthum;

thum; und vornemlich in der fortgesetzten Führung J. n.
von ältern und neu aufkommenden Religionsstrei- C.G.
tigkeiten, darunter viele nichtswürdige und unnütze waren, keine aber mit christlichem Glimpfe und stiller Untersuchung getrieben wurde. Dieses ist überhaupt die
Geschichte der Christen und ihrer Religion, von
der Kirchenversammlung zu Chalcedon an,
nicht nur bis auf Gregorius den Großen und
Muhamed, sondern ohngefähr auch bis gegen das
Ende dieses Zeitraums. Sie meinten es gut mit ihrem Glauben; aber sie kannten oder nützten denselben
immer weniger. Die merkwürdigen oder großen Veränderungen, die unter ihnen vorfielen, gereichten überaus selten zur Ehre und zum Nutzen ihrer Religion
und Kirche.

Beyden fügte eigentlich der völlige Umsturz des 476.
abendländischen Reichs der Römer durch den
Odoacer, keinen neuen Schaden zu, indem sie damals bereits zu sehr ausgeartet waren. Das äußerliche Bekenntniß des Christenthums gewann vielmehr
durch ganze heidnische Völker, die zu demselben traten. Dem Beyspiele Chlodewigs, Königs der
Franken, und Stifters ihrer Monarchie in Gallien, der sich taufen ließ, folgten seine Unterthanen
geschwind nach. Die Angelsachsen hatten, bey ih- 496.
rem Einbruche in Britannien, der christlichen Religionsübung daselbst nach und nach ein Ende gemacht.
Aber auch sie wurden endlich Christen, nachdem der
Anfang dazu von dem Könige Ethelbert von Kent 596.
geschehen war. In den Morgenländern gieng ebenfals mit einigen Völkern eine solche Veränderung vor:
und nicht überall ohne Gewalt. Die Langobarden
und andere Völker, welche Arianisch gesinnt waren,
vereinigten sich nun mit den Rechtgläubigen; so daß

V. Theil.　　　　B　　　　　　die

die Uebereinstimmung der Christen in ihrem Lehrbegriffe immer größer zu werden schien.

Diese suchten auch ihre Lehrer mit allen Kräften zu bewürken; nur daß sie mehr Gehorsam und Unterwerfung von den Christen forderten, als Erkenntniß und Ueberzeugung bey ihnen hervorbringen wollten. Die Mönche, welche gegen das sechste Jahrhundert aus dem Stande der Layen unter die Geistlichkeit übergiengen, hatten jetzt einen beträchtlichen Antheil an der eigentlichen Regierung der Kirche. Nachdem sie lange verschiedene in den Morgenländern aufgesetzte Regeln ihrer Lebensart gehabt hatten: stiftete
540. Benedictus von Nursium, durch eine ihm eigene, den ersten Mönchsorden in der abendländischen Kirche. Von den Mönchen und andern Geistlichen unterstützt, näherten sich besonders die römischen Bischöfe der obersten Herrschaft in der Kirche. Ob sie gleich noch Unterthanen der Gothischen Könige, und nachmals wiederum der Kayser zu Constantinopel waren; so litten sie doch desto weniger einen Schatten von Gleichheit unter den übrigen Bischöfen neben sich.
582. Daher führten Pelagius der zweyte, und Gregorius der erste, den man auch den Grossen genannt hat, einen heftigen Streit mit dem Patriarchen zu Constantinopel, Johann dem Faster, weil sich dieser des Ehrennahmens eines ökumenischen Bischofs bedient hatte. Sie selbst verwarfen denselben; aber
607. der Nachfolger des Gregorius, Bonifacius der dritte, sorgte doch davor, daß seine Kirche zum Oberhaupte aller übrigen von dem Kayser Phocas erklärt wurde. Eben der gedachte Römische Bischof Gregorius erwarb sich unter allen Lehrern dieser Zeit durch unermüdeten Eifer für die Religion, und strenge Frömmigkeit, die höchste Verehrung; ohne doch wahre Gelehr-

Gelehrsamkeit, und mehr als heissen Aberglauben mit einiger Klugheit vereinigt, zu besitzen. Manche gelehrtere und scharfsinnigere Männer giengen vor ihm her, wie der Abt Dionysius zu Rom, der zuerst die 527. Zeitberechnung nach Christi Geburt festsetzte, und Facundus, Bischof von Hermiane in Africa; vorzüglich aber zween Staatsmänner, welche die fliehenden Wissenschaften, auch selbst die theologische, aufzuhalten und zurück zurufen suchten: Boethius, der größte 520. Geist seines Zeitalters, und Caßiodorus, der sich 539. zuletzt dem Klosterleben ergab, um der Kirche desto bequemer dienen zu können.

Neue theologische Streitigkeiten von Wichtigkeit entstanden im Grunde während dieser hundert und funfzig Jahre nicht; aber verschiedene der ältern dauerten ohne Unterlaß fort, und erweiterten sich durch neue Fragen und Gegenarbeiten von beyden Seiten. Da die Eutychianische Parthey einen schnellen Fortgang unter den morgenländischen Christen hatte: suchte sie der Kayser Zeno durch eine Vergleichsformel, die 482. er bekannt machte, mit den Rechtgläubigen wieder in Eine Kirchengemeinschaft zu bringen; allein die Zwistigkeiten unter beyden wurden dadurch nur noch mehr angefeuert. Sogar über die Frage: ob der Leib Christi 519. verweslich oder unverweslich gewesen sey? erwuchsen Partheyen unter den Eutychianern. Einige Rechtgläubige hingegen bemühten sich wiederum, durch die Verwerfung von drey Schriften und dahin gehörigen Stellen in den Handlungen der Kirchenversammlung zu Chalcedon, die Eutychianer, denen dieselben mißfielen, zu gewinnen. Allein die Rechtgläubigen wurden darüber selbst uneins, und vertheidigten zum 545. Theil die gedachten Schriften. Auch brachen die dreyhundertjährigen Streitigkeiten über die Glaubensirrthümer, welche man dem Origenes beylegte, von neuem mit Heftigkeit aus. Der Kayser Justinianus ließ daher, um so vieler kirchlichen Händel willen, endlich eine allgemeine Kirchenversammlung zu Constantinopel halten. Diese machte zwar den Zwistigkeiten über den Origenes ein Ende, indem sie über diesen großen Lehrer, in der Gesellschaft mit andern Ketzern, ein Verdammungsurtheil aussprach; aber weniger richtete sie damit aus, daß sie sich gegen die drey obgedachten Schriften erklärte. Die Eutychianer oder Monophysiten verstärkten und befestigten sich immer mehr, besonders durch den Eifer des Jacobus Baradäus, von dem sie auch den Nahmen der Jacobiten bekamen. Einer von ihnen, Johann Askunages, vergrößerte auch den Streit mit den Rechtgläubigen dadurch, daß er den Tritheismus oder die Meinung behauptete, daß in der Gottheit drey selbstständige Naturen, aber nicht von gleichem Wesen, wären.

Indem die Christen in alle diese, meistentheils leere und ärgerliche Händel, verwickelt waren, überfiel sie in den Morgenländern ein fürchterlicher Feind, dem sie auch in anderer Betrachtung nicht gewachsen waren. Der Araber Muhamed unternahm es anfänglich nur, die Abgötterey in seinem Vaterlande zu unterdrücken, und sich dasselbe zugleich zu unterwerfen. Ohngeachtet seiner Flucht aus Mecca, erreichte er doch nach und nach seine Absichten, hinterließ bey seinem Tode eine auf die Verehrung des höchsten Gottes gegründete Religion in Arabien herrschend, und einen neuen Staat mit derselben verbunden; beydes aber hatte schon der Uebung und Fortpflanzung der christlichen Religion daselbst engere Gränzen gesetzt. Noch mehr aber litte sie durch die Eroberungen der Chaliphen, welche

dem

dem Muhamed als Oberhäupter seiner Religion, J. n.
und auch als Fürsten in seinem Reiche, nachfolgten. C.G.
Sie brachten Palästina, Syrien, Aegypten, und 635.
andere Länder des griechischen Kayserthums, unter
ihre Gewalt, und fügten dadurch, ohne eine eigentliche
Religionsverfolgung, dem freyern Laufe und Bekenntnisse des christlichen Glaubens einen unersetzlichen
Schaden zu. Auch in Spanien bekam mit ihrer 711.
Herrschaft zugleich ihr Glaube die Oberhand; wie er
sich denn überhaupt den Völkern durch die Kürze und
leichte Beobachtung seiner Vorschriften empfol, und
nun aus dem mündlichen Vortrage seines Stifters im
Koran zusammen gefaßt wurde. Die Vortheile,
welche die Christen hin und wieder durch den Uebertritt von Heyden zu ihrer Religion erlangten, ersetzten
diesen Verlust nicht völlig. So breiteten die Nesto-
rianer, welche auch Chaldäische Christen hießen, 636.
das Christenthum von Syrien, Persien und Indien,
wo sie ihren Sitz hatten, bis nach China aus. Ganz
England wurde um diese Zeit christlich: und aus dieser neuen Angelsächsischen, so wie aus der ältern
Schottländischen und Irländischen Gemeine, kamen
hinwiederum viele Geistliche in die Länder der Fränkischen Monarchie, um die zahlreichen Ueberbleibsale
von Heyden in denselben zu bekehren. Einige der berühmtesten unter ihnen waren Columbanus, Gal-
lus und Kilianus. Insonderheit aber hat der Engländer Willebrord mit seinen Gefährten, unter den 692.
Friesländern und andern benachbarten Völkern nicht
wenige überredet, Christen zu werden.

Außer solchen Bemühungen thaten sich fast alle
christliche Lehrer dieser Zeit nur durch Streitigkeiten
mit den Ketzern, Lebensbeschreibungen von Heiligen,
und andere Sammlungen hervor. Sie beförderten
über-

überdieß den Aberglauben durch neue Anstalten oder wunderbare Erzählungen, und versäumten dagegen großentheils den öffentlichen Unterricht in der wahren christlichen Religion. In der morgenländischen Kirche war Johannes Philoponus zu Alexandrien der gelehrteste und scharfsinnigste Mann; er wurde aber auch des Tritheismus beschuldigt. Unter den abendländischen Christen hingegen hatte Isidorus, Bischof von Sevilien, noch etwas früher den Ruhm einer mannigfaltigen Wissenschaft erlangt. Für die eifrigen Streiter gaben die Eutychianischen Händel von Zeit zu Zeit neue Nahrung und Beschäftigung. Der oft mißlungene Versuch sie beyzulegen, brachte die Lehre hervor, daß in Christo, nach der Vereinigung beyder Naturen, nur Ein Wille sey: und war eben so fruchtlos. Denn diejenigen Rechtgläubigen welche dieses behaupteten, wurden von andern unter dem Nahmen der Monotheleten als Ketzer verabscheuet; wenn gleich der Römische Bischof Honorius selbst darunter war. Vergebens suchten die Kayser Heraclius und Constans einen Vergleich unter den Partheyen zu stiften. Constantinus der Bärtige sah sich endlich gezwungen, eine allgemeine Kirchenversammlung zu Constantinopel halten zu lassen, welche die Monotheleten mit andern sogenannten Ketzern verdammte. Sie erhielten sich aber dennoch viele Jahrhunderte lang unter den Maroniten am Gebirge Libanon. Noch wurde bald darauf eine neue allgemeine Kirchenversammlung zu Constantinopel angestellt, welche man die ergänzende der vorhergehenden fünften und sechsten nannte, weil sie die auf diesen beyden Versammlungen nicht berührte Kirchenverfassung durch viele Verordnungen bestimmte. Eine ähnliche Sorgfalt für die Kirchenzucht machte um diese Zeit dem Theodorus, Erzbischof von Canterbury, Ehre.

Lange

Lange schon war nun alle Hoffnung verloren, daß
der christliche Aberglauben zernichtet oder nur sehr vermindert, und das alte ungekünstelte Christenthum wieder hergestellt werden möchte. Mit dem Anfange des achten Jahrhunderts geschah ein neuer Angriff auf denselben: und er behauptete sich auch gegen diesen. Da die gottesdienstliche Verehrung der in den Kirchen selbst aufgestellten Bilder der göttlichen Dreyeinigkeit, der Apostel und anderer vor heilig geachteten Christen, nunmehro ihre ganze Höhe erreicht hatte: so befohl der Kayser von Constantinopel, Leo der Jsaurier, daß 726. alle diese Bilder aus den Kirchen weggenommen, und durchaus nicht mehr angebetet werden sollten. Das Mißvergnügen und der Widerspruch, die auf seinen Befehl erfolgten, äußerten sich zu Rom am heftigsten, wo der Bischof Gregorius der zweyte, diesen seinen Landesfürsten vor einen Ketzer und Feind der Kirche deswegen erklärte. Wie Leo, waren auch seine Nachfolger in der Regierung gesinnt: unter welchen Constantinus Copronymus die anstößige Bilderverehrung durch eine allgemeine Kirchenversamm- 754. lung zu Constantinopel verwerfen ließ. Allein sie hatten auch manchen unruhigen Widerstand der Geistlichkeit und des Pöbels in ihrem Reiche darüber zu dämpfen. Endlich ließ die Kayserinn Jrene auf einer ebenfals ökumenisch oder allgemein genannten 787. Kirchenversammlung zu Nicäa den Bilderdienst in der griechischen Kirche wieder einführen. Die Römischen Bischöfe waren demselben immer günstig geblieben; allein die Lehrer des fränkischen Reichs dachten davon ohngefähr wie die ersten Christen. Dreyhundert derselben kamen daher auf Befehl Carls, Kö- 794. nigs der Franken, zu Frankfurt am Mayn zusammen, wo sie den Schluß faßten, daß man zwar die Bilder in den Kirchen beybehalten könne; aber ihnen

J. n. gar keine abergläubische Verehrung erweisen dürfe.
C. G. Zur Bestätigung dieser Denkungsart ließ Carl auch ein besonderes Buch wider die letzte Nicänische Kirchenversammlung schreiben; aber selbst die Römische Kirche blieb doch ferner dem Bilderdienste ergeben.

Diese lange und mit sehr feindseeligen Gemüthern geführte Streitigkeiten hatten sogar unerwartete Folgen in dem Zustande der Römischen Bischöfe, und der Oberherrschaft von Rom. Gregorius der zweyte und der dritte reitzten durch ihren verketzernden Widerstand gegen die der Bilderverehrung abge-
730. neigten Kayser zu Constantinopel, die Unterthanen derselben zu Rom und in der benachbarten Gegend zur Empörung. Als darauf die Kayser ihr Ansehen daselbst allmählich verloren, und dagegen die Langobardischen Könige das Gebiet derselben in Italien zum Theil eroberten, auch bereits Rom selbst bedrohten: begaben sich die Römischen Bischöfe unter den Schutz des Fränkischen Reichs. Sie waren dem mäch-
752. tigsten Herrn in demselben, dem Pipinus, beförderlich, das regierende königliche Haus vom Throne zu entfernen, und ihn selbst zu besteigen. Der neue Kö-
755. nig schenkte dagegen dem Bischof Stephanus und seinen Nachfolgern ein Stück von Italien längst des Adriatischen Meeres, das er den Langobarden entrissen hatte, und das eigentlich den griechischen Kaysern gehörte. Solchergestalt wurden die Römischen Bischöfe zuerst weltliche Fürsten in Italien. Die tiefe Ergebenheit gegen sie verhinderte die Christen, das Widersinnige in dieser Verwandlung eines christlichen Lehrers zu bemerken. Auch erdachte man, um dieselbe zu mildern, ältere Schenkungen dieser Art, die den Römischen Bischöfen wiederfahren wären, und Gottgefällige Bewegungsgründe derselben. Carl, der
Sohn

Sohn des Pipinus, bestätigte und erweiterte, nach- C.G.
dem er sich das Langobardische Reich völlig unterwor= 774.
fen hatte, die Freygebigkeit seines Vaters gegen die
oftgedachten Bischöfe; doch kamen diese eben vermit-
telst aller dieser Veränderungen, desto mehr unter die
Hoheit der Fränkischen Könige. Sie blieben auch
darunter, nachdem Rom und die benachbarten Gegenden sich völlig von der Gewalt der griechischen Kayser
loßgerissen, und unter die Fränkische begeben hatten,
endlich aber das abendländische Kayserthum, auf 800.
den Besitz von Rom gegründet, nach dem Wunsche
der Römischen Großen, unter welchen der dortige
Bischof der vornehmste war, von Carln wieder
hergestellt worden war.

Neben diesem Zuwachse an weltlicher Macht, gewannen die Römischen Bischöfe auch in Ansehung ihres geistlichen Gebietes, indem es durch die meisten
Bekehrungen heidnischer Völker in den Abendländern vergrößert wurde. Besonders verpflichteten
sie den Engländer Winfried, dem sie den Nahmen 718.
Bonifacius ertheilten, durch einen Eid, daß er den
Römischen Bischöfen und ihrer Kirche stets gehorsam
und getreu bleiben wolle. Bonifacius, der unter
den Friesen, Hessen und Thüringern den christli= 723.
chen Glauben mit ziemlichem Erfolge predigte, und
sich dadurch den Nahmen des Apostels der Deutschen erwarb, wandte auch würklich alles an, um
sowohl die von ihm gestifteten christlichen Gemeinen,
als die ältern Deutschen, den Befehlen der Römischen
Bischöfe zu unterwerfen. Seine Bekehrungen waren
unterdessen die Frucht von Ueberzeugung oder Ueberredung; aber der fränkische König Carl nöthigte andere
Völker mit den Waffen in der Hand das Christenthum
anzunehmen. So ergieng es den Avaren, welche

26 Zwenter Zeitraum der christl. Kircheng.

§. n.
C.G.
785.
im jetzigen Ungarn ihren Wohnplatz hatten, und vorzüglich den Sachsen, deren tapferster Heerführer Wittekind sich taufen ließ, als er Carls Glücke nicht länger widerstehen konnte.

Obgleich aber die Christen dieser Zeit über die Religion und die Bestimmung ihrer Lehrer, viele schädliche Vorurtheile hegten; so blickte doch nach und nach ein Anschein von mehrerer Aufklärung unter ihnen hervor. Johannes Damascenus, ein Mönch und Priester
750. in Palästina, philosophirte besser als man unter den christlichen Theologen seit Jahrhunderten gewohnt war, über ihre Glaubenslehre, und errichtete solchergestalt das erste kunstmässig zusammenhängende Lehrgebäude
724. derselben. In England munterte Beda der Ehrwürdige durch seinen ungemeinen Fleiß und nützliche Schriften, die Liebe zu den Wissenschaften sehr nachdrücklich auf. Daher kam auch bald darauf aus eben diesem Lande ein sehr gelehrter und scharfsichtiger Mann,
780. Alewin oder Alcuinus, dem Religion und Gelehrsamkeit überaus viel zu danken haben. Carl, König der Franken, selbst ein eifriger Freund von beyden, bediente sich seiner glücklich zu dieser Absicht in dem fränkischen Reiche. Er zog auch den Paullus Diaconus dazu hervor, arbeitete kräftig daran, die Geistlichkeit überhaupt gelehrter und frömmer zu machen, und gab selbst ein lehrendes Beyspiel davon. Seine glänzende, an Thaten jeder Art reiche Regierung am Ende dieses Zeitraums, verbreitete schon ein Licht, dessen sich die folgenden Christen nur frey bedienen durften, um die verlorne edle Einfalt und Gemeinnützlichkeit ihrer Religion nach und nach wieder zu erlangen.

Ausführliche Geschichte
des
Zweyten Zeitraums.
Erstes Buch.
Geschichte der christlichen Religion und Kirche unter der Regierung Constantins des Grossen.

Vom J. 306. bis zum J. 337.

Die christliche Religion hatte sich nunmehro dreyhundert Jahre hindurch in der Welt erhalten: und sie war durch Prüfungen aller Art gegangen. Ihr göttlicher Ursprung, ihre wahre Natur, Absicht und Nutzbarkeit, die Beförderungsmittel und die Hindernisse ihrer besten Ausübung, alles dieses hätte nicht deutlicher, als eben unter den Schicksalen, welche sie bisher betroffen hatten, entwickelt werden können. Freunde und Feinde derselben auf alle künftige Zeiten konnten sie daraus beurtheilen und gebrauchen lernen.

Unter so vielen merkwürdigen Umständen aber, die dieser ihrer ersten Geschichte eigen sind, ist es einer der beträchtlichsten, daß sich in diesen Jahrhunderten kein mächtiger Fürst zu derselben bekannt, keine zahlreiche blühende Nation sie ganz zu ihrem herrschenden Glauben gemacht hat. Hätte sie diesen Vortheil frühzeitig erlangt: so würde man ihren schnellen Fortgang unter

18 Zweyter Zeitraum. Erstes Buch.

n.
C. G.
306
bis
337.

unter den Menschen mit Recht häuptsächlich von einer solchen Unterstützung der unwiderstehlichen Gewalt und des hinreissenden Beyspiels herleiten müssen. Sie würde alsdenn auch den Vorwürfen oder doch dem Verdachte ausgesetzt bleiben, daß ihre gute Aufnahme wohl ein Werk der Staatsklugheit, oder des Eigensinnes und der Einfälle eines Regenten gewesen seyn möchte; daß ihre Lehren eben nur für einen gewissen Himmelsstrich, und das darunter wohnende Volk, eingerichtet gewesen wären, von welchem sie die übrige Welt durch Ueberredung, Nachahmung, oder durch Hülfe mancherley Verbindungen, empfangen hätte. Das Christenthum blieb vielmehr lange Zeit völlig seiner eigenen Stärke und Würksamkeit überlassen. Es stand gerade bey seinem schwachen Anfange Verfolgungen aus, die ihm den Untergang drohten: und genoß nachmals zuweilen den Schutz der Kayser, als es vollkommen im Stande zu seyn schien, sich selbst fortzuhelfen. In den ersten hundert Jahren seines Aufkommens wurde es weder durch Gelehrsamkeit, noch durch Witz und Beredsamkeit, empfolen; als aber seine Anhänger diese Gaben zuerst an sich blicken ließen, waren ihnen die Heiden, deren Religion sie bestritten, noch eine Zeitlang darinne überlegen: und sie baueten auch auf den Gebrauch derselben nicht vornemlich die Ausbreitung der ihrigen. Alles was die Christen an ihrer Religion künstelten, behielt nicht nur das Merkmal einer menschlichen Erfindung bey; es stiftete auch weit geringern Nutzen. Die Streitigkeiten und Partheyen, durch welche sie immer mehr zerrüttet wurden, konnten der Ehre und selbst der unverfälschten Richtigkeit ihres Glaubens, großen Abbruch thun. Es mangelte ihnen an einer allgemeinen Verbindung, die zur Vertheidigung desselben nothwendig zu seyn schien. Ihre Sitten stimmten, so weit sie demselben gemäß waren,

waren, zu wenig mit den herrschenden und durchgehends beliebten überein, als daß sie ihn hätten empfelen können. Endlich begiengen die Christen überhaupt so manche, obgleich gutgemeinte Fehler, und ihre Lehrer mischten so viele ihrer Einfälle unter die Erklärung der Religion, daß diese dadurch einiges leiden konnte. Gleichwohl nahm sie ihren Gang noch immer ungehindert fort, arbeitete sich über alte und neue Schwierigkeiten hinaus, und war nach dreyhundert Jahren noch eben so stark und eindringend, bewährter in ihren wohlthätigen Würkungen, und für redliche Forscher nach ihren wahren Grundsätzen eben so leicht durchzuschauen, als zu den Zeiten ihrer Stiftung.

Es war also für das Christenthum so wenig ein Unglück gewesen, keinen Kayser unter seinen Bekennern gehabt zu haben, daß vielmehr dadurch sein stets vergrößertes Wachsthum desto bewundernswürdiger wurde. Aber vielleicht hätte es ihm auch Schaden gebracht, wenn es eher von den Fürsten wäre angenommen worden. Zwar konnte diese Religion, nach ihrer ursprünglichen Einrichtung äußerliches Glück, Ehre und Wohlstand allerdings vertragen; allein wie bald ein solcher Zustand sie einer Menge ihrer Anhänger gleichgültig zu machen im Stande sey, das hatte die Erfahrung bereits gelehrt. Daher eben, weil Bedrängnisse oder doch Furcht und Unruhen meistentheils über den ersten Christen geschwebt hatten, war ihnen die Hülfe der Religion desto nothwendiger, und von ihnen auch um so viel lebhafter empfunden worden. Ihre Lehrer, die zum Theil bereits gebieterisch und herrschsüchtig zu werden anfiengen, blieben während einer unangenehmen oder doch zweydeutigen Verfassung, desto länger bescheiden. Ihre Religion lief noch nicht Gefahr, in Hofcärimoniel und Pracht der großen
Welt

Welt verwandelt zu werden. Ueberhaupt aber erlaubten sich die Christen desto weniger viele Freyheiten der Einbildungskraft und des Leichtsinnes in der Vorstellung oder Ausübung ihrer Religion, so lange sie nicht von schlimmen Besorgnissen, feindseeligen Beobachtungen, vergiftenden Verleumbungen, und willkührlichen Bedrückungen entlediget, noch nicht in dem Stande der ruhigen Glückseeligkeit und Bequemlichkeit waren, den nur die uneingeschränkte Gunst der höchsten weltlichen Macht hervorbringen kann. Die Zeit da sie in diesen Stand traten, kam: und sie waren genugsam auf dieselbe vorbereitet.

Zustand der Welt
zu der Zeit,
als die christliche Religion im Römischen Reiche die herrschende wurde.

Noch hatte es zwar beym Anfange dieses Zeitraums nicht das Ansehen, daß eine solche Veränderung bevorstünde. Eine der heftigsten Verfolgungen über die Christen, vom Diocletianus gestiftet, war von dem Kayser Maximianus Galerius, und von den beyden ihm ergebenen Cäsars, Severus und Maximinus, sowohl in dem ganzen morgenländischen Theil des Römischen Reichs, als in den Abendländern, ausgenommen Britannien, Spanien, Gallien und das Römische Germanien, bisher fortgesetzt worden. Der Kayser Constantius Chlorus, der in den ebengenannten Ländern seiner Herrschaft die Christen,

sten, denen er günstig war, einer völligen Ruhe genießen ließ, starb im Jahr 306. Sein Sohn Constantinus, der ihm als Cäsar in seinem Gebiete, und bald auch in der kayserlichen Würde nachfolgte, war ein Fürst von ausnehmender Hoffnung, und von dem sich die Christen eine gleiche Gewogenheit, wie von seinem Vater, wahrscheinlich versprechen konnten. Aber an Macht war ihm Galerius, ihr furchtbarster Feind seit vielen Jahren, weit überlegen: und wenn gleich Maxentius, ein Sohn des ehemaligen Kaysers Maximianus, sich noch im Jahr 306. zu Rom zum Kayser aufwarf, auch seinen Vater beredete, die Krone wieder zu ergreiffen; so hatten doch die Christen davon nur einen geringen Vortheil. Diese beyden Fürsten behaupteten sich gegen den Galerius; Severus, den er ihnen entgegen setzte, wurde im Jahr 307. gefangen und hingerichtet. Nun ernannte Galerius den Licinius zum Kayser; aber sein eigener Neffe Maximinus ließ sich ebenfals von den Kriegsvölkern zum Kayser ausrufen: und so wurde das Reich nunmehr von sechs Fürsten regiert. Alle diese bekannten sich zur heidnischen Religion, die auch unter den Großen und allen Ständen so ausgebreitet und festgegründet, mit der Staatsverfassung selbst so genau verbunden war, daß noch kein Anzeichen vorhanden war, sie würde dem Christenthum in kurzem weichen müssen.

Unterdessen folgten neue Veränderungen in dem Zustande dieses Reichs plötzlich auf einander. Indem sich ein jeder der erstgedachten Kayser in seinem Landesantheil zu befestigen, und durch Verbindungen gegen die übrigen zu stärken suchte: verurtheilte Constantinus im Jahr 310. seinen Schwiegervater, den Kayser Maximianus, der ihm das Leben zu rauben suchte, zu einem selbst zu wählenden Tode. In dem folgenden Jahre gieng

Gale-

Galerius aus der Welt: und gleich darauf kam es zwischen dem Constantinus und Maxentius zum Kriege. Dieser kostete im Jahr 312. dem letztern das Leben, und erwarb dem Constantinus Italien nebst dem eigentlichen Römischen Africa. Ein gleiches Schicksal hatte Maximinus im Jahr 313. gegen den Licinius; so daß von dieser Zeit an Constantinus den abendländischen Theil des Römischen Reichs, und Licinius den morgenländischen allein beherrschten. Aber auch diesen beyden war ein getheiltes Reich zu klein für ihren Ehrgeitz: sie bekriegten sich mehr als einmal; und zuletzt blieb Constantinus im Jahr 323. durch die Gefangennehmung des Licinius, den er auch bald darauf hinrichten ließ, der einzige Herr im Römischen Reiche. So vieler Theilungen, Mißhelligkeiten und innerlicher Unruhen ohngeachtet, erhielt sich dieses Reich ziemlich in der Stärke, die ihm Diocletianus wieder gegeben hatte. Constantinus sicherte es durch seine Tapferkeit, Kriegserfahrung und kluge Anstalten gegen die Einfälle der benachbarten Völker, traf viele nützliche und neue Einrichtungen in demselben, verlegte unter andern den Sitz des Reichs von Rom nach Byzantium, das von ihm Constantinopel genannt wurde, und regierte mit mehrerm Ansehen, als die meisten der vorhergehenden Kayser.

Das Persische Reich war noch ferner, wie in dem Ersten Zeitraum dieser Geschichte, der gefährlichste Feind der Römer in den Morgenländern. Es wurde von ihnen durch den Tigris geschieden, und beunruhigte sie während der Regierung Constantinus nicht. Auch von der andern oder abendländischen Seite, wo das Römische Reich sonst beynahe unaufhörlich durch die Einbrüche der Germanischen Völker gelit-

Zustand der Welt.

gelitten hatte, genoß es diese dreyßig Jahre hindurch einen ziemlich dauerhaften Frieden. Hier hatten die Gothen, von dem schwarzen Meere an, längst der Donau bis an die Theiß, ein mächtiges Reich errichtet; unter und neben ihnen, die Donau weiter hinauf, saßen verschiedene andere deutsche Völker, am Rheine insonderheit die Franken und Alemannen, und gegen den Ausfluß desselben, die Sachsen und Friesen. Die Siege welche Constantinus über einige derselben erfochten hatte, und der Ruhm seines Nahmens, hielten sie von ihren alten Anfällen auf das Reich zurück; auch verhinderte er es eben sowohl, daß viele tausend derselben, die sich bereits darinne niedergelassen hatten, oder von ihm selbst darein aufgenommen wurden, demselben keinen Schaden zufügen konnten.

J. n.
C. G.
306
bis
337.

Die herrschende Religion der Römer und Griechen, auch aller übrigen gedachten Völker, war immer noch die heydnische. Obgleich ihr Ansehen und ihre Verehrer bisher durch das Christenthum sehr vermindert worden waren; so findet man doch nicht, daß sie um diese Zeit im Ganzen gereinigtere Begriffe angenommen hätte, die ihr bey einer so dringenden Veranlassung höchst nothwendig geworden waren, wenn sie nicht zuletzt gänzlich fallen sollte. Sie hatte unterdessen an der Verjährung so vieler Jahrhunderte, an der eingewurzelten Gewohnheit und Erziehung der Völker, an den Gesetzen durch welche sie beschützt wurde, dem Einnehmenden ihres äußerlichen Cärimoniel, der Meinung von ihrer unzertrennlichen Verbindung mit dem Wohl des Staats, und andern Denkungsarten oder Anstalten, eben so viele Stützen. Für die Gelehrten und überhaupt die nachdenkenden Köpfe unter den Heyden, blieb die Philosophie eine Zuflucht gegen die übelzusammenhängenden Grundsätze ihrer Religion. Einiges

V. Theil.   C

niges davon erklärten sie allegorisch, hauptsächlich um ihren Witz zu üben: und die Untersuchungen, welche sie über die Natur, die Eigenschaften und Würkungen der Götter und Geister anstellten, scheinen doch in ihren Augen einen geringern Werth gehabt zu haben, als Vorschriften der Sittenlehre, in denen sie sich auch, bey aller übrigen Verschiedenheit von Meinungen, am leichtesten vereinigten.

Eben diese **Philosophie**, eine nicht zu verachtende Fertigkeit in der **Geschichtbeschreibung**, und ein schimmernder Rest der alten **Beredsamkeit**, waren es im Anfange dieses Zeitraums, worauf die Ehre der **Wissenschaften** und sinnreichen **Künste** bey den **Griechen** und **Römern** vornemlich ankam. Die berühmtesten philosophischen Sekten des Alterthums waren bis auf die **Aristotelische**, jetzt beynahe völlig gesunken; aber die **eklektische** oder **neuplatonische** stand gerade in der Blüthe ihres Ansehens. Sie hatte dieselbe am Ende des vorhergehenden Zeitraums durch den Geist des **Plotinus** und **Porphyrius** erreicht. Ein Schüler des letztern, **Jamblichus**, aus Syrien gebürtig, behauptete die Ehre dieser Schule unter der Regierung des **Constantinus**. Er kam seinem Lehrer an philosophischer und mathematischer Gelehrsamkeit ziemlich gleich; man sieht, daß er sich außer der griechischen Philosophie, auch in der aegyptischen und chaldäischen geübt hatte. Aber er schreibt lange so deutlich, zierlich und angenehm nicht, als jener; doch läßt er auch nicht die Erbitterung desselben gegen die christliche Religion blicken. Die Zeiten, in welchen er lebte, hatten ihm, wie **Eunapius**, (ein späterer Philosoph von dieser Partey, der ihre Geschichte beschrieben hat, de vitis Sophistar. p. 37. Basil. 1596. 4.) gesteht, diese Vorsichtigkeit

und

und selbst die Dunkelheit seines Vortrags empfolen. Denn da die heydnische Religion und ihre schlauern Verfechter, die Philosophen, damals beynahe ganz zu Grunde gerichtet wurden: war zurückhaltende Bescheidenheit und Verschwiegenheit in Ansehung mancher ihrer Hauptlehren, eine nothwendige Pflicht für sie geworden. Jamblichus vergaß dem ohngeachtet nicht, dem fallenden Heydenthum durch die von seinem Lehrer gebrauchten oder ihm eigenen Künste, zu Hülfe zu kommen. Er schmückte es mit scharfsinnigen Erklärungen, und selbst mit einer Nachahmung christlicher Grundsätze aus, damit es diesen sich desto mehr nähern, und von den Christen nicht mit so vieler Stärke bestritten werden möchte. Auch er fand am Pythagoras einen Wunderthäter, der Christo und den Aposteln entgegengesetzt werden könnte. Seine Lebensbeschreibung dieses Philosophen, in welcher er vieles aus der vom Porphyrius geschriebenen geborgt hat, ist zugleich mit dieser am besten vom Ludolph Küster (zu Amsterdam 1707. 4.) herausgegeben worden. Besonders aber entwarf er in seinem Buche von den Geheimnissen, das selbst in einen Geheimnißvollen Vortrag eingehüllt ist, eine höhere Religionswissenschaft, die seiner Absicht nach die christliche sehr verdunkeln und entbehrlich machen sollte. Er entwickelte darinne, nach Aegyptischen, Chaldäischen und andern morgenländischen Lehrsätzen, insonderheit die Theurgie, oder die Kenntniß Gottes, der Götter und Dämonen, auch der mit ihnen zu errichtenden Gemeinschaft, und dadurch zu erlangenden wunderthätigen Kräfte; lehrte auch zugleich vieles von der Vorsehung der Götter, vom Gebete, von Opfern, und damit verwandten Materien. Diesen merkwürdigen Versuch für die heydnische Religion zur Zeit ihres angehenden Verfalls, hat Thomas Gale zuerst in der griechischen Urschrift mit einer lateinischen Uebersetzung und gelehrten Anmerkungen, zu Orfort im Jahr 1678. 4. ans Licht gestellt. Allein Jamblichus gieng noch weiter als seine eklektrischen Vorgänger. Er stellte nicht bloß Wunderthäter unter den Heyden auf, und gab eine Anleitung zu dieser übernatürlichen Fertigkeit; er wußte sich auch selbst in den Ruf eines Heiligen und Wunderthäters zu setzen. So wollten seine Verehrer gesehen haben, daß er während des Gebets, hoch über der Erde geschwebt, und in eine glänzende Gestalt verwandelt worden sey; ingleichen, daß er zween Schutzgeister heißer Quellen hervorgerufen habe. Seine ungemeine Leutseeligkeit und gütige Mittheilung gegen seine Zuhörer, zog ihm ihrer desto mehrere zu. So sehr er jedoch bewundert worden ist; so haben doch seine Schriften für Zeiten in denen abergläubische Schwärmerey, Leichtgläubigkeit, und räthselhaft trübe Schreibart ihr Glück nicht machen können, weit minder Reitzungen. Jamblichus starb um das Jahr 333, und hinterließ seine philosophische Parthey in einer sehr mißlichen Verfassung. Ihre Mitglieder hielten sich damals schon aus Furcht vor den Christen verborgen; auch drohte ihnen würklich eine harte Verfolgung. Einer seiner berühmtesten Schüler, Sopater, wagte es, an dem Hofe Constantins zu erscheinen, dessen Eifer gegen die heidnische Religion er durch seine Vorstellungen Einhalt zu thun hoffte. Er wurde von dem Kayser anfänglich sehr wohl aufgenommen; allein eben dieses machte die Eifersucht der Hofleute rege: und als der Pöbel, mißvergnügt über den Mangel an Getreide, dessen Zufuhr die widrigen Winde verhinderten, rief, Sopater habe durch Zauberey die Winde gebunden, befahl der schwache Constantinus, um nicht in den Verdacht der Gewogenheit gegen die Heyden zu gerathen, daß man ihn hinrichten sollte.

Für die übrigen Wissenschaften und Künste der heidnischen Griechen und Römer, die sich ohnedem schon lange in einem Stande der Mittelmässigkeit befanden, hörte mit dem Anfange dieses Zeitraums die Aufmunterung immer mehr auf. Doch gieng die Reihe der sogenannten Geschichtschreiber der kayserlichen Geschichte hauptsächlich fort, unter welchen **Vopiscus, Lampridius,** und **Julius Capitolinus** jetzt lebten, und manche nützliche Nachrichten mit guter Geschicklichkeit sammleten. Die alte Römische Beredsamkeit schien durch diejenigen Redner, welche man die alten Panegyristen nennt, und darunter **Nazarius** insonderheit während der Regierung des **Constantinus** in hohem Rufe stand, fortgepflanzt zu werden; aber es war mehr eine bloß wohlklingende Zusammensetzung von feinen Redensarten und meistentheils schwülstigen Gedanken. Bey den griechischen Sophisten zielten auch Witz und schöner Ausdruck oft nur dahin, ihren sonderbaren Behauptungen Beyfall zu verschaffen, oder wenigstens in Erstaunen zu setzen. Den zeichnenden und bildenden Künsten, die schon geraume Zeit von dem edelsten Geschmacke etwas abgewichen waren, blieb doch an der Pracht des Götterdienstes noch eine starke Nahrung übrig; allein eben diese wurde ihnen nunmehro nach und nach entzogen. Ueberhaupt that sich zu dieser Zeit kein heidnischer Kayser als einen ausnehmenden Kenner oder Beschützer der Wissenschaften und Künste hervor. Desto unaufhaltsamer giengen sie jetzt, da auf der andern Seite so viele Vortheile beysammen waren, von den Heyden zu den Christen über. Von diesem Uebergange schrieb ein vortrefflicher Gelehrter des sechszehnten Jahrhunderts, **Wilhelm Budäus,** ein merkwürdiges Buch, (de transitu Hellenismi ad Christianismum, Paris. 1556. 4.) in welchem er nicht nur

sehr

sehr wohl zeigte, wie die heidnische Gelehrsamkeit zum Besten der christlichen Religion zu nützen sey; sondern auch einen durch viele Beyspiele erläuterten Vorschlag that, selbst den lateinischen Vortrag von christlichen Religionslehren durch Uebertragung altrömischer Wörter und Redensarten, auch insonderheit aus der heidnischen Götter- und Fabellehre in denselben, zierlicher und erhabener zu machen. Allein dieser Vorschlag führte zu seltsame Veränderungen mit sich, als daß er hätte gefallen können: und die alten Christen, die vielleicht durch eine solche Nachahmung den Heyden etwas gefällig geworden seyn würden, waren vermöge ihres Abscheues gegen alles was die Religion der Götter berührte, am weitesten davon entfernet.

Den Zustand der Juden im Anfange dieses Zeitraums kann man mehr als erträglich nennen. In den meisten Ländern des Römischen Reichs, besonders gegen Morgen zu, und auch in Persien, waren sie noch sehr zahlreich ausgebreitet, und genossen vieler bürgerlichen und kirchlichen Rechte. Ihr Patriarch war noch das Oberhaupt der zerstreueten und ihrer alten Verfassung beraubten Nation, in allem was Religion, Kirche und Wissenschaften betraf; ja sogar in der Ausübung ihres bürgerlichen Gesetzes, so weit sie sich mit der Römischen Regierung und ihren Umständen vertrug. Selbst die Kayser legten ihm ansehnliche Ehrentitel (inluster, clarissimus) bey: die Geldbeyträge welche sonst unter den Juden zum Besten des Tempels zu Jerusalem gesammelt worden waren, wurden immer noch an ihn gebracht: und unter ihm stand eine beträchtliche Menge von Aufsehern, Richtern und Lehrern. Darunter gehörten auch die geringern Patriarchen, die den Juden in gewissen Bezirken vorgesetzt waren. Außer ihren gottesdienstlichen Versammſammlungshäuſern oder Synagogen, und Gerichten oder Synedrien, hatten die Juden auch noch genug blühende höhere Schulen. Tiberias in Paläſtina, Sora, Pumbeditha und Nahardea im Babyloniſchen, waren noch darunter die vornehmſten. Obgleich die Auslegung des Moſaiſchen Geſetzes auf denſelben als ihre Hauptwiſſenſchaft getrieben wurde, und ihre Lehrer, welche um dieſe Zeit Amoräer hieſſen, ſich ſo fleiſſig mit der Erklärung der Miſchnah beſchäftigen, daß man nachher aus dieſen ihren Arbeiten die Gemara, oder den Commentarius über die Miſchnah, zuſammenſetzte; ſo vernachläſſigten ſie doch auch andere Gelehrſamkeit nicht völlig. Bald nach dem Anfange dieſes Zeitraums hatten ſie unter andern gelehrten Männern vorzüglich den jüngern Rabbi Hillel, der gegen das Jahr 358. ihren Kalender in diejenige Ordnung gebracht hat, in welcher er ſich noch jetzt befindet. Uebrigens wurden auch die Juden in kurzem mit manchen Einſchränkungen belegt, die ihren bisherigen Bemühungen, ſich unter den Chriſten auszubreiten, und ihrem oft bewieſenen Widerſtande gegen die Religion derſelben, ein Ziel ſetzten.

n.
E.G.
306
bis
337.

Fortſetzung und Ende der Verfolgung der Chriſten
durch
die Kayſer Diocletianus und Galerius.

In dieſem Zuſtande der Völker und Religionspartheyen, empfanden die Chriſten des Römiſchen Reichs allein noch keine durchgängige öffentliche Ruhe

Ruhe bey dem Bekenntniſſe ihres Glaubens. Vom Jahr 303. an, waren ſie, wie man bereits anderwärts (Th. IV. S. 474. fg.) geleſen hat, auf Befehl des **Diocletianus**, faſt im ganzen Reiche verfolgt worden. Als dieſer Kayſer nebſt ſeinem Mitregenten, dem **Maximianus Herculius**, im Jahr 305. die Regierung niederlegte, erfolgte hierinne eine beträchtliche Veränderung. Zwar Galerius, welcher die Verfolgung eigentlich geſtiftet hatte, und nunmehr der mächtigſte unter den Kayſern war, änderte ſeine Geſinnungen nicht. Mit dem folgenden Jahr 306. aber wurden die abendländiſchen Gegenden den Chriſten deſto günſtiger. Selbſt in dem Gebiete des **Conſtantius Chlorus**, der damals ſtarb, und es niemals verſtattet hatte, daß ſie geplagt würden, ſcheinen ſie alsbald mehr Freyheit durch ſeinen Sohn **Conſtantinus** erlangt zu haben. Wenigſtens meldet **Lactantius**, (de mort. perſecut. c. 24.) er habe gleich nach dem Antritte ſeiner Regierung die Chriſten ihrem Gotte und deſſen Dienſte wieder gegeben. Aber wenn dieſes die Bedeutung haben ſollte, daß ſie unter ſeinem Vater keinen öffentlichen Gottesdienſt hätten verrichten dürfen: ſo würde die Nachricht des **Euſebius** (de vita Conſt. M. L. I. c. 16.) der ausdrücklich das Gegentheil verſichert, mehr gelten müſſen, als der in dem gedachten Buche ohnedieß zu partheyiſch ſchreibende **Lactantius**. Außerdem ſtellte ſich auch **Maxentius** anfänglich als einen Freund der chriſtlichen Religion. Um dem Römiſchen Volke hierinne gefällig zu ſeyn und zu ſchmeicheln, ſagt **Euſebius**, (H. Eccl. L. VIII. c. 14.) befohl er ſeinen Unterthanen, die Chriſten nicht weiter zu verfolgen: er wolte ſich das Anſehen der Gottſeligkeit, und beſonders einer Sanftmuth geben, welche die vorhergehenden Fürſten nicht hatten blicken laſſen. Ueberhaupt aber erzählt eben dieſer Geſchichtſchreiber, (de martyr.

Palaeſt.

Palaest. c. 13.) daß die abendländischen Gegenden des Reichs nur in den ersten zwey ganzen Jahren der Verfolgung gelitten hätten.

Man hat gemuthmaaßt, daß diese und andere Fürsten, welche sich um diese Zeit, zum wenigsten abwechselnd, gegen die Christen gnädig bezeigten, lediglich ihrer Staatsklugheit dabey gefolgt wären, indem sie sich an der Liebe dieser zahlreichen Parthey, eine gewisse Unterstützung ihrer Macht hätten verschaffen wollen. Es kann hier allerdings vorausgesetzt werden, daß die Menge der Christen im Römischen Reiche groß genug gewesen sey, um bey Staatsveränderungen in einige Betrachtung gezogen zu werden. Ein Fürst insonderheit, welcher, wie Maxentius, sich gewaltsam des Throns bemächtigte, und einem gefährlichen Kriege aussetzte, würde nicht weislich gehandelt haben, mit ihrer oder einer jeden andern stark ausgebreiteten Gesellschaft Verfolgung den Anfang seiner Regierung zu machen; zumal da sie ihm gar keine Hindernisse in den Weg legten. Er suchte auch offenbar mehr den Ruf des Glimpfs und der Duldung gegen eine Parthey, die in der Hauptstadt selbst zahlreich war, und auch von vielen Heiden geschätzt wurde, als daß er gehofft hätte, durch ihre Zuneigung und Hülfe den übrigen Fürsten des Reichs besser gewachsen zu seyn. Eben dieses aber wird oft zu willkührlich angenommen, daß die Christen dieser Zeit bereits eine sehr furchtbare Parthey ausgemacht hätten, deren Beytritt oder Abgang entscheidend gewesen wäre, Scepter zu ertheilen, oder zu entreissen. Hätte man sich erinnert, daß die ansehnlichsten Bedienungen nicht in den Händen der Christen waren; daß eben diese in den Kriegsheeren, auf welche schon lange die ganze Stärke der Kayser ankam, nur einen sehr geringen

Hauffen

Hauffen ausmachten; daß ihnen keine Empörungen, oder eine bewaffnete Widersetzung gegen die Verfolgungen, Schuld gegeben werden: so würde man auf diese Vermuthung weniger gebauet haben. Die Heyden waren noch in jeder Betrachtung die stärksten: und wenn die Christen durch brennenden Eifer, manche derselben auch durch schwärmerische Begeisterung, in allem was ihre Religion betraf, kühn und unternehmend genug handelten; so blieben sie doch im übrigen verachtet, hielten sich von den großen weltlichen Angelegenheiten entfernt: und nicht nur Gesetze, sondern selbst der Wille einer Unterobrigkeit oder der Aufstand des Pöbels waren noch hinlänglich, tausenden derselben Freyheit, Güter und Leben zu nehmen.

Daher ließ auch Galerius, mit dem Anfange dieses Zeitraums, die von ihm erregte Verfolgung über die Christen in den Morgenländern ferner fortgehen: und vielleicht hat sein Haß gegen den Constantinus und Maxentius, von welchen sie beschützt wurden, gleichfals etwas dazu beygetragen, daß er sie feindseelig betrachtete. Maximinus, der Neffe des Galerius, der über einige Asiatische Provinzen und über Aegypten herrschte, gestattete den Christen zuweilen einen Stillstand von Plagen; aber heftigere folgten bald darauf. Dieser Fürst wird überhaupt als der lasterhafteste, grausamste und dem heydnischen Aberglauben ergebenste von allen, welche damals die Christen drückten, beschrieben: freylich von christlichen Schriftstellern; (dem Eusebius, H. Eccl. L. VIII. c. 14. L. IX. c. 1. sq. und Lactantius, de mort. persecut. c. 36.) die gewohnt sind, von den heidnischen Kaysern die schlimmsten Abschilderungen zu machen. Nach ihrem Berichte nahm Maximinus kein Geschäfte vor, ohne darüber Wahrsagungen und Orakelaussprüche gehört

gehört zu haben, vermehrte die Anzahl der Götzenprie-
ster, ertheilte einigen von ihnen außerordentliche Ehre
und Gewalt, selbst eine Soldatenwache zur Vollstre-
ckung ihrer Befehle, und ließ sie insonderheit über die
Christen eine solche Aufsicht führen, daß sie dieselben
an der öffentlichen Uebung ihrer Religion hindern,
zum Opfern zwingen, selbst gefangen nehmen, oder
der Obrigkeit zur Strafe übergeben konnten. Er gab
Verordnungen, daß jedermann in seinem ganzen Gebiete, selbst die Weiber und Kinder, den Göttern in
ihren Tempeln Opfer darbringen, und von der Obrigkeit, im Fall der Weigerung, dazu genöthigt werden
sollten. Die Verurtheilungen zur Arbeit in den Bergwerken, die Landesverweisungen, die Beschimpfungen,
Martern und Lebensstrafen von mancherley Art, hörten vom Jahr 305. bis 308. unter den Christen seiner
Länder nicht auf: und als in dem letztern Jahre die
Verfolgung aufzuhören schien, wurde sie plötzlich (nach
dem Eusebius, de martyrib. Palaest. c. 9.) durch
einen neuen Befehl des Maximinus angefeuert. Dieser war nicht nur eine wiederholte Einschärfung des
vorigen; es mußten sogar, Kraft desselben, alle Eß-
waaren auf dem Markte, und alle die sich in die öffentlichen Bäder begaben, mit Opferwein besprengt werden.
Selbst die Heyden fanden diese gewaltsamen Anstalten
nunmehro zu hart; aber die meisten Christen standen noch immer lieber alles aus, als daß sie ihr Gewissen befleckt hätten. Wiederum milderte sich am
Ende des Jahrs 309. ihr Schicksal in Palästina so
sehr, daß eine große Anzahl zu den Bergwerken ver-
urtheilter an neuen Kirchen bauen konnten. Allein
der Statthalter dieser Landschaft berichtete solches, als
eine ungebührliche Freyheit, im Jahr 310. an den
Kayser: und sogleich giengen die Leiden der Christen
wieder an.

Enb=

Endlich brachte eine der schmerzhaftesten und abscheulichsten Krankheiten, die den Kayser Galerius ein Jahr lang nach und nach verzehrte, wie Eusebius (Hist. Eccl. L. VIII. c. 16. sq.) und Lactantius (l. c. c. 33. sq.) melden, den Christen die Hoffnung einer beständigern Sicherheit zurück. Kurz vor seinem Ende erkannte er, daß er den Christen Unrecht gethan habe, und ließ im Jahr 311. in seinem, auch der Kayser Constantius und Licinius Nahmen, einen Befehl zu ihrem Besten zu Nicomedien bekannt machen. In dem Eingange desselben versicherte er, daß er in der Absicht, die alten Geseße der Römer und die herrschende Staatsreligion aufrecht zu erhalten, die Christen, welche ihre väterlichen Gebräuche verlassen hätten, zu einer bessern Denkungsart habe zurück führen wollen. Denn sie wären, sagt er, von einem solchen Stolze und Unsinn ergriffen worden, daß sie sich an den Gewohnheiten, die zum Theil von ihren Eltern eingeführt worden, nicht begnügt, sondern jeder nach seinem Willkühr und Einfall sich Geseße vorgeschrieben, dieselben beobachtet, und nach ihren verschiedenen Meinungen auch verschiedene Sekten errichtet hätten. Da wir nun, so fährt der Kayser fort, eine Verordnung gaben, daß sie zu den alten Vorschriften zurückkehren sollten: so haben viele derselben sehr gelitten; nicht wenigere haben voll Schröckens mancherley Todesarten ausgestanden. Weil wir also sahen, daß viele, indem sie bey ihrer Unvernunft verblieben, weder den himmlischen Göttern den schuldigen Dienst erwiesen, noch den Gott der Christen ehrten: so haben wir nach unserer Menschenliebe und gewöhnlichen Gütigkeit, — — erlaubt, daß alle Christen die Gebäude, in welchen sie zusammen kamen, wieder aufbauen dürfen; doch dergestalt, daß sie nichts wider die öffentliche Religion vornehmen. — — Wegen dieser unserer

serer Vergünstigung aber sind sie schuldig, ihren Gott um unser Wohlergehen, um das Wohl des Staats und ihr eigenes, anzurufen, damit auf alle Art sowohl der Staat unverletzt bleibe, als auch sie sorgenlos in ihren Wohnungen sich aufhalten können. — Es ist deutlich, daß Galerius hier nicht, wie es Eusebius und Lactantius erklären, eine gerechte Strafe Gottes an sich erkenne, und denselben um Vergebung bitte; er gesteht nur, daß er mit den Christen hart und unvorsichtig verfahren habe: er hofft zugleich, durch ihre Fürbitte bey ihrem Gotte wieder gesund werden zu können. Die Christen dieser Zeit haben freylich den elenden Ausgang dieses Kaysers aus der Welt einmüthig und ohne Bedenken vor eine göttliche Strafe ausgegeben; aber ein solches Urtheil ist in der That übereilt, so häuffig auch noch alle Tage ähnliche gefällt werden. Rufinus, der (H. Eccl. L. VIII. c. 18.) dem kranken Kayser von einem seiner Aerzte ankündigen läßt, der wahre Gott allein, den er durch die Verfolgung seiner Diener erzürnet habe, könne ihn von seiner Krankheit befreyen, scheint ebenfals dem Kayser Gesinnungen beyzulegen, welche zwar die Christen bey ihm erwarten konnten; von denen sich aber in seiner Verordnung kein Merkmal findet.

Diese that im Anfange ihre völlige Würkung. Maximinus ließ sie zwar in seinem Gebiete nicht ausfertigen; er unterdrückte sie sogar mit allem Fleiße; aber mündlich gab er doch seinen Großen Befehl, daß die Verfolgung der Christen aufhören sollte. Auch schrieb sein vornehmster Staatsbedienter und Befehlshaber an alle Statthalter, daß, da die Kayser gefunden hätten, die Christen setzten sich durch ihren hartnäckigen Widerstand gegen die kayserlichen Verordnungen, vielem Ungemach aus, sie ihnen nunmehr die Freyheit ihres Gottesdienstes verstatten wollten. Die Christen kamen also sogleich in den vollkommenen Besitz derselben: und viele Heiden riefen beym Anblicke dieser unvermuthet großen Veränderung mit Erstaunen aus, der Gott der Christen sey allein der große und wahre.

Allein dieses Glück währte nicht ganz sechs Monathe. Maximinus hatte nur aus Achtung, die er dem Galerius, seinem Oheim, schuldig war, die Verordnung desselben in seinen Ländern gültig werden lassen. Da aber derselbe kurz darauf gestorben war, und Maximinus sich in den von ihm besessenen Reichsantheil dergestalt mit dem Licinius getheilt hatte, daß dieser die Europäischen Provinzen, und er die Asiatischen davon bekam: handelte er nun wieder gänzlich nach seiner Denkungsart. Zuerst verbot er den Christen, sich auf den Begräbnißplätzen zu versammeln. Darauf stiftete er die Einwohner von Antiochien und andern Städten an, ihm Bittschriften zu übergeben, worinne sie, als um die größte Wohlthat, darum anhielten, daß den Christen nicht mehr vergönnt werden möchte, unter ihnen zu wohnen. Die Statthalter ermunterten die Unterthanen ebenfals, sich diese Gnade auszubitten: und der Kayser bewilligte sie alsbald durch Verordnungen, welche auf eine ungewöhnliche Art in eherne Tafeln eingegraben, mitten in den Städten dargestellt wurden. Er sagte darinne, daß nun Krieg, Unfruchtbarkeit und andere Landplagen aufgehört hätten, seitdem die den Göttern verhaßte christliche Religion sich nicht mehr so ungehindert ausbreiten könne. In kurzer Zeit wurde also die Verfolgung im Jahr 311. wieder überaus heftig; Maximinus suchte auch die Heyden auf alle Art gegen die Christen zu erhitzen. Er ließ die erdichteten Nachrichten

Fortſetzung u. Ende d. Verfolg. d. Dioclet. 47

ten des Pilatus, in welche man vieles zur Beſchim-
pfung Chriſti eingerückt hatte, in allen Städten und
Dörfern bekannt machen; ſelbſt die Knaben mußten
ſie in den Schulen auswendig lernen und herſagen.
Eben ſo ließ er auch die einigen unzüchtigen Weibsper-
ſonen durch die Marter ausgepreßte Außage, welche
viel Schändliches von den Chriſten enthielt, überall
ausſtreuen.

n.
J. G.
306
bis
337.

Dennoch ſchlugen alle dieſe Bemühungen zu ſeiner
Beſchämung aus. So berichten es wenigſtens die
chriſtlichen Schriftſteller, deren Nachrichten hier allein
gebraucht werden können: Euſebius, (Hiſt. Eccl. L.
IX. c. 1. ſq.) und Lactantius (de mortib. perſecut.
c. 36. ſq.) Dürre, Hunger, Peſt, und eine Krankheit, welche unzählichen das Geſicht raubte, ſtifteten im
Jahr 312. ein allgemeines Elend in ſeinen Ländern, zu
einer Zeit, da er ſich ihres Wohlſtandes, als einer
Folge des Götterdienſtes, rühmte. Bey dieſem ge-
häufften Unglücke, das die Heiden endlich betäubte,
waren es die Chriſten zuletzt allein, welche die Todten
begruben, und unter die Armen Brodt austheilten.
Dieſes Betragen nöthigte ihren Feinden ſelbſt den
Preis des wahren Gottes, und Lobeserhebungen ſeiner
Verehrer ab. Ein Krieg den Maximinus um gleiche
Zeit mit den Armeniern anfieng, ſchlug ebenfals
übel aus. Dieſes Volk war ſchon lange unter den
Bundsgenoſſen der Römer, und ſeit den Zeiten des
Diocletianus auch bereits chriſtlich geworden. Nach
der Erzählung des Sozomenus (H. Eccl. L. II. c. 8.)
ſoll ihr König Tiridates durch ein göttliches Wunder,
das in ſeinem Palaſte vorfiel, dergeſtalt gerührt worden
ſeyn, daß er nicht nur ſelbſt das Chriſtenthum angenommen, ſondern auch allen ſeinen Unterthanen befohlen habe, ein gleiches zu thun. Andere Nachrichten

ften (unter andern in Combefis. Auctar. Biblioth. Patr. Graecor. T. II. p. 287. sq.) schreiben die Bekehrung der Armenier einem **Gregorius** bey, der ihr erster Bischof gewesen sey, und von diesem neuen Lichte, das er unter sie brachte, den Ehrennahmen, der Erleuchter, (oder Lehrer) erhalten habe. Sein Nahme ist wenigstens in spätern Jahrhunderten unter ihnen sehr berühmt gewesen; aber was die Heiligengeschichten von ihm weitläufig melden, verdient gar keinen Glauben. Dieses Volk bekriegte Maximinus nur deswegen, um ihnen das Heidenthum mit den Waffen wieder aufzudringen. Allein sie schlugen ihn zurück, und verliessen auch das Römische Bündniß. Man hat dabey angemerkt, daß dieses der erste Krieg gewesen sey, der wegen der christlichen Religion geführt worden ist.

Derjenige in welchem eben damals Maxentius, der Bundsgenosse des Maximinus, ein so trauriges Ende nahm, zeigte auch auf das Verhalten des letztern gegen die Christen sogleich seinen Einfluß. Constantinus und Licinius übersandten ihm das Gesetz, welches sie im Jahr 312. gemeinschaftlich für die Christen gaben. Maximinus wollte zwar dasselbe nicht, gleichsam als einen fremden Befehl, in seinem Gebiete bekannt machen; aber dennoch mußte er der Macht dieser Fürsten einigermaaßen nachgeben. Er ließ also an seine Befehlshaber ein Schreiben ergehen, welches Eusebius (H. Eccl. L. IX. c. 9.) aufbehalten hat. Darinnen rühmte er sich, daß, ohngeachtet Diocletianus mit Recht auf die Verächter der Götter Strafen gesetzt habe, weil fast alle Menschen zu der Sekte der Christen übergegangen wären, diese doch von ihm auf das glimpflichste behandelt worden wären, so daß sie durch seine Verordnungen nichts gelitten, und vielmehr auf seine Ermahnung

zum

zum Theil wieder die heydnische Religion angenommen hätten; bis er sich genöthigt gesehen habe, den Städten ihre Bitte zuzugestehen, daß sich kein Christ bey ihnen aufhalten dürfte. Jetzt aber befiehlt er, wie bis er sagt, von neuem, daß man zwar die Christen, welche sich zu dem Dienste der Götter bekennen wolten, willig aufnehmen, hingegen sie dazu nur durch die gelindesten Mittel bringen sollte. Doch die Christen traueten diesem Befehle nicht, weil ihnen die Uebung ihres Gottesdienstes durch denselben nicht ausdrücklich verstattet wurde. Im folgenden Jahre 313. da Maximinus in einen Krieg mit dem Licinius gerieth, und eine gänzliche Niederlage erlitt, befand er auch vor dienlich, sich gegen die Christen noch günstiger zu erweisen. Er beklagte sich in einer neuen Verordnung, die man ebenfals beym Eusebius (l. c. c. 10.) antrifft, darüber, daß die erstere von manchen Obrigkeiten unrecht verstanden worden, und daher bey den Christen viel Mißtrauen übrig geblieben sey. Er ertheilte also den letzteren völlige Freyheit in Ansehung ihrer Religion; so daß sie selbst ihre Kirchen (κυριακὰ οἰκεῖα) wieder aufbauen könnten. Auch sollten ihnen ihre ehemaligen liegenden Gründe, die auf Befehl des Hofs, an die kayserliche Kammer, oder an andere Besitzer gekommen wären, zurückgegeben werden.

Glaubt man dem Lactantius (de mort. persecut. c. 46. 49.) so hat Maximinus vor der Schlacht die er dem Licinius lieferte, dem Jupiter angelobt, die Christen gänzlich auszurotten, wenn er darinne glücklich seyn würde. Nachher aber, als er seine Angelegenheiten zu Grunde gerichtet sah, nahm er Gift, und starb unter vielen Schmerzen. Vorher verlor er noch seine Augen, erblickte in diesem Zustande Gott mit den Engeln über sich Gericht halten, erkannte sich vor schuldig, und bat Christum um Vergebung und Mitleiden. Allein die Erzählungen dieses Schriftstellers, der auf der andern Seite den Licinius durch einen Engel belehren läßt, wie er den Sieg erhalten könne, sind eben sowohl, als die damit zum Theil übereinstimmenden Nachrichten des Eusebius, verdächtig, und scheinen aus einer partheyischen Sammlung nachtheiliger Gerüchte und gehässiger Folgerungen aus natürlichen Begebenheiten geflossen zu seyn. Beyde, insonderheit der erstere, hatten sich einmal vorgesetzt, an einigen Beyspielen zu zeigen, wie augenscheinlich die Verfolger der Christen durch einen unglücklichen Todt von Gott bestraft worden wären. Die Merkmale davon meinten sie theils in einem gewaltsamen Ende, theils in außerordentlich schmerzhaften Krankheiten, Verlust von Ländern, Macht und Ansehen, gefunden zu haben. Sie mußten aber dabey manche Voraussetzungen und Schlüsse wagen, die keinen historischen Grund oder sichere Zeugnisse für sich hatten. Es hat Verfolger der Christen genug gegeben, die glücklich und ruhig aus der Welt gegangen sind: und sie konnten es nachmals den Heyden eben so wenig verwehren, zu behaupten, daß die heftigern Feinde des Götzendienstes, wenn sie unglücklich wurden, dieses durch die Rache der Götter geworden wären.

So endigte sich im Jahr 312. die letzte große Verfolgung, welche über die Christen in den ersten Jahrhunderten ergangen war, nachdem sie unter einigen stillen Zwischenräumen zehn Jahre lang fortgewähret hatte. Kaum hat man von einer der übrigen eine so umständliche Beschreibung, und so viele Beyspiele von Märtyrern aus denselben, die ein Zeitgenosse und Augenzeuge selbst aufgezeichnet hätte. Eusebius, der diese Mühe in seiner Kirchengeschichte, und vorzüglich

züglich in dem Buche von den Märtyrern in Paläſtina, übernommen hat, iſt deswegen getadelt worden. Man hat geurtheilt, daß er ſeinen Fleiß auf wichtigere Begebenheiten und Handlungen der Chriſten hätte wenden, auch bey den Märtyrergeſchichten, die er ſo weitläufig erzählt, zuweilen weniger leichtgläubig, und nicht immer ſo ſehr als Bewunderer, hätte ſchreiben ſollen. Dieſe Vorwürfe ſind nicht ganz ungegründet; ſie werden aber, wie manche ähnliche in den neuern Zeiten, viel höher getrieben, als es nöthig iſt. Wir ſtehen jetzt viel zu weit von dem Schauplatze dieſer älteſten chriſtlichen Geſchichte entfernt, und unſere heutige Europäiſche Verfaſſung iſt faſt in allen Stücken der damaligen Römiſchen und Chriſtlichen zu ſehr entgegen geſetzt, als daß wir über das Wichtige und Rührende von Nachrichten aus derſelben völlig ſo denken könnten, wie die Chriſten dieſer Zeit. Ihnen mußte es auch noch lange darnach ein großer und edler Anblick ſeyn, die Leiden unzählicher ihrer Mitbrüder, welche ſie ihres Glaubens wegen ausgeſtanden hatten, und den harten Kampf, durch welchen man zu der folgenden Freyheit durchgedrungen war, auf das ſorgfältigſte nach allen Umſtänden beſchrieben zu ſehen. Jetzt hingegen ſieht vielleicht der alle Ruhe und Bequemlichkeit genieſſende Chriſt, bey dem oft, die Religion ausüben, nicht vielmehr heißt, als zu beſtimmten Zeiten in der Kirche ſitzen, in ſolchen Erzählungen ſehr viel Kleines und Unbedeutendes; oder in dem Betragen der damaligen Chriſten Starrſinn und Menſchenſcheue Geſinnungen, beſonders gegen die häuffigen Bemühungen der heydniſchen Obrigkeiten, die Chriſten durch Vorſtellungen und Anerbietungen zu retten. Dazu kommt auch dieſes, daß der gewaltige Mißbrauch, der nach und nach mit der Geſchichte der Märtyrer angeſtellt worden iſt,

52 Zweyter Zeitraum. Erstes Buch.

E. n.
T. G.
306
bis
337.

indem sie theils zu vielen albernen Erdichtungen, theils zu einer abergläubischen Verehrung Anlaß gegeben hat, protestantische Leser zum voraus mit einer gewißen Gleichgültigkeit, und nicht selten auch unbilligen Verachtung gegen sich, erfüllet.

In der That scheint Eusebius darinne eben nicht gefehlt zu haben, daß er die merkwürdigste und längste von allen Verfolgungen, deren leidender Zuschauer er selbst gewesen war, in der auch sonst so viele berühmte christliche Lehrer gelitten hatten, so ausführlich beschrieben hat. In dem Wunderbaren das er zuweilen beybringt, ist schon mehr, was ein frey untersuchender Geschichtschreiber hätte vermeiden können. Und dennoch verdient er auch hier einige Nachsicht. Er ist darinne weit sparsamer als andere; es sind auch wohl Begebenheiten, die an sich keinen Zweifel leiden; nur die übernatürliche Ursache derselben kann nicht so leicht zugegeben werden. So erzählt er, (de Martyr. Palaest. c. 4.) daß der Körper des Märtyrers Apphianus kaum bey Cäsarea in das Meer geworfen worden sey, als dieses nicht allein, sondern der Himmel selbst in die heftigste Bewegung gerathen wäre, welche die Erde und die ganze Stadt erschüttert hätten; und zu gleicher Zeit sey der Körper des Märtyrers vor die Thore der Stadt geworfen worden: eine Begebenheit, die der Geschichtschreiber durch das Zeugniß aller Einwohner von Cäsarea bekräftigt. Hingegen gedenkt er (l. c. c. 2.) nichts von dem doppelten Wunder, welches sich bey der Hinrichtung des Romanus zugetragen haben soll, und vom Prudentius (hymn. in pass. Romani) keinesweges vergeßen worden ist. Das Feuer, sagte man, welches diesen Märtyrer auf dem Scheiterhaufen verzehren sollte, wurde durch einen plötzlich entstandenen Regen ausgelöscht; und er fuhr fort zu reden, ob man ihm

ihm gleich die Zunge ausgeschnitten hatte. Es ist z. n.
wahr, daß beyde Wunder in der zweyten Predigt E. G.
von der Auferstehung vorkommen, welche dem Eu- 306
sebius beygelegt werden, und vom Sirmond (in bis
den Opusculis XIV. Paris 1643. 8.) herausgegeben 337.
worden sind. Allein, wenn auch diese Predigt seine
unstreitige Arbeit seyn sollte; so würde man eben dar=
aus sehen können, daß er den gedachten Erzählungen
ihren schicklichen Platz lieber in einer Predigt, als in
seiner Geschichte, habe anweisen wollen.

Er gesteht auch sonst freymüthig genug, daß nicht alle
Christen, selbst Lehrer, welche damals wegen ihrer Reli=
gion Drangsale ausgestanden haben, wahre Märtyrer ge=
wesen sind. Doch hat er nicht umständlich erzählen wollen, (so schreibt er, (de Mart. Palaest. c. 12.) wie manche
Lehrer aus Hirten der vernünftigen Heerde Christi,
durch Zulaßung der göttlichen Gerechtigkeit, zu Hütern
von Cameelen, eines unvernünftigen, und seinem Kör=
per nach gekrümmten Thieres, als Leute die eines solchen Amtes würdig waren, ingleichen zu Wärtern,
der kayserlichen Pferde, gemacht worden sind; auch
übergeht er den Ehrgeiz von vielen, die unrechtmäßigen
Einweihungen zum Lehramte, die Zwistigkeit unter den
Bekennern selbst, und die neuern Stifter von immer
mehrern Unruhen, durch welche das äußerliche Uebel der
Kirche sehr vergrößert worden ist. Alles dieses will
er vorbey lassen, weil er lieber das Anständige und
Rühmliche in dem Zustande der christlichen Religion zu
entwickeln gesonnen sey. Auch deswegen hat man ihm
Vorwürfe gemacht, als einem Schriftsteller, der da wo
er unpartheyisch und vollständig die Flecken der Christen
zeigen sollte, schweigt. Gleichwohl sagt selbst dasjenige
was er im Vorbeygehen darüber bemerkt, genug: und
seine übrige Erzählung enthält noch einige Beyträge

D 3 dazu=

daju. Von dieser Art ist die Spötterey des Märtyrers Procopius, auf die Regierung von vier Kaysern, de Mart. Pal. c. 1.) der Abfall vieler Lehrer vom Christenthum; (ebendas.) der Ungestüm dreyer Christen, welche auf den Statthalter, als er eben opferte, losstürzten, und ihm zuriefen, er sollte von seinem Irrthum ablassen; (l. 2. c. 9.) und vielleicht darf man auch diejenigen Christinnen hieher rechnen, welche sich, um ihre Keuschheit vor den heidnischen Feinden zu bewahren, zu Tode stürzten, oder ersäuften. (Hist. Eccl. L. VIII. c. 12. 14.)

Außer den Nachrichten des Eusebius von dieser Verfolgung, giebt es in den spätern Schriftstellern des vierten und fünften Jahrhunderts viele Erzählungen von den Märtyrern derselben, und meistentheils sehr geschmückte und angenehme. Da sie aber bey Dichtern und Rednern, oder in theologischen Schriften, vorkommen: so dienen sie mehr zum Vergnügen und zur Erbauung, als zu einem historischen Beweise. Unter andern hat der Dichter Prudentius, im Anfange des fünften Jahrhunderts, den Märtyrertod der Eulalia, des Vincentius, Quirinus, Romanus, und anderer mehr, mit freygebiger Aufnahme des Wunderbaren, und Ermunterung sie zu verehren, besungen. Eine große Anzahl anderer Märtyrergeschichten, welche in diese Zeit gehören sollen, die aber theils sehr ungewiß, theils mit Erdichtungen überladen sind, haben Baronius (in Martyrolog. Romano) Bollandus, und seine Nachfolger (in Actis SS. Antverp.) Tillemont, (Mémoires T. V.) und Ruinart, (Acta Martyr. sincera) ganz oder im Auszuge aufbehalten: und selbst die beyden letztern, welche dieselben am meisten prüften, haben noch viel zu gelinde über den Werth derselben geurtheilt. Von den berühmten Märtyrern, die seit dem ersten Befehl des Diocletianus bis ins Jahr 312. gelitten haben, sind bereits am Ende der Geschichte des Ersten Zeitraums, Pamphilus, Methodius und Lucianus beschrieben worden. In den vorhergedachten neuern Sammlungen findet man noch mehrere, die zum Theil unter einem weit größerm Rufe, noch als Heilige in der Römischen und Griechischen Kirche verehrt werden; deren Geschichte aber bis auf den einzigen Umstand, daß sie während dieser Verfolgung gelebt oder gelitten haben mögen, keine Glaubwürdigkeit hat. Darunter gehört die Erzählung von dem heiligen Georgius, der als ein Ritter zu Pferde, das einen Drachen zertritt, abgebildet wird; ingleichen eine andere von den heiligen Cosmas und Damianus, welche die Arzneykunst unentgeldlich ausgeübt haben sollen, und daher die Schutzheiligen der Aerzte geworden sind.

F. n.
F. G.
306
bis
337.

Man hat lange Zeit auch dem Römischen Bischof Marcellinus unter die Märtyrer von dieser Verfolgung gerechnet. Allein bey dem Mangel an alten Zeugnißen, kann nicht mehr bewiesen werden, als daß er im Jahr 304. gestorben sey. Er ist unterdeßen durch eine alte schimpfliche Erzählung von ihm, die nebst andern damit verbundenen sonderbaren Nachrichten bis auf die neuern Zeiten bey vielen Glauben gefunden hat, merkwürdig geworden. Marcellinus, sagt man, konnte im Jahr 302. den fürchterlichen Drohungen der Heyden nicht länger widerstehen: er streuete daher Weihrauch den Göttern zu Ehren, in einem ihrer Tempel. Drey Aeltesten und zween Kirchendiener begleiteten ihn dahin; verliessen ihn aber beym Eingange, um eine Menge von Christen zu Zeugen seines Abfalls herbeyzurufen. Nach einem so öffentlichen Aergernisse, versammleten sich dreyhundert Bi-

F. n.
C. G.
306
bis
337.

schöfe in einer Höle bey Sinueſſa, einer Stadt im La-
tium, an den Grenzen von Campanien, ſtraften zwar
die fünf erſtgedachten Geiſtlichen, hörten auch zwey
und ſiebzig Zeugen gegen den Marcellinus ab; wag-
ten es aber nicht, ein Urtheil über ihn zu ſprechen,
weil ein Römiſcher Biſchof keinen Richter auf der
Welt über ſich habe. Sie überließen es ihm alſo
ſelbſt, dieſes zu thun: und er erkannte ſich vor werth,
ſeines Amtes entſetzt zu werden. Dieſes iſt der Inhalt von den Handlungen der Kirchenverſammlung zu
Sinueſſa, wie ſie unter andern Harduin (Acta Concilior. T. I. p. 217. ſq.) herausgegeben hat.

Nichts könnte unwahrſcheinlicher erdacht werden,
als die meiſten Umſtände dieſer Geſchichte, die auch
von keinem einzigen alten Schriftſteller berichtet wird,
und davon die gedachte Erzählung in einer dunkeln bar-
bariſchen Schreibart abgefaßt iſt. Widerſprüche und
Dinge die den damaligen Zeiten gar nicht gemäß ſind,
in ſich begreift. Am gröbſten hat ihr Verfaſſer darinne erdichtet, daß die Mitchriſten des Marcellinus
geglaubt haben ſollten, ein römiſcher Biſchof, ſogar
ein abgöttiſcher, könne von niemanden, als von Gott
allein, gerichtet und beſtraft werden. Dennoch fanden dieſe Nachrichten in den ſpätern Jahrhunderten
ſo allgemeinen Glauben, daß im eilften auch der Pabſt
Nicolaus der erſte in einem Schreiben an den Kayſer Michael ſie als zuverläſſig annahm. So hat ſie
ſelbſt das Breviarium oder das öffentliche Gebetbuch
der Römiſchen Kirche angeführt. Daher getrauete
ſich nicht einmal Baronius (Annal. Eccleſ. ad a. 302.)
dieſelben zu verwerfen. Sie ſtimmen zwar mit der
von ihm eifrig vertheidigten Untrüglichkeit der Päbſte
gar nicht überein; vermuthlich aber hat ihm der darinne ſo unerwartet angebrachte Grundſatz, daß die Römiſchen

mischen Bischöfe keinem menschlichen Gerichte unterworfen wären, Muth gemacht, sich ihrer durch gezwungene Erklärungen anzunehmen. In den neuern Zeiten haben sich die Protestanten selbst vereinigt, diesen Schandflecken von dem Andenken des Marcellinus abzuwischen: und unter den Römischcatholischen Gelehrten ist dieses vom Pagi, (Critica in Annal. Baronii ad a. 302. n. 18. sq. ad a. 304. n. 12.) Tillemont, (Mémoires T. V. p. 363. sq.) und andern mehr geschehen. Unterdessen, wenn gleich alle diese Schriftsteller die unächte Urkunde von der vermeinten Kirchenversammlung zu Sinuessa mit leichter Mühe abgefertigt haben; so scheint doch einiger Grund von der Hauptsache selbst übrig zu bleiben. Der Donatiste Petilianus wirft beym Augustinus (contra litteras Petiliani, Libro 2. p. 187. T. IX. Opp. edit. Antverp.) dem Marcellinus und andern christlichen Lehrern, sowohl abgöttisches Räuchern des Weihrauchs, als Auslieferung der kirchlichen Handschriften an die Heiden, vor: und was ihm der Kirchenlehrer daselbst, auch in einem andern Buche (de unico baptismo contra Petil. p. 368. sq. antwortet, läuft bloß darauf hinaus, daß er Beweis fordert, und anmerkt, die rechtgläubige Kirche leide dadurch nichts, wenn auch die Beschuldigung wahr seyn sollte. Vielleicht also war Marcellinus würklich ein abgefallener Christ: und man suchte nur durch die übrige ausgesonnene Erzählung seine Ehre von einer andern Seite zu retten.

Mehr Zuverläßigkeit hat die ebenfals merkwürdige Geschichte des Bischofs Petrus von Alexandrien, der auch einer von den Märtyrern in der Verfolgung des Diocletianus gewesen ist. Er wurde im Jahr 300. Bischof, und erwarb sich sowohl durch seine Stärke in der Auslegung der heiligen Schrift, als durch

§. II.
T.G.
306
bis
337.

durch strenge Tugend, und eifrige Sorge für das Beste der Aegyptischen Gemeinen überhaupt, einen ausnehmenden Ruhm. Die gedachte Verfolgung traf nicht leicht eine Landschaft des Römischen Reichs mit solcher Härte, als Aegypten. Hauffen von zwanzig, dreyßig, sechszig bis hundert Christen, und darunter Männer, Weiber und Kinder, wurden auf einmal, und das mehrere Jahre nach einander, durch außerordentliche Martern hingerichtet, wie Eusebius, der einen Zuschauer dieses Elendes abgab, (Hist. Eccl. L. VIII. c. 8. 9. 10.) erzählet. Gleichwohl gaben sich daselbst sehr viele freywillig an, daß sie Christen wären: und am meisten wurden darunter diejenigen bewundert, welche vornehm und reich waren, die auch von der Obrigkeit vergebens ermahnt wurden, mit sich selbst und ihrer Familie Mitleiden zu tragen. Der Bischof Petrus verbarg sich im Anfange der Verfolgung; er erschien aber bald wieder öffentlich, und wurde unversehens im Jahr 311. verurtheilt, enthauptet zu werden. Verschiedene andere Bischöfe und Aeltesten verloren zugleich mit ihm das Leben. Dieses ist die Beschreibung, welche Eusebius (Hist. Eccl. L. VII. c. 32. L. VIII. c. 13. L. IX. c. 6.) und Sozomenus (Hist. Eccl. L. I. c. 24.) von ihm machen, zu welcher Tillemont, (Mémoires, T. V. p. 185. sq. p. 341.) ingleichen Fabricius, (Biblioth. Graec. Vol. VIII. p. 411.) noch einiges gesammelt haben.

Dieses betrift insonderheit seine Schriften, von welchen nur einige Ueberbleibsale vorhanden sind. Sie waren von der Gottheit, vom Pascha, und von der Kirchenbuße, überschrieben. Die letztere setzte er ohngefähr im Jahr 306. bey Gelegenheit der vielen abgefallenen Christen auf, die sich damals, auch mitten unter der Menge von standhaftern, gehäuft hatten.

Aus

Aus dieſem Buche ſind noch einige Kirchengeſetze übrig, J. n. welche er abfaßte, um die Abgefallenen in gewiſſe Claſ- T. G. ſen zu bringen, und nach denſelben das Verhalten der 306 Kirche gegen ſie zu beſtimmen. Sie machen einen er- bis heblichen Beytrag zur Geſchichte der Kirchenzucht in 337. dieſem Zeitalter aus, und ſind daher vom Beveridge (Synodic. ſeu Pandect. Canon. S S. Apoſtol. et Concilior. T. II. p. 8 — 23.) mit den Erläuterungen des Balſamon und Zonaras herausgegeben worden. In dem erſten dieſer Geſetze verordnet der Biſchof, daß diejenigen Abgefallenen, welche vor die Richter geführt worden waren, und unausſtehliche Martern erduldet hatten, ehe ſie zu weichen anfiengen, zumal da einige derſelben ſchon ins dritte Jahr unter den Büſſenden wären, nur noch vierzig Tage darunter zubringen ſollten. Das zweyte ſetzt die Büſſung ein Jahr länger für ſolche hinaus, die zwar das Ungemach des Kerkers, aber keine andern Drangſale, erlitten haben. Hingegen werden durch das dritte denen, welche ohne einiges Leiden, bloß aus Furchtſamkeit, ihren Glauben verleugnet haben, vier Jahre vorgeſchrieben, und es wird darauf die Stelle der Geſchichte Jeſu angewandt, wo derſelbe einem Feigenbaum, auf welchem er drey Jahre keine Frucht gefunden, noch das vierte zur Friſt gönnte: denn ein ſolcher Gebrauch von Schriftſtellen kommt bey jedem dieſer Geſetze vor. Das vierte enthält nur Klagen über diejenigen, welche ihren Abfall nicht öffentlich bereuen und büſſen wollten. Das fünfte aber legt denen eine Kirchenſtrafe von ſechs Monathen auf, die ſich nur geſtellt hatten, als wenn ſie ihrer Religion untreu würden: entweder bey den Altären, oder durch ſchriftliche Aufſätze, oder auch durch Heiden, die ihre Stelle vertraten. Daher wird auch im ſechſten und ſiebenten den chriſtlichen Knechten, die ſich dazu hatten gebrauchen

brauchen laſſen, eine jährige, und ihren Herren eine dreyjährige Kirchenbuſſe vorgeſchrieben. Durch das achte und neunte Geſetz werden nicht allein diejenigen der Kirchengemeinſchaft würdig erklärt, die zwar anfänglich von den Martern überwunden worden, nachher aber mit neuem Muthe ſtandhaft geblieben waren; ſondern auch ſolche, die ſich ungefordert in dieſe gefährliche Verſuchung begeben, und darinne die Oberhand behalten hatten. Doch beweiſet der Biſchof zugleich, durch das Beyſpiel und die Lehren Chriſti und der Apoſtel, daß ein ſolches Bekenntniß der Religion nicht verlangt werde. Desweten will er auch in dem zehnten Geſetze, daß ſolche Lehrer, die ſich von ſelbſt zur Verfolgung dargeſtellt, darinne untergelegen, und wiederum ſich von ihrer Schwachheit glücklich erholt hätten, zwar der kirchlichen Gemeinſchaft genieſſen, aber ihr Amt nicht weiter verwalten ſollten, weil ſie doch ihre Gemeinen ohne Noth verlaſſen hätten. Allein, obgleich der Biſchof den übereilten Eifer vieler Chriſten, ſich in die Hände ihrer Feinde zu ſtürzen, tadelt; ſo erklärt er ſich doch im eilften Geſetze, daß er diejenigen nicht darunter begreife, die in der erſten Hitze der Verfolgung, indem ſie vor den Gerichten ſtanden, und daſelbſt die Märtyrer zu ihrem himmliſchen Ziele forteilen ſahen, durch dieſen Anblick entflammt, ſich öffentlich zum Chriſtenthum bekannten; oder die voll Schmerz über ihre abgefallenen Mitbrüder, die ſie vor den Augen hatten, ſich gedrungen fühlten, dem Feinde ihres Glaubens ohne andere Veranlaſſungen entgegen zu gehen, damit er nicht durch den Sieg ſtolz würde, den ihm Martern über einige Chriſten gegeben hätten. Auch bewilligt er gern das Verlangen derer, welche wünſchten, daß die Gemeine für ihre Freunde beten möchte, die durch Gefängniß oder Peinigungen überwältigt worden wären. In dem

dem zwölften und dreyzehnten rechtfertigt er die Christen, welche Geld gegeben hatten, um sich der Verfolgung zu entziehen; ingleichen solche, die durch die Flucht derselben ausgewichen waren, wenn gleich andere an ihrer Stelle leiden mußten. Endlich erlaubt er im vierzehnten, daß diejenigen, denen die Heiden durch eine unwiderstehliche Gewalt Fleisch oder Wein von den Opfern beygebracht hatten, oder deren Hände in das Feuer gesteckt worden waren, um Weihrauch zu streuen, im Lehrstande bleiben, und wenn es Layen wären, als Märtyrer angesehen werden dürften; vorausgesetzt, daß es Zeugen von dieser äußersten Gewalt gebe, welche sie gelitten hätten. Es wird noch die funfzehnte Verordnung aus einem andern Buche des Bischofs Petrus hinzugefügt, worinne er sagt: „Niemand darf uns tadeln, daß wir nach einer mündlich fortgepflanzten Vorschrift am vierten und sechsten Tage der Woche fasten: denn der Grund davon ist dieser, weil am erstern Tage Christus verrathen worden ist, und am letztern gelitten hat. Den Tag des Herrn aber begehen wir als einen Freudentag, weil er an demselben auferstanden ist, und knieen auch nach einer alten Gewohnheit, an demselben beym Gebete nicht nieder.“ Diese Bestätigung von sonst bekannten alten Gebräuchen, scheint sich besonders auf die Neuerung der Römischen und anderer Gemeinen zu beziehen, welche das Fasten des vierten Wochentags seit einiger Zeit auf den siebenten verlegt hatten.

Ueberhaupt befestigten die Christen, auch mitten unter der Verfolgung des Diocletianus, ihre Kirchenzucht und übrige Verfaßung auf mehr als eine Art. Die Kirchenversammlung, welche von den spanischen Gemeinen im Jahr 305. oder etwas später, zu Jlliberis, sonst Elvira genannt, (einer Stadt, von der
man

man noch einige Trümmern nicht weit von Granada sieht,) gehalten wurde, beweiset dieses vorzüglich. Eine Anzahl Bischöfe, unter welchen Hosius von Cordua der berühmteste ist, ingleichen Aeltesten saßen auf derselben, und gaben ein und achtzig Kirchenverordnungen; um sie herum standen die Kirchendiener und andere Christen. Man findet jene Verordnungen in Harduins Sammlung (Acta Concil. T. I. p. 247. sq.) eingerückt: und am gelehrtesten hat sie Aubespine (oder Albaspinäus, Notae in Canones Concilii Eliberini, p. 285—342. in Observatt. de veterib. Ecclesiae ritibus, ed. Helmstad.) erläutert.

Sie entdecken eine Menge sonderbarer, zum Theil ganz unerwarteter Umstände in der Denkungsart, den Sitten und Gebräuchen der damaligen Christen in Spanien. Zuerst wird darinne festgesetzt, daß Christen, welche ohne allen Zwang ihren Glauben verleugnet und den Götzen geopfert hätten, niemals wieder in die Kirchengemeinschaft aufgenommen werden sollten. Darauf wird bestimmt, wie lang die Bußung derer dauern sollte, welche, da sie auch als Christen, den Nahmen und das Zeichen heydnischer Priester, (flamines) wegen der damit verbundenen Ehre, oder aus andern Ursachen, beybehielten, in den Götzendienst gefallen waren. Sie sollen auch überhaupt eine zweyjährige Kirchenbuße ablegen. Eben so verordnet die Kirchenversammlung, wie die Kirche mit denen, welche wider Willen oder vorsetzlich, auch durch zauberische Künste jemanden getödtet, mit Ehebrechern, und mit Frauen die ihre Männer verlassen, mit Jungfrauen die sich Gott geweiht hatten, (das heißt, welche sich aus Frömmigkeit entschloßen ehelos zu bleiben, ohne doch die menschliche Gesellschaft zu verlassen,) aber in Unzucht gerathen waren, und mit ähnlichen Verbrechern verfahren müße.

Auch

Kirchenversammlung zu Illiberis.

Auch hier ist die kirchliche Strafe streng, und öfters unaufhörlich. Es werden weiter die Heyrathen christlicher Frauenspersonen mit Heiden, Ketzern und Juden verboten. Ein Städtebewohner, der drey Sonntage nacheinander nicht in die Kirche kommt, soll auf eine kurze Zeit vom heiligen Abendmahl ausgeschloßen werden. Kein außer seinem Kirchensprengel getaufter Christ darf in demselben eine Lehrstelle erhalten, weil seine Aufführung nicht bekannt genug ist. Unter andern Sündern, denen die Kirchenbuße auferlegt wird, stehen auch Christen, welche die Schwester ihrer verstorbenen Frau geheyrathet hatten; diejenigen welche einen Christen bey der Obrigkeit angaben, so daß er dadurch unglücklich wurde; falsche Zeugen, und solche die mit Würfeln spielten; vermuthlich, weil diese mit den Bildern der Götter bezeichnet waren.

Außer diesen Veranstaltungen welche die Versammlung zum Besten der Kirchenzucht traf, machte sie noch einige besonders merkwürdige Schlüße. Ihr drey und dreyßigster Canon verbietet allen Bischöfen, Aeltesten und Kirchendienern, wenn sie im Dienste der Kirche begriffen sind, einen vertraulichen Umgang mit ihren Ehefrauen zu unterhalten, und Kinder zu zeugen. Diese Verordnung ist desto auffallender, da man in den ersten dreyhundert Jahren des Christenthums, kein einziges Kirchengesetz für den ehelosen Stand der Geistlichkeit antrift, und sowohl zu dieser Zeit, als noch viele hundert Jahre nachher, in beyden Hauptkirchen die Mitglieder dieses Standes häufig in der Ehe lebten. Es läßt sich auch der Sinn dieser Verordnung gar wahrscheinlich darauf einschränken, daß den Geistlichen nur alsdenn, wenn sie mit dem öffentlichen Gottesdienste, besonders mit der bevorstehenden Feyer des heiligen Abendmahls beschäftiget sind, (Clericis, positis

64 Zweyter Zeitraum. Erstes Buch.

§. n. in ministerio) die Enthaltung von ihren Eheweibern C. G. vorgeschrieben werde. Eine Erklärung, welche, wie 306 Calixtus (de coniugio Clericor. p. 169.) bemerkt hat, bis dadurch eine Bestätigung gewinnt, daß Gratianus 337. selbst in seiner Sammlung von Kirchengesetzen, (de consecrat. distinct. 2. can. 21.) eine Verordnung dieser Kirchenversammlung anführt, die aber nur eine Erweiterung des eben gedachten Canon seyn mag, daß jederman einige Tage vor dem Genuße des heiligen Abendmahls, sich der Enthaltsamkeit im Ehestande befleißigen soll. Gesetzt aber auch, daß die Kirchenversammlung zu Illiberis die Ehe der Geistlichen gewissermaaßen getrennt hätte; so würde doch der Ausspruch von neunzehn oder etwas mehr Bischöfen in Spanien, der nur für die dortigen Gemeinen gültig war, vor sehr unbedeutend gehalten werden müßen. Und weit gefehlt, daß nachmals die oecumenische Kirchenversammlung zu Nicäa ein allgemeines Kirchengesetz dieses Inhalts gegeben hätte: so wurde auf derselben gerade das Gegentheil beschloßen.

Man sieht ferner aus dem sechs und dreyßigsten Canon, der zu Illiberis aufgesetzt worden ist: „Es ist die Meinung der Kirchenversammlung, daß „keine Gemählde in der Kirche seyn sollen, damit nicht „dasjenige, was verehrt und angebetet wird, an den „Wänden abgemahlt werde," — wie neu damals der verworfene Gebrauch gewesen seyn müße, und wie wenig man die Bilder der Heiligen in den Kirchen könne geduldet haben, da es nicht erlaubt wurde, Gemählde Gottes und der göttlichen Dreyeinigkeit daselbst aufzustellen. Hingegen ist es ein Denkmal des Aberglaubens, wenn im 34sten Canon verboten wird, auf den Begräbnißplätzen bey Tage keine Wachslichter anzuzünden, damit die Geister der Heiligen nicht beunruhigt

ruhigt werden. Die früh aufgekommenen Zusammenkünfte der Christen bey den Gräbern der Märtyrer, welche dazu dienten, um durch andächtige Uebungen ihr Andenken in Ehren zu erhalten, arteten freylich bald aus: und die Einbildung, daß die Seelen derselben daselbst ruhten, bis ihr Tod von Gott gerächt werde, brachte einen andern Einfall, der nahe an heydnische Meinungen gränzte, hervor, als wenn diese Seelen durch Feuer und Rauch beunruhigt werden könnten. Was aber Römischcatholische Gelehrte hier beyfügen, daß bey den Gräbern der Märtyrer viele Wunder vorgefallen wären, davon findet sich in der Geschichte dieser Zeiten nicht die geringste Spur. — Die gleich folgende Verordnung verbietet den Frauenspersonen, auf den Begräbnißplätzen die Nacht zuzubringen, weil öfters, unter dem Vorwande des Gebets, heimlich Verbrechen begangen würden. — Weiter wird erlaubt, diejenigen Lehrlinge des Christenthums, welche von einem unreinen Geiste besessen sind, am Ende ihres Lebens zu taufen; auch wird jedem Gläubigen, der noch nicht unter den Büßenden gewesen ist, noch zweymal geheyrathet hat, verstattet, im Fall der Noth einen sehr kranken Lehrling zu taufen; doch mit der Bedingung, daß diesem, wenn er am Leben bleibt, von dem Bischof die Hände aufgelegt werden. Uebrigens soll die Taufe überhaupt unentgeltlich geleistet werden. — Auch wird befohlen, mit Verlassung der irrigen Gewohnheit, an jedem Sabbath zu fasten. — Gleichergestalt soll Pfingsten, wie es die heilige Schrift verlangt, (so sagt die Kirchenversammlung,) am funfzigsten Tage nach Ostern, nicht am vierzigsten, begangen werden: es scheint sogar beynahe, daß hier die Begehung aller dieser funfzig Tage, welche im weitläuftigern Verstande dieses Fest (Quinquagesima) ausmachten, verstanden werde. — Endlich ist unter anbern Verordnungen, noch diese merkwürdig, daß ein Christ, der Götzenbilder zerbrochen hat, und bey dieser Gelegenheit umgebracht worden ist, nicht unter die Märtyrer gerechnet werden soll, weil eine solche Gewaltthätigkeit durch das Evangelium nicht befohlen werde, noch zur Zeit der Apostel ausgeübt worden sey.

Zu den Begebenheiten, welche die Verfolgung des Diocletianus und seiner Nachfolger, entweder hervorgebracht oder zum Theil veranlaßt hat, gehören auch manche erhebliche Streitigkeiten und Spaltungen unter den Christen dieser Zeit: insonderheit die Meletianische, und selbst die Donatistische. Aber ehe diese beschrieben werden können, muß die Hauptveränderung erzählt werden, die noch vor dem Ende der gedachten Verfolgung mit ihnen vorgieng: der Uebertritt des Kaysers Constantinus zu ihrem Glauben.

Bekehrung
des
Kaisers Constantinus
zum Christenthum.

Dieser Fürst hatte bald darauf, nachdem er im Jahr 306. seinem Vater in der Regierung von Britannien, Gallien und Spanien nachgefolgt war, den Christen dieser Länder, wie man oben bereits gelesen hat, die Freyheiten welche ihnen derselbe ertheilt

ertheilt hatte, bestätigt. Von seinem Vater scheint er auch die erste Kenntniß ihrer Religion, und einige Gewogenheit gegen die Anhänger derselben bekommen zu haben. Aber übrigens bezeigte er in den ersten Jahren gar keine Neigung, sie anzunehmen. Wie weit er damals von christlichen Gesinnungen entfernt gewesen sey, beweisen, außer einigen abgöttischen Cärimonien, auch die grausamen Schauspiele, die er er anstellte, indem er in denselben die gefangenen Fränkischen Könige den wilden Thieren vorwerfen ließ. Selbst noch der Befehl, zu welchem er mit dem Galerius und Licinius im Jahr 311. seinen Nahmen hergab, welches auch bereits erzählt worden ist, daß die Christen ihren Gottesdienst wieder frey verrichten, und dafür ihren Gott um die Wohlfahrt der Kayser, des Staats, und ihre eigene, anrufen möchten; auch dieser Befehl zeigt den Constantinus nur als einen billigen und gütigen Fürsten gegen die Christen, der vielleicht nur aus Gefälligkeit für seine Mitregenten darein gewilligt haben könnte.

Mit dem Jahr 311. aber offenbarte sich bey ihm zuerst die Neigung zum Christenthum, die überaus schnell zunahm, und sich bald in einen würklichen Uebergang in die christliche Kirche verwandelte; obgleich seine feyerliche Aufnahme in dieselbe durch die Taufe, erst mehr als zwanzig Jahre darauf erfolgt ist. Christen und Heyden haben diese wichtige Religionsveränderung zu der Zeit, oder gleich darnach, als sie sich zutrug, beschrieben. Ihre Nachrichten müssen desto mehr mit einander verglichen werden, da sie die Bewegungsgründe dieser Handlung sehr verschieden angeben: und selbst neuere Schriftsteller beurtheilen dieselben nicht auf einerley Art.

Unter den Christen, die Constantins Zeitgenossen, und mit ihm persönlich wohl bekannt waren, hat

n.
E.G.
306
bis
337.

Eusebius darüber am ausführlichsten geschrieben. Als der Kayser, sagt er, (de vita Constant. L. I. c. 26. sq.) im Jahr 311. im Begriff war, mit seinem Kriegsheere den Maxentius in Italien anzugreifen, sah er wohl ein, daß er neben dieser Hülfe, noch einer bessern gegen die bösen zauberischen Künste, welche der Tyrann fleissig zusammensuchte, bedürfe. Er beschloß also, Gott zum Helfer anzunehmen, und berathschlagte mit sich selbst, welchen Gott er dazu wählen sollte. Während dieser Untersuchung bedachte er, daß die meisten seiner Vorgänger in der Regierung, die sich auf mehrere Götter verliessen, und diese auf alle Art verehrten, nicht allein durch falsche Weissagungen und Orakelaussprüche betrogen worden; sondern auch eines unglücklichen Todes gestorben wären; da hingegen sein Vater, der dem einzigen höchsten Gotte, sein ganzes Leben hindurch, gedient hätte, von demselben beschützt, und mit allem Guten begnadigt worden wäre. Er bemerkte weiter, daß diejenigen, welche vielen Göttern vertraueten, auch in vielfaches Verderben gerathen wären, so daß ihr Geschlecht, Nahme und Andenken in der Welt untergegangen seyen; der Gott seines Vaters aber habe ihm viele kräftige Beweise seiner Macht gegeben. Und da er endlich auch den theils schimpflichen, theils traurigen Erfolg betrachtete, den die Fürsten welche ehemals den Maxentius mit einer Menge von Göttern bekriegten, gehabt hatten: so urtheilte er aus diesem allem, daß es sehr thöricht sey, mit Göttern die nicht vorhanden wären, sich vergebens zu beschäftigen, und einen durch so viele Merkmale erkannten Irrthum beyzubehalten; daß er also allein den Gott seines Vaters verehren müsse. Er bat daher diesen eifrigst, daß er sich ihm zu erkennen geben, und bey seiner gegenwärtigen Unternehmung Hülfe leisten möchte.

Des K. Constantins Bek. z. Christenthum. 69

Es ist überaus schwer, sich beym Lesen dieser Nachricht der Vermuthung zu enthalten, daß sie wohl erst zu der Zeit, als Constantinus völlig ein Christ war, größtentheils möchte ausgesonnen worden seyn, um die Geschichte seiner Bekehrung desto rühmlicher, und das Wunderbare in derselben, das gleich darauf folgt, desto begreiflicher zu machen. Die Absicht, welche Eusebius selbst gesteht, in dieser Lebensbeschreibung des Kaysers gehabt zu haben, ihn von allen Seiten welche die Religion und Frömmigkeit betreffen, lobenswürdig vorzustellen, (L. I. c. 11.) kann die Leser schon darauf vorbereiten. Wenn sie aber darauf finden, daß den heidnischen Kaisern überhaupt Laster und ein unglückliches Ende beygelegt werden; ingleichen, daß Constantins Vater, welches eben so falsch ist, als ein würklicher Christ vorgestellt wird; daß sogar der Kaiser den wahren Gott erst bittet, ihm zu zeigen, wer er sey, da er ihn doch durch die Lehren und das Beyspiel seines Vaters, auch durch so viele andere Hülfsmittel, gar leicht früher, als in dem acht und dreyßigsten Jahre seines Alters, richtig kennen lernen konnte: so wird jener Verdacht stärker, als daß man ihn leicht umzustoßen vermögend wäre.

Auf dieses Gebet des Kaisers, so fährt Eusebius fort, erfolgte eine sehr wunderbare Erscheinung, die ihm Gott zuschickte. Man würde sie nicht glauben, wenn sie ein anderer erzählte; allein, da sie der Kayser mir, dem Geschichtschreiber, lange Zeit darauf, nachdem ich in seine vertraute Bekanntschaft gekommen war, berichtet, und solches mit einem Eide bekräftigt hat: wer sollte wohl ferner Bedenken tragen, es zu glauben? zumal da die folgende Zeit die Wahrheit der Sache bezeugt hat. Er versicherte, als die Sonne noch im Mittage stand, des Nachmittags, mit seinen eigenen Augen das Siegeszeichen des Kreutzes

E 3   am

am Himmel, aus Licht bestehend, über der Sonne gesehen zu haben, mit der Umschrift folgenden Inhalts: Hierdurch überwinde! Dieses Gesicht habe ihn und sein ganzes Kriegsheer, das mit ihm eben fortrückte, und das Wunder sah, in ein großes Erstaunen versetzt. Er zweifelte jedoch, was dieses bedeute; als er lange darüber nachdachte, kam die Nacht heran. In derselben erschien ihm Christus im Schlafe mit dem Zeichen, das er am Himmel erblickt hatte, und befohl ihm, nach dem Muster von diesem ein ähnliches machen zu lassen, dessen er sich gegen die Anfälle der Feinde als einer Beschützung bedienen könne. Mit Anbruch des Tages stand er auf, und erzählte seinen Freunden dieses Geheimniß. Darauf ließ er die Künstler, welche in Gold und Edelgesteinen arbeiteten, zu sich kommen, und beschrieb ihnen das Bild des Zeichens, welches sie verfertigen sollten. Es war ein mit Gold umgebener langer Spieß, der eine Querstange in der Gestalt eines Kreutzes hatte. An der Spitze desselben war eine aus Gold und Edelsteinen zusammengesetzte Krone befestigt, in deren Mitte sich die beyden in einander geschlungenen griechischen Anfangsbuchstaben des Nahmens Christus befanden: ein Schriftzug, den der Kaiser nachmals auch auf seinem Helme trug. An der Queerstange hieng eine aus Purpurfarbiger Seide gewebte, mit Edelgesteinen besetzte, und mit Gold gewürkte Fahne herab, welche einen eben so glänzenden als schönen Anblick gab, und eben so breit als lang war. Unter derselben aber, gleich unter dem Zeichen des Kreutzes, sah man die Bilder des Kaisers und seiner Söhne. Dieses heilbringenden Zeichens bediente sich der Kaiser stets als einer Schutzwehr gegen alle Feinde, und ließ ähnliche nach diesem Muster verfertigte vor seinen Kriegsheeren hertragen.

Da

Da nun Constantinus entschloßen war, keinen andern Gott, als der ihm erschienen war, zu verehren: (dies ist die übrige Erzählung des Eusebius,) so fragte er die Ausleger der Geheimniße desselben, was dieses vor ein Gott sey, und was jene Erscheinung bedeute? Sie antworteten ihm, es wäre Gott, der eingebohrne Sohn des einen und allein wahren Gottes; das gesehene Zeichen aber sey das Sinnbild der Unsterblichkeit und das Denkzeichen des Siegs, den derselbe, als er sich auf der Welt befunden, über den Tobt erhalten hätte. Zugleich lehrten sie ihn die Ursachen, warum derselbe auf die Welt gekommen sey, und erklärten ihm dasjenige genau, was derselbe unter den Menschen verrichtet hätte. Constantinus hörte ihre Reden lehrbegierig an, und bewunderte die göttliche Erscheinung, die er gesehen hatte. Als er beydes mit einander verglich: wurde er in seinem Gemüthe gestärkt, und glaubte gewiß, daß ihm diese Erkenntniß von Gott selbst mitgetheilt worden sey. Darauf fieng er selbst an, die göttlichen Schriften zu lesen: und indem er die Priester Gottes in seine Gesellschaft aufnahm, hielt er den Gott den er gesehen hatte, vor höchst verehrungswürdig. Im Vertrauen auf denselben, gieng er auf den Tyrannen loß, um die Wuth deßelben zu dämpfen.

Aus dieser Erzählung des Eusebius, der in seiner Kirchengeschichte selbst, ob er gleich eine bequeme Gelegenheit dazu hatte, nichts von dieser Erscheinung gedenkt, (L. IX. c. 8. 9.) sind überhaupt die übrigen geflossen. Aber die folgenden Schriftsteller stimmen auch in Hauptumständen nicht völlig mit ihm überein. Zwar Lactantius, wie er, ein Zeitgenoße Constantins, und der zum Theil sogar an dem Hofe deßelben lebte, schrieb davon aus eigener Kenntniß. Er berichtet

F. n. C. G. 306 bis 337.

bloß, (de mort. persecut. c. 44.) der Kaiser habe im Traum eine Erinnerung von Gott bekommen, die Schilde seiner Soldaten mit dem himmlischen Zeichen Gottes zu bezeichnen, und sodann die Schlacht zu liefern; welches er auch am Tage darauf gethan habe. Ohngefähr hundert Jahre später wiederholte Socrates (Hist. Eccl. L. I. c. 1.) die Nachricht des Eusebius mit dem Zusatze, der Kaiser, welcher seinen eigenen Augen nicht recht getrauet, habe die umstehenden gefragt, ob sie eben dasselbe gesehen hätten, und sey durch ihre Bekräftigung desto mehr bestärkt worden. Aber um gleiche Zeit schrieb Sozomenus, (Hist. Eccl. L. I. c. 3.) der Kaiser habe, indem er überlegte, wen er sich zum Beystande wählen sollte, im Traume das Zeichen des Kreutzes am Himmel glänzend gesehen; und als er darüber erstaunte, hätten die dabeystehenden Engel gesagt: Hierdurch, o Constantin, sollst du überwinden! Auch Christus, sagt man, ist ihm erschienen, (setzt er hinzu), und hat ihm den Befehl ertheilt, welcher aus dem Eusebius mit dessen ganzer Erzählung beygebracht wird. Endlich versichert Philostorgius, auch zu dieser Zeit, (in Hist. Eccl. Epit. Photii, L. I. c. 6. p. 6. ed. Gothofr.) der Uebergang des Constantinus zum Christenthum sey durch dessen Sieg über den Maxentius bewürkt worden, indem man damals in den Morgenländern das Zeichen des Kreutzes weit ausgebreitet und überaus glänzend am Himmel erblickt habe; Sterne hätten einen Kreis herum, wie einen Regenbogen gebildet, und die Worte in lateinischer Sprache hervorgebracht: „Hierdurch überwinde!"

Solche Abweichungen von den ersten und vornehmsten Zeugen dieser Geschichte, die man bey Schriftstellern findet, welche die wahren Umstände der Sache wohl

wohl wissen konnten, und, ob sie gleich eifrige Christen
waren, sie grossentheils weniger wunderbar, aber begreif=
licher, als einen bloßen Traum, beschrieben; erregen
allerdings einigen Zweifel gegen die Glaubwürdigkeit
der Erzählung des Eusebius. Allein man sieht noch
nicht, ob sie dieselbe darum verlaßen haben, weil sie
ihnen unnatürlicher vorkam; oder weil neben derselben
würklich eine andere vorhanden war, die sie vor wahr
hielten. Auch dieses macht noch keine unauflösliche
Bedenklichkeit gegen dieselbe, daß bereits Gelasius
von Cyzicum in den spätern Zeiten des fünften Jahr=
hunderts, (Volum. Actor. Concil. Nicaeni, L. I. c. 4.
p. 352. T. I. Concilior. Harduini) gesteht, die Un=
gläubigen sähen diese Geschichte vor eine Fabel und Be=
trügerey zum Besten der christlichen Religion an. Denn
ob er gleich dieses Vorgeben gar nicht treffend genug
widerlegt; so war doch dieses am ersten zu erwar=
ten, daß die Heiden ein solches Urtheil davon fällen
würden.

F. n.
E. G.
306
337.

Dagegen enthält die erste Erzählung selbst nicht
wenig, das mit ihrer Wahrscheinlichkeit streitet. Nie=
mals hatte Gott noch diesen wunderbaren Weg einer
außerordentlichen himmlischen Erscheinung zur Aus=
breitung des Christenthums gewählt: und er sollte jetzt
erst, da schon lange keine Wunder in dieser Absicht
mehr geschahen, gebraucht worden seyn. Constan=
tin, der keineswegs der würdigste unter den heidni=
schen Kaisern war, welche die Kenntniß Gottes auf=
richtig suchten, wird mit einem Vorzuge begnadigt,
deßen er nicht einmal bedurfte. Er hat bereits von
seinem Vater den Begriff von dem höchsten Gotte ge=
lernet; er kann auch denselben, wenn er würklich nach
der Wahrheit so begierig ist, durch die ordentlichen je=
dermann offen stehenden Mittel leicht erweitern. Aber

er

Er verlangt eine besondere ungewöhnliche Offenbarung Gottes: und sie wird ihm gewähret. Bey aller Deutlichkeit die sie hatte, verstanden es doch weder der Kaiser, noch viele andere Zuschauer, daß dadurch die Annehmung der christlichen Religion zur Bedingung des Siegs gemacht werde. Um also die wunderbare Erscheinung brauchbar zu machen, zeigt sich Christus dem Kaiser noch besonders im Traume. Es ist sehr glaublich, daß er demselben den Willen Gottes in Absicht auf diese Religion, und diese selbst genauer erklären werde; aber gegen alle Erwartung, auch in der That der Würde des Heilandes nicht gemäß, lehrt er den Kaiser bloß eine Fahne mit seinem Nahmenszuge und dem Bilde des Kreutzes geschmückt, verfertigen, damit er sich derselben zur Schutzwehre wider seine Feinde bedienen könnte. Vergleicht man dasjenige damit, was Eusebius (de vita Const. M. L. II. c. 7. 8. 9.) von der wunderthätigen Kraft dieser kaiserlichen Hauptfahne, (oder des sogenannten Labarum) erzählt: so möchte man beynahe muthmaaßen, die ganze vorhergehende Erzählung sey hauptsächlich dazu bestimmt gewesen, die abergläubische Verehrung der Fahne, und des Kreutzes insonderheit, zu befördern. Beyde, sagt der Geschichtschreiber, machten das Heer des Kaisers, vor welchen jene getragen wurde, unüberwindlich. Auch wenn dasselbe an irgend einem Orte durch die Feinde in die Enge getrieben ward, gieng alles wieder glücklich, sobald man nur diese Fahne dahin brachte. Funfzig vorzüglich starke, tapfere und fromme Soldaten von seiner Leibwache, waren bloß dazu gewählt, um sich einander im Tragen der Fahne abzulösen. Einer derselben, der sie eben trug, als ein plötzliches Schröcken sich durch das Heer verbreitete, übergab sie einem andern; wurde aber gleich darauf, wie Constantin selbst erzählt hat,
durch)

durch einen Pfeil getödtet. Aber denjenigen, der sich übernommen hatte, traf, obgleich von allen Seiten Pfeile auf ihn zuflogen, kein einziger: und so gesichert waren diese Fahnenträger zu jeder andern Zeit. — Genug, der Kaiser, der über diese Fahne von dem Erlöser Unterricht bekommen haben sollte, kannte noch immer den Gott der sich ihm zu erkennen gegeben hatte, so wenig als vorher. Er mußte also das ordentliche Mittel menschlicher Unterweisung ergreiffen: und die doppelte göttliche Erscheinung hatte einen sehr geringen Nutzen.

Indem man diesen schlechten Zusammenhang in der Erzählung des Eusebius bemerkt, wird die schon angeführte Uneinigkeit zwischen ihm und den übrigen Schriftstellern erst wichtig: und desto mehr muß man nachforschen, worauf das Ansehen seines Zeugnisses beruhe. Es scheint durch den mündlichen Bericht des Kaisers selbst, und durch seinen beygefügten Eidschwur, völlig über alle Zweifel hinausgesetzt zu seyn. Allein man weiß auch, daß Constantinus nachmals sein eidliches Versprechen gegen den Licinius übertreten hat: es mögen also seine Schwüre nicht alle Sicherheit gegeben haben. Ueberhaupt aber gilt selbst die Versicherung eines Fürsten über ein mit den unwahrscheinlichsten Umständen begleitetes Gesicht, so wenig, daß man immer den Einwurf übrig behält, seine Einbildungskraft möchte ihn wohl hintergangen haben; wenn anders gegen seine Redlichkeit kein Zweifel Statt findet. Setzt man etwan hinzu, daß nicht bloß der Kaiser, sondern sein ganzes Heer mit ihm das Kreutz am Himmel gesehen habe: so entsteht eine neue Bedenklichkeit. Was acht und neunzig tausend Menschen, (denn so stark war das gedachte Kriegsheer), und diese aus mancherley Völkern, meistentheils von heidnischer

Religion, zusammengesetzt, gesehen hatten, das konnte durch den ganz überflüssigen Eid des Kaisers nicht die geringste Stärke gewinnen. Eusebius hätte sich also nicht sowohl auf die Betheurung des Kaisers, als lediglich darauf berufen sollen, daß so viele tausend Soldaten eine Erscheinung erblickt hätten, die eben dadurch im ganzen Reiche unleugbar geworden sey. Sagt man, daß seiner Erzählung doch nicht widersprochen worden ist: so bedenkt man nicht, daß dieses geschehen seyn kann, ohne daß wir davon Nachricht haben; daß die darauf gefolgten Regierungen christlicher Fürsten, unter welchen die zweyjährige des heidnischen Julianus fast in keine Betrachtung kommt, nicht die bequemste Zeit gewesen sind, um eine so ehrwürdig gewordene Geschichte zu bestreiten; und daß sie dennoch, wie man oben gelesen hat, von den Heiden vor eine Fabel erklärt worden ist. Noch mehr: die angeführte Erzählung des Lactantius ist ein wahrer Widerspruch gegen den Eusebius. Denn beyde mit einander dergestalt zu vereinigen, daß der erstere nur die nächtliche Erscheinung angeführt habe, ohne die mittägliche darum zu leugnen, heißt das bey ihm unglaubliche zu glauben, er werde ein würkliches Wunder bey Seite gesetzt haben, um nur von einem Traume zu reden. Hier ist auch der Umstand erheblich, daß Lactantius sein Buch, worinne er diese Begebenheit meldet, wenige Jahre nach derselben; Eusebius hingegen seine Lebensgeschichte Constantins mehr als zwanzig Jahre darnach geschrieben hat.

Es ist noch übrig, daß man nach den wichtigen Folgen frage, welche diese himmlische Erscheinung gehabt hat; wenn anders ein so seltenes Wunder von Gott nicht vergebens soll veranstaltet worden seyn. Wahr ist es, daß Constantinus gleich darauf den Sieg

Sieg erhielt, der ihm durch dieselbe sollte versprochen worden seyn; aber dieser Sieg läßt sich überaus leicht aus der Ueberlegenheit eines geübtern Feldherrn über einen schlechten und verhaßten Fürsten, wie Maxentius war, erklären. Größer und sichtbarer scheint die Würkung des Wunders in der erfolgten Bekehrung des Kaisers gewesen zu seyn. Und dennoch lernte er durch dasselbe den wahren Gott noch nicht kennen; er trat auch nicht alsbald zur christlichen Religion. Nachdem er aber diese angenommen hatte, findet man bey ihm diejenige Hauptveränderung nicht, die man nach einer so außerordentlichen Art der Ueberzeugung hätte erwarten sollen. Er blieb noch lange an seinem Herzen und Leben ungebessert: die Handlungen der Grausamkeit insonderheit, die er als ein Christ begieng, waren schlimmer als seine frühern. Es war also bloß äußerlicher Eifer für die Ehre der christlichen Religion, die sich in ihm nach diesem vorgegebenen Wunder äusserte. Ob von so vielen tausend Soldaten, welche Zuschauer desselben gewesen seyn sollen, eine Anzahl Christen geworden seyen, davon schweigt die Geschichte. Wenn sie aber auch diesen Erfolg berichtete: so würde es sehr begreiflich seyn, daß eine Menge Unterthanen durch das Beyspiel ihres Fürsten hingerissen worden sind.

Vergebens beruft man sich auf viele Denkmäler dieser so lang geglaubten himmlischen Erscheinung. Die Kaiserliche Fahne, oder das Labarum, worinne sie abgebildet war, blieb freylich lange Zeit. Eben so giebt es auch Münzen, Inschriften, Bildsäulen, und unter andern auch Feyertage der griechischen Kirche, die zum Andenken derselben dienen sollten. Alles dieses aber beweiset nichts mehr, als daß man die Erzählung des Kaisers allgemein geglaubt, und also auch auf

auf alle Art verewigt habe. Wenn alle Nachrichten, welche man durch Bilder und andere Denkmäler fortzupflanzen, gesucht hat, deswegen wahr seyn sollten: so würden unzählige fabelhafte Märtyrer- und Heiligen-Geschichten, vermeinte göttliche Gesichter, und dergleichen mehr, keinem Zweifel unterworfen seyn. Man übereilt sich auch bisweilen, indem man den griechischen Nahmenszug Christi (oder das sogenannte Monogramma Christi, ☧) erst von dieser Erscheinung und dem feyerlichen Gebrauche Constantins, herleitet. Daß derselbe eines weit ältern Ursprungs bey den Christen gewesen sey, hat besonders Johann Burkard Mencke (Dissert. Academic. Ip. 85. sq.) gezeigt. Auf der andern Seite kam man von diesem streitigen Wunder Folgen oder Nachahmungen angeben, die den Verdacht gegen daßelbe nur vermehren. Da es überhaupt in einem Zeitalter sich zugetragen haben sollte, wo die Christen schon nicht viel weniger als die Heyden geneigt waren, wunderbare Begebenheiten, und vorzüglich solche Erklärungen des göttlichen Willens zu erwarten, oder zu glauben: so ließen ihre Schriftsteller nachher öfters am Himmel ein Kreuz erscheinen. Dem Nicephorus zu Folge (Hist. Eccl. L. VII. c. 47.) sah es Constantinus zum zweytenmale nach seinem Siege über den Licinius, als er Byzantium belagerte, und auch da las er um daßelbe folgende Worte: „Durch dieses Zeichen wirst du alle Feinde überwinden!" Eben dieser Geschichtschreiber (l. c. c 49.) meldet, daß es der Kaiser in dem Kriege mit den Scythen zum drittenmal erblickt habe. Sein Sohn Constantius soll, nach der Erzählung des Socrates, (Hist. Eccl. L. II. c. 24.) des Sozomenus, (L. IV. c. 4.) und anderer mehr, in seinem Kriege wider den Magnentius, auch diese Versicherung des göttlichen Beystandes am Himmel bekommen haben. Endlich wurde de die Sache so gemein, daß das Kreuz auch Privatpersonen nach ihrem Vorgeben (Sozom. Hist. Eccl. L. II. c. 3.) erschien: und wie es seit dem Constantinus selbst zur Nahrung des Aberglaubens habe dienen müssen, wird man in der folgenden Geschichte sehen.

§. 11. E. G.
306 bis 337.

Wären alle diese Ursachen nicht hinlänglich, so könnten leicht noch mehrere beygefügt werden, warum die Erzählung des Eusebius von dem Gesichte das Constantinus gehabt haben wollte, vor unglaublich und zweifelhaft gehalten werden müße. Diese Untersuchung ist an sich der ausnehmenden Mühe nicht werth, die sich viele Gelehrte wegen derselben in besondern Abhandlungen, und sogar Büchern gegeben haben. Denn sie hat es mit einem Wunder zu thun, das, wenn man keine Rücksicht auf die Person nehmen will, zu deren Besten es geschehen seyn soll, bey dem ersten scharfen Anblicke, in die Claße der unwahscheinlichen und zweydeutigen Nachrichten zurück fällt. Aber man hat lange Zeit die Ehre des Christenthums darinne gesetzt, zu glauben, daß der erste Kaiser, der sich zu demselben bekannt, und ihm ungemeine Dienste geleistet hat, durch einen göttlichen Wink bewogen worden sey, dieses zu thun. Es schien den Ruhm eines so verdienten Fürsten sehr zu verringern, wenn er diese Erscheinung erdichtet, oder wenigstens vergrößert hätte; gleichsam als wenn davon allein die Wahrheit und der Werth seiner Bekehrung abhiengen. Endlich hat man im vorigen Jahrhunderte angefangen, unpartheyischer darüber zu urtheilen. Jacob Gothofredus, (Dissert. ad Philostorg. L. I. c. 6.) Jacob Oisel (in Thesauro numismatum antiquorum, p. 663.) und Jacob Tollius (ad Lactant. de mort. persecut. c. 44.) gehören unter die ersten und gelehrtesten, welche diese Erzählung entweder ungewiß,

oder

oder eine gottseelige Betrügerey und Kriegslist nannten. Damals aber wurde ihr Urtheil so sehr verabscheuet, daß selbst **Baluzius** (ad Lactant. l. c.) und **Tillemont** (Hist. des Empereurs, T. IV. P. I. p. 204. ed. in 12.) es vor eine gottlose Verwegenheit ausgaben. Seit dem Anfange des jetzigen Jahrhunderts aber, haben **Gottfried Arnold** Unpartheyische Kirchen- und Ketzerhistorie, (Th. I. B. 4. S. 134. fg.) **Christian Thomasius**, (Observ. Halens. T. I. p. 380. sq.) und viele andere mehr, zuletzt auch besonders **Chaufepiée** (Supplément au Dictionn. de Bayle, art. Quien de Neuville) die Gründe etwas genauer entwickelt, welche diese Meinung begünstigen. Dagegen haben sich andere der gewöhnlichen Erzählung angenommen: zuletzt insonderheit der Benediktiner **Matthäus Jacutius** (in Syntagmate, quo adparentis Magno Constantino crucis historia complexa est vniuersa, Rom. 1755. 4.) und ein noch lebender Doktor der Sorbonne, der **Abbee de Voisin**, (Dissertation critique sur la vision de Constantin, Paris 1774. 12.) Daß der erstere diese Sache schlecht geführt habe, davon habe ich mich durch das Lesen seiner Schrift überzeugt: und von dem Buche des letztern, das gegen viertehalb hundert Seiten beträgt, hat mir der Auszug, der in des Herrn Hofrath **Gatterers** historischem Journal, Th. VII. S. 193. fgl. davon befindlich ist, auch keinen sehr vortheilhaften Begriff gegeben; ob es gleich das fleißigste und vollständigste in seiner Art seyn mag. Auch nach neuen Ueberlegungen also, finde ich keinen Grund, diejenige Meinung zu verlaßen, welche ich bereits anderwärts (Allgem. Biographie, Vierter Theil, S. 29. fg.) vorgetragen habe. Sie schreibt sich großentheils vom **Johann Albrecht Fabricius** her, deßen Abhandlung über diese Geschichte (Biblioth. Græc. Vol. VI. p. 11. sq.) überhaupt

haupt lehrreich ist. Sie kann auch mit Mosheims Erörterung (Commentar. de rebus Christ. ante Constant. M. p. 978. sq.) nützlich verglichen werden, der ihr zwar einige Zweifel entgegen gesetzt hat, aber sie doch nicht widerlegt zu haben scheinet; so wenig als Cuper in einem Briefe, den Reimarus (Commentar. de vita et scriptis I. A. Fabricii, p. 235. sq.) ans Licht gestellt hat.

J. n.
Ch. G.
306
bis
337.

So verdächtig auch diese berühmte Erzählung ist; so haben doch diejenigen, von welchen sie verworfen worden ist, öfters zu gewagte Aussprüche über dieselbe gethan. Sie soll, den meisten unter ihnen zu Folge, eine schlaue Erdichtung Constantins gewesen seyn. War sie dieses würklich: so begreift man nicht wohl, wie er sich darauf habe berufen können, daß sein ganzes Heer diese Erscheinung gesehen habe. Ein solcher Betrug wäre zu grob, und ohne alle Würkung gewesen. Die Absichten zu welchen er gebraucht worden seyn sollte, werden ebenfals gezwungen angegeben. Einige nennen sie eine Kriegslist, durch welche der Kaiser seinen Soldaten Muth zu machen gesucht habe, indem er vorgegeben, ein Zeichen des göttlichen Beystandes wider die Feinde am Himmel erblickt zu haben. Hier erinnert man sich nicht, daß Constantins Kriegsheer meistentheils aus Heiden bestanden habe, die nicht nur unter den eigentlichen Römern sich befande, sondern vornemlich die Menge sogenannter Barbaren ausmachten, welche unter ihm Kriegsdienste thaten. Für dieselben war die fälschlich vorgegebene Erscheinung eines Kreuzes im geringsten nicht einnehmend und verführerisch. Heidnische Soldaten erwarteten vielmehr, daß sich einer ihrer Götter für sie erklärte: und die Kriegslist, welche Licinius bald darauf, mit offenbarer Nachahmung von Constantins

Gesichte ersann, (Lactant. de mortib. persecut. c. 46.) daß ihm ein Engel im Traum den Sieg versprochen habe, wenn seine Soldaten ein gewisses Gebet sprechen bis würden, war weit treffender. Andere glauben, Constantinus habe seine Erzählung bloß darum ausgedacht, um der christlichen Religion einen außerordentlichen Vorzug im Römischen Reiche zu verschaffen; so wie ähnliche Kunstgriffe, die man gottseelige Betrügereyen nannte, unter den Christen dieser Zeit nichts unbekanntes waren. Allein er war noch kein Christ, als er sie bekannt machte; er schwebte ungewiß zwischen allen Religionen: und es fällt in die Augen, daß er bloß den Muth seiner Soldaten habe stärken, nicht das Christenthum befördern wollen.

Könnte man, wie einige neuere Schriftsteller versucht haben, die vorgegebene Erscheinung auf einen bloßen Traum einschränken: so wäre dieses die natürlichste Entwickelung unter allen. Constantin würde alsdenn im Schlafe sich eingebildet haben, Christum mit dem Kreuze in der Hand, das aus seinem Nahmenszuge gebildet war, zu erblicken, und dieses vor eine göttliche Erinnerung gehalten haben, sich des Siegs durch Vertrauen auf Christum zu versichern; alles übrige aber hätte er hinzugesetzt, um der Sache ein größeres Ansehen zu geben. Gleichwohl ist es hart, den Eid des Kaisers und den Antheil den sein Heer daran gehabt haben soll, eine Lüge zu nennen. Die Erzählungen des Lactantius und Eusebius könnten auch wohl noch mit einander vereinigt werden. Jener wählte von der herrschenden Vorstellung nur denjenigen Theil, der am ersten geglaubt werden konnte, und im Grunde zu eben dem Endzwecke führte, als die Erscheinung, welche bey Tage vorgefallen seyn sollte. Dieser, dem man in seiner Geschichte keine

keine geflissentliche Erdichtungen vorwerfen kann, und
der sie an diesem Orte am wenigsten, ohne beschämt
zu werden, hätte anbringen dürfen, nahm seine Nachrichten aus dem Munde des Kaisers mit allem dem
Wunderbaren, das sich dieser dabey eingebildet hatte.

J. n.
E. G.
306

337.

Constantin also und seine Soldaten mögen würklich etwas außerordentliches am Himmel gesehen haben;
das aber, an Statt aus natürlichen Ursachen erklärt
zu werden, als ein Wunder gedeutet worden ist. Die
Geschichte ist voll von solchen himmlischen Wunderzeichen, zumal aus den ältern Zeiten, die jetzo nur
in der Naturlehre ihren Platz finden. Vermuthlich
war es ein Hof um die Sonne, oder ein lichter Kreis,
mit welchem sie zuweilen umgeben erscheint. Dieser
hat auch wohl einige Aehnlichkeit mit einem Kreutze:
und für die Einbildungskraft von Zuschauern, welche
ihn nie bemerkt haben, braucht sie nicht einmal groß
zu seyn, um ein würkliches Kreutz heraus zu bringen.
Noch natürlicher konnte ein solcher Hof um die Sonne
als eine Krone, mithin als ein Vorbild des Siegs,
angesehen werden. Dazu kommt, daß der Ausdruck,
dessen sich Eusebius bedient, (γραφή) eben sowohl
ein Gemählde oder Bild, als eine Ueberschrift
anzeigt, und seine Worte also auch die Uebersetzung
leiden würden: mit einem um das Kreutz herum-
gehenden Bilde, (einer Krone,) welches so viel
sagte, als: Hiedurch sollst du überwinden!
Hat gleich diese Erklärung auch ihre Schwierigkeiten;
so sind sie doch nicht so groß, als bey den übrigen: und
das Ungewöhnliche in der Schreibart des Eusebius,
das sie voraussetzt, schickt sich nicht übel für den lob-
rednerisch=schwülstigen Ton in seiner Lebensbeschreibung
Constantins, und für diese Geschichte selbst. Da
diese so verworren ist; so verträgt sie desto leichter ergänzende

gänzende Muthmaaßungen. Es ist in der That wahrscheinlich genug, daß um den Kaiser damals mehrere Christen gewesen sind, und daß sie ihn entweder darbis auf gebracht haben, in der ungewöhnlichern Gestalt der Sonne das Kreuz und die Vorbedeutung des nahen Siegs zu lesen; oder daß sie ihn in dieser Deutung bestärkt haben, wenn er selbst darauf gerieth. Von ihm lief diese Vorstellung desto geschwinder zu seinem Kriegsheer über, da es würklich etwas Neues am Himmel erblickte, und zur Zeit eines Feldzugs die Gemüther durch die geringste Anleitung erhitzt werden können. Eben so leicht begreift man, wie der Kaiser, der von diesem vermeinten Wunderzeichen bereits lebhaft gerührt war, dasselbe noch einmal in einem Traume der darauf folgenden Nacht, und zu der besondern Absicht gebildet, die er sich schon vorgesetzt haben mochte, gesehen habe.

Auf der andern Seite findet man nur wenige Spuren von den Gedanken der Heiden dieser und der gleich folgenden Zeit über Constantins Bekehrung; aber auch diese wenigen müßen den Berichten der Christen gegen über gestellt werden. Die Heiden erzählten, sagt Sozomenus, (Hist. Eccl. L. I. c. 5.) der Kayser habe, nachdem er einige seiner Anverwandten umgebracht, auch in die Hinrichtung seines Sohnes Crispus gewilligt hatte, darüber Reue empfunden, und daher den Philosophen Sopater gefragt, wie er sich wegen dieser Verbrechen reinigen, und mit den Göttern aussöhnen lassen sollte. Dieser aber habe ihm zur Antwort gegeben, für so grobe Verbrechen gebe es gar keine Reinigung. Da der Kaiser über diese widrige Antwort traurig geworden, wäre er mit Bischöfen in Unterredung gekommen, die ihm versprochen hätten, ihn durch Buße und Taufe von aller
Sünde

Sünde zu reinigen. Diese Erklärung, welche völlig nach seinem Wunsche gewesen wäre, hätte ihn zum Christen gemacht. Es gab auch eben zur Zeit des Sozomenus, hundert Jahre nach dem Constantinus, einen heidnischen Geschichtschreiber, den Zosimus, der (Hist. L. II. c. 29.) den Kaiser aus gleicher Ursache zu den Christen übergehen läßt. Nur fügt er den Verbrechen desselben noch den Meineid bey, und versichert, er habe von den Priestern, durch welche er gereinigt seyn wollte, eine abschlägliche Antwort bekommen. Hingegen fährt er fort, sey ein Aegyptier aus Spanien nach Rom gekommen, der durch Bekanntschaft mit dem Hoffrauenzimmer, zu einer Unterredung mit dem Kaiser gelangt sey, und ihm die Versicherung gegeben habe, die christliche Religion hebe alle Sünden auf. Weit früher hatte ein Anverwandter Constantins, der Kaiser Julian, die Bekehrung desselben eben so vorgestellt. Da er aber solches in einer der bittersten Spottschriften, (Caesares p. 31. ed. Heusing.) gethan hat: so sieht man freylich nicht, ob er von dem ihm so verhaßten Kaiser im Ernste so gedacht habe. Freylich könnte er wohl einer von den Urhebern dieses Gerüchtes seyn. Er läßt den Constantinus im Nahmen der Weichlichkeit und Ueppigkeit, die er ihm zu Schutzgöttinnen giebt, folgendes ankündigen: „Jeder Hurer, jeder Mörder, jeder verwünschte und abscheuliche Verbrecher, komme getrost hieher! Denn sobald er mit diesem Wasser wird abgewaschen seyn, werde ich ihn sogleich ganz rein machen. Und sollte er sich abermals solcher abscheulichen Schandthaten schuldig machen: so will ich ihn aufs neue reinigen, sobald er sich nur an die Brust und an den Kopf schlägt."

Eigentlich war dieser spöttische Vorwurf der Heiden, daß die christliche Religion nicht rechtschaffene Leu-

F. n.
C. G.
306
bis
337.

te zu Mitgliedern suche; sondern die schlechtesten und schlimmsten vor andern aufnehme, sehr alt. Celsus hatte ihn bereits, wie man anderwärts (Th. II. S. 384.) gelesen hat, vorgebracht. Allein so wenig er die Lehren der Christen von der Taufe und Kirchenbuße traf; so leicht konnte er besonders in der Anwendung auf den Kaiser Constantinus widerlegt werden: wie solches schon Sozomenus (l. c.) und etwas schlechter Evagrius (Hist. Eccl. L. III. c. 40. sq.) gethan haben. Gesetzt auch, daß, wie man gemuthmaaßt hat, der Aegyptier, deßen Zosimus gedenkt, der Bischof Hosius von Cordua gewesen wäre, der nachmals bey dem Kayser so beliebt geworden ist; so finden sich doch in dieser Erzählung zween falsche Umstände, die den ganzen Grund derselben zerstören. Constantinus ließ seinen Sohn Crispus und seine Gemahlinn Fausta erst viele Jahre darauf hinrichten, nachdem er sich für das Christenthum erklärt, und bey unzählichen Fällen schon als ein Christ gehandelt hatte. Es können also diese Grausamkeiten seine Religionsveränderung nicht hervorgebracht haben. Daß es weiter für dieselben in der heidnischen Religion gar keine Aussöhnungsmittel sollte gegeben haben, ist gleichfals unrichtig. Das Beyspiel des Hercules war bekannt, der sich für den an seinen Kindern begangenen Mord, durch die geheiligten Gebräuche der Göttinn Ceres hatte reinigen laßen. An sich aber ist es schon unwahrscheinlich, daß die Priester einer Religion, welche selbst den gröbsten Lastern nur einen schwachen Einhalt that, einen mächtigen Fürsten sollten abgewiesen haben, der sich ihren unbedeutenden Reinigungsgebräuchen unterwerfen wollte, und von deßen Rache sie alles zu befürchten hatten: zumal da eine andere weit vernünftigere Religion als die ihrige, sich schon lange neben derselben

selben ausgebreitet hatte, und ihr täglich größern
Schaden zufügte.

Weiter erklären sich die heidnischen Schriftsteller
von Constantins Zeiten an, über die Ursachen seines
Uebergangs zum Christenthum nicht. Aber unter den
Neuern haben verschiedene, besonders fast zuerst Christian Thomasius (l. c.) und Burchard Gotthelf
Struv, (Dissert. Constantinus M. ex rationibus politicis Christianus) zu beweisen gesucht, es wären bloß
Gründe der Staatsklugheit gewesen, aus welchen dieser
Schritt des Kaisers geflossen sey. Diese Vermuthung
ist überhaupt bey einem ehrgeitzigen, stets nach Eroberungen und größerer Macht strebendem Fürsten, wie
Constantinus war, nicht übel angebracht; nur müssen auch Spuren vorhanden seyn, daß ihm dieses Mittel zur Erreichung solcher Absichten habe dienen können,
oder würklich gedienet habe. Man hat sie also folgendergestalt aufgesucht. Da der Kaiser, sagt man, allein über das Römische Reich herrschen, und seine Mitbewerber aus dem Wege räumen wollte: so trat er
zu der mächtigen Parthey der Christen, und wurde von
ihr so nachdrücklich unterstützt, daß seine Wünsche in
Erfüllung giengen. Er kannte die Treue und Rechtschaffenheit der Christen, die für ihren Glaubensgenossen und Beschützer willig das Leben aufopferten. Durch
eine gleiche verstellte Neigung suchten auch Maximinus, Maxentius und Licinius sich dieselben günstig
zu machen; allein sie konnten ihre wahren Gesinnungen
nicht so schlau als Constantinus verbergen. An Statt
daß jene lasterhaft und unbesonnen handelten, bestärkte
er die Christen durch alles was er vornahm, in der Meinung, daß er zu ihrer Gemeine gehöre. Vornemlich
bediente er sich der Kunstgriffe sehr geschickt, daß er
ihrer Geistlichkeit viele Einkünfte und Rechte verschaffte,

-te, ihr auf das ehrerbietigste begegnete, und durch die Gewogenheit derselben sich auch die Neigung des Volks erwarb, diesem aber eine erwünschte Ruhe, Freyheit und Sicherheit verschaffte.

Alles dieses wird zuversichtlich behauptet; es kann aber in einem solchen Zusammenhange nicht bewiesen werden. Wenn Constantinus durch die Annehmung der christlichen Religion sich den Weg zur Oberherrschaft im Reiche bahnen wollte; so durfte er sein Glück nicht einem Kriegsheere, das größtentheils aus Heiden bestand, anvertrauen. Eher hätte man alsdenn erwarten sollen, daß er gleich beym Anfange des Kriegs gegen den Maxentius, sich ganz für das Christenthum erklärt haben würde, daß er darauf ein zahlreiches Heer von Christen aufgerichtet, und durch deßen Beystand seinen Feind besiegt hätte. Folgte er bloß seiner Staatsklugheit: so mußte sie ihm die Unterstützung der heidnischen Parthey anrathen, die unstreitig die mächtigste im Reiche war. Es fehlt sogar viel daran, daß er gleich zu der Zeit, da er der Hülfe der Christen am meisten benöthigt gewesen seyn soll, ihre Religion würklich angenommen, oder sie an Rechten und Vorzügen über die heidnische erhoben hätte: und noch weniger sieht man, was die Christen zur Erreichung seiner herrschsüchtigen Absicht beygetragen haben. Manche Kaiser seiner Zeit gaben sich freylich auf eine kurze Zeit das Ansehen der Gerechtigkeit und Gewogenheit gegen die Christen, die sie nicht verfolgt wissen wollten, um den Ruhm der Güte zu erlangen, und sich auch bey ihnen beliebt zu machen; allein vor Christen wollten sie niemals gehalten seyn, wie sich denn auch ihre fälschlich angenommene Gesinnungen bald wieder verloren. Constantinus hingegen fiel so wenig in den Verdacht, als wenn seine Neigung gegen die

die christliche Religion erdichtet wäre, daß er vielmehr
von Jahr zu Jahr als ein eifrigerer Freund derselben
betrachtet wurde. Man würde gewiß, wenn es nur
Verstellung gewesen wäre, dieselbe endlich entdeckt haben. Aus den Anstalten welche er getroffen hat, um
die Gunst der Christen, und besonders ihrer Lehrer,
zu erlangen, kann man eher schließen, daß er eine
wahre Liebe gegen ihren Glauben gehabt habe: besonders, da er als Ueberwinder und unumschränkter Fürst,
es am wenigsten nöthig hatte, ihre Parthey um seiner
Vortheile Willen zu begünstigen. Will man jedoch
schlechterdings einige wahre Gründe der Staatskunst
vermuthen, die zu der ersten Neigung Constantins
gegen das Christenthum etwas könnten beygetragen
haben: so muß man die Umstände hieher rechnen, daß
diese Religion dem Staate vorzüglich treue und ruhige
Bürger verschafft habe; daß die Anzahl ihrer Anhänger sehr groß war, und sich täglich ohne Gewaltthätigkeit vergrößerte; daß der Kaiser sie begünstigen konnte, ohne die Heiden zu verfolgen; und daß auf diese
Art alle seine Unterthanen mit ihm zufrieden seyn
würden.

Warum es überhaupt viele so unwahrscheinlich
gefunden haben, daß Constantinus aus Ueberzeugung von der Wahrheit des christlichen Glaubens, zu
demselben getreten seyn sollte, davon läßt sich keine andere Ursache angeben, als weil man einem Fürsten,
der in jedem andern Falle bloß für seine Macht und
Herrschaft gesorgt hat, auch in Religionssachen keine
andern Absichten zugetrauet hat. Gleichwohl scheint
jene Ueberzeugung für ihn leicht zu erlangen gewesen zu
seyn. Sein Vater war derselben bereits nahe; an
seinem Hofe, in seinem Heere, und in allen Ständen
seines Reichs, gab es eine Menge Christen; ihre Reli-

gion wurde desto bekannter: und sie war es auch längst durch Schriften geworden. Vielleicht ist man auch deswegen am meisten abgeneigt zuzugeben, daß er hierbey nach sichern Einsichten gehandelt habe, weil ihm dieselben außerordentlich von Gott sollen eingeflößt worden seyn. So wenig man aber nöthig hat, dieses zu glauben; so trift man doch selbst bey einem heidnischen Lobredner des Kaisers, dem Nazarius, eine Spur an, daß man es vor gewiß gehalten habe, Constantinus habe eine ungewöhnliche Lufterscheinung gesehen. Es ist, sagt er, in ganz Gallien bekannt, daß sich Kriegsvölker in der Luft gezeigt haben, die ihre göttliche Sendung deutlich bezeigten. Alles soll an ihnen bewundernswürdig gewesen seyn, und besonders sollen ihre Waffen einen fürchterlich feurigen Glanz von sich geworfen haben; ja sie selbst sollen die Worte haben hören laßen: „Wir ziehen zum Constantin, wir kommen ihm zu Hülfe." So machte jede Religionsparthey aus der seltenern Gestalt der Sonne dasjenige, was ihrer Denkungsart am gemäßesten war. Den Christen war es ein Kreuz, und den Heiden ein Heer von Soldaten.

Seit dieser Zeit also, besonders, nachdem Constantinus im Jahr 312. den berühmten Sieg über den Marentius erfochten hatte, gab er unaufhörlich eine Menge Beweise, daß er dem Christenthum ergeben sey. Zu Rom ließ er öffentlich, (nach dem Eusebius de vita Const. L. I. c. 40.) seine Bildsäule mit dem Kreuze in der Hand aufrichten, und darunter die Worte setzen: „Durch dieses heilsame Zeichen, „einen wahren Beweis der Tapferkeit, habe ich eure „Stadt von dem tyrannischen Joche errettet, und in „Freyheit gesetzt." Gleich darauf gab er in Gemeinschaft mit dem Licinius eine Verordnung, durch welche

che den Christen eine vollkommene Religionsfreyheit zugestanden wurde. Sie ist nicht mehr vorhanden; allein man weiß aus der gleich folgenden, daß sie nicht ganz die gewünschte Würkung gethan habe. Denn es war darinne die gedachte Freyheit nicht allein den sogenannten Rechtgläubigen, sondern auch nahmentlich allen mit ihnen verwandten Religionspartheyen und Sekten ertheilt worden. Dieses scheint von ihnen als eine Beschimpfung angesehen worden zu seyn; oder es mag der übrige Inhalt einigen Anstoß in der Beobachtung dieser Verordnung auch bey den Heiden verursacht haben. Daher gaben beyde Kaiser im Jahr 313. zu Meyland ein anderes Gesetz zum Besten der Christen, das Eusebius (Hist. Eccl. L. X. c. 5.) aufbehalten hat. In dem Eingange desselben gestehen sie, daß sie glauben, es dürfe kein Mensch in Religionssachen gezwungen werden. Sie befehlen darauf, daß sowohl die Christen als alle übrige Unterthanen der vollkommenen Freyheit genießen sollten, eine Religion zu bekennen, welche sie wollten; damit, sagen sie, jede Gottheit und jedes himmlische Wesen, uns und allen die unter unserer Herrschaft stehen, gnädig seyn könne. Jedermann soll es erlaubt seyn, zum Christenthum zu treten, und dasselbe auszuüben; nur die ketzerischen Sekten werden nunmehr von diesem Rechte ausgeschlossen. Es wird hinzugesetzt, daß diese allgemeine Religionsfreyheit zur Erhaltung der öffentlichen Ruhe dienlich sey, und deswegen eingeführt werde, damit es nicht scheinen möchte, als wenn die Kaiser irgend eine Art Gott zu verehren, herabsetzen wollten. Sie befehlen weiter, daß den Christen ihre ehemaligen gottesdienstlichen Versammlungshäuser ohne Anstand und unentgeldlich zurückgegeben werden sollen; wenn gleich jemand dieselben von der kaiserlichen Kammer gekauft
oder

ober geschenkt bekommen hat. Nur soll es denen, welche dafür eine Vergütung begehren wollen, frey stehen, sich deswegen an die Statthalter zu wenden. Unter eben diesen Bedingungen sollten den Christen auch alle andere entrissene Plätze und Gebäude, die einer ganzen Gemeine derselben zugehört hätten, wieder eingeräumt werden. Alles, wie beyde Fürsten versichern, damit sie der göttlichen Fürsorge, welche sie schon bey vielen Gelegenheiten erfahren hätten, auf immer gewiß seyn möchten. Durch einen andern Befehl wurde dieser gleich darnach bestätigt.

J. n. C. G. 306 bis 337.

Nach den Ausdrücken zu urtheilen, deren sich Constantinus hier bediente, war er damals zwar bereits ein Freund der christlichen Religion; aber er zog sie noch nicht völlig jeder andern vor. Doch bezeigte er sogleich den Bischöfen viele Hochachtung, ließ sie an seiner Tafel speisen, und hatte sie immer in seiner Gesellschaft. Er erwies sich sehr mildthätig gegen die Christen, vergrößerte ihre Kirchen, und machte denselben prächtige Geschenke. Licinius hingegen hatte vielleicht nur aus Gefälligkeit gegen den Constantinus an dieser Verordnung Antheil genommen, und weil es für beyde vortheilhaft war, wider den Maximinus verbunden zu seyn. Als daher dieser bald darauf vom Licinius überwunden wurde, und starb, blieb die Einigkeit zwischen den beyden Kaisern, die nunmehr sich in das Reich getheilt hatten, nicht dauerhaft, indem jeder von ihnen durch Herrschsucht und eifersüchtiges Mißtrauen gegen den andern angetrieben wurde. Sie bekriegten einander bereits im Jahr 314. und Licinius mußte von dem Ueberwinder einen nachtheiligen Frieden annehmen. Von dieser Zeit an, verfolgte er die Christen in seinem Gebiete mit vieler Schärfe. Ob ihn ihre Liebe und Ergebenheit gegen
den

den Constantinus, oder sein Eifer für das Heidenthum dazu bewogen habe, ist ungewiß. Nach dem Eusebius (Hist. Eccl. L. X. c. 8. sq. de vita Const. L. I. c. 51. sq. L. II. c. 1. sq.) ließ er Bischöfe umbringen, und Kirchen niederreissen, jagte andere Christen ins Elend, setzte diejenigen gefangen, welche nicht opfern wollten, und ließ sie vor Hunger verschmachten; auch verbot er die Kirchenversammlungen, und die Zusammenkünfte der Weiber mit den Männern zum Gottesdienste. Mittlerweile geriethen die beyden Fürsten im Jahr 323. von neuem in Krieg mit einander. Aber dieser lief für den Licinius so unglücklich ab, daß er sich noch in eben demselben Jahre als Gefangener an den Constantinus ergeben mußte. Ob ihm gleich dieser die Erhaltung seines Lebens eidlich versichert hatte; so ließ er ihn doch bald darauf hinrichten. Der Vorwand oder Antrieb zu dieser meineidigen Grausamkeit gegen den Gemahl seiner Schwester war schlecht genug: es geschah, weil die Soldaten den Todt des Licinius forderten; oder weil ihn Constantinus noch vor einen gefährlichen Feind hielt. Eben so ließ er den Martinianus, welchen Licinius zum Cäsar erklärt hatte, umbringen: und selbst der eilfjährige Sohn jenes Kaisers konnte endlich seiner tödtenden Wuth nicht entgehen. Heiden und Christen (Aurel. Victor de Caesarib. c. 41. Hieronymus in Chronic. ad a. 323 et 325. Zosim. Hist. L. II. c. 28.) stimmen in diesen Nachrichten mit einander überein. Gleichwohl ist dieses eben derselbe Fürst, für welchen das Kreutz in seiner Fahne noch immer eine wunderthätige Würkung äußern, und dem Gott, wenn er ihn in seinem Betzelte angerufen hatte, (wie Eusebius, de vita Const. L. II. c. 12. erzählt,) seinen Willen außerordentlich offenbaren sollte.

Gesetze

Gesetze und Veranstaltungen des Kaisers Constantinus für das Christenthum.

J. n. C. G. 306 bis 337.

Was ihm aber lange Jahre an innerer christlicher Gottseeligkeit und wahren tugendhaften Gesinnungen fehlte: das besaß er desto reichlicher an äußerlichem Eifer für die christliche Religion. Vermuthlich glaubte er auch, manche lasterhafte Ausbrüche beybehalten zu können, wenn er nur dem Glauben und öffentlichen Gottesdienste der Christen mit brennender Andacht zugethan bliebe: ein gefährlicher Irrthum, der eben damals unter ihnen sich kühner ausbreitete. Seine Verordnungen und Einrichtungen brachten unterdeßen in dem allgemeinen Zustande der christlichen Religion und Kirche, in der Ausübung derselben, in der Verfaßung ihrer Lehrer, und in vielen andern dazu gehörigen Dingen, große Veränderungen hervor. Zugleich wurde sein Betragen in Religionssachen ein Muster, das Fürsten und Unterthanen bewundernd nachahmten. Desto mehr machen sie einen Theil von der Geschichte der herrschenden Denkungsart über das Christenthum in diesen und den nächstfolgenden Zeiten aus: zumal da ihm Begriffe und Absichten dieser Art von christlichen Lehrern beygebracht oder bey ihm unterhalten wurden. Diese Gesetze Constantins hat Eusebius im zehnten Buche seiner Kirchengeschichte, und in der Lebensbeschreibung des Kaisers, am vollständigsten beygebracht. Eine Anzahl derselben hat sich auch in den beyden kaiserlichen Gesetzbüchern

der

der Römer, (Codex Theodosianus et Iustinianeus) erhalten. Zur Erläuterung der Gesetze Constantins überhaupt dient ein Buch des Franz Balduinus, (Constantinus M. seu de legibus Constant.) ob es gleich hin und wieder zu lobrednerisch gerathen ist.

Eine seiner ersten merkwürdigern Verordnungen, die hieher gerechnet werden müßen, war diejenige, durch welche er im Jahr 313. die rechtgläubigen Lehrer in Africa von der Verbindlichkeit, öffentliche Bedienungen zu bekleiden, gänzlich befreyete; damit sie nicht durch solche Zerstreuungen von den Pflichten ihres Amtes abgezogen würden: und diese Freyheit (immunitas) erstreckte er nachher auf alle solche Lehrer in seinem Reiche. Sie waren also weder schuldig, Ehrenstellen anzunehmen, die ordentlich vielen Aufwand verursachten; noch weniger verächtliche Dienste und Handarbeiten zu leisten. Auch die geringern Kirchenbedienten sollten dieser Befreyung genießen, bey welcher nicht darauf gesehen wurde, ob sie selbst Vermögen besäßen, oder von den Gütern der Kirche unterhalten würden. Aber dieses Vorrecht gab doch zu gegründeten Beschwerden Anlaß. Die ansehnlichsten Bürger in jeder Stadt hatten bisher durch die Verwaltung der öffentlichen Aemter das ihrige zu den gemeinen Ausgaben beygetragen: und die Last fiel ihnen nun weit beschwerlicher, nachdem sie einem so großen Theil ihrer Mitbürger abgenommen worden war. Viele reiche Bürger ließen sich sogar die untersten Kirchenbedienungen ertheilen, damit sie aller Aemter überhoben seyn möchten. Daher befohl Constantinus, daß Reiche, die zur Annehmung der Ehrenstellen verbunden wären, (Decuriones, Curiales) nicht in den geistlichen Stand treten sollten; sondern nur Personen von geringem Vermögen, welche billig,

sagte

sagte er in seiner Verordnung des Jahrs 326. von den Reichthümern der Kirche ernährt würden; auch sollten keine neue Geistliche bestellt werden, wenn nicht Stellen für sie durch anderer Tod erlediget wären. (Euseb. Hist. Eccl. L. X. c. 7. Cod. Theod. L. XVI. tit. 2. de Episc. Ecclef. et Cleric. leg. 1. 2. 3. 6. 7.) Im Grunde war diese Einschränkung des geistlichen Standes auf weniger vermögende Personen, eine nicht viel geringere Unbequemlichkeit, als diejenige, welche aus der allgemeinen Befreyung der Geistlichkeit von öffentlichen Diensten entstand. Es scheinet in der That, daß jene Befreyung hätte Statt finden, und daß immer zugleich von vermögenden Geistlichen ein Beytrag zu den Bedürfnißen des Staats hätte geleistet werden können.

Aber auch von den meisten, wo nicht allen, öffentlichen Abgaben, scheint Constantinus die Geistlichkeit entbunden zu haben. Wenn gleich kein Gesetz von ihm darüber vorhanden ist; so kann man es doch seinen übrigen Gesinnungen, und den Freyheiten, die er ihr ertheilt hat, vor gemäß halten. Besonders zeigte er seine Freygebigkeit gegen sie und die Kirche überhaupt so ausnehmend, daß er würklich den Grund zu ihren nachmaligen unermeßlichen Reichthümern legte. Außer vielen Geschenken an Gelde, Getreide und Aeckern, auch in jeder Stadt angewiesenen Einkünften für die dortige Geistlichkeit aus den gewöhnlichen Abgaben, (Euseb. Hist. Eccl. L. X. c. 6. Sozom. Hist. Eccl. L. I. c. 8. L. V. c. 5.) gab er insonderheit im Jahr 321. jedermann die Erlaubniß, der rechtgläubigen Kirche in seinem letzten Willen, so viel als er wollte, von seinen Gütern zu vermachen. Dieses Gesetz (Cod. Theod. L. XVI. tit. 2. l. 4. Cod. Iustin. L. I. tit. 2. l. 1.) das eigentlich an die Einwohner von Rom gerichtet war, mag wohl nicht zuerst eine solche Erlaubniß eingeführt,

sondern

sondern sie nur möglichst erweitert haben, weil vielleicht Zweifel entstanden waren, ob auch jede Schenckung dieser Art gültig seyn sollte, deren die Kirchen schon seit dem Jahr 312. genug erhalten zu haben scheinen. Zwar wurde von diesen Besitzungen und Einkünften nur ein Theil für die Lehrer, oder den Clerus insgesammt, bestimmt; das übrige sollte zum Unterhalte der Armen, Wittwen, und Gott geweihten Jungfrauen, auch zur Vergrößerung und Ausschmückung der Kirchen angewandt werden. Allein da die Bischöfe und andere Lehrer über alles dieses die Aufsicht und das Vertheilungsrecht bekamen: so zogen sie diese Schätze desto mehr an sich, und nützten sie nach ihrem Gefallen. Gar bald kam auch die abergläubische Meinung hinzu, von welcher Constantinus selbst nicht frey war, daß man sich dadurch vorzüglich die Gnade Gottes erwerbe, wenn man der Kirche und ihren Dienern vieles schenkte, weil ihr Gebet und ihr Seegen große Würkung thäten.

Unter den Ehrenbezeigungen und Rechten, mit welchen Constantinus die Bischöfe überhäuffte, war auch dieses, daß er, nach dem Sozomenus, (Hist. Eccl. L. I. c. 9.) verordnete, jede Parthey die einen Streithandel zu führen hätte, könne sich, mit Verwerfung der weltlichen Gerichte, auf die Entscheidung der Bischöfe berufen; ihr Ausspruch sollte dem welchen andere Richter gethan hätten, eben so sehr vorgehen, als wenn er von dem Kaiser selbst herkäme; und die Statthalter nebst ihren Unterbedienten sollten denselben zur Ausübung bringen. Eigentlich hatte in den ältesten Zeiten jeder Christ, nach der Ermahnung des Apostels, (1.Br. an die Corinth. Cap. VI, v. 1 — 8.) die Befugniß und Freyheit, einen Schiedsrichter zwischen seinen streitenden Brüdern abzugeben, welche

98 Zweyter Zeitraum. Erstes Buch.

F. II.
T. G.
306
bis
337.

desto weniger vor heidnischen Gerichten, auf eine ihrer unwürdige Art, klagen sollten. Daß jetzt den Bischöfen allein noch mehr zugeeignet wurde, rührte vermuthlich daher, weil sich schon manche Christen in ihren Streitsachen freywillig an dieselben gewandt, ihnen aus besonderer Verehrung ihres Standes, ein unpartheyischeres Urtheil als den weltlichen Obrigkeiten zugetrauet, auch dabey nicht wenig Zeit und Kosten erspart hatten. In einem noch viel weitern Umfange werden die Bischöflichen Gerichte in einem Gesetze, das ebenfals Constantinus gegeben haben soll, (C. Theod. Tom. VI. P. I. p. 339. sq. ed. Ritteri) bestimmt. Allein es ist hinlänglich vom Gothofredus erwiesen worden, daß dasselbe eine eben nicht sehr künstliche Erdichtung späterer Zeiten sey, da jene Gerichte bereits hoch gestiegen waren.

Auch darinne bekamen die christlichen Lehrer ein Vorrecht vor der Obrigkeit, daß man vor ihnen und der Gemeine, in der Kirche einem Leibeigenen ohne viele Weitläufigkeit und mit wenig Worten die Freyheit schenken konnte; an Statt, daß viele Feyerlichkeiten dazu gehörten, wenn solches vor dem ordentlichen Gerichte geschehen sollte. Die Freylassung eines Leibeigenen sollte sogar nach dem Willen Constantins alsdenn gültig seyn, wenn sie ein Geistlicher, ohne alle Zeugen, schriftlich und mit willführlichen Worten vorgenommen hatte. (Cod. Iust. L. I. t. 13. de his qui in Eccl. manumitt. l. 1. 2. Cod. Theod. L. IV. t. 7. l. 1. Sozom. l. c.) Es würde ohne Zweifel dienlicher gewesen seyn, wenn der Kaiser die überflüssigen Förmlichkeiten bey der weltlichen Obrigkeit abgekürzt hätte, als daß er den geistlichen Stand in manche für ihn fremde Beschäftigungen versetzt hat. Denn ob es gleich zuweilen gut ist, auch bürgerlichen Angelegenheiten durch

die

die Diener der Religion ein ehrwürdigeres und wohl-
thätiges Ansehen zu geben; so mußte doch ein solcher
Anfang immer weiter führen: und er artete würklich
zuletzt in unerträgliche Mißbräuche aus.

J. n.
C. G.
306
bis
337.

Man kann es eben so wenig ohne Einschränkung
loben, daß Constantinus die alten Römischen Gesetze
wider den ehelosen Stand gänzlich aufhob. Sie waren freylich sehr scharf, insonderheit das Papische
und Poppäische, welches, um die Bevölkerung des
Reichs zu befördern, nicht allein auf die Ehelosen, sondern selbst auf Ehemänner welche keine Kinder hatten,
gewisse Strafen setzte; doch waren sie auch bereits gemildert worden. Da sie unterdessen dem Mönchsleben, welches eben zu seiner Zeit recht aufkam, und
überhaupt der alten Einbildung vieler Christen, als
wenn sie durch die Enthaltsamkeit von der Ehe vollkommener würden, sehr im Wege standen: so ist es nicht
zu verwundern, daß sie Constantinus nicht länger
dulden wollte. Eusebius, (de vita Const. L. IV.
c. 26.) rühmt ihn deswegen aus dem Grunde, weil
es Menschen genug gegeben hätte, die aus brennender
Liebe zur Philosophie sich einer solchen Enthaltsamkeit
befleissigt hätten, und besonders auch christliche Frauenspersonen, die ihre Keuschheit zum Dienste Gottes hätten wiedmen wollen: ein Vorsatz, der schon Bewunderung verdiene; dessen Ausführung aber die menschlichen Kräfte übersteige. Eine andere Bewegursache
legt ihm Sozomenus (H. E. L. I. c. 9.) bey. „Er
sah, schreibt dieser, daß diejenigen, welche aus Liebe
zu Gott unverehlicht und Kinderlos bleiben wollten,
sich wegen dieses Gesetzes in einem nachtheiligern Zustande befanden als andere, und hielt es vor thöricht
zu glauben, daß das menschliche Geschlecht durch Fleiß
und Sorgfalt der Menschen ausgebreitet werden könne,

indem

indem die Natur vielmehr stets durch eine höhere Veranstaltung verringert oder vermehret wird." Dieser andächtig klingende Grundsatz mag dem Kaiser vielleicht von der Geistlichkeit beygebracht worden seyn; aber er würde in einer solchen Anwendung alle menschliche Versuche zur Aufnahme eines Landes in unnütze und sogar gottlose Bemühungen verwandeln. Und nicht genug, daß Constantinus dergestalt die Meinungen von einer gewissen Heiligkeit des ehelosen Standes begünstigte; er ertheilte auch den Christen beyderley Geschlechts, die in demselben blieben, wenn sie gleich noch unmündig wären, die Freyheit ein Testament aufzusetzen: indem er, setzt Sozomenus ziemlich seltsam hinzu, urtheilte, daß derjenige, der sich allein dem Dienste Gottes und einer strengern Tugend gewiedmet hat, in allen Dingen vernünftige und kluge Maaßregeln treffe.

Durch ein anderes Gesetz vom Jahr 321. führte Constantin zuerst die strengere Feyer des Sonntags ein. Dieser geheiligte Tag, der fast so alt als das Christenthum war, und noch immer in manchen christlichen Gemeinen auch den Sabbath zur Seite hatte, wurde doch nicht, wie der jüdische Sabbath, mit einer Ruhe von aller Arbeit begangen. So lange heidnische Regierungen währten, würde dieses ohnedem viele Schwierigkeiten gefunden haben; aber es war solches nicht einmal der Freyheit und Würde des Christenthums gemäß. Da wo das ganze Leben durch stets würksame Frömmigkeit ein immerwährender Gottesdienst seyn sollte, und es auch bey sehr vielen in der That war, konnte die Muße von täglichen Geschäften weder vor nothwendig, noch vor ein ausnehmendes Merkmal der Gottseeligkeit gehalten werden. Dieses änderte Constantin zu einer Zeit, da sich die Christen

sten selbst schon ziemlich verändert hatten. Ihre Andacht war lange nicht mehr so feurig als ehemals; sie fiengen an, den Dienst Gottes zu sehr in Cärimonien zu setzen; und selbst die neuerlangte Stille und Sicherheit fesselten sie stärker an die Beschäftigungen und Ergötzlichkeiten des Lebens. Gesetze schienen also jetzt würklich nöthig zu seyn, um an dem einzigen wöchentlichen Tage, der zur öffentlichen Verehrung des Höchsten ausdrücklich bestimmt war, die erkalteten Triebe der Christen zu entzünden; oder doch ihre Aufmerksamkeit auf ihre Pflichten rege zu machen. Constantinus befahl daher folgendes: (C. Iust. L. III. t. 12. de feriis l. 3.) „Alle Richter und Einwohner der Städte, auch „die Arbeiten aller Künste, sollen am ehrwürdigen „Sonntage ruhen. Doch können sich die Landleute „mit aller Freyheit auf den Ackerbau legen. Denn es „trägt sich oft zu, daß an keinem andern Tage Aecker „und Weinberge so bequem bestellt werden können, als „an diesem. Es soll also dieser Vortheil, den die „himmlische Vorsehung selbst darbietet, nicht bey Gelegenheit einer so kurzen Zeit verloren gehen." Gleich darauf erlaubte er, (C. Theod. L. II. t. 8. de feriis, l. 1.) daß man auch am Sonntage leibeigene Knechte loßlassen könnte, weil es eine wohlthätige Handlung wäre. Nachmals ist diese äußerliche Ruhe von allen Geschäften am gedachten Tage, von den Kaisern und andern christlichen Fürsten, obgleich mit einigen Veränderungen, immer bestätigt worden: und hat theils mit vergrößerter Strenge, theils unter manchen Mißbräuchen, bis auf unsere Zeiten fortgedauert; ohne daß sie ihre Hauptabsicht anders als bey wenigen Christen erreicht hätte.

Sogar für seine heidnischen Soldaten machte Constantinus den Sonntag zu einem dem Dienste Gottes vorzüglich geweihten Feyertage. Sie mußten an demselben, nach dem Eusebius, (de vita Const. L. IV. c. 19. sq.) auf das Feld ziehen, und daselbst, auf ein gegebenes Zeichen, alle zugleich folgendes Gebet sprechen: „Dich allein erkennen wir als Gott; dich bekennen wir als König; dich rufen wir als Helfer an; von dir haben wir Siege erhalten; durch dich haben wir die Feinde überwunden. Dir danken wir für das empfangene Gute; von dir hoffen wir auch künftiges. Dich flehen wir alle demüthigst an, daß du unsern Kaiser Constantinus, und seine Gottgeliebten Söhne, bey langem Leben, gesund und siegreich erhalten wollest." Dieser gutgemeinte Zwang des Kaisers mußte zwar manchen der Betenden zu Worten nöthigen, die mit seinen Einsichten nicht übereinkamen; doch waren sie den Begriffen verständiger Heiden von dem höchsten Wesen nicht zuwider. Der Geschichtschreiber meldet noch, (c. 18.) und aus ihm Sozomenus, (Hist. Eccl. L. I. c. 7.) daß der Kaiser auch den Tag vor dem Sabbath, das heißt, den Freytag, wegen desjenigen was der Erlöser an demselben gethan hatte, durch ein gleiches Feyern von Arbeiten zu ehren verordnet habe.

Wie sehr nach der gänzlichen Unterdrückung des Licinius, im Jahr 323. der Eifer Constantins für die christliche Religion durch seine freyere und größere Macht zugenommen habe, sieht man deutlich genug aus seinen Verordnungen. Eine von denen, worinne er die Spuren und Würkungen der Verfolgung des gedachten Kaisers aufhob, die nach Palästina abgeschickte, ist vom Eusebius (de vita Constant. L. II. c. 24. sq.) aufbehalten worden. Er bemerkt darinne zuerst, daß sich schon lange ein offenbarer Unterscheid zwischen den Verehrern der christlichen Religion und zwischen ihren Feinden gezeigt habe; jetzt aber sey derselbe durch

durch noch größere Begebenheiten außer allen Streit gesetzt, und zugleich die Macht Gottes bewiesen worden. Denn beyde hätten einen Ausgang genommen, der ihnen gebührte. Weil nun die Gottlosen eine allgemeine Noth gestiftet hätten, habe Gott durch ihn, seinen Diener, vom Britannischen Meere her diesem Elende ein Ende gemacht, das menschliche Geschlecht unterweisen, zur Beobachtung des ehrwürdigsten Gesetzes zurückführen, und den seeligsten Glauben mehr ausbreiten laßen. Ich weiß zwar wohl, sagt er, daß diejenigen welche sich ganz der himmlischen Hofnung ergeben, und dieselbe fest auf die göttlichen Wohnungen gründen, keiner menschlichen Gnade bedürfen. Allein da er es doch vor seine Pflicht halte, die Unschuldigen von allen Drangsalen zu befreyen: so befiehlt er, daß die Christen welche aus ihrem Vaterlande verwiesen, oder zu öffentlichen Dienstleistungen verurtheilt worden waren, ihre Güter verloren hatten, auf wüste Inseln verbannt, zu den Bergwerksarbeiten verdammt, ihrer Freyheit und Ehre beraubt, aus ansehnlichen Kriegsdiensten gestoßen worden, oder die man zur Beschimpfung unter den Weibern Wolle spinnen und Leineweber abgeben laßen, auch zu Leibeigenen gemacht hatte, in ihren vorigen Zustand wieder eingesetzt werden sollten, so daß es ihnen frey stünde, eine beliebige Lebensart zu ergreiffen. Die Güter welche von den christlichen Märtyrern oder Bekennern hinterlaßen worden, sollten ihren nächsten Anverwandten, und wenn keine solche vorhanden wären, der Kirche zu welcher sie gehört hatten, zufallen. Wer etwas von denselben in den Händen hätte, sollte es zurückgeben, ohne daß man ihn wegen der bisherigen Nutzung derselben in Anspruch nehmen dürfe: und selbst die kaiserliche Kammer sollte die eingezogenen Güter der christlichen Kirchen wieder herausgeben.

Noch ernstlichere Anstalten folgten hierauf, um dem Christenthum im ganzen Reiche die Oberhand zu verschaffen. Constantinus bestellte nunmehro, wie Eusebius (l. c. c. 44.) berichtet, meistentheils Christen zu Statthaltern; den heidnischen aber verbot er zu opfern: und dieses war selbst denen nicht mehr erlaubt, welche noch höhere Würden, selbst die höchste obrigkeitliche (praefectura praetorio) bekleideten. Zugleich verbot er, (Euseb. l. c. c. 44. sq.) daß weder Bildsäulen der Götter aufgerichtet, noch Wahrsagerkünste und ähnliche Dinge ausgeübt, auch keine Opfer geschlachtet werden sollten. Eben dieses, daß Constantinus den Heiden die Opfer und andere Arten des Aberglaubens untersagt habe, erzählt Eusebius noch zweymal; (l. c. L. IV. c. 23. 25.) und nach ihm Sozomenus, (Hist. Eccl. L. I. c. 8.) Gleichwohl versichert Libanius, (Orat. pro templis gentilium) daß der Kaiser die Ausübung der heidnischen Religion nicht gestört habe. Zosimus (Hist. L. II. c. 29.) setzt hinzu, er sey selbst noch derselben um diese Zeit zugethan gewesen. Auch findet man noch drey Gesetze, die er in den Jahren 319. und 321. gegeben hat, (Cod. Th. L. IX. tit. 16. de malefic. l. 1. 2. L. XVI. tit. 10. de Paganis, l. 1.) worinne die Wahrsagerkünste mit der Bedingung erlaubt werden, daß sie nur öffentlich getrieben werden, ingleichen bloß das Opfern in den Häusern, nicht aber in den Tempeln, verboten wird. Daraus haben einige Gelehrte geschloßen, daß auch das spätere Verbot nur von den häuslichen und von solchen Opfern zu verstehen sey, welche die Römischen Obrigkeiten im Nahmen der Kaiser darzubringen pflegten. Es wird jedoch durch die sehr allgemeinen Ausdrücke des Geschichtschreibers wahrscheinlicher, daß der Kaiser wenigstens in der spätern Zeit alle Opfer ohne Ausnahme verboten habe. Zwar mußten sie noch seine

Constantins Geſetze für das Chriſtenth. 105

ne Söhne im Jahr 341. (Cod. Th. L. XVI. tit. 10. §. n.
l. 2.) unterſagen; allein indem ſie ſich in ihrem Geſetze d. G.
auf das von ihrem Vater gegebene berufen, zeigen ſie 306
eben dadurch an, daß das letztere nicht ſehr ſtreng beob- bis
achtet worden ſey, weil noch zu viele reiche und vor- 337.
nehme Perſonen der Abgötterey zugethan waren, als
daß ſie ſogleich mit Gewalt hätte ausgerottet werden
können.

Würklich bewies Conſtantinus anfänglich gegen
ſeine neue heidniſche Unterthanen in den Morgenländern viel Glimpf und Sanftmuth. Er ſtellte ihnen
in einem beſondern Schreiben (beym Euſebius de vita Conſtant. L. II. c. 48. ſq.) die Nichtigkeit des
Götzendienſtes, und die Urſachen vor, warum ſie ſich
zum chriſtlichen Glauben wenden müßten. Nachdem
er die kurz vorhergehende für die Chriſten traurige Zeiten und das Ende derſelben abgeſchildert hat, bittet er
Gott, durch ihn dieſe ſeine Völker glücklich zu machen;
beruft ſich auf die Siege, die er durch deßen Beyſtand,
unter Vortragung des Kreutzes, erfochten, berührt ſeinen Glauben und Eifer für die Kirche, und fährt ſo-
dann in der Anrede an Gott fort: „Selbſt die Anhänger der falſchen Religion mögen gemeinſchaftlich mit
den Gläubigen der Annehmlichkeiten des Friedens und
der Ruhe fröhlich genießen. Denn dieſe Wiederher-
ſtellung der Gemeinſchaft zwiſchen beyden dient auch
ungemein dazu, die Menſchen auf den richtigen Weg
zu führen. Niemand ſtöre den andern: ein jeder thue
was ihm gefällt. Doch müßen die Wohlgeſinnten verſichert ſeyn, daß diejenigen allein heilig und unſchuldig leben werden, welche Du ſelbſt dazu berufen haſt, in
Deinen heiligen Geſetzen ihre Zufriedenheit zu ſuchen.
Diejenigen aber die ſich ſelbſt denſelben entziehen, mögen, weil es einmal ihr Wille iſt, die Tempel ihrer lü-

G 5 gen-

genhaften Lehre immer behalten. Wir haben das glänzende Haus Deiner Wahrheit, das Du uns mit der Natur gegeben. Eben dieses wünschen wir auch ihnen, damit sie sich an der allgemeinen Uebereinstimmung vergnügen können." — Der Kaiser setzt hinzu, daß die christliche Religion nicht neu sey; sondern mit der Gründung der Welt anbefohlen worden; daß der Sohn Gottes das menschliche Geschlecht von seinen Irrthümern befreyet habe; und daß die ganze Einrichtung der Natur diese göttlichen Absichten bestätige. Er verbietet nochmals, daß niemand den andern wegen einer verschiedenen Einsicht in der Religion beleidige; man mag einander mit seinen Kenntnißen nützlich werden, so weit es möglich ist. „Ich habe, sagt er zuletzt, dieses alles weitläufiger erklärt, weil ich den wahren Glauben nicht verbergen wollte; besonders aber, weil einige behaupten sollen, die Cärimonien der Tempel und die Macht der Finsterniß wären ganz aufgehoben. Ich würde dieses allen Menschen gerathen haben, wenn nicht die gewaltsame Empörung des schlimmen Irrthums, zum Schaden der gemeinen Verbeßerung, in den Gemüthern einen zu festen Sitz genommen hätte." Wenn der Kaiser in diesem Schreiben seine Frömmigkeit zu sehr auf die Siege und andere irrdische Glückseeligkeit zu gründen scheint, die er durch die Annehmung des Christenthums erlangt zu haben glaubte: so muß man sich erinnern, daß ein solcher Bewegungsgrund in den Augen der Heiden einer der größten war, indem sie den blühenden Wohlstand des Reichs von dem herrschenden Eifer für die Verehrung der Götter herleiteten. Sogar die ersten Ueberlegungen Constantins über die Wahl einer Religion, sollen, wie man oben gesehen hat, von gleichem Inhalte gewesen seyn.

Seinen Erklärungen zu Folge, sollten durchaus keine Zwangsmittel angewandt werden, um aus Heiden Christen zu machen. Es kann daher seyn, daß der Kaiser manche Einschränkung des Götzendienstes die er gleichwohl verfügte, vor keine Gewaltthätigkeit angesehen habe; zumal, da sie unter vieler Nachsicht beobachtet wurden. Ohnedem waren nicht einmal harte Anstalten nöthig, um eine Religion, wie die christliche, die allein durch ihre eigenthümliche Stärke in die Gemüther einzudringen gewohnt war, und unter einem Fürsten, deßen Beyspiel so reitzend war, der alles begünstigte, was dem Christenthum angehörte, sehr bald empor zu bringen. Unterdeßen gebrauchte er doch nach und nach auch schärfere Maaßregeln gegen die heidnische Religion. Er ließ (nach dem Eusebius, de vita Constan. L. IV. c. 23.) viele Tempel zuschließen: und da sie also viele Jahre lang nicht besucht, noch in gutem Stande erhalten wurden, so wurden sie von selbst unbrauchbar und baufällig. Von manchen derselben ließ er (Id. l. c. c. 54.) bloß das Dach abtragen, oder das Vorgebäude niederreißen, damit sie durch die Veränderungen des Wetters allmählich zu Grunde gerichtet würden. Einige wurden auf seinen Befehl ganz zerstört: besonders solche, in denen abscheuliche Ausschweifungen der Wollüste begangen worden waren, (l. c. L. III. c. 55.) oder von denen die Heiden glaubten, daß die Götter Wunder darinne würkten, (l. c. c. 56. Socr. Hist. Eccl. L. I. c. 18.) ingleichen die an Oertern standen, welche für die Christen ehrwürdig und heilig waren: wie an der Stelle, wo sie glaubten, daß der Leichnam Christi begraben worden sey, und wo Abraham die drey Engel empfangen haben sollte. (l. c. cap. 26. 53.) Bloß einige Hofbedienten des Kaisers reisten mit diesem Auftrage in die Provinzen, und vollstreckten ihn, ohne von Soldaten unter-

unterſtützt zu werden, (Euſeb. l. c. L. III. c. 54.) Doch geſteht Euſebius, daß zuweilen auch Soldaten dazu gebraucht worden ſind, wie bey dem berühmten Tempel des Apollo zu Aegä, (l. c. c. 56.) Ein ſolches Bey‑ ſpiel ſcheint auch den chriſtlichen Pöbel aufgemuntert zu haben, ohne einen beſondern Befehl manche Tempel zu zerſtören; wie man inſonderheit aus den Klagen und Vorwürfen ſchließen kann, die gegen die Chriſten ſeit Julians Zeiten erhoben worden ſind.

Die Bilder der Götter, welche die Chriſten bey‑ nahe mehr haßten als die Tempel ſelbſt, hatten größ‑ tentheils ein eben ſo ſchlimmes Schickſal. Zuweilen befohl Conſtantinus ſelbſt, ſie zu verbrennen; (Eu‑ ſeb. l. c. c. 53.) aber unzählige Chriſten, beſonders ſolche, die vorher ſelbſt Heiden geweſen waren, zer‑ nichteten ſie an vielen Oertern aus eigenem Triebe. (Id. L. IV. c. 39.) Solche Bildſäulen die aus Gold oder einem andern edlen Metalle verfertigt waren, wurden zu einem einträglichern Gebrauche in die Münze ge‑ ſchickt. (Id. Orat. de laudib. Conſtant. c. 9. Sozom. Hiſt. Eccl. L. II. c. 5.) Andern wurde das Gold‑ und Silberblech abgeriſſen, mit welchen ſie bedeckt waren, und der übrige hölzerne Kloß vor ihre Verehrer hinge‑ worfen. Man beſchimpfte ſie überhaupt auf mancher‑ ley Art. Bald ſchleppte man ſie mit Stricken gebun‑ den zuſammen; bald verſtümmelte man ſie, und gab ſie dem öffentlichen Gelächter Preis. Die Prieſter wurden genöthigt, ſie aus den geheimſten Oertern der Tempel ans Licht zu bringen: und da man eben daſelbſt Todtenknochen und andere Unreinigkeiten antraf, ſo zog man dieſelben gleichfals zur Beſchämung der Hei‑ den hervor. (Euſeb. de vita Conſtant. L. III. c. 54. 57. Sozom. l. c.) Doch ließ der Kaiſer manche Bild‑ ſäulen, welche bewundernswürdige Werke der Kunſt waren,

waren, aufbehalten, und Constantinopel damit auf verschiedenen Plätzen ausschmücken; (Euseb. l. c. Socrat. Hist. Eccl. L. I. c. 16. Zosim. Hist. L. II. c. 31.) ob man gleich nicht zweifeln kann, daß ungleich mehrere, die eben eine solche Achtung verdienten, von den Christen verwüstet worden sind. Constantin verbot auch, daß man sein Bild nicht in den heidnischen Tempeln auffstellen sollte: und wenn Socrates (Hist. Eccl. L. I. c. 18.) hierinne gerade das Gegentheil vom Eusebius (de vita Constant. L. IV. c. 16.) erzählt: so muß man, auch des Zusammenhangs wegen, jene Stelle vor verdorben ansehen. Denn mit einem gelehrten Manne, der diese Geschichte überhaupt geschickt erläutert hat, (Io. Wilh. Hoffmanni Ruina superstitionis paganae, p. 18. Viteb. 1738.) zu glauben, daß Socrates unter den eigenen Bildern des Kaisers solche verstehe, welche Personen und Begebenheiten der christlichen Religion vorstellten; dieses ist gar nicht wahrscheinlich. Inzwischen könnte die Nachricht des Cedrenus (Compend. histor. p. 272. ed. Paris.) daß Constantinus einige Tempel den Christen zu ihrem Gottesdienste überlaßen habe, dennoch gegründet seyn.

J. n. C. G. 306 bis 337.

Viele andere Mittel, dem Heidenthum Abbruch zu thun, wurden von ihm auch in Bewegung gesetzt. Er nahm den Tempeln die liegenden Gründe und andere Einkünfte weg, die zu dem öffentlichen Aufwande des Götzendienstes und zur Unterhaltung der Priester bestimmt waren. (Euseb. de vita Constant. L. III. c. 1. Liban. Orat. pro templis gentilium.) Er verbot die grausamen Fechterspiele, die von den Christen mit Recht verabscheuet wurden, wenigstens in einem Theil der Morgenländer; (Cod. Th. L. XV. tit. 12. de Gladiatorib. l. 1.) aber der Geschmack der Römer an denselben war so hitzig, daß sie noch lange nach seinen Zeiten

n.
C. G.
306
bis
337.

ten fortgedauert haben. Bisweilen ließ er auch Geld unter die armen Heiden austheilen, um sie zur Annehmung des Christenthums zu locken. (Euseb. l. e. L. III. c. 58.) Flecken welche sich ganz zu dieser Religion bekannten, gab er das Bürgerrecht, und seinen eigenen Nahmen. (Idem l. c. L. IV. c. 38.) Besonders aber machte er seine neugewählte Hauptstadt des Reichs zu einer Stütze des christlichen Glaubens. Zosimus (Hist. L. II. c. 29. 30.) beschuldigt ihn, er habe, um dem allgemeinen Haße der Einwohner Roms gegen ihn, und den Verwünschungen auszuweichen, mit welchen sie ihn wegen seiner Anstalten wider das Heidenthum belegten, deßen Gebräuche er auch bey feyerlichen Gelegenheiten daselbst verspottete, diese Veränderung getroffen. So viel ist wohl glaublich, daß die Römer, welche noch größtentheils, besonders die Vornehmsten, und der Senat selbst, der Abgötterey zugethan blieben, einen starken Widerwillen gegen den Kaiser gefaßt, und denselben auch öffentlich geäußert haben mögen. Er selbst verweilte selten unter ihnen: vielleicht haben auch diese ihre Gesinnungen und sein Verdruß über ihre Hartnäckigkeit, etwas dazu beigetragen. Allein Gründe der Staatsklugheit, des Ehrgeitzes, und andere ähnliche, scheinen wohl eben so viel und noch mehr Antheil an seinem Entschluß gehabt zu haben, seinen Hauptsitz zu Byzantium zu errichten, das er nach einer ungemeinen Erweiterung und Verschönerung, im Jahr 330. zu einer neuen Stadt einweihte, und Neu=Rom genannt wißen wollte; das aber von seinem Stifter den Nahmen Constantinopolis beybehalten hat. Außerdem daß er diese Stadt Rom fast in allem gleich machte, gab er ihr noch den Vorzug, eine ganz christliche Stadt zu seyn. Er hob die Uebung der heidnischen Religion daselbst auf, verwandelte die vorhandenen Tempel in christliche Kirchen,

bauete

bauete mehrere und prächtige von diesen letztern auf, J. n.
und weihte die Stadt dem Gott der Märtyrer. Die- C. G.
sem Berichte christlicher Schriftsteller, (Euseb. de vita 306
Constant. L. III. c. 48. sq. L. IV. c. 58. Socrat. Hist. bis
Eccl. L. I. c. 16. Sozom. Hist. Eccl. L. II. c. 3.) 337.
scheint Zosimus zu widersprechen, indem er (l. c. cap.
31.) versichert, der Kaiser habe zu Constantinopel zwey
Tempel erbauet, und darein die Bildsäulen von zwo
Göttinnen gesetzt. Aber selbst die Beschreibung, wel-
che er von der einen derselben macht, beweiset, daß
Constantinus beydes Tempel und Bildsäulen zur
Zierde der Stadt, zum Theil auch zur Verspottung des
Götterdienstes, habe stehen laßen.

Bey diesem allem ist es nicht ganz unwahrscheinlich, daß die Christen, aufgemuntert durch die Neigung ihres Fürsten, an den Heiden, von denen sie
ehemals so viel gelitten hatten, auch manche persönliche Gewaltthätigkeiten begangen haben mögen. Genug, es war jetzt für die letztern eine Zeit der Verfolgung, die, wenn sie gleich mit den Grausamkeiten
und Hinrichtungen einer heidnischen nichts gemein
hatte, doch den Heiden einige gerechte Klagen auspres-
sen mußte. Constantinus schonte zwar noch der
großen Städte, in denen das Heidenthum zu tief ein-
gewurzelt, und Empörungen von den Anhängern desselben zu besorgen waren; aber in den übrigen Gegenden des Reichs fiel es sichtbarlich unter einer so heftigen Bestürmung. Die Heiden, sagt Eusebius, (de
vita Const. L. III. c. 57.) welche mit ihren Augen die
Widerlegung ihrer bisherigen Irrthümer sahen, und
wider alle Erwartung in den Tempeln und Bildern der
Götter nicht das geringste Merkmal ihrer Gegenwart
fanden, wandten sich theils zu der Lehre Christi, theils
verlachten sie wenigstens die Götter und Cärimonien,
welche

welche sie bisher verehrt hatten. Sozomenus (Hist. Eccl. L. II. c. 5.) setzt hinzu, manche Heiden wären, nachdem sie die christliche Religion genau zu prüfen angefangen hätten, durch Wunderzeichen oder Träume, ingleichen durch Unterredungen mit Bischöfen oder Mönchen, dahin gebracht worden, dieselbe anzunehmen. Von einer solchen Menge neuer Christen, und da so mancherley Mittel gebraucht wurden, sie hervorzubringen, ist es nicht zu verwundern, wenn sie sehr verschiedene Bewegungsgründe oder Aufmunterungen angaben. Unter denselben aber waren, wie Eusebius (de vita Constant. L. IV. c. 54.) gesteht, auch Heuchler und Betrüger genug, die sich in die christliche Kirche, ohne aufrichtige Mitglieder derselben zu werden, listig einschlichen, und die Güte des Kaisers leicht berückten. Ueberhaupt schien das Glück dieser Zeiten groß zu seyn, da ganze Städte und Hauffen von Tausenden sich auf einmal zum Christenthum bekannten; und war doch, wenn man ihre wahren Triebe durchschauen konnte, nur mäßig.

Constantinus vergaß auch nicht, gegen die Juden, die ältesten, und noch immer sehr heftigen Feinde des christlichen Glaubens, allerley Verfügungen zu treffen. Da sie diejenigen aus ihrem Mittel, welche zu demselben traten, mit aller Erbitterung verfolgten: so verbot er ihnen dieses im Jahr 315. bey Strafe des Feuers; drohte auch denen welche zu den Juden übergehen würden, gleiche Strafen mit ihnen. (Cod. Th. L. XVI. tit. 8. de Iudaeis etc. l. 1. C. Iust. L. I. tit. 9. de Iud. et Coelic. l. 3.) Einige Jahre darauf verordnete er, daß alle Juden in den Städten, welche Vermögen genug dazu besäßen, zu den öffentlichen Aemtern und Dienstleistungen angehalten werden sollten; doch möchten, weil sie ehemals durch kaiserliche Gesetze

Constantins Geſetze für das Chriſtenth.

ſetze davon befreyet waren, noch ferner zween oder drey in jeder Stadt damit verſchont bleiben. In der Folge aber erſtreckte er dieſe Befreyung auf alle Lehrer und Vorſteher der Juden, (qui legi ipſi praeſident. Archiſynagogi, Patriarchae, Presbyteri, cet. C. Th. t. eod. l. 2. 3.) ja überhaupt auf alle, welche in den Synagogen dienten. (l. c. l. 4.) Er unterſagte ihnen auch, weiter keine Chriſten zu Leibeigenen zu haben, indem es ſich nicht gebühre, daß die von dem Heilande Erlöſeten das Joch der Dienſtbarkeit von denen trügen, welche die Propheten und den Herrn umgebracht hätten. Solche Leibeigene ſollten vielmehr in Freyheit geſetzt, und die Juden, bey denen ſie angetroffen würden, um Geld geſtraft werden. (Euſeb. de vita Conſt. L. IV. c. 27. C. Th. t. 9. ne Chriſtianum mancipium Iudaeus habeat, l. 1.) Nach dem *Chryſoſtomus* (Homil. 3. adverſ. Iudaeos, p. 433. Opuſcul. T. I. Francof. 1698. Fol.) machten die Juden unter Conſtantins Regierung auch einen neuen Verſuch, ihren Staat und Tempel wieder herzuſtellen; er ließ aber einer Anzahl von ihnen die Ohren abſchneiden, und ihnen das Merkmal der Empörung einbrennen. Ueberhaupt bezeigte er eine gewiſſe Abneigung gegen die Juden, die vielleicht manchen unter ihnen bewegen konnte, ſich, um ſeine Gunſt zu gewinnen, taufen zu laſſen; aber auch den Chriſten deſto mehr Muth machte, ſie zu mißhandeln.

S. n. C. G. 306 bis 337.

Neue Verfassung der christlichen Kirche.

J. n. C. G. 306 bis 337.

Aus allen diesen Bemühungen des Kaisers, die christliche Kirche größer und ansehnlicher zu machen, entstand ein neuer Zustand derselben, der anfänglich zu ihrem Vortheil ausschlug; aber sehr bald zu Mißbräuchen aller Art Gelegenheit gab. Sie herrschte nun mit den Vorzügen eines besondern Staats, oder doch der am meisten verehrten Gesellschaft, im Römischen Reiche. Der Kaiser übernahm ihre Regierung; aber er theilte sie auch einigermaaßen mit den Bischöfen. Das Recht christlicher Fürsten in Religions- und Kirchensachen wurde zuerst ohne Widerrede anerkannt und ausgeübt; die allgemeinen Kirchenversammlungen, die zum erstenmale erschienen, waren auch ein Beweis davon: eine Gesetzmäßige Ordnung und Uebereinstimmung im Glauben und äußerlichen Gottesdienste, folgten gleich darauf; es schien auch dafür gesorgt zu seyn, daß in solchen Angelegenheiten ein Christ die Freyheit des andern nicht unterdrücken könnte. Zu gleicher Zeit aber stieg die Gewalt der Bischöfe höher, als es dieser Freyheit zuträglich war, und die Kirche, fieng an, ihre Gestalt etwas mehr nach einer weltlichen Verfassung zu bilden.

Sie hatte bisher unter dem Schutze heidnischer Fürsten gestanden; allein denselben nur selten genossen. Der erste christliche Kaiser, der jetzt an ihre Stelle kam,

Neue Verfassung der christlichen Kirche.

kam, sah die bloße Beschützung derselben, als das geringste an, was er für sie zu thun hatte. Er nahm den eifrigsten Antheil an allem was ihr wichtig und nützlich werden konnte, beschäftigte sich mit ihren geringern Angelegenheiten eben so sorgfältig, als mit den großen Einrichtungen seines Reichs, suchte alle Unruhen in derselben beyzulegen, und wandte mit einem Worte auf allen Seiten Macht, Einkünfte, Wachsamkeit und Fleiß zu ihrem Besten an, so weit er dieses kannte. Die Kirchensachen hiengen nun von ihm und seinen christlichen Nachfolgern in der Regierung ab, wie Socrates (Hist. Eccl. L. V. prooem.) bemerkt. Constantin wurde gleichsam, sagt Eusebius, (de vita Const. L. I. c. 44.) der gemeinschaftliche von Gott eingesetzte Bischof der Christen. Und er selbst gab sich einst diesen Nahmen, (Idem l. c. L. IV. c. 24.) mit der Einschränkung, daß er es in den außerhalb der Kirche vorfallenden Geschäften (τῶν ἐκτὸς) sey; da hingegen die eigentlichen Bischöfe die innerliche Verwaltung derselben auf sich hätten.

Daß dieser Unterscheid nicht so zu erklären sey, als wenn Constantinus nur für die äußerliche Ruhe der Christen besorgt gewesen wäre, und bloß Haussen von Ungläubigen in die Kirche geführt hätte; sondern daß er sich auch um den Vortrag der Religion, den Angriff auf dieselbe mitten in der Kirche, und andere ihrer Schicksale nachdrücklich bekümmert habe: das lehrt seine Geschichte. Zwar bestimmen es die christlichen Schriftsteller selbst nicht genau, wie weit sich seine Rechte in Kirchen- und Religionssachen erstreckt haben; allein ihre angeführten Ausdrücke, und seine Handlungen zeigen, daß sie sehr groß gewesen sind. Vermuthlich räumte man ihm in der ersten Freude über seine Bekehrung alles ein: so gewohnt auch bereits lange die Bischöfe waren, die Stelle der höchsten Obrigkeit in vielen Fällen zu vertreten. Sie waren ohnedieß und blieben auch immer seine Lehrer, gegen die er so viele Gewogenheit und Hochachtung hatte, daß sie ihn meistentheils in Religionssachen regieren konnten. Zwar hatten sie auch schon seit geraumer Zeit angefangen, den Nahmen und die Rechte der jüdischen Priester sich beyzulegen: und man weiß, wie eingeschränkt neben diesen die kirchliche Gewalt der Israelitischen Könige gewesen sey. Allein durch die christliche Religion war eine ganz andere kirchliche Freyheit eingeführt, und alle Christen einander in Rechten welche die Religion giebt, im Grunde gleich gesetzt worden. Ein Stand wurde freylich dazu bestimmt, sich der Ausbreitung, Erklärung und gemeinnützlichen Anwendung dieser Religion ganz zu wiedmen; aber alle übrige Christen behielten das Recht, zu eben diesen Absichten, nach dem Maaße ihrer Einsichten, und ohne eine anständige Ordnung zu stören, etwas beyzutragen. Was eine vorzügliche Beschäftigung jenes Standes ausmachen sollte, das berechtigte ihn noch nicht, eigenmächtig über Glauben, Sitten, äußerlichen Dienst Gottes, Zweifel und Streitigkeiten wegen der Religion, zu entscheiden. Auch hatten die andern Christen in den ersten Zeiten ihren Antheil an den Berathschlagungen über dieses alles gehabt, bis sie nach und nach bloße Zuhörer derselben geworden waren. Diese große Gesellschaft, die christliche Gemeine, die ihre Befugnisse in Religionssachen stillschweigend an die Bischöfe und Aeltesten zum Theil übertragen hatte, konnte kein Bedenken finden, die Kaiser, nachdem sie christlich geworden waren, als ihre Landesherren und vornehmste Mitglieder zugleich, im Besitze dieser und noch ansehnlicherer Rechte zu erkennen. Ehemals hatte

hatte sie sich sogar zuweilen in Kirchensachen an die
heidnischen Kaiser gewandt: und jetzt übte Constan‍tinus seine kirchliche Gewalt, als ein bloßer Lehrling
des Christenthums, ohne getauft zu seyn, über zwan‍zig Jahre nach einander, mit der lebhaftesten Zufrie‍denheit und Dankbarkeit der Christen aus.

s. n.
E. G.
306
bis
337.

Eine Menge Gesetze in Religions= und Kirchenan‍gelegenheiten, die willkührliche Vergebung geistlicher
Aemter, Absetzungen und andere Bestrafungen des
Clerus, Gerichte über kirchliche Streitfragen, die
er zu halten befohl, oder worinne er selbst den Vorsitz
führte, und andere ähnliche Handlungen, sind eben so
viele Denkmäler derselben. Unter andern wurde er
auch Herr über die Kirchenversammlungen. Er
ließ ihnen die Bestimmung, welche sie bisher gehabt
hatten, das gewöhnlichste und würksamste Mittel zu
seyn, um theologische Streitigkeiten zu dämpfen, und
gültige Kirchengesetze zu geben. Aber er behielt sich
die Bestätigung ihrer Schlüsse vor, wenn sie eine sol‍che Kraft haben sollten: so wie sie überhaupt ohne seine
Einwilligung nicht gehalten werden durften. Noch
eine wichtigere Veränderung stiftete er in ihrem Um‍fange. Er berief die erste allgemeine Kirchen‍versammlung (Synodus oecumenica) zusammen,
die davon den Nahmen bekam, weil alle Bischöfe,
oder an ihrer Stelle auch Aeltesten der Gemeinen des
Römischen Reichs, (οἰκουμένη) dazu eingeladen wurden,
großentheils darauf erschienen, und Schlüsse faßten,
die durch seine Genehmhaltung zu allgemeinen Reichs‍gesetzen wurden. Alle Kirchenversammlungen vor sei‍nen Zeiten waren bloß von einer oder wenigen Provin‍zen gemeinschaftlich gehalten worden: sie hatten also
auch nur für die Gemeinen derselben einige Verbind‍lichkeit. Der Hauptbischof oder Metropolitanus

der Provinz kündigte dieselben an, und hatte darauf den Vorsitz. Jetzt kam auch das Ausschreiben dieser Versammlungen an die Kaiser. Es ist glaublich, wie Richer (Hist. Concilior. General. L. I. C. 1. p. 26. Coloniae, eigentlich Amstelod. 1683. 8.) angemerkt hat, daß Constantinus dabey eben so wie die folgenden Kaiser, die Ankündigung der allgemeinen Kirchenversammlung nur an die großen Metropolitanen habe gelangen lassen, und daß sie von diesen, ihren untergeordneten Bischöfen zugefertigt worden sey. Jene ansehnlichern Bischöfe blieben nun zwar bey dem Rechte des Vorsitzes auf denselben; allein auch der Kaiser behauptete jetzt als Landesfürst und Oberhaupt der Kirche, den seinigen; oder er versicherte sich desselben durch weltliche Abgeordnete. Diese zahlreichen und sehr geehrten Versammlungen waren überhaupt fähig, eine der vornehmsten Stützen seines Rechts in Kirchensachen abzugeben: und selbst die kleinern Zusammenkünfte der Bischöfe hiengen nicht selten von seinen Befehlen ab.

Gleichwohl nahm eben zu der Zeit, da das erstgedachte Recht der christlichen Fürsten sich kräftig entwickelte, auch das Ansehen der Bischöfe in kirchlichen Angelegenheiten sichtbarlich zu: und dieses eben durch die Kirchenversammlungen, sogar durch den Kaiser Constantinus selbst. Auf den eingeschränkten Versammlungen, die sie ehemals gehalten hatten, waren sie schon, obgleich nur für einen mäßigen Bezirk, Gesetzgeber gewesen; nunmehr wurden sie es für das ganze Römische Reich: und die höchste Gewalt des Kaisers selbst mußte ihnen dazu dienen, es zu seyn. Er unternahm in solchen Angelegenheiten nichts ohne ihren Rath; von ihnen bekam er die Begriffe über die Religionsmaterien, nach welchen er handelte, und man
konnte

Neue Verfassung der christlichen Kirche.

konnte ohngefähr aus den Gesinnungen der angesehensten, und bey ihm beliebtesten Bischöfe voraussagen, was auf jeder Kirchenversammlung beschlossen werden würde. Eine öcumenische Synode hatte zwar einen viel versprechenden Nahmen, indem sie die Einsicht, Prüfung, und Entscheidung aller, oder doch der vornehmsten Bischöfe des Reichs über gewisse Religionsstreitigkeiten und andere wichtige Geschäfte darlegen sollte. Allein unter so vielen Bischöfen konnte man doch nur von einer kleinen Anzahl ein völlig unpartheyisches, freyes und scharfsinniges Urtheil erwarten; die übrigen kamen, um diesen wenigen, oder der Mehrheit der Stimmen, auch wohl Nebenabsichten zu folgen. Wenige berühmte, eifrige, beredte und gebieterische Bischöfe konnten sehr leicht den übrigen ganzen Hauffen mit sich fortreissen. Constantinus aber hatte von solchen Zusammenkünften die hohe Meinung, (Euseb. de vita Constant. L. III. c. 20.) daß alles was in den heiligen Versammlungen der Bischöfe geschieht, nach dem göttlichen Willen vollzogen werde. Und in einem Schreiben an die Bischöfe, welche die Kirchenversammlung zu Arelate gehalten hatten, sagt er schon im Jahr 313. (in Harduini Act. Concilior. T. I. p. 268.) das Urtheil der Priester muß eben so angesehen werden, als wenn der Herr selbst gegenwärtig ein Urtheil fällte. Denn sie können nicht anders denken oder urtheilen, als wie sie durch den Unterricht Christi belehrt worden sind. Man sieht, wie frühzeitig ihm diese Ehrerbietung von den Bischöfen eingeprägt worden sey. Wenn er gleich bisweilen Drohungen und würkliche Schärfe gegen sie gebrauchte; so blieb er ihnen doch überhaupt sehr ergeben.

F. n.
E. G.
306
bis
337.

Noch besonders veranlaßte er auch durch die neue bürgerliche Einrichtung, die er in seinem Reiche traf, eine neue Eintheilung der christlichen Gemeinen desselben, und zugleich eine Vergrösserung des Ansehens, auch der Gerichtsbarkeit mancher Bischöfe. Die vornehmste bürgerliche und kriegerische Verwaltung des Römischen Reichs war bisher zwischen zwo Personen getheilt gewesen, die von ihrem ersten Ursprunge Befehlshaber der Leibwache (praefecti praetorio) hießen; im Grunde aber die beyden obersten Staatsbedienten und Feldherren des Reichs vorstellten. Da aber ihre Gewalt sehr groß, und oft zu gefährlich für die kaiserliche selbst war: so bestellte Constantin im Jahr 331. statt zween, vier Staatsbediente dieses Nahmens, die von Italien, Gallien, Illyricum und den Morgenländern den Zunahmen bekamen. Einem jeden unter ihnen wurde eine Anzahl von Bezirken, (dioeceses) deren zusammen vierzehn waren, angewiesen. Diese hatten wieder ihre besondern Statthalter, (vicarii) die in der Hauptstadt eines jeden Bezirks ihren Sitz nahmen: woraus die Unterstatthalterschaften (vicariatus) entstanden. Die Bezirke aber waren in hundert und zwanzig Provinzen abgetheilt, welche von gewissen Vorstehern (praesides, proconsules, consulares) regiert wurden. So gehörten unter den Oberstatthalter des Morgenländischen Reichsviertheils, (praefectus praetorio orientis) fünf Bezirke: Thrazien, Pontus, Klein-Asien, Morgenland und Aegypten, welche wieder in neun und vierzig Provinzen abgetheilt waren, und das jetzt sogenannte Romanien, nebst einem Theil der Bulgarey, alle Römische Besitzungen in Asien, Aegypten nebst Cypern, und einen Theil der jetzigen Africanischen Barbarey, in sich begriffen. Jede Provinz hatte ihre Hauptstadt, (metropolis) und zuweilen

Neue Verfassung der christlichen Kirche.

weilen deren mehrere, wenigstens für manche Stadt, als eine Ehrenbezeigung, (prima, secunda, tertia.) Zugleich aber nahm Constantin den vier Oberstatthaltern alle Aufsicht über die Soldaten, die er unter zween besondere Befehlshaber (magistri militum) vertheilte. Zosimus, der den Kayser, wie gewöhnlich, auch deswegen tadelt, (Hist. L. II. c. 31. 32.) hat diese grossentheils neue Staatsverfassung kurz beschrieben; genauere Nachrichten von derselben aber, und ihren nachmaligen Veränderungen gegen den Anfang des fünften Jahrhunderts, sind in der Schrift eines ungenannten Alten, (Notitia dignitatum utriusque Imperii, cum Commentario Guid. Pancirolli, Lugd. Bat. 1608. Fol. und in Graevii Thesaur. Antiquitt. Romanar. T. VII. p. 1309. sq.) zu finden.

§. n.
§. G.
306
bis
337.

Auf diese Staatseinrichtung des Römischen Reichs gründete sich nach und nach eine ähnliche Verfassung der christlichen Kirche in demselben, und ihre folgende ganze Regierung. Drey Bischöfe ragten schon längst vor allen andern hervor: die von Rom, Alexandrien und Antiochien. Der vierte, der von Constantinopel, kam bald hinzu: und diese zusammen stellten gleichsam die vier Oberstatthalter der Kirche vor. Jedem waren die Gemeinen mehrerer Bezirke unterworfen; aber in jedem Bezirke, so wie in jeder Provinz, war ordentlich ein Bischof der vornehmste, und Aufseher der übrigen: bisweilen waren es auch mehrere. Die Verbindung aller Gemeinen des Reichs mit einander wurde desto vollkommener; für die in denselben entstehenden kirchlichen Händel kamen nun kleinere und grössere Gerichte auf; aber Eifersucht und Streitigkeiten über Rang, Kirchensprengel und Macht, waren auch die Folgen dieser Nachahmung von weltlichen Ehrennahmen und Würden, die in die Kirche drangen. Doch alles dieses hat sich erst einige Zeit nach dem Constantinus deutlicher geoffenbaret. Man kann darüber eine schätzbare Einleitung des jüngern Friedrich Spanheim, (in Geographia sacra et ecclesiastica, p. 75. 337. sqq. Opp. Tom. I.) vorzüglich wohl gebrauchen.

Für die Römischen Bischöfe war es schon zu dieser Zeit eine vortheilhafte Veränderung, daß der kaiserliche Hauptsitz von Rom weg bis an die Grenzen Asiens verlegt wurde. Sie hörten auch deswegen noch nicht auf, die ersten Bischöfe unter den Christen zu seyn, wie Rom die erste Stadt im Reiche ferner blieb; aber die Entfernung des Kaisers öffnete ihnen ein weites Feld, um an dem Wachsthum ihres Ansehens zu arbeiten: und man sah auch bald die Folgen davon. Man müßte sie sogar als Mitregenten Constantinus betrachten, wenn die alte Erzählung von seiner ausschweifenden Freygebigkeit gegen sie geglaubt werden könnte. Zwar wird dieselbe schon lange von den gelehrtesten Männern aller kirchlichen Partheyen der Christen einmüthig verworfen. Allein sie ist nicht nur eine der gröbsten und berühmtesten Erdichtungen in der Kirchengeschichte; wenige sind auch so wichtig und einträglich geworden: und das Gebäude welches darauf zum Theil errichtet worden ist, steht noch immer, wiewohl etwas wankend, fort; wenn gleich der Grund davon gesunken ist. Aus diesen Ursachen, nicht als wenn sie einer schärfern Untersuchung bedürfte, ist es nöthig, hier bey derselben stehen zu bleiben; zumal da auch eine Hauptbegebenheit unter den christlichen Handlungen Constantins dadurch verfälscht worden ist.

Man erzählte also lange nach den Zeiten dieses Kaisers, daß er im Jahr 324. von dem Römischen Bischof Silvester getauft worden sey, und ihm gleich darauf

darauf das außerordentlichſte Geſchenk gemacht habe.
Der Kaiſer, ſo ſagte man, hatte eine Verfolgung wider die Chriſten zu Rom erreget, der Silveſter und
die übrigen Lehrer dieſer Hauptſtadt durch die Flucht
entgangen waren. Er wurde dafür von Gott mit dem
Auſſatze beſtraft: und da er ſchon im Begriff war,
nach dem Rathe der heidniſchen Wahrſager, Kinder
umbringen zu laſſen, deren Blut ihm zum Heilungsmittel dienen ſollte, erſchienen ihm die Apoſtel Petrus und Paullus, die er vor Götter hielt, in einem nächtlichen Traume. Sie befohlen ihm, den
Silveſter holen zu laſſen, der ihm ſagen würde, was
er zu ſeiner Geneſung thun müſſe: und er gehorchte
ihnen. Der Biſchof meldete ihm auf ſeine Frage,
daß dieſes nicht Götter, ſondern Apoſtel geweſen wären, zeigte ihm auch ihre Bildniſſe, deren Aehnlichkeit mit der von ihm geſehenen Geſtalt ihn überzeugte.
Hierauf lehrte er ihn für ſeine Sünden Buße thun,
legte ihm die Hände auf, und taufte ihn: dadurch
wurde der Kaiſer ſogleich vom Auſſatze befreyet. —
Schon durch das Ungereimte in den Umſtänden, die
von einem ſeit vielen Jahren eifrig chriſtlichem Kaiſer
in dieſer Erzählung vorkommen, auch durch das Stillſchweigen aller Schriftſteller des vierten und fünften
Jahrhunderts von dieſer Begebenheit, wird ſie äußerſt
verdächtig. Allein das ausdrückliche Zeugniß des
Euſebius (de vita Conſt. L. IV. c. 61. ſq.) daß
Conſtantinus erſt im Jahr 337. zu Nicomedien getauft worden ſey, mit welchem die nächſtfolgenden Geſchichtſchreiber und angeſehenſten Lehrer der Chriſten
völlig übereinſtimmen, macht jene ganze Nachricht zu
einer ſchlecht erſonnenen Fabel. Diejenigen Schriftſteller der Römiſchen Kirche, welche ſich ihrer in den
neuern Zeiten angenommen haben, wie Baronius
(Annal. Eccleſ. ad a. 323. 324.) Schelſtraten (An-
tiquit.

tiquit. Eccles. illustrata, P. II. Diss. 3. c. 6.) und unter andern zuletzt noch mit dem mühsamsten Fleiße, und der geringsten Beurtheilung, **Matthias Fuhrmann** (Hist. Sacra de baptismo Constantini M. Rom und Wien, 1742 bis 1746. zween Bände in 4.) können sich nur auf Schriften von ungewissen Verfassern und Zeiten, in denen sie sogar selbst manches Falsche zugeben, (Acta Silvestri, Liberii etc.) berufen. Und zuletzt sehen sie sich, da sie den Bericht des **Eusebius** nicht verwerfen können, genöthigt, die höchstgezwungene Ausflucht zu ergreiffen, daß **Constantinus** zweimal die Taufe empfangen habe. Freylich setzte man bald sowohl die Ehre der Römischen Kirche und Stadt darinne, daß der Kaiser in derselben getauft worden wäre; als auch seine eigene Ehre. Denn war er nicht zu Rom durch diese feierliche Handlung unter die Gläubigen aufgenommen worden: so hat er bis gegen das Ende seines Lebens die Rechte derselben, und besonders das heilige Abendmahl, mit ihnen nicht genießen können. Es kam also die angeführte Erzählung im fünften oder sechsten Jahrhunderte auf, und wurde wegen der Zumischung vom Wunderbaren desto leichter geglaubt. **Gregorius Turonensis** schrieb die Sage zuerst nach: einige hundert Jahre darauf rückten sie auch die Griechen in ihre Geschichtbücher ein. Sie verdiente eigentlich die sorgfältigen Untersuchungen nicht, welche Römischcatholische und Protestantische Schriftsteller auf dieselbe gewandt haben. Vorzüglich ist sie unter jenen vom **Papebroch**, (Acta Sanct. Maii T. V. p. 14.) **Pagi**, (Crit. in Annal. Baron. ad a. 323. et 324.) und andern; unter den letztern aber von **Tenzeln**, (Examen fabulae Romanae de duplici baptismo Const. M. in Exercitt. select. P. I. p. 302. sq. widerlegt worden.

Doch

Doch diese Erdichtung von der Taufe des Kaisers gab nachher den Grund zu einer andern für die Römischen Bischöfe noch brauchbarern ab. Denn man setzte sie auf folgende Art fort: Nachdem Constantinus seinen Aussatz durch die Bemühung des Silvester verloren hatte, war er darauf bedacht, ihm dafür seine Dankbarkeit zu bezeigen. Er schenkte also ihm und seinen Nachfolgern seinen Lateranensischen Palast zu Rom, diese Stadt selbst, Italien und alle Abendländische Provinzen des Reichs, ertheilte ihnen den Vorzug vor allen Bischöfen der Christen, eine goldene Krone, Scepter und andern kostbaren Schmuck, nebst mancherley Rechten und Ehrenbezeigungen. — Hier ist wiederum eine Prüfung dieser Erzählung, so bald man sie nur einmal gehört hat, ganz überflüssig. Denn sie ist nicht allein das allerunwahrscheinlichste, was sich nach Constantins bekannten Gesinnungen in Staats- und Regierungssachen von ihm denken läßt; sie widerspricht auch seiner und der folgenden Geschichte des Römischen Reichs, viele hundert Jahre hindurch: und eben so lang findet sich auch keine schriftliche Spur von derselben. Aber ihrem Ursprunge und Fortgange unter den Christen nachzugehen, bleibt doch immer lehrreich.

Gegen das Ende des achten Jahrhunderts berufen sich die Römischen Bischöfe zuerst darauf: und sie scheint eben damals, oder nicht viel früher, bey Gelegenheit der Schenkungen an Ländern entstanden zu seyn, welche ihnen um diese Zeit zu Theil wurde. Dieses haben Petrus de Marca, (de Concordia Sacerdot. & Imperii, L. III. c. 16.) und Mosheim (Institutt. Hist. ecclesiast. antiq. et recent. p. 298. not. i.) deutlich genug bewiesen: es wird auch in der Geschichte dieser spätern Zeiten genauer erläutert werden.

ben. Selbst die vermeintliche Schenkungs-Urkunde Constantins war bereits damals vorhanden. In der Folge erschien diese unter mehr als Einer Gestalt: weitläuftiger und kürzer, lateinisch und griechisch; aber es war doch stets in der Hauptsache einerley Inhalt. Man wird durch die ersten Blicke auf dieselbe überzeugt, daß es ein sehr ungeschickter Betrüger gewesen seyn müsse, der sie aufgesetzt hat. Die lateinische Schreibart ist darinne barbarisch, und die päbstlichen Anmaaßungen viel späterer Jahrhunderte sind so plump hineingeschoben worden, daß sie nicht einmal am Ende des achten völlig so gelautet haben kann, wie wir sie noch lesen. Constantinus sagt unter andern, der Römische Bischof habe eine größere Gewalt als der Kaiser selbst durch die ganze Welt; er habe ihm, als derselbe zu Pferde gestiegen, den Steigbügel gehalten; und halte es vor eine Gott gefällige, nützliche Handlung, dem heiligsten Vater die gesammten Abendländer zu überlassen, indem es ungerecht sey, daß der Kaiser an eben demselben Orte die höchste Gewalt ausübe, wo er vom Himmel den Anfang des Christenthums empfangen habe.

Man gewöhnte sich unterdessen bald daran, die vorgebliche Schenkung Constantins als den ersten gesetzmässigen Grund aller weltlichen Besitzungen der Päbste in den mittlern Zeiten anzusehen; aber auch, wie es ihre Absicht dabey war, als eine Berechtigung zu einem immer größern fürstlichen Gebiete: weil sie doch nur mit dem achten Jahrhunderte zuerst ein kleines Land, und mit dem Ende des dreyzehnten, Rom nebst der umliegenden Gegend an sich zu bringen wußten. Die vermeinte Schenkungs-Urkunde ist auch in das päbstliche Gesetzbuch (Decret. P. I. Dist. 96. c. 14.) aber allem Ansehen nach, nicht vom Gratianus im zwölf-

zwölften Jahrhunderte, sondern erst nach ihm; eingerückt worden. Endlich erkühnte sich im funfzehnten Jahrhunderte Laurentius Valla, diese widersinnige Erdichtung, und die Albernheit des sogenannten Schenkungsbriefes, mit so viel Stärke und Feuer anzugreifen, daß man in der Hauptsache kaum etwas zu seinen Gründen beyzufügen braucht. Seine noch jetzt lesenswürdige Schrift ist mehrmals, unter andern in einer nützlichen Sammlung, (de Translatione Imperii Rom. ad Germanos etc. Matthia Flacio Illyr. auctore, Basil. 1566. 8. p. 265. sq.) abgedruckt worden: wo man auch (p. 233. sq.) die falsche Urkunde in ihrem weitläuftigsten Umfange lesen kann. Gleich darauf haben Aeneas Sylvius, und andere Gelehrte der Römischen Kirche, ein ähnliches Urtheil über diese Schenkung gefällt. Mit der freyern Untersuchung welche die Reformation einführte, fiel die ganze Fabel auf immer. Luther begleitete den oftgenannten Aufsatz mit sehr beissenden, doch zugleich historischen, Anmerkungen in der Schrift: Einer aus den hohen Artikeln des allerheiligsten Päbstlichen Glaubens, genannt Donatio Constantini, (Wittenb. 1537. 4.) Da es so leicht geworden war, die Erdichtung über den Hauffen zu werfen: so haben seitdem sehr viele unter den Römischcatholischen und Protestanten solches gethan. Einige der vornehmsten davon nennt Fabricius, (Biblioth. Graec. Vol. VI. p. 4. not. f.) bringt auch die Urkunde selbst griechisch und lateinisch bey. Dennoch haben sich noch in den neuern Zeiten Verehrer des Römischen Stuhls gefunden, die demselben in Ansehung dieses von ihm entweder veranstalteten oder doch genehmigten und bestätigten Betrugs, einigermaaßen zu Hülfe zu kommen suchten, wie Baronius, und andere, welche Fabricius (l. c. genannt hat. Bald behaupteten sie, der Schenkungsbrief sey von einem

Grie=

Griechen erbichtet worden; allein wie unwahrscheinlich dieses vorgegeben werde, lehrt der Inhalt desselben, und ist schon vom Marca (l. c. c. 12.) gezeiget worden. Bald bestanden sie wenigstens darauf, daß, wenn gleich diese Urkunde untergeschoben wäre, doch etwas an Ländern der Römischen Kirche von Constantin geschenkt worden sey. Allein sie haben niemals eine Spur von Beweisen angeben können, daß gedachte Kirche dergleichen Besitzungen vor dem achten Jahrhunderte gehabt habe.

J. n. C. G. 306 bis 337.

Wachsthum
der
Cärimonien und des Aberglaubens
unter den Christen.

Alle diese Veränderungen aber, welche unter dem Kaiser Constantinus die Verfassung der christlichen Kirche und ihrer Lehrer trafen, äußerten ihre Würkung in den Religionslehren selbst, nur nach und nach, oder wenigstens durch einen schwächern Eindruck. Der Aberglaube hingegen, der zu gleicher Zeit empor kam, fieng alsbald an, das Christenthum selbst zu verfälschen. Er war nicht durchaus neu und unbekannt unter den Christen. Denn diese Neigung, die Religion eigenmächtig zu verschönern und auszuschmücken; menschliche Einfälle über dieselbe vor Gottes zuverlässige Befehle auszugeben; überall Merkmale des göttlichen Willens oder außerordentlichen

Beiſtandes aufzuſuchen; ſich inſonderheit in einer neu-
erſonnenen Frömmigkeit und Heiligkeit zu gefallen,
auch dieſe vorzüglich auf äußerliche Uebungen herabzu-
ſetzen; dieſes alles hatte ſich ſchon in den vorhergehenden Zeiten bey ihnen häuffig geregt. Würklich waren
der zu leichte Glaube an Wunder jeder Art, die ganze
Lebensart der Asceten und Einſiedler, die Meinungen
von den böſen Geiſtern, von dem Tode der Märtyrer,
und andere mehr, aus einer keineswegs reinen Quelle
gefloſſen. Aber von den Zeiten Conſtantins an,
wurde daraus erſt ein reiſſender Strohm, der alles zu
überſchwemmen drohte.

§. n.
C. G.
306
bis
337.

Es iſt leicht, die Urſachen davon zu erklären.
Außer dem natürlichen Triebe der Menſchen, an Vor-
ſchriften die ſie nicht ſelbſt entworfen haben, zu kün-
ſteln, um ihre Eigenliebe wenigſtens durch einigen Antheil daran zu befriedigen, kam auch die Liebe zum
Sinnlichen hinzu. Dieſe fand Nahrung genug in der
heidniſchen und jüdiſchen Religion: und ob ihr gleich
ſolche in der chriſtlichen, nach der ächten Natur und
Richtung derſelben, entzogen wurde, ſo arbeitete ſie
doch bald daran, ſich dieſelbe auch hier zu verſchaffen.
Da ihr die chriſtliche Freyheit, einige äußerliche Zeichen der Erkenntniß und Verehrung Gottes anzunehmen, zu Statten kam: ſo entſtanden nach und nach,
je nachdem die Gemeinen zahlreicher, und ihre Mitglieder begüterter wurden, auch mehrere und anſehnli-
chere Cärimonien des Gottesdienſtes; andere Urſachen
ihrer Vervielfältigung nicht zu wiederholen, die ſchon
anderwärts in dieſer Geſchichte angegeben worden ſind.
Unter dieſen war der Eifer, den Ruhm einer in die
Augen fallenden Gottſeeligkeit zu erlangen, vermuthlich eine der würkſamſten. Doch mußte vor den Zeiten Conſtantins noch alles in gewiſſen Schranken blei-

V. Theil.　　　　　J

bleiben. Mit diesen aber kam eine fast unumschränkte Freyheit für die Christen, jedes sinnliche Bild zu Vorstellungen von ihrer Religion, jedes gleichartige Kennzeichen ihrer Frömmigkeit zu wählen, so wie Neigung und Einbildungskraft sie leiteten; sich einander in solchen Erfindungen zu übertreffen; und das Vergnügen an blendender Schönheit und Pracht in Oertern und Gebräuchen, die der Religion gewiedmet wurden, zu geniessen. Allgemeine Ruhe, Wohlleben und Ueppigkeit, die sich unter den Christen ausbreiteten, konnten mit der alten Einfalt der kirchlichen Verfassung nicht mehr zufrieden seyn. Das Beispiel des Kaisers, der überaus begierig eben denselben Weg betrat, um als Christ hervorzuragen, war für den großen Hauffen eine unwiderstehliche Einladung. Die Bischöfe und andere Lehrer, außer diesen auch insonderheit die Mönche, bezeigten nicht bloß Nachsicht gegen solche vermeinte Verschönerungen des ausübenden Christenthums; ihre Billigung und Aufmunterung machte auch dieselben zur Pflicht. Ohne Zweifel glaubten sie, daß jede Aeußerung von Eifer und Ehrerbietung gegen die Religion einen gewissen Werth habe; aber der Grundsatz selbst war unbestimmt und gefährlich, und sie ließen sich sogar bey dessen Anwendung von den übrigen Christen, die sie hätten regieren sollen, mit fortreissen. Ihr neuer plötzlicher Zuwachs an Rang, Ehrenbezeigungen, Macht und Einkünften, flößte manchem unter ihnen Stolz und Eitelkeit ein: desto mehr beförderten sie selbst das Prachtvolle im Kirchencärimoniel, das auch die Reichthümer von Fürsten und Privatpersonen an die Kirchen bringen half.

Noch muß man hinzusetzen, daß die Christen, welche nunmehr den Heiden geboten, ihnen in nichts, und also auch nicht in dem schimmernden Glanze der
äußern

Christl. Cärimonien und Aberglauben. 131

äußern Religionsübung nachgeben wollten. Eine gemäßigte und vorsichtige Aufnahme einiger heidnischen Cärimonien und Anstalten, die sich mit dem Christenthum wohl vertrugen, (wie schon Gregor der Wunderthäter versuchte,) konnte dieses den Heiden desto beliebter machen; wie ehemals die Verpflanzung jüdischer Gebräuche in die christiche Kirche einen ähnlichen starken Einfluß auf diese Nation gehabt hatte. Allein von Constantins Zeiten an, stürzten sich die Christen gleichsam in diese Nachahmung der Heiden; ohne immer genau zu prüfen, ob dieselbe auch der Bestimmung und den wahren Vorzügen ihrer Religion gemäß wäre. Die Nahmen, die Gestalt, die Ausschmückung, zum Theil sogar die Einrichtung christlicher Versammlungshäuser zum Gottesdienste, wurden von den heidnischen Tempeln geborgt. Man führte nach und nach in jenen Altäre, Bilder, Lichter, Weihrauch, sehr kostbare Gefässe, und eine pomphafte Feyerlichkeit bey den gottesdienstlichen Handlungen ein, die freylich den Heiden, welche ehemals den christlichen Gottesdienst zu armseelig gefunden hatten, gefallen mußten. Aus heidnischen Festtagen wurden mit einiger Veränderung christliche gemacht. Viele einzele Gebräuche, selbst die herrlichere Kleidung der Bischöfe, entstanden aus eben dieser Nachahmungssucht. Was unter vielen neuern Schriftstellern, zween insonderheit, Conyers Middleton (in seinen aus dem Englischen übersetzten Briefen von Rom, oder von der genauen Uebereinstimmung zwischen dem Pabstthum und Heidenthum,) und Georg Christoph Hamberger, (Diss. praes. Gesnero: Rituum quos Romana Ecclesia a maioribus suis gentilibus in sua sacra transtulit, Enarratio) von einer der größten christlichen Gemeinen in dieser Absicht bemerkt haben, kann zu einer Einleitung in Absicht auf die übrigen dienen.

So glaubten also die Christen, nur ihren brennenden Eifer im Dienste Gottes und Bekenntnisse ihrer Religion an den Tag zu legen; giengen aber vielmehr, ohne daß sie es merkten, zur abergläubischen und spielenden Andacht über. Denn ob es gleich keinen Hauptunterscheid zu machen schien, wenn die Anzahl der kirchlichen Cärimonien vermehrt, und ein Theil der Schätze welche die Christen nunmehr besassen, zur Ehre ihrer Religion angewandt wurde; so hatte doch beydes unvermeidlich nachtheilige Folgen. Nachdem sich die Christen einmal dieser Freyheit völlig überlassen hatten, kannten sie im Gebrauche derselben keine Grenzen mehr; Glaube und Tugend, die bisher hauptsächlich eine Beschäftigung für den Verstand und das Herz gewesen waren, wurden es allmählich für die Sinnen; die Aufmerksamkeit wurde während der Religionsübungen an Abwechselungen, Zierrathen und Schönheiten geheftet, und eben dadurch zerstreuet; man glaubte Gott zu gefallen, und gefiel sich eigentlich selbst in seinen Erfindungen; aber das schlimmste von allem war dieses, daß man solchergestalt die reinen Begriffe von Religion und Frömmigkeit, selbst immer mehr verfälschte, gröber und irdischer werden ließ, zuletzt sie ganz in den Eigendünkel der Menschen setzte.

Viele und schöngeschmückte Kirchen zu haben, wurde sehr bald ein Lieblingswunsch der Christen: und ihn hatte Constantinus zuerst theils rege gemacht, theils würklich befriedigt. Der schnelle Anwachs der Christen unter seiner Regierung erforderte zwar eine Anzahl solcher neuen Gebäude; aber ihrer mehrere zu errichten, als man nöthig hatte, und das mit einer sehr verschwenderischen Pracht, waren leere Einbildungen von Andacht, wovon er auch das erste Beispiel

Chriſtl. Cärimonien und Aberglauben. 133

ſpiel gab. Vermuthlich wollte er, daß die Kirchen, welche man als Wohnungen Gottes anſah, weit zahlreicher und nicht ſchlechter als die Paläſte der Fürſten ſeyn ſollten. Er konnte auch befürchten, daß man es übel angebrachte Sparſamkeit nennen möchte, wenn ein Stifter wie er, nicht alles dabey ſehen ließe, was Reichthum und Macht vermögen: zumal da die Tempel der Heiden eben ſo viele Denkmäler der feinſten Künſte waren. Daher gewöhnten ſich die Chriſten daran, unermeßliche Schätze auf die Verzierung der Kirchen zu wenden, und, indem ſie ſchon ihre Erbauung vor einen Dienſt Gottes anſahen, jede Gegend mit einer Menge derſelben anzufüllen.

§. n.
E. G.
306
bis
337.

In den ſpätern Zeiten hat man dieſen Kaiſer zum Urheber von einer Menge noch vorhandener Kirchen zu Rom gemacht; aber ohne einen Beweis davon zu geben, und bloß aus Liebe gegen ſein Andenken. Eben ſo hat eine Taufcapelle (baptiſterium) in gedachter Hauptſtadt auch von ihm nachmals den Nahmen bekommen; die man vergebens in ein Denkmal der Taufe hat verwandeln wollen, welche er daſelbſt empfangen haben ſollte. Deſto mehrere und herrlichere Kirchen ſind von ihm zu Conſtantinopel erbauet worden. Unter dieſen war die dem Andenken der Apoſtel gewiedmete, welche Euſebius (de V. C. L. IV. c. 58. ſq.) beſchreibt, die vornehmſte. Er gab ihr eine ungemeine Höhe, bekleidete ſie inwendig und auswendig ganz mit vielfärbigem Marmor, bis an die Decke, welche aus ſaubern mit Golde überzogenem Tafelwerke beſtand; von außen aber deckte er ſie mit vergoldetem Erzte, und ließ ein gleiches Gitterwerk um dieſes Dach herumziehen. Um die Kirche gieng ein großer Hof, der von Säulengängen eingeſchloſſen war, an welchen ſich kaiſerliche Säle, Bäder und

n. C. G.
306
bis
337.

Zimmer zum Abtreten, nebst Wohnungen für die Wächter der Kirche, befanden. Dabey hatte Constantinus noch eine besondere Absicht, die er anfänglich geheim hielt. „Er bestimmte sich‟, sagt der Geschichtschreiber, „diesen Ort nach seinem Tode, indem „er Kraft seiner überschwenglichen Glaubensfreudigkeit „voraussah, daß seine Hütte nach dem Tode einerley „Benennung mit den Aposteln erhalten würde; (das heißt vermuthlich, daß man es sowohl die Apostelkirche, als die Kirche Constantins nennen würde; wenn nicht etwan auf den Ehrennahmen eines Apostelgleichen Mannes, der ihm nachmals ertheilt wurde, gezielt wird;) „damit er nemlich auch nach seinem Absterben an dem Gebete Theil hätte, welches daselbst „zur Ehre der Apostel verrichtet würde. Nachdem er „also daselbst zwölf Kasten, gleichsam als heilige Säu„len, zur Ehre und zum Andenken der Apostel errich„tet hatte, ließ er seinen eigenen Sarg mitten zwischen „dieselben setzen. — Er glaubte gewiß, daß er dadurch „das Andenken der Apostel für seine Seele sehr nützlich „machen werde.‟ — Constantinus hat also auch in dem abergläubischen Gebrauche, die Todten in den Kirchen zu begraben, das erste Beispiel gegeben. Nach einem weisen alten Römischen Gesetze, (LL. XII. Tabb.) durfte kein Leichnam innerhalb der Städte beerdiget werden. Die Sorge für die Gesundheit der Einwohner konnte allein ein solches Verbot hervorbringen. Es wurde dringender für Gebäude, in welchen sich eine große Menge Menschen versammlet; aber am unanständigsten war die Uebertretung desselben in den Gebäuden, welche die Christen dem Dienste Gottes vorzüglich gewiedmet hatten. Die Ehrerbietung des Kaisers gegen die Apostel, und eine vermeinte Theilnehmung an dem öffentlichen Gebete, entschuldigt ihn hier nicht. Die folgenden Kaiser ahmten ihm darinne gleich nach:

nach): und die Biſchöfe von Conſtantinopel bemächtigten ſich gar bald eben dieſes Vorzugs, weil, wie Sozomenus (H. Eccl. L. II. c. 34.) vermuthlich nach ihren Geſinnungen und Ausdrücken, ſchreibt, die prieſterliche Würde der kaiſerlichen gleich iſt; an den heiligen Oertern aber noch den Rang vor derſelben hat. Endlich iſt dieſer grobe Mißbrauch der Kirchen zu Begräbnißplätzen auch allgemein für die übrigen Chriſten geworden, ſo fern ſie das Glück in einer geglaubten heiligen Erde, wenigſtens doch nahe um die Kirchen herum, zu ruhen, bezahlen konnten.

Alle übrige chriſtliche Kirchen aber ſollte nach Conſtantins Abſicht diejenige übertreffen, welche er an dem Orte der Auferſtehung Chriſti zu Jeruſalem bauen ließ, und von welcher Euſebius (l. c. L. III. c. 25. ſq.) eine ſo ausführliche Beſchreibung hinterlaſſen hat. Nachdem er den Tempel der Venus, der an dieſer Stelle war errichtet worden, hatte niederreiſſen, und ſelbſt die darunter ausgegrabene Erde, als verunreinigt, weit wegführen laſſen, glaubte man das Grab Chriſti in einer Höle zu entdecken: und über dieſer wurde die Kirche errichtet. Im Grunde aber waren es zwo Kirchen: die eine bey dem Grabe Chriſti; die andere und größere gegen über. Prächtige Säulengänge, bunter Marmor, Gold, Silber und Edelgeſteine, wechſelten an denſelben auf allen Seiten, theils in dem Baue ſelbſt, theils in den Geſchenken ab, mit welchen ſie der Kaiſer ſchmückte. Dieſe doppelte Kirche, die als Ein Gebäude angeſehen ward, wurde nachmals mit vielem feyerlichen Gepränge, hauptſächlich aber unter Gebet und Erklärung der heiligen Schrift, eingeweihet, wie ebenfals Euſebius (l. c. L. IV. c. 43. ſq.) berichtet. Sie bekam den eigenen Nahmen eines Denkmals oder Gedächtnißortes der Auferstehung Christi, worinne dieselbe bekannt und gelehrt werden sollte, (μαρτύριον. Euseb. l. c. c. 47. Cyrill. Hierosol. Catech. XIV. p. 190. ed. Milles. Socrat. H. Eccl. L. II. c. 26.) und dieser Nahme wurde in der Folge auch andern Kirchen zu Theil, weil sie gleichfals zum Bekenntniß der Lehre Christi dienten. Nach und nach ist auch von dieser Zeit an, der bisherige Nahme der Stadt Aelia, der vom Adrianus herstammte, abgekommen, und der alte Nahme Jerusalem wieder an die Stelle desselben gesetzt worden.

Die Mutter des Kaisers, Helena, nahm an seinem Eifer in Erbauung der Kirchen so vielen Antheil, daß ihr Socrates (Hist. Eccl. L. I. c. 17.) selbst die Errichtung der Auferstehungskirche beilegt, die von ihr das Neue Jerusalem soll genannt worden seyn. Constantinus hatte sie zur christlichen Religion gebracht, und ihr nicht allein sehr großes Ansehen im Reiche, sondern auch überaus beträchtliche Einkünfte ertheilt. Dieser bediente sie sich zur Mildthätigkeit gegen Arme, Unglückliche und ganze Städte; besonders aber auch zur Stiftung und Beschenkung von Kirchen. Zwo derselben ließ sie auch zu einem vorzüglich bezeichneten Andenken des Erlösers aufbauen: die eine, über der Höhle, in welcher er, nach der alten Sage, ein Mensch sollte gebohren worden seyn; die andere auf dem Berge, von welchem er gen Himmel gefahren war. Sie wohnte auch sehr fleißig den gottesdienstlichen Versammlungen in den Kirchen bey; obgleich ihre Tauffe nicht besonders gemeldet wird. Eusebius (l. c. L. III. c. 41 — 47.) erzählt ihre Geschichte am glaubwürdigsten; nicht völlig so richtig aber Socrates, (l. c.) und Theodoretus, (Hist. Eccl. L. I. c. 18.) wie unter andern darinne, wenn

der

der letztere zu behaupten scheinet, daß sie ihren Sohn bekehrt habe.

Gewiß aber wetteiferte sie mit ihm gleichsam in allen Uebungen der Andacht, den reinern sowohl, als den abergläubischen. Beyde trieben unter andern die äußerliche Verehrung gegen das Zeichen des Kreutzes ziemlich weit. Der Kaiser, der es als ein Unterpfand des Siegs in seine Fahne und auf die Schilder seiner Soldaten hatte setzen lassen, bezeichnete sich nicht allein häuffig damit, sondern ließ sich auch in dem Vorsaale seines Palastes, mit dem Kreutze über seinem Kopfe; zu seinem und seiner Kinder Füssen aber, den bösen Geist, unter der Gestalt eines mit Pfeilen getödteten und in das Meer gestürzten Drachen liegend, in einem Bilde von Wachsmahlerey vorstellen. (Euseb. l. c. L. III. c. 23.) Auch sah man in dem vornehmsten Zimmer seines Palastes, das Zeichen des Kreutzes an der Decke aus Golde gearbeitet, und mit vielen Edelgesteinen ausgelegt. (Id. l.c. c. 49.) Aber seine Mutter wünschte selbst das Kreutzesholz verehren zu können, an welches Christus geschlagen worden war. Sie war nach Bethlehem gereiset, um ihr Gebet an denjenigen Oertern zu verrichten, wo der Erlöser unter den Menschen gelebt hatte. Bey dieser Gelegenheit suchte sie das Grab Christi, sagt Socrates, (Hist. Eccl. L. I. c. 11.) und entdeckte dasselbe endlich. Man fand darinne drey Kreutze, wovon zwey den Räubern zugehörten, die mit Christo gekreutzigt worden waren. In der Ungewißheit, welches darunter das heilige Kreutz sey, bat der Bischof von Jerusalem Macarius, Gott um ein Wunder zum Merkmal, und erhielt es. Eine Frau, die nach einer langen Krankheit in den letzten Zügen lag, bekam ihre vorige Gesundheit in dem Augenblicke wieder, als das Kreutz

Christi sie berührte. Nun ließ die Kaiserinn einen Theil davon, in einem silbernen Behältnisse, zu Jerusalem zurück, damit es den Christen zum Andenken gezeiget werden könnte. Den andern Theil schickte sie dem Kaiser zu: und da dieser glaubte, diejenige Stadt müsse beständig glücklich seyn, wo ein solches Kleinod aufbewahrt würde, legte er es in seine Bildsäule zu Constantinopel, die auf dem von ihm genannten Marktplatze stand. Er hatte zugleich die Nägel von dem Kreutze Christi empfangen: mit diesen ließ er seinen Helm und den Zaum seines Pferdes beschlagen, um in Schlachten desto sicherer vor aller Gefahr zu seyn.

Ohne Zweifel verdienen der Kaiser und seine Mutter wegen dieser leichtgläubigen spielenden Frömmigkeit weniger Tadel, als die christlichen Lehrer, von denen sie, wo nicht in allem dazu angeführt, doch darinne aufgemuntert und bestärkt worden sind. Die **Wallfahrten an die sogenannten heiligen Oerter, und das Aufsuchen körperlicher Ueberbleibsale von Christo, den Aposteln und andern heiligen Männern** unter den Christen, beides mit der Erwartung einer außerordentlichen, und selbst wunderthätigen Kraft verbunden, wurden eben durch so große Beispiele zu beliebten Andachtsübungen bey den Christen. Und doch vertrugen sich beyde durchaus nicht mit den höhern Absichten ihrer Religion. Diese unterschied sich eben dadurch, nach dem eigenen Ausspruche ihres Stifters, (Evang. Johan. C. IV.) von der jüdischen, daß sie keinen Ort vor dem andern heiligte, um an demselben mit mehrerer Würksamkeit beten zu können. Die Gegenden also, wo sich Christus unter den Menschen aufgehalten hatte, konnten zwar die Einbildungskraft der Christen, welche sie besuchten,

Chriſtl. Cärimonien und Aberglauben. 139

ſuchten, erheben und anfeuern: und das fühlten ſie auch in der That daſelbſt; aber ſie betrogen ſich, indem ſie dachten, daß auch ihr Glaube und ihre Gottſeeligkeit durch dieſelben eine beſſere Nahrung erhielten, und mehr göttliche Gnadenbezeigungen daſelbſt, als anderswo, erwartet werden könnten. Das erſte, noch ziemlich unſchuldige Beiſpiel eines an den ſogenannten heiligen Oertern zu und bey Jeruſalem verrichteten Gebets von einem Biſchof, der ausdrücklich deswegen hingereiſet war, hat man bereits in den frühern Zeiten des dritten Jahrhunderts, (chriſtl. Kirchengeſch. Th. IV. S. 206.) geleſen. Jetzt aber hiengen ſchon unreinere Begriffe und ſchwärmeriſche Hoffnungen daran. Zu ſpät, obgleich mit den beſten Gründen, widerſetzte ſich gegen das Ende des vierten Jahrhunderts dieſen andächtigen Reiſen der Biſchof Gregorius von Nyſſa, (Epiſt. de euntibus Hieroſolyma.) Die Anmerkungen welche Peter Du Moulin zu dem Briefe deſſelben gemacht hat, und ſeine beygefügte Abhandlung von den Wallfahrten, (in der Ausgabe von Hanau, 1607. 8.) tragen auch manches zur Beurtheilung dieſer Art des Aberglaubens bey.

Sie führte zu einer noch unanſtändigern, zu der Begierde nach heiligen Ueberbleibſalen, die man ordentlich Reliquien zu nennen pflegt, und alſo zu dem geraden Wege, um die erhabene geiſtige Natur des Chriſtenthums in Kleinigkeiten und Tändeleyen zu verwandeln. Bis auf die Zeiten Conſtantins hatten die Chriſten einen ſolchen kriechend andächtigen Eifer niemals gezeigt. Sie würden in den erſten Jahrhunderten am leichteſten ſolche vermeinte Heiligthümer haben ſammeln und erhalten können. Allein man findet gar keine Spur, daß ſie einige körperliche Denkmäler des Aufenthalts Chriſti auf der Welt, noch weniger

die

die Leiber, oder Knochen, Kleidungsstücke und dergleichen mehr, von den Aposteln und andern ehrwürdigen Christen, aufgesucht und außerhalb der Erde aufbewahrt hätten. Eine göttliche Verheißung war ohnedieß nicht vorhanden, daß mit Holze, Nägeln, Gebeinen, und dergleichen mehr, dereinst eine übernatürliche Kraft verbunden seyn sollte. Die vorhergedachte Entdeckung des Kreuzes Christi ist an sich unglaublich, und wird auch durch manche Umstände verdächtig. Nach dreyhundert Jahren, da die Stelle des Grabes Christi schon lange, selbst durch so manche Veränderungen, die sich mit Jerusalem ereignet hatten, gänzlich unbekannt geworden war, sollte man dasselbe dennoch so leicht gefunden haben. Eusebius, der die Reise der Helena in diese Gegend ausführlich genug beschreibt, (de vita Const. L. III. c. 42. sq.) gedenkt weder jenes Grabes, noch des entdeckten Kreuzes, mit einem Worte: und dieses bringt schon auf die Vermuthung, daß es ein bloßes Gerücht gewesen seyn möchte, welches der Geschichtschreiber, der sonst dergleichen Vorfälle in diesem Werke nicht verschweigt, in dasselbe nicht aufnehmen konnte. Aber gleich nach ihm trug Cyrillus, Bischof von Jerusalem, (Epist. ad Constantium, p. 305. ed. Milles.) kein Bedenken, die oftgenannte Entdeckung als zuverlässig anzuführen; wiewohl er sie mehr als eine Einleitung gebraucht, um die Erscheinung des aus Lichtstrahlen zusammen gesetzten Kreuzes, die eben damals, im Jahr 351. von dem Berge Golgatha an bis zum Oelberge hin, vor den Augen von ganz Jerusalem erfolgt seyn sollte, dem Kaiser zu beschreiben, und solche als eine Erfüllung der Weissagung Christi (Matth. C. 24. v. 30.) anzugeben. Man war zu dieser Zeit, wie oben bemerkt worden ist, der Erscheinungen des Kreuzes am Himmel schon so gewohnt, daß es desto weniger Mühe machen konnte,

auch

auch das Kreuzesholz unter der Erde zu finden. Unter den Geschichtschreibern erzählten zwar vom fünften Jahrhunderte an, Sulpicius Severus, (Hist. Sacr. L. II. c. 34.) und am ausführlichsten Socrates (l. c.) und Theodoretus (Hist. Eccl. L. I. c. 18.) die Entdeckung des Kreuzes Christi; allein da der erstere das Kennzeichen desselben in der Auferweckung einer eben verstorbenen Person setzt: so scheint auch dieser Widerspruch gegen die beiden andern Schriftsteller, der ganzen Geschichte nachtheilig zu seyn.

J. n.
C. G.
306
bis
337.

Von diesem Anfange der Sammlungssucht heiliger Ueberbleibsale, giengen die Christen bald weiter, und nach und nach bis zu einer gottesdienstlichen Verehrung derselben, über. Zwar zu Constantins Zeiten findet man eben keinen merklichen Fortgang dieses Aberglaubens. In den Beschreibungen insonderheit der neuen Kirchen, und ihrer Einweihung, beym Eusebius, kommen eben so wenig Reliquien als Bilder vor. Aber schon der Sohn des Kaisers, Constantius, ließ im Jahr 359. nach dem Berichte des Hieronymus, (Chronic. ad h. a.) Philostorgius, (H. Eccl. Epit. L. III. c. 2.) und anderer mehr, die Körper des Apostels Andreas, des Evangelisten Lucas, und des Timotheus, von denen man die beyden erstern in Achaja, den letztern zu Ephesus entdeckt haben wollte, in die Apostelkirche zu Constantinopel bringen. Da man einmal Leichname gewöhnlicher Christen in der Kirche zu beerdigen angefangen hatte: so ist es nicht zu verwundern, daß solche Heilige gleichergestalt geehrt wurden. Aber sonderbar war es, und für die Glaubwürdigkeit dieser Nachrichten nicht vortheilhaft, daß die Leiber der übrigen Apostel, und andere Reliquien aus den allerersten Zeiten des Christenthums, meistentheils erst viele hundert Jahre nach dem Constantinus gefunden worden
seyn

§. n.
T. G.
306
bis
337.

seyn sollen; die Körper hingegen einiger Propheten der alten jüdischen Kirche noch im vierten Jahrhunderte; daß man auch in diesem schon durch göttliche Offenbarungen belehrt worden zu seyn vorgab, wo gewisse Ueberbleibsale verborgen lägen; und daß die Christen der ersten dreyhundert Jahre gar keine Anzeigen von allen denselben hinterlassen hatten. Indessen beförderten christliche Lehrer, denen es sonst nicht an schärfern Einsichten fehlte, wie Ambrosius insonderheit, diese unwürdige Beschäftigungen ohne Scheu. Die Heiden spotteten deswegen zeitig über die Christen, wie der Kaiser Julianus, (beym Cyrillus von Alexandrien (adverſ. Iulian. L. X. p. 335. T. VI. Opp.) und am Ende des vierten Jahrhunderts, Eunapius, (in vita Aedeſii.) Dieser warf ihnen besonders vor, daß sie die Gebeine und Köpfe von Menschen sammelten, welche die Obrigkeit wegen vieler Verbrechen habe hinrichten lassen, dieselben als Götter ansähen, sich vor ihnen niederwürfen, und besser zu seyn glaubten, wenn sie bey den Gräbern derselben verunreiniget würden. Doch die gesammte Geschichte des Ursprungs von der gottesdienstlichen Verehrung der Reliquien, ist in den neuern Zeiten sehr gelehrt und gründlich, wenn gleich mit untermischten beständigen Widerlegungen der Gründe für dieselbe, vom Johann Dallaͤus (adversus Latinorum de cultus religioſi obiecto traditionem Diſputatio, L. IV. p. 582 — 703. Genevae, 1664. 4.) erörtert worden: so wie eben dieser Schriftsteller auch in dem gedachten Werke (L. V. p. 704. ſq.) der abergläubischen Kreutzesverehrung bis auf ihren Anfang nachgegangen ist.

Freylich darf man auch nicht jedes Religionsgepränge, das Constantinus anstellte, jede überflüssige Cärimonie, oder Andachtsübung, die er zur Schau zu tragen schien, sogleich unter dem Nahmen des Aberglaubens anführen. Es war dabey viel gutgemeintes, das aus keinen übeln Begriffen herstammte; ein hitziger Eifer machte bisweilen zu viel Geräusche, und bis wurde erst für Nachahmer eine Gelegenheit, die Frömmigkeit in sichtbare Bewegungen einzuschliessen. So ließ er sich häuffig auf seinen Münzen, und in den Bildern, welche man von ihm bey den Eingängen seines Palastes erblickte, in der Gestalt eines Betenden vorstellen. (Euseb. de vita Const. L. IV. c. 15.) In der Nacht vor dem Osterfeste wachte er nicht nur, wie es seit einiger Zeit üblich war, mit andern Christen unter andächtigen Beschäftigungen; sondern ließ auch ganz Constantinopel durch eine solche Menge von Wachsfackeln erleuchten, daß man dabey den Tag nicht vermißte. Id. l. c. c. 22. 57.) Auch sonst durchwachte er manche Nächte über gottseeligen Betrachtungen, sagt der Verfasser seiner Lebensgeschichte, (l. c. c. 17. 29.) hielt mit seinen Hofbedienten, die eine Art von Gemeine ausmachten, feierliche Betstunden, und setzte öfters Reden zum Unterrichte seiner Unterthanen auf. Alsdenn bestellte er Zuhörer zu denselben: und ihrer erschien eine große Menge. Vor diesen hielt er seine Reden dergestalt, daß, wenn er darinne auf Lehren des Christenthums kam, er besonders ehrerbietige und bescheidene Geberden annahm. Riefen ihm seine Zuhörer Beifall zu: so verwies er sie darauf, Gott allein zu bewundern und zu verehren. Ordentlich machte er in diesen Reden den Anfang mit der Bestreitung der Abgötterey, erklärte darauf die göttliche Fürsorge und Regierung, zeigte, wie nothwendig die Erlösung der Menschen gewesen, und auf welche würdige Art sie vollzogen worden sey, und schloß mit Vorstellungen von dem göttlichen Gerichte, durch welche er die Lasterhaften erschröckte. Es ist noch eine von diesen Reden, ben, welche der Kaiser lateinisch abfaßte, und ins griechische übersetzen ließ, als ein Anhang zu seiner Lebensbeschreibung vom **Eusebius**, unter der Aufschrift einer **Rede an die Gemeine der Heiligen**, vorhanden. Sie ist sehr lang, enthält einen allgemeinen Begriff vom **Christenthum**, und eine Widerlegung der heidnischen Irrthümer: beydes gründlich genug, und großentheils philosophisch, auch nicht ohne einige Stärke der Beredsamkeit; ist aber weder frey von fehlerhaften Erklärungen des christlichen Glaubens, noch von historischen und andern Unrichtigkeiten. Zu der letztern Art gehört es, wenn er die Erfüllung der vermeinten Weissagungen der **Sibyllen** und **Virgils**, von **Christo**, weitläuftig zu zeigen sucht; oder das Paradies **Adams** außerhalb der Welt setzt. Auf der andern Seite nennt er zwar **Christum** Gott und Gottes Sohn, den Heiland der Menschen; allein er setzt seine Bestimmung auf der Welt hauptsächlich darinne, daß er den Götzendienst habe zerstören, die Menschen vom Bösen befreyen, und zu allen Tugenden anleiten, sie dieselben durch sein Beispiel lehren, dadurch Vertrauen auf sich erwecken, und sie solchergestalt glückseelig machen sollen. Daß **Christus** um der Sünden des menschlichen Geschlechts Willen gestorben sey, und ihnen dadurch ein neues Recht an die göttliche Gnade erworben habe, wird entweder gar nicht, oder wenigstens sehr undeutlich, gelehrt. Ueberhaupt scheint es nicht, daß diese weitschweifige Rede einen großen Eindruck habe machen können. Hinwiederum hörte er die längsten Reden der Bischöfe stehend an: und da **Eusebius** eine außerordentlich weitläufige, die er vor ihm in seinem Palaste hielt, abbrechen, oder ihn wenigstens bewegen wollte, sich niederzusetzen, gab er keines von beiden zu. (Euseb. l. cit. L. IV. c. 33.)

Ungeach-

Ungeachtet aller dieser und vieler andern Merkmale seines Eifers für das Christenthum, die Constantinus mehr als zwanzig Jahre nach einander, ununterbrochen bis an seinen Tod, und ohne bey den Christen in den geringsten Verdacht zu gerathen, äußerte, haben doch einige neuere Schriftsteller behauptet, er sey niemals ein aufrichtiger Christ gewesen. Dieses unerwartete Vorgeben fließt zwar schon aus ihrer Meinung, die oben (S. 87.) berührt worden ist, daß dieser Fürst die christliche Religion blos aus Staatsklugheit angenommen habe. Allein sie setzen außer dieser Vermuthung auch würkliche Handlungen aus seinem Leben hinzu, um solches zu bestätigen. Nichts ist im Grunde verwegener und mißlicher, als die Gesinnungen und Absichten des Herzens bey andern Menschen zuversichtlich zu bestimmen. Allein wenn viele Beispiele ihres äußerlichen Betragens lange Zeit hindurch vorhanden sind, kann doch eine vorsichtige Untersuchung dieser Art sehr nützlich werden: und sie ist bey einem so berühmten Fürsten als Constantinus war, dem Stifter des äußerlichen Wohlstandes der christlichen Religion, fast unvermeidlich.

F. n.
E. G.
306
bis
337.

Daß er stets eine gewiße Nachsicht gegen das Heidenthum beobachtet hat, kann nicht eine geheime Neigung zu demselben, sondern nur Behutsamkeit in seinen übrigens unausgesetzten Bemühungen, es zu stürzen, anzeigen. Zwar hat er bald nach seiner ersten Erklärung für den christlichen Glauben, sogar den Nahmen und das Kleid des höchsten Priesters der Römischen Religion, (Pontifex maximus) angenommen. Außer dem Zosimus, der dieses erzählt, (Hist. L. IV. c. 36.) sind es auch zwo Aufschriften, welche ihm zu Ehren im Jahr 325. gesetzt worden sind, und eben dieses bestärken. Man findet sie aus Gruters bekannter Samnilung alter Inschriften, in einer sehr gelehrten Abhandlung Johann Andreas Bosens (Exercitatio posterior de Pontificatu Maximo Imperat. Roman. praecipue Christianorum, p. 387. ed. Walchii) eingerückt: und dieser Schriftsteller beweiset zugleich, daß auch die folgenden christlichen Kaiser bis auf den Gratianus, sich eben dieses Ehrennahmens bedienet haben. Dieser letztere Umstand giebt schon eine Anleitung, es zu begreifen, wie Constantinus denselben als ein Christ habe führen können. Seit dem Augustus hatten die Kaiser, indem sie alle hohe Würden des ehemaligen freyen Römischen Staats in ihrer Person vereinigten, auch das Amt eines Römischen Oberpriesters sich ausdrücklich von dem Senate ertheilen laßen: und es wurde immer als eine mit der kaiserlichen nothwendig verbundene Würde betrachtet. Sie schloß nicht allein die höchste Aufsicht über alle Religionsgebräuche, und so viele Personen welche dieselben vollziehen mußten, in sich; sondern wurde auch dadurch sehr ansehnlich, und beynahe furchtbar, weil derjenige welcher sie besaß, durch Hülfe und unter dem Vorwande der Religion, die wichtigsten Angelegenheiten befördern oder hintertreiben konnte. So wenig also Constantins Vorgänger dieselbe einem andern überlaßen durften: so natürlich war es, daß sie auch ihm, gleich bey dem Antritte seiner Regierung zu Rom, aufgetragen wurde. Als ein Freund des Christenthums, und also einer Religion, die der herrschenden im Staate völlig entgegen gesetzt war, brauchte er diese höchste Gewalt in Religionssachen, die gewißermaaßen von dem Senate und dem Volke unabhängig war, noch weit mehr. Er und seine christlichen Nachfolger in der Regierung erhielten gleichsam damit ein bey den Heiden selbst ehrwürdiges Recht, Veränderungen bey der Religion vorzunehmen. Constantins Macht wurde dadurch

Chriſtl. Cärimonien und Aberglauben.

dadurch vergrößert und befeſtigt; zu abgöttiſchen Verrichtungen nöthigte ihn dieſe Ehrenſtelle nicht: und da er ſo vielen andern heidniſchen Aberglauben während ſeiner Regierung geduldet hat, ſo war auch die Beybehaltung dieſes Nahmens leicht zu entſchuldigen.

§. n. G. 306 bis 337.

Doch man hat geglaubt, daß ein Fürſt, der in dem größeſten Theile ſeines Lebens ehrgeitzig, treulos und grauſam gehandelt hat, der es noch lange nach ſeinem öffentlichen und heißen Bekenntniße zum Chriſtenthum geblieben iſt, unmöglich aus Ueberzeugung und wahrer Liebe, dieſer Religion habe ergeben ſeyn können. Die Vorwürfe ſelbſt müßen überhaupt zugegeben werden. Sie ſind zwar von manchen ſo partheyiſch übertrieben worden, als wenn die ganze Regierung Conſtantins eine Reihe unaufhörlicher Ausſchweifungen der Ungerechtigkeit und Unmenſchlichkeit geweſen wären. Aber einige hat er doch begangen: und das gerade zu der Zeit, als ſein Eifer für die Religion nicht höher ſteigen zu können ſchien. Außer der ſchon gedachten Hinrichtung der beiden Licinius, ließ er im Jahr 326. ſeinen Sohn Criſpus, einen ſehr Hoffnungsvollen Prinzen, bloß auf die falſche Anklage ſeiner Stiefmutter Fauſta, ums Leben bringen: und als er die wahre Beſchaffenheit der Sache erfuhr, wurde auf ſeinen Befehl, auch dieſe ſeine Gemahlinn in einer heißen Badſtube erſtickt; mit ihr aber wurden noch mehrere ihrer Freunde aus dem Wege geräumt. Obgleich Euſebius in dem Leben des Kaiſers nichts davon ſagt, weil er blos die zu ſeinem Lobe dienlichen Nachrichten darinne zu ſammeln verſprach, und Evagrius daher (Hiſt. Eccl. L. III. c. 41.) ſich auf ſein Stillſchweigen vergebens beruft; ſo haben doch nicht nur heidniſche Schriftſter, wie Zoſimus, (Hiſt. L. II. c. 29.) Aurelius Victor und Eutropius; ſondern auch bald Chriſten, und darunter zuerſt

Hieronymus (de viris illustr. c. 80.) diese übereilte Ermordungen erzählt. Unterdeßen kann man aus diesen und andern groben Fehltritten Constantins keine bis weitere Folge ziehen, als daß er nur noch dem äußerlichen Bekenntniße nach, nicht aber an einem gebeßerten Leben, ein Christ gewesen sey. Viele tausend haben bis jetzt das Christenthum mit aller Ueberzeugung vor wahr gehalten; ohne daß es bey ihnen eine sittliche Veränderung hervorgebracht hätte: und nichts wurde leichter als dieses, seitdem man das für die Religion kalte Herz unter vielen rauschenden Cärimonien und Andachtsübungen verbergen lernte. Man kann aber nicht wohl glauben, daß bey einem Fürsten, der so anhaltend eifrig im Gebete war, und nur selten in schlimmere Vergehungen fiel, die Religion noch gar keinen bleibenden Beweis ihrer Macht sollte gegeben haben.

Am wenigsten ist der lange Aufschub der Taufe Constantins, die er erst am Ende seines Lebens an sich vollziehen ließ, ein Beweis, daß er dem Christenthum nicht ernstlich ergeben gewesen sey. Diese Gewohnheit sammt den Meinungen aus welchen sie entsprang, war weit älter, auch bey den gottseeligsten Christen; wie man schon anderwärts in dieser Geschichte, (Th. IV. S. 317.) gesehen hat. Aber neue Vorurtheile, welche jetzt hinzukamen, breiteten dieselbe noch mehr aus. Seit dem dritten Jahrhunderte war das Verzögern der Taufe unter den Christen immer üblicher worden: nicht blos etwan, wie schon früher, bey den Lehrlingen (oder Catechumenen,) welche nothwendig eine Zeitlang unterrichtet und geprüft werden mußten, ehe sie unter die Gläubigen aufgenommen werden konnten; sondern auch bey solchen unter ihnen, die keine Bedenklichkeit übrig ließen, warum ihnen die Taufe länger versagt werden sollte, und

selbst

Chriſtl. Cärimonien und Aberglauben. 149

ſelbſt bey gebohrnen Chriſtenkindern. Bald wartete
man mit der Taufe auf die größern Feſte, Oſtern und
Pfingſten, welche die frölichſten kirchlichen Zeiten der
erſten Chriſten waren, das heißt, alle Tage, welche
von dem einen dieſer Feſte bis zu dem andern fortliefen,
wie man ſchon in einer Stelle des Tertullianus (de
baptiſmo c. 19.) ſolches deutlich bemerkt findet. Bald
wollte man deswegen erſt ſpät getauft werden, um
nicht nach dieſer geiſtlichen Reinigung von neuem in
grobe Sünde zu verfallen; ſondern vielmehr bald nach
empfangener Taufe unbefleckt aus der Welt gehen zu
können. Anderer Urſachen nicht zu gedenken, welche
Bingham (Origg. Eccleſiaſt. Vol. IV. p. 237. ſq.)
und der Herr D. C. R. Büſching (Diſſ. de pro-
craſtinatione baptiſmi apud veteres, eiusque cauſſis,)
geſammlet haben: ſo beriefen ſich manche Chriſten
nicht allein überhaupt auf das Beiſpiel des Erlöſers;
ſondern wünſchten auch beſonders, wie er, im Jordan getauft zu werden. Faſt möchte man aus einer
Stelle des Tertullianus (l. cit. c. 4.) ſchließen, daß
man ſchon zu ſeiner Zeit ſo gedacht habe. Gewiß aber
hat Conſtantinus, nach ſeinem eigenen Gegenſtänd-
niß beym Euſebius, (de vita Conſtant. L. IV. c. 62.)
vermuthlich unter noch andern Bewegungsgründen,
auch dieſen gehabt, ſeine Taufe bis in ſeine letzten Tage zu verſchieben. Sein Sohn Conſtantius, andere der folgenden Kaiſer, und viele Chriſten, thaten
nachmals eben dieſes. Es iſt alſo dieſe Verzögerung
beym Conſtantinus vielmehr von irrigen, abergläu-
biſchen Begriffen der chriſtlichen Andacht, als von einer verſteckten Abneigung gegen dieſe Religion, her-
zuleiten.

Ursprung
der
Mönche und Nonnen.

Eben in seine ersten Zeiten fiel auch das Aufkommen derjenigen Art von Christen, welche nachmals die stärksten Stützen des Aberglaubens geworden sind, so wie sie selbst aus dem Innersten deßelben entsproßen waren: der Mönche. Sie haben gleichsam die neue strengere Frömmigkeit auf ihre höchste Stufe gebracht, zu welcher die Asceten im zweyten Jahrhunderte, und die Einsiedler im dritten, den ersten Grund gelegt hatten. Ihre Ausbreitung und Vermehrung in der Kirche war so unbeschreiblich groß und schnell; die Bestimmung und Lebensart dieser sonderbaren Leute haben so viele Veränderungen erlitten; sie haben in der Verfaßung der christlichen Religion und Kirche so viel Gutes und Böses gestiftet; auch sind sie bis auf unsere Zeiten so bemerkungswürdig geblieben, daß man schon lange eine vollständige, aber zugleich kernhaft und mit scharfer Beurtheilung geschriebene Geschichte derselben vermißt. An reichlichem Stoffe zu derselben fehlt es weniger, als zu irgend einem Theil der christlichen Kirchengeschichte; aber er ist in einer ungeheuren Menge von Werken sehr verschwenderisch ausgedähnt: und beynahe alle die ihn verarbeiten wollten, haben daher nur Sammlungen und Auszüge daraus zu Stande gebracht. Die ersten Quellen der Mönchsgeschichte sind seit dem vierten und fünften Jahrhunderte, viele Lebensbeschreibungen berühmter Heiligen unter den Mönchen, eine gute Anzahl

zahl einzeler Nachrichten und Anmerkungen über diesen
Stand, bey den christlichen Schriftstellern, und kaum
ein einziges Werk von der allgemeinen Einrichtung
deßelben, das Caßianus hinterlaßen hat. Darauf
vervielfältigen sich die Lebensbeschreibungen der Mönche, und Geschichten der Klöster, beynahe ins Unzähliche,
so wie Religion und Kirche immer mehr von ihnen ab-
hängig werden, auch eine Reihe von Mönchsorden
zum Vorschein kömmt. In den neuern Jahrhunderten werden daraus ganze Bibliotheken von Geschichten der Mönchsorden zusammen geschrieben; aber überaus wenige bemühen sich die wahre Fruchtbarkeit der
Mönchsgeschichte im Ganzen zu entwickeln. Einer der
gelehrtesten unter denen, welche eigene Bücher in dieser letztern Absicht aufgesetzt haben, kann Anton. Da-
din. Alteserra (Asceticun, siue Originum rei mona-
sticae Libri Decem, Paris. 1674. 4.) heißen; ob er
gleich nur einen beträchtlichen Anfang zu solchen historischen Erläuterungen gemacht hat. Das große, aus
dem Französischen übersetzte Werk des Hippol. He-
lyot (Ausführliche Geschichte aller geistlichen und weltlichen Kloster- und Ritterorden) ist so mangelhaft in
diesen wichtigen Erörterungen, als fleißig und umständlich in der Geschichte eines jeden Ordens. Dagegen
findet man in verschiedenen Büchern Protestantischer
und Römischcatholischer Schriftsteller, richtige Bemer-
kungen über den Gang des Mönchswesens überhaupt,
eingestreuet. Erst neulich hat insonderheit der Hr. C.
R. Walch in der Vorrede zu einer Sammlung, für
welche ihr Titel zu prächtig ist, (Pragmatische Geschichte der vornehmsten Mönchsorden,) einen scharfsinnigen Entwurf mitgetheilt, wie der Geist der
Mönchshistorie abgeschildert werden müße.

Schon unter den alten Christen führten einige den
Ursprung des Mönchslebens von den Beyspielen der

einsamen Lebensart her, welche der Prophet Elias und Johannes der Täufer gegeben hätten. Allein obgleich Hieronymus (vita Paulli Theb.) erkennet, wie gezwungen dieser Einfall sey; so behauptet er doch an einem andern Orte, (de viris illustr. c. 11.) daß wenigstens das Leben der ersten Christen überhaupt so beschaffen gewesen sey, als der nachmaligen Mönche ihres. Denn, sagt er, Philo von Alexandrien beschreibt nicht nur die Christen seiner Zeit in Aegypten völlig auf diese Art; er nennt sogar ihre Wohnungen bereits einsame oder Mönchs-Wohnungen: (μοναστήρια) und die Nachrichten des Lucas in der Apostelgeschichte, daß die Christen nichts Eigenes gehabt, daß kein Reicher oder Armer unter ihnen gewesen sey, daß sie sich dem Gebet und Singen, dem Unterrichte in der Religion und der Enthaltsamkeit ergeben hätten, bestätigen eben dieses. Daß Hieronymus in der Auslegung deßen was Philo von den Therapeuten schreibt, sich durch den Eusebius, der sie vor Christen hielt, hat verführen laßen, braucht nicht abermals hier dargethan zu werden. Aber auch seine andere Vergleichung beweiset nichts mehr, als daß die ersten Christen zu Jerusalem in einer genauern Verbindung und Gemeinschaft mit einander gelebt haben, die mit dem Mönchsleben eine sehr geringe, und in der Hauptsache gar keine Aehnlichkeit hatte. Caßianus (de Coenobior. institutis L. II. c. 5. p. 16. et Collat. L. XVIII. c. 5. p. 517. ed. Gazaei, rec. Francof.) und Sozomenus (Hist. Eccl. L. I. c. 12.) erklären die Entstehung der Mönche ohngefähr eben so wie Hieronymus; allein der erstere will noch etwas mehr davon wißen. Er versichert, der Evangelist Marcus, erster Bischof zu Alexandrien, habe zuerst Vorschriften für Mönche ertheilt; diese Lebensart sey von den Zeiten der Apostel an aufgekommen, und nur dadurch

bald

bald in Verfall gerathen, weil so viele Heiden zum Christenthum getreten wären, von denen man lange keine so strenge Gottseeligkeit gefordert hätte, als wie von den übrigen Christen; doch wäre sie noch von einigen fortgepflanzt worden, die in der Entfernung von andern Menschen gelebt hätten. — Wenn dieses nichts anders heißt, als daß in den ersten Jahrhunderten von Zeit zu Zeit immer Christen gewesen sind, welche vor andern eingezogen und enthaltsam lebten, auch wohl gar der menschlichen Gesellschaft sich auf beständig entzogen: so läuft solches auf dasjenige hinaus, was bereits in dieser Geschichte von den Asceten und Einsiedlern, ingleichen bey eben dieser Gelegenheit, von ähnlichen Leuten unter Juden und Heiden lange vor Christi Geburt, die den Christen in dieser Anstrengung einigermaaßen zum Muster dienten, gesagt worden ist. Aber eigentliche Mönche gab es vor dem vierten Jahrhunderte nicht; wenn gleich der allgemeine Nahme der Asceten, oder der in der Gottseeligkeit sich auf eine ausnehmende Art übenden Christen, nachmals auch den Mönchen beigelegt wurde. Alle Mönche sind eine Gattung von Asceten; aber nicht alle Asceten sind Mönche gewesen.

J. n.
F. G.
306
bis
337.

Durch das Einsiedlerleben, eine höhere Stuffe des ascetischen, stieg dieses endlich bis zum Mönchsstande empor. Im Anfange dieses Zeitraums lebte noch in den Aegyptischen Wüsteneyen Paul von Theben, oder der Einsiedler, der zuerst durch diese einsame, von der Welt ganz getrennte Lebensart, sich einen großen Ruhm erwarb; aber um diese Zeit den übrigen Christen noch nicht einmal bekannt war. Während daß er ohngefähr seit dem Jahr 250. in einer Einöde von Aegypten, sein Leben unter Gebet, Betrachtungen, Fasten, auch andern geistlichen Uebungen, und Casteiungen des Leibes zubrachte, wie man anderwärts, (Th. IV. S. 198. fgl.) gelesen hat, hatte Antonius in einer andern wüsten Gegend von Aegypten bis um das Jahr 285. eine gleiche Lebensart ergriffen, zog nach und nach Schüler und Nachahmer derselben, errichtete gewisse Verbindungen mit und unter denselben, und ist solchergestalt mit Rechte zuerst ein **Mönch**, und der **Vater des Mönchslebens** genannt worden. Man hat daher auch von ihm ungleich mehrere Nachrichten, als von Paul dem Einsiedler. Die umständlichsten sind in einer Lebensbeschreibung von ihm enthalten, welche sein Verehrer und Freund, Athanasius, Bischof von Alexandrien, aufgesetzt hat. Sie ist zuerst von David Höscheln, mit seiner lateinischen Uebersetzung und Anmerkungen, (Augsburg 1611. 4.) herausgegeben, und nachher unter die übrigen Werke des Athanasius, mit der Uebersetzung des Bischofs Evagrius, welche dieser bald nach demselben verfertigt hat, eingerückt worden. Es wird zwar noch darüber gestritten, ob nicht ein späterer Christ Verfaßer von diesem Leben sey; allein man hat nur so viel wahrscheinlich gemacht, daß es Verfälschungen erlitten habe: und das übrige was Athanasius in Absicht auf die Einsiedler und Mönche gethan oder geschrieben hat, hindert eben nicht, ihm eine leichtgläubige Bewunderung des Antonius zuzutrauen. Damit können die kürzern Erzählungen des Hieronymus, (vita Paulli Erem. et Hilarion. et de vir. illustr. c. 88.) des Socrates, (Hist. Eccl. L. I. c. 21. L. IV. c. 23. 25.) und Sozomenus, (Hist. Eccl. L. I. c. 13. L. II. c. 31.) verglichen werden. Andere, die zwar ebenfals alt, aber unzuverläßiger sind, haben Tillemont (Mémoires, T. VII. P. I. p. 184. sq. Bruxell. 1715. 12.) und mehrere Römisch-catholische, nebst jenen in einen Auszug gebracht. Das wenige was Du Pin (Nouvelle Bibli-

Biblioth. des Aut. Eccl. T. II. p. 66. sq. Paris, 1693.
4.) und **Fabricius**, (Biblioth. Graec. Vol. VIII. p.
544. sq.) von ihm beybringen, ist mit zurückhaltendem
Glauben und gemäßigter Beurtheilung geschrieben.

 Antonius kam im Jahr 251. in Aegypten zur
Welt. Er wollte in seiner Jugend die Wißenschaften
nicht erlernen, und floh schon damals die Gesellschaft
anderer Knaben. Vielleicht hat ihn jene Abneigung
vor dem Anbau seines Verstandes, noch mehr zu seiner
folgenden Lebensart vorbereitet, als seine Menschen-
scheue Gesinnungen. Die Einbildungskraft bekam desto leichter die Herrschaft über sein Herz, und konnte sie
nicht wieder verlieren. Zuweilen spotteten daher auch
die heidnischen Philosophen seines gänzlichen Mangels
an Gelehrsamkeit. Er hielt es aber vor hinlänglich,
einem derselben, der ihn fragte, wie er ohne den Trost
von Büchern leben könnte, zu antworten: sein Buch
sey die Natur der Dinge, in welchem er die Worte
Gottes lesen könne, so oft es ihm gefiele.

 Als er nach dem Tode seiner Eltern, in einem Alter von fast zwanzig Jahren, die Worte Christi beym
öffentlichen Gottesdienste vorlesen hörte: „Willst du
vollkommen seyn, so gehe hin, verkaufe was du hast,
und giebs den Armen," so glaubte er, daß diese An-
forderung an ihn gerichtet würde, schenkte sogleich seine
ansehnliche liegende Gründe den Einwohnern seines
Dorfs, verkaufte sein Geräthe, und gab das dafür
erhaltene Geld den Armen. Noch hatte er etwas we-
niges für seine jüngere Schwester aufbehalten; allein
wegen der eben so übel verstanden Ermahnung des Erlösers: „Sorget nicht für den andern Morgen!" theilte er auch dieses unter die Dürftigen aus, überließ seine Schwester einer Gesellschaft frommer Jungfrauen

zur Erziehung, und begab sich außerhalb seines Dorfs in die Einsamkeit. Es gab bereits in den dortigen Gegenden verschiedene Christen, die ein solches abgesondertes Leben führten. Antonius besuchte jeden derselben, von dem er hörte, und suchte ihre mannichfaltigen Eigenschaften, das heißt, das fleißige Gebet des einen, die häuffigen Wachen oder die Geduld des andern, in sich zu vereinigen. Er verband damit beständige Handarbeiten, und that sich in allen diesen Uebungen so sehr hervor, daß ihn jedermann den Gottgeliebten nannte. Da suchte ihn der Teufel von diesem guten Wege abzuziehen, (so schreibt der Verfasser seines Lebens,) reitzte ihn auf vielfache Art, besonders zur Wollust; aber alles vergebens. Um sich gegen die Angriffe desselben desto mehr zu stärken, behandelte Antonius seinen Körper noch härter, wachte oft ganze Nächte, aß des Tages nur einmal nach Untergang der Sonne, auch wohl nur einmal in zwey oder vier Tagen. Brodt und Wasser waren sein ganzer Unterhalt, und die Erde meistentheils sein Lager. Nach einiger Zeit verschloß er sich in eines von den entlegenen Grabmälern, wohin er sich sein Brodt bringen ließ. Hier aber wurde er mehr als einmal von den Teufeln mit Schlägen übel zugerichtet, und empfieng immer eine göttliche Unterstützung wider dieselben.

Endlich wollte er sich mit einem alten Asceten völlig in die Wüste begeben; da es aber dieser auch deswegen abschlug, weil es etwas Neues wäre: gieng er allein auf die Gebürge gegen das rothe Meer zu, und wählte sich ein altes verlassenes Schloß zur Wohnung. Man versorgte ihn daselbst alle halbe Jahre mit Brodt, ohne daß er sich jemanden gezeigt hätte. Nur hörten diejenigen welche ihn besuchten, oft ein fürchterliches Getümmel und Geschrey in dem Schlosse, das nach seiner

seiner Erzählung, von seinen abermaligen Kämpfen mit den Teufeln herkam. Nachdem er zwanzig Jahre dergestalt gelebt hatte, nöthigte ihn die Menge derer die sich zu ihm drangen, und besonders seine Lebensart nachzuahmen suchten, um das Jahr 305. wieder zum Vorschein zu kommen. Zugleich fieng er an, Wunder zu thun, vornemlich Kranke zu heilen, und Teufel aus den Besessenen zu vertreiben; stiftete allerhand Gutes durch seine Ermahnungen, und bewog auch viele, das einsame Leben zu ergreifen. Daher wurde gar bald in den dortigen Gebürgen eine Menge solcher einsamen Wohnungen (μοναστηρια) errichtet, über welche er alle als gemeinschaftlicher Vater die Aufsicht führte. Da sich einst die Mönche welche darinne wohnten, bey einem seiner Besuche versammleten, in der Erwartung, eine Anrede von ihm zu hören: hielt er eine lange Ermahnung an sie, daß sie im ascetischen Leben immer standhafter werden, und sich vor den Teufeln nicht fürchten möchten, deren Angriffe auf sich er erzählte. Eine Rede, welche desto weniger, wie wir sie jetzt lesen, ganz von ihm herrühren kann, da sie griechische Wortspiele enthält, und doch von ihm in ägyptischer Sprache soll ausgesprochen worden seyn. Antonius selbst suchte es täglich in der Enthaltsamkeit höher zu bringen. Er schämte sich zuletzt sogar, wenn ihn Hunger oder Schlaf überfiel, weil dieses die Abhängigkeit seiner Seele von dem Leibe anzeigte, und entfernte sich daher öfters, wenn er im Begriff war, mit den übrigen Mönchen zu essen, plötzlich von ihnen, indem er an seine geistliche Nahrung dachte. Ueber einer Art von härnem Hemde trug er einen Schaafspelz, wusch auch und reinigte seinen Leib niemals.

Mittlerweile erneuerte Maximinus im Jahr 311. seine Verfolgung über die Christen in Aegypten. Diese

J. n.
C. G.
306
bis
337.

zog den Antonius auf eine kurze Zeit in die Welt zurück. Er strebte eifrig nach dem Ruhme, ein Märtyrer zu werden, begleitete nebst andern Mönchen die gefangenen Christen, welche nach Alexandrien geführt wurden, bediente sie im Gefängnisse, und in den Bergwerken zu welchen sie verurtheilt waren, munterte sie vor Gerichte auf, und folgte ihnen bis an den Ort ihrer Hinrichtung nach. Er gehorchte auch allein dem Befehle des heidnischen Richters, daß sich alle Mönche aus Alexandrien wegbegeben sollten, nicht; und konnte doch durch alles dieses seine Absicht nicht erreichen. Daher kehrte er wieder in seine Einöde. Es geschahen ferner an denen welche hinkamen, und gläubig beteten, Wunder, wenn er gleich seine Thüre nicht öffnete. Allein der Zulauf fiel ihm zuletzt so beschwerlich, daß er sich tief hinein in die Wüste begab, wo er in der engen Höhle eines hohen Berges seinen Aufenthalt nahm, auch wohl in zwo andern Klüften auf dem Gipfel desselben, wenn er sich der Menge entziehen wollte. Denn man folgte ihm auch dahin nach, und er konnte es nicht abschlagen, bisweilen die vorhergedachten Mönchswohnungen zu besuchen. Damit aber seine Schüler nicht nöthig haben möchten, ihm sein Brodt ferner durch diese lange Wüsteney, wo man leicht aus Mangel am Wasser verschmachten konnte, zu bringen, bauete er sich selbst ein kleines Stück Feldes bey seinem Berge, wovon er in der Folge sein Brodt bekam, pflanzte auch einige Kräuter, mit denen er die ihn besuchenden bewirthete. Sonst hatte er an diesem Orte ebenfals, wie man sagt, harte Gefechte mit den Teufeln auszustehen, bekam von Gott Erscheinungen und Offenbarungen über künftige oder andere wichtige Dinge, und behauptete alle seine übrigen Vorzüge. Wider die Ketzereien seiner Zeit erklärte er sich mit großer Lebhaftigkeit, besonders, wenn er nach Alexandrien kam.

Er wurde mehrmals genöthigt, diese Reise zu thun, weil so viele Unterdrückte ihn um seine Fürsprache bey der Obrigkeit baten. Aber er eilte, sobald er dieselbe angebracht hatte, gleich wieder in seine Einsamkeit. Denn er pflegte zu sagen, wie ein Fisch außer dem Wasser nicht leben könne, so verliere auch ein Mönch außerhalb der Einöde allen seinen Anstand.

J. U. J. C. 306. bis 337.

So hatte er bis zum Jahr 340. gelebt, als er wie man erzählt, auf einen unmittelbaren göttlichen Befehl hingieng, einen Mönch oder einsamen Christen, aufzusuchen, der, welches Antonius bisher sich nicht hatte einfallen laßen, noch vollkommener als er wäre. Dieses war der Einsiedler *Paulus*, der, aller Welt unbekannt, sich in einer andern Gegend der Aegyptischen Wüsten seit neunzig Jahren aufhielt. Der Bericht, welchen *Hieronymus* (vita Paulli Erem.) von dieser Zusammenkunft ertheilt, ist Wundervoll oder vielmehr Mährchenähnlich genug. Antonius sprach unterwegens mit einem Ungeheuer, das halb Mensch, halb Pferd war, und ihn im Nahmen eines ganzen Haufens seines gleichen bat, Gott für sie anzurufen. Er fand endlich den Einsiedler, dem dieser Besuch von Gott war versprochen worden, in einer Höhle. Ein Rabe brachte ihnen beyden doppelt so viel Brod, als er dem *Paulus* seit sechszig Jahren zu bringen gewohnt war. Allein dieser eröfnete seinem Freunde bald, daß sein Ende bevorstehe, und daß er nur deswegen von Gott zu ihm gesandt worden sey, um ihn zu begraben. Er bat ihn darauf, (bloß damit er ihm die schmerzhafte Gegenwart bey seinem Tode ersparen möchte,) zur Einwickelung seines Leichnams den Mantel zu holen, den ihm *Athanasius* geschenkt hatte. Antonius gehorchte ihm: als er aber mit dem Mantel zurückeilte, sah er den *Paulus* ganz glänzend, zwischen den Schaaren von Engeln, Propheten und Aposteln, gen Himmel hinaufsteigen. Würklich fand er auch den todten Körper desselben noch in der Stellung eines Betenden knieend, beerdigte ihn mit Hülfe von zween Löwen, welche das Grab machten, und ertheilte ihnen dafür seinen Seegen.

Nachdem er wieder in seine einsame Wohnung gekommen war, lebte er mit zween seiner Schüler, die ihm bey seiner Schwächlichkeit einige Dienste leisteten, noch bis zum Jahr 356. da er in einem Alter von fast hundert und fünf Jahren die Welt verließ. Er befohl seinen beyden Gefährten, ihn an einem Orte zu begraben, den niemand erführe. Es scheint, er habe dadurch verhüten wollen, daß nicht irgend einer von den Christen in Aegypten, wo er so sehr verehrt wurde, seinen Körper, nach der dortigen Landesgewohnheit, im Hause, oder gar in einer Kirche aufbewahren möchte. Gleichwohl soll derselbe, zweyhundert Jahre darauf entdeckt, und zuletzt im zehnten Jahrhunderte nach Vienne in Frankreich gebracht worden seyn. Hier und überall in der Römischen Kirche, hat man sich seitdem im Gebete an den heiligen Mann gewandt, und seine Hülfe, wie vorgegeben worden ist, besonders in einer gewißen Krankheit, welche man das Feuer des heiligen Antonius nannte, verspüret.

Sieben Briefe, welche er in Aegyptischer Sprache geschrieben hat, sind die einzige schriftliche Arbeit, die ihm von den Alten beigelegt wird. Man übersetzte sie ins Griechische; aber sie sind nur noch in einer dunkeln lateinischen Uebersetzung (Biblioth. P P. max. T. IV. p. 77. sq.) vorhanden. Ihr Innhalt betrift die göttliche Berufung der Menschen zur Seeligkeit, die Wohlthaten Gottes überhaupt, die Menschwerdung Christi,

Ursprung der Mönche und Nonnen. 161

Christi, die Selbsterkenntniß und Wachsamkeit, ingleichen die Mittel, sich vor den Nachstellungen des Teufels zu hüten: alles fromm und lebhaft genug; aber ohne vorzüglich zu seyn, und hauptsächlich nur für Leute von gleicher Lebensart mit dem Verfasser. — Man schreibt ihm auch eine Regel zu, die er für die Mönche aufgesetzt haben soll, und die in Lucas Holsteins Sammlung (Codex Regularum quas SS. Patres Monachis et Virginibus sanctimonialibus servandas praescripsere. P. I. p. 1. sq. Romae 1661. 4.) befindlich ist. Es wäre nicht unmöglich, daß er den grössern Theil dieser Vorschriften ertheilt haben könnte; aber einige darunter scheinen auf die spätere Verfassung des Mönchslebens zu zielen; auch giebt es überhaupt keinen alten Zeugen, der sie ihm beylegte. — Gleiche Bewandtniß hat es mit einer Predigt wider die herrschenden Laster, nebst beigefügter Ermahnung zur Besserung, (Bibl. P. P. max. l. c.) vor deren Urheber ihn Gerhard Vossius ausgiebt, ingleichen mit zwanzig arabisch geschriebenen Briefen, und andern Aufsätzen in eben dieser Sprache, die Abraham Echellensis unter dem Nahmen desselben (zu Paris 1641. und 1646. 8.) herausgegeben hat.

An diesem grossen Muster der Mönche, nach welchem sie sich in der Folge so gerne gebildet haben, übersieht man bereits den ganzen ersten Entwurf dieser Lebensart, und das Eigenthümliche derer, welche sie ausübten. Antonius verachtete die Gelehrsamkeit; sie stand auch würklich den mystischen Grundsätzen des Mönchsstandes im Wege, nach welchen man bloß durch einsame Betrachtungen, Gebet, inneres Gefühl, fruchtbare Einbildungskraft, und strenge Enthaltsamkeit, zu einer weit vollkommenern Religionserkenntniß zu gelangen glaubte, als durch alle Anstren-

V. Theil.   L   gung

gung der Verstandeskräfte. Wollte man auch auf diesem Wege der Gelehrsamkeit nicht ganz entsagen: so mußte sie doch einen Anstrich von Schwärmerey bekommen, und in ihrer Brauchbarkeit sehr eingeschränkt bleiben. Dagegen lehrte Antonius in dem ascetischen Leben auf das höchste zu steigen; das heißt, sich nicht nur alles zu versagen, was den Menschen außerhalb ihm zur Sünde reitzen kann, sondern sich auch jeder angenehmen Empfindung und Bequemlichkeit, so gar der nothwendigsten Bedürfnisse des Menschen zu begeben, und sein Leben möglichst rauh, traurig und elend für den Körper zu machen, um der Seele eben dadurch desto mehr tugendhafte Stärke zu verschaffen. Das alles erwarb ungemeine Bewunderung, an der immer mehrere ihren Antheil haben wollten. Allein der Mann, der sich darüber betrübte, daß er essen und schlafen, oder, welches einerley ist, die von Gott in ihn gepflanzten Triebe nach dessen Willen befriedigen, und die Fähigkeit, seiner Wohlthaten zu geniessen, nützen sollte: der konnte unmöglich den ächten Geist des Christenthums haben; und wenn er deswegen seufzete, daß er nicht bloß für den edlern Theil von sich zu sorgen hätte, so wollte er im Grunde weiser seyn, als es die göttlichen Absichten selbst erforderten. Kein Wunder war es indessen, daß der Vater der Mönche, um einen so vollkommenen Asceten und Mystiker ungestört vorzustellen, die Einsamkeit vor unentbehrlich ansah. Selbst der Nahme der Mönche, (Μοναχὸς, μονάζων) zeigte einen einsam lebenden an. Sie waren auch unter dem Antonius nur erst Gesellschaften von Einsiedlern, die sich freiwillig aus der menschlichen Gesellschaft verbannten, weil sie mitten in derselben weder für sich, noch zum Vorbilde anderer, stark genug in der christlichen Tugend werden zu können hofften; wiederum gegen die göttlichen

chen Einrichtungen, das Beispiel Christi und der Apostel. Ein irregehender Schritt zog immer einen andern ähnlichen nach sich: diese Entfernung von den Menschen und Geschäften mußte ein unthätiges, arbeitloses Leben hervorbringen. Antonius, der dieses fühlte, verbot den Mönchen schlechterdings den Müßiggang: er hätte ihnen auch, wenn es ihm nur möglich gewesen wäre, die Quelle desselben verstopfen sollen. Zwar füllte er seine Zeit, außer so vielen geistlichen Uebungen, Ermahnungen, Reisen und Aufsicht über seine Schüler, auch mit Handarbeit aus. Unter andern verfertigte er Matten von Palmblättern, und war überhaupt der Meinung, daß ein Mönch sich seinen geringen Theil von Unterhalt und Kleidung selbst schuldig seyn müsse. Er gab auch den seinigen den Rath, alles was sie bey Tag und Nacht thäten, aufzuschreiben, damit sie sich schämen lernen möchten, wenn darunter schändliche Handlungen wären, die folglich auch andere von ohngefähr lesen konnten. Aber durch dieses alles wurde noch nicht vermieden, daß unzählige Stunden und Kräfte des Mönchs ungebraucht vorbeygiengen. Einen Geist vom Körper umgeben, konnten bloße Betrachtungen, Wünsche und feine Empfindungen nicht hinlänglich beschäftigen; für sehr kleine Leibesbedürfnisse durfte auch die Arbeit nur sehr kurz seyn: und der Mensch, der mehr dachte und seufzete, als handelte, fiel ohngeachtet der besten Gesinnungen, in Trägheit oder Langeweile. Aber aus dieser vermeinten heiligen Muße entstand noch ein größeres Uebel. Der im Nachsinnen vertiefte Geist, dem es an hellen Begriffen fehlte, wurde durch die nun desto weniger ruhende Einbildungskraft zur Schwärmerey fortgeführt; glaubte manches zu sehen oder zu hören, was nicht war; bildete sich insonderheit leicht ein, den Willen Gottes unmittelbar zu vernehmen, und verwandelte

§. n.
J. C.
306
bis
337.

wandelte die Religionsempfindungen in Phantasiereiche Vorstellungen. Dazu stand ein ausgemergelter Körper am ersten zu Gebote. Auch wurde eben dieses durch das Grausende der öden Mönchswohnungen, und durch den heissen Himmelsstrich Aegyptens, sehr erleichtert.

Es hängt also in der Entstehung und ersten Richtung des Mönchslebens alles sehr genau mit einander zusammen: und die fehlerhaften Grundsätze waren unter den Christen nicht neu, durch deren Erweiterung diese neue Gattung von Frommen in großen verbundenen Hauffen hervorgebracht wurde. Zugleich aber mußte doch diese Lebensart eine für die Religion und Kirche zweydeutige Gestalt beybehalten. Diese ersten Mönche warfen sich eigentlich nicht zu Lehrern der Christen auf: sie wollten nur Beispiele der erhabensten Gottseeligkeit abgeben. Und doch gewannen sie sehr geschwind alles Ansehen von Lehrern, und gewissermaaßen ein noch größeres; ob sie gleich fast zweyhundert Jahre nach einander unter dieselben eigentlich nicht gerechnet wurden. Leute, welche die Welt gleichsam unter ihren Füssen sahen, sich göttlicher Erscheinungen rühmten, vor Wunderthäter gehalten wurden, und in allem außerordentlich waren, durften es sich nicht bloß anmaaßen, sondern wurden selbst dazu aufgefordert, über Rechtgläubigkeit und theologische Streitigkeiten Aussprüche zu thun, den Christen Vorschriften zu ertheilen, und einen weit bewundernswürdigern Weg zum Himmel zu zeigen, als die gewöhnlichen Lehrer thun konnten. Man verachtete diese, wenn sie ungelehrt waren, und verehrte die Mönche, weil sie sich dessen rühmten. Zum Antonius (so schreibt Athanasius in seinem Leben,) kamen einige Philosophen, um ihn zu verspotten, weil sie wußten, daß er keine Gelehr=

Gelehrſamkeit beſaß. Allein er fragte ſie, ob ſie den Verſtand oder die Gelehrſamkeit vor älter, und vor die Urſache des andern hielten. Da ſie nun dem Verſtande in dieſer Rückſicht den Vorzug geben mußten, ſo fuhr er fort: „Mithin iſt demjenigen, der geſunden Verſtand hat, keine Gelehrſamkeit nöthig." Und alle Anweſende erſtaunten über dieſes Urtheil, und bewunderten einen ſo großen Scharfſinn an einem ungelehrten Manne. — Eben dieſe Bewunderung, die er und ſeine Nachahmer ſo reichlich erndteten, an Statt daß ihnen ernſtliche Belehrungen und Verweiſe über die Abwege, auf welche ſie geriethen, ſehr heilſam geweſen wären, feuerte ſie täglich mehr an, ſich als chriſtliche Sonderlinge und Abentheurer zu zeigen, verführte aber auch viele tauſend Chriſten zu dem Entſchluſſe, ſich zu gleichem Heldenmuthe in der Tugend aufzuopfern. Antonius und ſeine Schüler mögen wohl ſehr rechtſchaffene Männer geweſen ſeyn, heiſſe Liebe gegen Gott, und lebhaftes Wohlwollen gegen die Menſchen gefühlt haben. Auch iſt es gewiß, daß die äußerliche Inbrunſt der Gottſeeligkeit bey manchem Chriſten in völlige Flammen aufſteigen kann, indeſſen daß ſie bey einem andern eben ſo aufrichtig iſt, und doch nur in einigen Funken ſichtbar wird. Keinem darf das Maaß ſeines Eifers in Religionsſachen ganz und gar unveränderlich vorgeſchrieben werden. Nur wenn derſelbe aus Aberglauben und Schwärmerey hervorquillt, oder ſich bald in dieſelbe verliert, wird er bey dem beſten Herzen ſchädlich: dann ſind ſogar gemäßigte Lobſprüche deſſelben gefährlich. Ja, was bereits bey dem Einſiedlerleben überhaupt bemerkt worden iſt, die Mönche glaubten allen Neigungen zur Sünde entflohen zu ſeyn, und konnten, ſo zu reden, ſich ſelbſt nicht entfliehen: nicht der eitlen Selbſtgenügſamkeit und dem Stolze, die unter ihren öden Ge=

bürgen

burgen und armseeligen Kleidungen vielleicht mehr Nahrung antrafen, als in aller Pracht der Städte.

Aus Aegypten, dem Vaterlande so mancher Weisheit, aber auch so vieler schwermüthigen Träumereyen unter Heiden, Juden und Christen, pflanzte sich das Mönchswesen zuerst in das nahe Syrien und Palästina fort. Daselbst führte es Hilarion, einer der ersten Schüler des Antonius, ein. Er war aus Palästina gebürtig, und legte sich eben in einem Alter von funfzehn Jahren zu Alexandrien auf die Wissenschaften, als der Ruf des Antonius auch zu ihm drang. Sogleich besuchte er denselben, und gieng darauf im Jahr 306. entschlossen ihm nachzuahmen, mit einigen andern Mönchen in sein Vaterland zurück, verschenkte sein Vermögen, und wählte seinen Aufenthalt in der fürchterlichen Wüste zwischen Gaza und Aegypten, wo nicht einmal keine Sicherheit vor den Räubern war. Anfänglich wohnte er in einer elenden Hütte, nachmals in einer eben so schlechten Zelle, die er sich erbauet hatte, und worinne er nicht aufrecht stehen konnte. Auch er soll mancherley sinnliche Angriffe und Versuchungen der bösen Geister überstanden haben. Den Reitzungen zur Wollust entzog er sich dadurch, daß er, wie er sagte, dem Esel, seinem Körper, nicht mehr Gerste, sondern Spreu vorwarf, oder ihn durch Hunger und Durst bändigte. Er genoß überhaupt eine so kraftlose und sparsame Nahrung, zuweilen erst in einigen Tagen, nachdem er unterdessen beständig gebetet und gesungen, die Erde gegraben, oder Körbe von Binsen geflochten hatte, daß es wenig fehlte, er hätte darüber das Leben verloren. Zwey und zwanzig Jahre brachte er auf diese Weise zu, bis sein ausgebreiteter Ruhm Kranke zu ihm zog, die er wunderthätig heilte. Dadurch wurden auch sehr viele in Palästina und Syrien

bewo=

bewogen, Mönche zu werden: in dem erstern Lande besonders kamen unzählige Zellen auf, und Hilarion hatte, wenn er dieselben besuchte, zweytausend und noch mehrere Mönche zur Begleitung. Er litt an denselben nicht das geringste Sammeln von Vorrath auf das Künftige. Viele Heiden wurden auch durch ihn zum Christenthum bekehrt: und unter seinen Wundergaben, sagt man, war nicht nur diese, daß er die Teufel selbst aus dem besessenen Vieh vertrieb; sondern er konnte auch an dem Geruche einer jeden Sache merken, was vor einem bösen Geiste oder lasterhaften Besitzer sie angehöre. Bischöfe und andere christliche Lehrer, Große und Pöbel, auch vornehme Frauenspersonen, besuchten ihn unaufhörlich in Menge, um ein von ihm gesegnetes Brodt oder Oel zu empfangen. Er aber floh desto mehr das Menschengewühl: und als ihn, indem er nach Aegypten zu reisen im Begriff war, zehntausend Menschen durch ihr Flehen zurück zu halten suchten, aß er sieben Tage lang nichts, bis sie ihm seine Freyheit ließen. In Aegypten brachte er eine Nacht in der Einöde des kurz vorher verstorbenen Antonius zu, verließ auch dieses Land, als sich die Christen zu ihm drängten, lebte eine Zeitlang in Sicilien, darauf in Dalmatien, und zuletzt auf der Insel Cypern, wo er im Jahr 371. starb. So beschreibt sein Leben Hieronymus, (vita Hilarionis inter Epistt.) und aus demselben Sozomenus, (Hist. Eccl. L. III. c. 14. L. V. c. 15.) in den neuern Zeiten aber Tillemont (Mémoires, T. VII. P. III. p. 987. sq. ed. in 12.). Wenn der älteste dieser Schriftsteller, ein Zeitgenosse des Hilarion, die mannichfaltigen Wunder desselben, und die göttlichen Offenbarungen, die ihm wiederfahren seyn sollen, so zuversichtlich erzählt; Wunder, die noch täglich bey dem Grabe und der Zelle des Heiligen, sich ereignen sollten, von dessen Handlungen überhaupt

F. n.
C. G.
306
bis
337.

—tausende als Zeugen angeführt werden: so scheint es, daß gar keine Zweifel dagegen Statt finden. Und alles dieses läßt sich auch auf seine Nachrichten vom Antonius anwenden. Aber wenn man hier und sonst überall den Hieronymus als einen der leichtgläubigsten Gelehrten, auch das Zeitalter selbst, in welchem sich dieses alles zugetragen haben soll, eben so geneigt und in steter Erwartung findet, etwas Wunderbares zu sehen und zu hören, ohne jemals natürliche Ursachen zu vermuthen, oder Untersuchungen darüber anzustellen: so fällt schon ein Theil des anfänglichen Vertrauens darnieder. Es hört aber ganz auf, indem man bemerkt, daß so viele übernatürliche Begebenheiten zur Bestätigung und Empfelung einer Lebensart veranstaltet worden seyn sollen, die sich von der Sittenlehre des Christenthums offenbar entfernte. Ein Umstand den Hieronymus vom Hilarion (epist. 13. ed. Erasm.) erzählt, verdient noch beigefügt zu werden. Während seines funfzigjährigen Aufenthalts in Palästina, besuchte er die heiligen Oerter zu Jerusalem nur ein einziges mal: er wollte nicht das Ansehen haben, daß er sie verachte; aber eben so wenig, daß er Gott und seine Würkungen in eine besondere Gegend einschliesse. Dieser Mann vermied also einen herrschenden Irrthum; und behielt gleichwohl einen andern damit nahe verwandten bey.

In Aegypten nahm mittlerweile das Mönchsleben nicht allein außerordentlich zu; es bekam auch durch das eigentliche Klosterleben, oder die gemeinschaftliche Wohnung vieler Mönche an Einem Orte unter ihrem Aufseher, seine unterscheidende Ausbildung. Diese hatte es dem Pachomius, der auch einer der ersten Schüler des Antonius war, zu danken. Es giebt Nachrichten genug von diesem berühmten Manne;

ne; aber darunter sind viele zweifelhafte. Hieronymus begleitete seine lateinische Uebersetzung von der Mönchsregel desselben mit einer Vorrede: und beyde sind in der Holsteinischen Sammlung (P. I. p. 59 bis — 95. ed. Rom.) abgedruckt worden; wenn sie anders beyde von diesen Verfassern herstammen. Denn diese Regeln die den ersten Urhebern des Mönchslebens beigelegt werden, beruhen meistentheils nur auf der Glaubwürdigkeit einer Sammlung derselben, welche Benedikt, Abt von Anagne im heutigen Frankreich, erst im neunten Jahrhunderte unternommen, und Holstein zum Grunde der seinigen gelegt hat. Eine kürzere Mönchsregel des Pachomius, die ihm ein Engel, in eine eherne Tafel gegraben, überreicht haben soll, scheint ihm viel mehr zuzugehören. Sie ist, wenigstens im Auszuge, vom Palladius (Hist. Lausiac. c. 38.) und Sozomenus (Hist. Eccl. L. III. c. 13.) aufbehalten worden. Man findet dieselbe nebst jener weitläuftigern, den Schriften des Cassianus, der zwar nichts vom Pachomius, aber desto mehr von seinen Einrichtungen (de Coenobior. institutis, L. IV. c. 1. sq.) sagt, am Ende (p. 80. sq.) beygefügt: und der Herausgeber Gazäus hat sie zugleich in Absicht auf ihre Aechtheit, gegen einander gehalten. Einiges vom Pachomius meldet Gennadius (de viris illustr. c. 7.) aber desto mehr eine ausführliche Lebensbeschreibung desselben, die dreyßig Jahre nach seinem Tode, von einem Mönche seines Klosters soll aufgesetzt worden seyn, und die man in ein großes Werk, (Acta Sanctor. a. d. 14 Maii) eingerückt hat. Es sind auch zween lateinische Auszüge davon, in den Sammlungen der Römischcatholischen zur Heiligengeschichte, (beym Surius und Rosweyde) vorhanden, die sowohl von einander, als von der Urschrift selbst abweichen. Aus diesen und ähnlichen Quellen

hat

hat Tillemont (Mémoires T. VII. P. I. p. 291. ed. in 12.) seinen Auszug von dem Leben des Pachomius geschöpft. Hier darf man nur eine sehr kurze Anzeige von den wahrscheinlichsten Umständen desselben, und zugleich von solchen, suchen, die ihn von andern heilig geachteten Männern dieser Zeit, auf eine bemerkenswerthe Art unterscheiden. Denn sonst sind sich hundert Lebensbeschreibungen derselben unter einander überaus ähnlich. Einerley Strenge gegen sich, gleiche Fertigkeit Wunder zu verrichten, oder zu seiner Ehre von Gott zu erhalten, (wie die Gabe des Pachomius, vierzig Tage lang des Schlafs zu entbehren, um desto besser mit den Teufeln fechten zu können, und die ihm durch ein Wunder mitgetheilte Gabe, lateinisch und griechisch zu reden,) Offenbarungen, göttliche Erscheinungen der Engel, die eine Stelle anweisen, wo ein Kloster gebauet werden soll, geistliche Unterredungen und Uebungen, und dergleichen mehr, kommen in wenigen Veränderungen und neuen Versuchen, darinne immer vor.

Pachomius, der in der ägyptischen Landschaft Thebais um das Jahr 292. gebohren war, und erst in einem zwanzigjährigen Alter das Christenthum angenommen hatte, wurde durch eine Erscheinung zum Mönchsleben aufgemuntert, und durch eine Offenbarung belehrt, welches die rechtgläubige Parthey unter den Christen sey. Anfänglich lebte er mit dem Palämon, einem der ersten Nachahmer des Antonius, in der Einöde, lernte von demselben sich bloß mit Brodt und Salz, zuweilen gar mit untermischtem Staube und Asche, nähren; härne Kleider oder Hemden verfertigen, sowohl um sie zu tragen, als um durch den Verkauf derselben, sich und den Armen Unterhalt zu verschaffen; wenn sie des Nachts der Schlaf überfiel,

Pachomius, Stifter des Klosterlebens.

fiel, von einem Orte zum andern Sand tragen, und besonders fast unaufhörlich beten. Bald aber bekam Pachomius von Gott Befehl, selbst eine Mönchswohnung zu Tabennesus, einem unbewohnten Flecken in Thebais nicht weit vom Nil, nach andern, einer Insel im Nil, Tabenna, anzulegen. Einem andern göttlichen Befehl zu Folge, nahm er viele Mönche darein auf, die sich anboten, unter seiner Aufsicht zu leben. Ihrer wurden in nicht langer Zeit hundert; nach und nach aber so viele, daß er noch acht andere Mönchswohnungen in eben diesen Gegenden erbauete. Er hatte diese Anstalten um das Jahr 325. oder etwas später, angefangen: und als er im Jahr 348. starb, hinterließ er einige tausend Mönche, die unter seiner Aufsicht standen; außer welchen es aber noch mehrere in Aegypten gab. Dieses war der eigentliche Anfang des gemeinschaftlichen Lebens der Mönche in Gebäuden, die eben davon den Nahmen bekamen, (Κοινόβιον, coenobium) und die man nachmals in der lateinischen Kirche vom Einschliessen ihrer Bewohner, (claustrum, Kloster) benannte. Wenn jedoch neuere Schriftsteller den Pachomius auch zum Stifter des ersten Mönchsordens machen: so schliessen sie zu viel aus den Regeln, welche er seinen Mönchen vorschrieb. Alle Regeln die von den Mönchen in den ersten Jahrhunderten beobachtet wurden, waren in der Hauptsache einerley: Einsamkeit, Beten, Fasten und Handarbeiten machten die Grundlage derselben aus, und eigentlich ist selbst der Benediktinerorden, der im sechsten Jahrhunderte aufkam, nur eine Erneuerung und Bestätigung der ältern Mönchsregeln gewesen.

Von der kürzern Mönchsregel die dem Pachomius zugeschrieben wird, liest man noch folgendes.

Jeder

A. F. n. C.G. 306 bis 337

Jeder Mönch soll nach seinen Kräften essen und trinken, fasten und arbeiten. In einer Zelle sollen drey Mönche wohnen; alle sollen in einem Gemach speisen, nicht liegend, sondern sitzend schlafen, des Nachts leinene Kleider, und beständig einen weißen Schaafs- oder Ziegenpelz mit einem purpurfarbenen Kreuze tragen, außer beym Genusse des heiligen Abendmahls, am Sabbath und Sonntage, da sie sich mit einer wollenen Kappe (κικύλλιον) bedecken sollen. Dieses sollen sie auch beym Essen thun, damit sie einander nicht essen sehen; so wie sie auch alsdann nicht reden, noch sich umsehen durften. Kein Fremder soll mit ihnen essen; ausgenommen, wenn es ein Durchreisender ist, den sie beherbergen. Die sämmtlichen Mönche sollen in vier und zwanzig Hauffen abgetheilt seyn, von denen jeder mit einem Buchstaben des griechischen Alphabets benannt werden soll; an jedem soll man die Eigenschaften dessen der ihn führt, sogleich erkennen. So hießen, zum Beispiel, die Einfältigern I, und die Verständigern Z oder Ξ. Wollte jemand in ihre Gesellschaft aufgenommen werden, so sollte er erst drey Jahre lang harte Arbeiten verrichten. Endlich sollten sie zwölfmal des Tags, das heißt zu bestimmten Zeiten des Tags und der Nacht, beten; auch bey Tische, und das nach vorgängiger Absingung eines Psalms, sollte gebetet werden. — In der ausführlichern Regel, und in den vorher genannten Schriftstellern, trifft man noch viel mehr von der Verfassung des Tabennesischen, und der benachbarten Klöster an, von denen jenes gegen die Mitte des fünften Jahrhunderts, allein auf fünftausend Mönche in sich begreifft. Darunter kommen Nachrichten von der Eintheilung eines jeden Klosters in gewisse Classen von Mönchen, (die theils für die Speise, theils für die Kranken sorgten, theils Matten und andere Handarbeiten verfertigten, oder den Acker

Pachomius, Stifter des Klosterlebens.

Acker und Gärten baueten;) von dem Vorsteher eines jeden Klosters unter dem Nahmen eines Vaters, (Abbas) und von andern Aufsehern in denselben; von der Aufnahme der neuen Ankömmlinge, selbst zuweilen Knaben in das Kloster; von den Unterredungen der Mönche über die heilige Schrift, ihren geistlichen Betrachtungen, ihrem strengen Gehorsam, ihrer Züchtigung, und vielen andern Dingen mehr, vor. Aber es ist mehr als wahrscheinlich, daß die meisten dieser Einrichtungen erst in den Anfang des fünften Jahrhunderts, da Palladius und Caßianus diese Mönche kennen lernten, gehören. Selbst die Freyheit im Essen und Trinken, die ihnen Pachomius bewilligt haben soll, stimmt nicht mit der Strenge dieses und anderer von den ersten Häuptern der Mönche überein. — Was die schriftlichen Ermahnungen, die Briefe, und die sogenannten mystischen Worte des Pachomius anlangt, die man noch in einer lateinischen Uebersetzung (Holsten. Cod. Reg. p. 95 — 117. ed. Rom.) liest: so können sie gar wohl seine Arbeit seyn. Sie sind großentheils weder schlecht noch vortrefflich, und schicken sich zu dem Zustande, in welchem man ihn denken muß; zumal da sie auch Gennadius und andere, gerade so beschreiben, wie wir sie noch haben. Verschiedenes darunter ist sehr räthselhaft, und nach einer geheimen Bedeutung des griechischen Alphabets geschrieben, die ihn und einen andern Abt ein Engel gelehrt haben soll. Nichts ist in der That Leuten von einer solchen einsam phantastischen Frömmigkeit angemessener, als durch dergleichen spielende Geheimnisse sich ein höheres Ansehen zu geben. Man darf sogar, ohne daß man einer gehäßigen Gesinnung dazu nöthig hätte, auf die Vermuthung fallen, daß sie manche himmlische Erscheinung oder Eingebung in der gutgemeinten Absicht ersonnen haben, um einer Lebensart,

die

die ihnen so heilig vorkam, desto mehr Bewunderer zu erwerben.

306 bis 337.
Sie wurde außer diesen drey vorzüglich berühmten Stiftern, deren Geschichte bisher beschrieben worden ist, durch viele andere fortgepflanzt; aber während der Regierung Constantins, nur in den Morgenländern, und am zahlreichsten in Aegypten. Hier legte Amon auf dem Nitrischen Gebürge, an der Skitischen oder Sketischen Wüste, und in dieser selbst die Mönchswohnungen und einzelen Zellen an, die nachmals in so ungemeinen Ruf wegen der Vollkommenheit ihrer Bewohner gekommen sind. Er gab auch ein Beispiel von der seltsamen Heiligkeit, im Ehestande selbst sich mit seiner Frau einer beständigen Enthaltsamkeit oder sogenannten Keuschheit zu befleißigen; als wenn nicht eben die gewißenhafte Erfüllung aller Absichten des Ehestandes nach dem Willen Gottes, Beweis von einem keuschen Herzen wäre. Von ihm und seinen Mönchen haben Palladius (Hist. Laus. c. 7. sqq.) Socrates (Hist. Eccl. L. IV. c. 23.) und Sozomenus (Hist. Eccl. L. I. c. 14.) Nachrichten hinterlaßen; wozu man noch eine Sammlung und Uebersetzung beyfügen kann, die dem Rufinus beigelegt wird, (Vitae Patrum, in Rosweidii Vitis Sanctorum.) In eben denselben Gegenden lebte, schon um diese Zeit einer der gepriesensten Schüler des Antonius, der ältere oder der große Macarius, wie man ihn zum Unterschiede von andern dieses Nahmens genannt hat; deßen Geschichte und Schriften einen bequemern Ort in einem der folgenden Bücher finden werden. Er, Serapion, Paphnutius, und andere dieser ersten Mönche und Aebte in Aegypten, werden unter dem gemeinschaftlichen Namen der Väter von den Alten begriffen: und es werden theils einigen derselben zusamnten, theils manchen beson=

beſonders Mönchsregeln beigelegt, die ſich in der Holſteniſchen Sammlung finden; aber eben ſo viele Ungewißheit zurück laßen, als die bereits angeführten. Noch iſt unter den erſten Schülern des Antonius, Paul der Einfältige merkwürdig, deßen würkliche Einfalt ſein Lehrer gemißbraucht zu haben ſcheinet, indem er ihm die unnützeſten Dinge, um ſeine Geduld zu üben, anbefohl, dafür aber von ihm, in der Kraft Wunder zu thun, übertroffen wurde. Viele lächerliche Erzählungen, welche Palladius von ihm, beſonders von ſeinem Zanke mit dem Teufel in einem Beſeſſenen, macht, hat Tillemont (Mémoires, T. VII. P. I. p. 251. ſq.) ſehr treuherzig abgeſchrieben.

S. n.
z. G.
306
bis
337.

Nachdem die Mönche in Aegypten, Syrien und Paläſtina ſich auszubreiten angefangen hatten, führte Euſtathius, Biſchof zu Sebaſte in Armenien, ſowohl in dieſem Lande, als in Paphlagonien, und Pontus, die gedachte Lebensart ein, wie Sozomenus (Hiſt. Eccl. L. III. c. 14.) erzählt. Allein er überſchritt die Gränzen derſelben, indem er, auch nach der Anmerkung des Socrates, (Hiſt. Eccl. L. II. c. 43.) die Mönchsenthaltſamkeit und Strenge den Chriſten überhaupt aufzubringen ſuchte. Um gleiche Zeit ohngefähr, um das Jahr 340. lernten erſt die Chriſten zu Rom durch den Athanaſius, Biſchof von Alexandrien, der ſich dahin mit einigen Mönchen geflüchtet hatte, das Mönchsweſen kennen und nachahmen, da es bis dahin, ſagt Hieronymus (ad Princip. epitaph. Marcellae, T. I. p. 77. ed. Francof.) daſelbſt verächtlich geweſen war. Er machte es auch in Gallien zuerſt bekannt; noch mehr aber bald darauf Martinus: wiederum einer der berühmteſten Wunderthäter unter den Mönchen, deßen Leben ſein Freund, Sulpicius Severus, (de vita B. Martini liber, et Epiſtolae.)

völlig

völlig nach diesem Begriffe beschrieben hat. Martinus war aus Pannonien gebürtig, wurde im Jahr 334. und im funfzehnten seines Alters, genöthigt, Kriegsdienste zu nehmen, und stieg in denselben zu einer Befehlshaberstelle. Allein schon damals lebte er mit der Strenge eines Mönchs, bekleidete auch einst mit der Hälfte seines Mantels den er zerschnitt, einen nackten Armen; wofür ihm Christus zur Belohnung, mit eben dieser Hälfte umgeben, im Traum erschien, und seine Handlung rühmte. Nach vielen Jahren verließ er den Kriegsstand, legte zu Mediolanum (jetzt Meyland,) und darnach auf der Insel Gallinaria, im Ligustischen Meere, an der Seeküste des obern Italien, eine Mönchswohnung an, wo er nebst einem Aeltesten sich von Wurzeln nährte. Endlich wurde er im Jahr 375. sehr wider seinen Willen, zum Bischof von Turonum (jetzt Tours) gewählt; ohne daß er aufgehört hätte, ein Mönch zu seyn. Er erbauete sogar nicht weit von der Stadt ein Kloster, oder vielmehr nur eine Zelle, in deren Nachbarschaft achtzig andere Mönche sich die ihrigen errichteten, und mit ihm in völliger Gemeinschaft von allem lebten. Viele andere Kirchen und Klöster stiftete er auch in den dortigen Gegenden, breitete das Christenthum glücklich aus, weckte Todten auf, heilte die Kranken, zum Theil nur durch Berührung des Saumes von seinem Kleide, gieng mit den Engeln um, und wurde von den Teufeln häufig, aber vergebens, geplagt. Als er im Jahr 400. starb, begleiteten zweytausend Mönche seinen Leichnam zum Grabe.

Durch solche Erzählungen also und Wundergeschichten, wurde das Mönchsleben auch in der abendländischen Kirche sehr schnell fortgepflanzt. Die ansehnlichsten Lehrer überhaupt in beiden Kirchen, Athanasius,

naſius, Baſilius, Ambroſius, Chryſoſtomus, Hieronymus, Auguſtinus, und andere mehr, empfolen daßelbe ungemein, zum Theil gar durch ihr Beiſpiel, oder wenigſtens durch Uebungen, die demſelben nahe kamen. Und obgleich in dieſem ganzen vierten Jahrhunderte der Begriff von einem Mönche unveränderlich blieb, daß zwiſchen ihm und einem ordentlichen Lehrer oder Diener der Kirche, (Clericus) ein weſentlicher Unterſcheid ſey, wie Hieronymus, ſelbſt ein Mönch, und der gelehrteſte Theologe ſeiner Zeit in den Abendländern, ſehr nachdrücklich einſchärft; (Epiſt. ad Heliodor. de laude vitae ſolitariae) ſo fieng man doch zeitig an, die Gränzen beider Stände etwas zu vermiſchen, indem man theils aus Mönchen vorzüglich die Biſchöfe wählte; theils die Biſchöfe ſelbſt mit ihrem Lehrſtande das Mönchsleben zu verbinden ſuchten. Dieſe ſo verſchiedene Einrichtungen, ſchreibt Ambroſius (Epiſt. ad Eccleſ. Vercell.) hat zuerſt der Biſchof Euſebius von Vercellä, (er lebte um das Jahr 350.) in der Abendländiſchen Kirche mit einander verbunden: denn er lebte in einer Stadt nach Mönchsvorſchriften, und regierte zugleich ſeine Gemeine unter anhaltendem Faſten. Zu allen dieſen Beförderungsmitteln des Mönchslebens, das an ſich ſchon ſo viele blendende Seiten hatte, kam auch noch die Gewogenheit der Kaiſer, unter welchen Conſtantinus, wie man oben (S. 99.) geleſen hat, ſelbſt alte Geſetze aufhob, und neue gab, um daßelbe zu begünſtigen.

In dieſer erſten Verfaſſung der Mönche, die auch noch lange nach dem Conſtantin fortdauerte, waren Einſamkeit und Entfernung von der groſſen Welt eine ſo nothwendige Eigenſchaft, daß ſie würklich viele Aehnlichkeit mit den Eremiten oder Einſiedlern, von denen ſie herſtammten, beybehielten. Sie blieben

ben größtentheils außerhalb der Städte: und noch im Jahr 390. befohl daher der Kaiser Theodosius der Große (C. Th. L. XVI. t. 3. de Monach. l. 1.) sie sollten alle in wüsten Gegenden und Einöden sich aufhalten; ob er gleich zwey Jahre darauf (l. cit. l. 2.) ihnen den freyen Eingang in die Städte verstattete. Auch fragte noch um eben diese Zeit Hieronymus (Epist. ad Paulinum de institutione monachi) einen Mönch, was er in Städten zu thun hätte, da sie doch nicht Wohnungen von einsamen, sondern von vielen Menschen wären. Unterdessen trugen manche Bischöfe viel dazu bey, daß nach und nach auch in Städten Mönche aufkamen. Außerdem daß sie, wie man vorher gesehen hat, die Lebensart derselben nebst ihren Aeltesten nachahmten, zog auch Basilius der Große die Mönche aus ihrer Einöde, um sie den Ketzern entgegen zu stellen. (Gregor. Nazianz. orat. 20. Socrat. Hist. Eccl. l. IV. c. 21.) Von dem ersten Aufenthalte der Mönche war auch die Haupteintheilung, die schon im vierten Jahrhunderte unter ihnen Statt fand, ein zuverläßiger Beweis. Man unterschied die Anachoreten, oder abgesondert Lebenden, (Ἀναχωρηταὶ) von den Coenobiten oder gemeinschaftlich und beysammen Lebenden, (Κοινοβίται) wie Gregorius Nazianzenus (l. c.) Hieronymus (Epist. 22. ad Eustochium) und andere mehr, bemerkt haben. Die erstern waren von den eigentlichen Einsiedlern nur darinne unterschieden, daß sie sich vorher eine Zeitlang im Kloster geübt hatten, ehe sie sich, mit Bewilligung des Abtes, in die Einöde begaben. Eine dritte Art von Mönchen, die nach dem Hieronymus (l. c.) und Cassianus (Collat. XVIII. c. 4.) in Syrien und Palästina Remoboth, in Aegypten aber Sarabaiten genannt wurden, bestand aus Leuten, deren zween oder drey beysammen, und nach ihrem Gefallen lebten, sich

zwar

zwar gemeinschaftlich den Unterhalt von dem Verkauf ihrer Arbeit verschafften; aber von den Klöstern ganz getrennt waren. Diese letztere Art unordentlicher und herumschweifender Mönche scheint erst in den spätern Zeiten des vierten Jahrhunderts entstanden zu seyn. Alle Mönche aber bekamen außer diesem, und einem gleichbedeutenden Nahmen, (μονάζοντες) auch dem ihnen gebliebenen ältern Asceten=Nahmen, gewisse Benennungen von ihrer **Enthaltsamkeit** und **Heiligkeit**, (Continentes, Sancti.)

Einer ihrer vorzüglichsten Ehrennahmen, der Nahme eines **Philosophen**, kann zu lehrreichen Untersuchungen über ihr Verhältniß gegen die christliche Religion, führen: so wie es sich schon in diesen ersten Zeiten zum Theil beurtheilen läßt, ob der Staat mehr Nutzen oder Schaden von ihnen zu erwarten gehabt habe. Es war nicht genug, daß man bisher die christliche Religion eine **höhere Weisheit** oder **Philosophie** genannt hatte; man glaubte bald, daß es Christen gebe, die auch über diese Religion zu philosophiren verstünden. So hatte man die Denkungsart der Asceten angesehen; (Christl. Kirchengesch. Th. III. S. 134.) aber in einem weit vollkommenern Grade betrachtete man die Lebensart der Mönche als eine **christliche Philosophie**. (Gregor. Naz. orat. 3 et 9. Chrysost. homil. 17. ad Antiochen. Sozom. Hist. Eccl. L. III. c. 14.) Allerdings würde es der größten Aufmerksamkeit würdig seyn, wenn es würklich wahr wäre, daß sich die Mönche über die gemeinen Vorschriften der Religion, welche von den ordentlichen Christen beobachtet wurden, empor geschwungen, und ein weit erhaberneres Christenthum ausgeübt hätten, als man anfänglich gekannt hatte. Man müßte aber dabey mit Verwunderung die Fragen aufwerfen, warum um es der Stifter des Christenthums nicht bekannt gemacht habe, daß es weit höhere Stufen der Gottseeligkeit zu ersteigen gebe, als die von ihm vorgezeichneten? auch insonderheit, welche Beweise von den Mönchen gegeben worden sind, daß diese ihre Philosophie nicht ein von ihnen willkührlich errichtetes Lehrgebäude, sondern ein würklicher Theil der christlichen Sittenlehre sey? Niemals haben sie dieses darthun können; wohl aber sich den Vorwurf zugezogen, daß sie ohne Ursache stolz auf die Sonderheiten ihrer Lebensart, sich und die Christen verführt haben, immer mehr zur vermeinten Verfeinerung des Christenthums zu wagen. Im Anfange war es noch ein Glück, daß sie nicht unter die Lehrer gehörten, auch durch keine unauflösliche Gelübbe gebunden wurden; aber beydes war aus bekannten Ursachen von geringer Würkung. Daß sie anfänglich alle ungelehrt waren, würde der Religion und Kirche noch mehr Schaden zugefügt haben, wenn sie zugleich auch die gewöhnlichen Lehrer derselben gewesen wären.

Für den Staat hingegen mußten die Mönche über kurz oder lang durch eine doppelte Eigenschaft gefährlich werden: als Müssiggänger, und als Schwärmer. Zwar lebten die ersten Mönche alle von ihrer Handarbeit. Allein es ist bereits angemerkt worden, daß, da sie überaus wenig brauchten, auch ihre Arbeit nur sehr kurz seyn durfte: und die abendländischen Mönche überliessen sich gleich vom Anfange mehr dem Gebet und Lesen, als solchen Beschäftigungen. Daher, sagt Caßianus, (de institut. Coenobit. L. X. c. 23.) entstanden in der Abendländischen Kirche keine so stark bevölkerten Klöster, weil sich da die Mönche mehr auf anderer Freygebigkeit verliessen, und im Müssiggehen ihr Vergnügen fanden. Es konnte nicht fehlen, daß nicht

nicht auch die morgenländischen Mönche gar oft Langeweile bekamen: und wenn man gleich mit dieser Lebensart überhaupt die Wissenschaften zu verbinden suchte,
so war dieser fehlerhaften Seite derselben dadurch noch
nicht abgeholfen. Denn unter so vielen tausenden die
sich ihr ergaben, war immer nur eine geringe Anzahl,
der man Neigung und Fähigkeit genug zur Gelehrsamkeit zutrauen konnte. Aber diese heiligandächtige
Musse im Mönchsstande wurde durch die erhitzte Einbildungskraft und Begeisterung, die demselben unzertrennlich anklebte, noch schädlicher. Man mußte von
einer solchen Menge wenig beschäftigter, für die Religion höchsteifriger, zwar nicht durch Verstand berühmter, aber desto mehr entbrannter Köpfe, Unruhen besorgen, die wegen ihres Einflusses auf den grossen
Hauffen fürchterlich genug werden könnten. Noch
verhielten sich zwar die Mönche, in ihren ersten Jahren, ruhig genug; doch nahmen sie schon an gewissen
wichtigern Begebenheiten einen angelegentlichern Antheil, als man von Leuten hätte erwarten sollen, die
der Welt so gänzlich entsagt hatten. In den spätern
Zeiten dieses Jahrhunderts fühlte man die Last bereits
mehr, die den Staat durch die Hauffen unzähliger
Mönche drückte. Da sie insonderheit zu eben dem
Mißbrauche Gelegenheit gaben, den die Vorrechte
des Lehrstandes veranlaßt hatten, daß sich viele, welche verbunden waren, öffentliche Aemter zu übernehmen, (Curiales) um denselben zu entgehen, unter die
Mönche in Aegypten begaben: so befohlen die Kaiser
Valentinianus und Valens, bald nach dem Jahr
370. (C. Th. L. XII. t. 1. de Decurion. l. 63.) daß
dergleichen müssige Heuchler durch die Obrigkeit aus
ihren Schlupfwinkeln zurückgezogen, und genöthigt
werden sollten, die schuldigen Dienstleistungen anzu-
treten. Eine Verordnung, die weder ungerecht war,

noch

noch etwas Verfolgendes an sich hatte, wie sie von jenen Zeiten an, so oft vorgestellt worden ist. Freylich aber ließ Valens auch die Mönche, welche keine Kriegsdienste nehmen wollten, wie Hieronymus (Chron. ad a. 375.) und andere nach ihm berichten, zu Tode prügeln; wenn man anders ein Wort, das eben sowohl von bürgerlichen Aemtern als von Kriegsdiensten verstanden werden kann, (militare, militia) nicht vielmehr auf jene, und also auf das vorhergedachte Gesetz, ziehen muß. Am verächtlichsten urtheilten die Heiden von den Mönchen: sie erkannten an ihnen nichts weniger als die Vorzüge ihrer Philosophen. Zosimus (Hist. L. V. c.) nennt sie Leute, die der Staat weder zum Kriege, noch zu irgend einem andern Gebrauche nützen könne: und Eunapius (in vita Aedesii) versichert, daß sie zwar dem Scheine nach Menschen wären; aber ein säuisches Leben führten; es sey so weit gekommen, setzt er hinzu, daß jeder der ein schwarzes Kleid trüge, und vor jedermann schmutzig einhergienge, ein tyrannisches Ansehen behaupte.

Unterdessen daß der allgemeine Beifall der Christen das Mönchsleben so mächtig beförderte, fiengen sich gleiche Verbindungen unter den Christinnen zu einer strengern Gottseeligkeit desto leichter und schneller an, da auch bey ihrem Geschlechte, wie bey dem männlichen, der Grund dazu lange vorher durch die Uebungen der Asceten gelegt worden war. Spuren von solchen Jungfrauen und Wittwen, die sich zu einer beständigen Keuschheit und strengern Enthaltsamkeit überhaupt, aus Religionseifer entschlossen, hat man bereits in dieser Geschichte (Th. III. S. 132. fg. Th. IV. S. 270. fg.) gesehen. Die Stellen des Tertullianus von Jungfrauen, welche Christum zu ihrem Gemahl erwählt hätten, (ad uxorem L. I. c. 4.

de

de virginib. veland. c. 14.) gehören insonderheit hieher. Sie wurden nachmals zum Unterscheid von den eigentlichen Nonnen, mit besondern Nahmen (virgines ecclesiasticae, canonicae) belegt, welche anzeigten, daß sie sich ganz dem **Dienste Gottes** gewiedmet hätten, und in die **Kirchenbücher** eingeschrieben wären. Durch eigentliche Gelübde waren sie nicht gebunden; sie konnten in den Ehestand treten, und thaten es auch zuweilen; allein die Gemeine sah doch dieses ungern, weil ihr bekannt gemachter Vorsatz etwas so feyerliches an sich hatte, und sie mußten daher auch einige kirchliche Strafe deswegen ausstehen. Auch entfernten sie sich nicht besonders von der Gesellschaft der Menschen; sondern blieben mitten unter ihren Familien. Nach und nach vereinigte sich eine Anzahl derselben, um beisammen nach gemeinschaftlichen Vorschriften zu leben. Einige thaten dieses in abgelegenen und wüsten Gegenden, wo sogar verschiedene ganz einzeln in Zellen lebten; andere in Städten. So entstanden die eigentlichen **Nonnen**, und Gesellschaften derselben in **Klöstern**, die gleich den Mönchen, unter einer gänzlichen **Trennung** von der Welt, auch sich selbst mit mehrerer Härte behandelten.

Schon in der frühern Geschichte des **Antonius** (Athanas. vita Anton. p. 5. ed. Hoeschel.) kommt eine **Jungfrauenwohnung** (παρθενῶν) vor, in welcher er seine Schwester erziehen ließ: und er fand sie nachmals als eine Vorsteherinn von einer Anzahl solcher geheiligten Jungfrauen; wie denn auch viele ihres Geschlechts nach seinem Beispiel, sich dieser Lebensart ergaben, (ib. p. 74. 114.) Sie hatte also auch in Aegypten den ersten Fortgang; breitete sich aber in der ganzen Kirche so schnell aus, daß es bald nach der Mitte des vierten Jahrhunderts, viele tausend derselben, auch in den Abendländern gab. Zwar waren Kampf und Ueberwindung auf diesem Wege bey dem weiblichen Geschlechte ohne Zweifel weit schwerer, als bey dem männlichen; aber es kam jenem auch die größere Reitzbarkeit seiner Einbildungskraft dabey zu Statten, und der heldenmüthige Ruhm, es den strengsten Einsiedlern gleich zu thun. Verschiedene Männer von großem Ansehen unter den christlichen Lehrern, besonders Ambrosius und Hieronymus, priesen den jungen Frauenzimmern, diesen Stand der Gottseeligkeit mit einer Hitze an, die ihrer Ueberlegung wenig Ehre macht. Die Kaiserinn Helena wartete schon (nach dem Socrates Hist. Eccl. L. I. c. 17.) den heiligen Jungfrauen als eine Bediente auf, und ihr Sohn Constantinus wies ihnen und den geweihten Wittwen von gleicher Bestimmung aus seinem Schatze den Unterhalt an. Die Gesetze ertheilten ihnen die Freyheit von Abgaben und andere Vorrechte; eine besondere Einweihung, und andere Ehrenbezeigungen erhielten sie von der Kirche. Selbst die Nahmen welche sie führten (Ascetriae, Sorores, Castae, Virgines Sacrae, Monastriae, etc.) gehörten darunter. Einer derselben, der ägyptischen Ursprungs war, (Nonnae) und den man zuerst beym Hieronymus (Ep. 22. ad Eustoch.) findet, zeigte eine Person an, die als Mutter verehrt werden müsse: gleichwie eben dieses Wort mit einer geringen Veränderung (Nonnus) nachher auch den Mönchen beygelegt wurde. Niemanden schien es unterdessen bey dieser andächtigen Verführung von einem großen Theil des weiblichen Geschlechts, beyzufallen, oder wenigstens einer genauen Untersuchung werth zu seyn, ob nicht durch diese Anstalten, so wie durch das Mönchswesen überhaupt, Bevölkerung, Arbeitsamkeit, kindliche und bürgerliche Pflichten unbeschreiblich viel leiden müßten. Der gemißbrauchte Nahme der Reli-

Religion unterdrückte alle solche Zweifel. Es hatte auch einen rühmlichen Schein, daß das schwächere Geschlecht solche Schutzörter gegen Verachtung und Mißhandlungen, denen es außer der Ehe und im höhern Alter so oft unterworfen ist, nicht allein leicht, sondern selbst zur Beförderung seiner Seeligkeit, finden konnte. Allein die Nutzbarkeit, welche in dieser Absicht solchen Verbindungen, unter einer weisen Einschränkung, nicht abgesprochen werden kann, war vielleicht dasjenige, worauf man die wenigsten Betrachtungen wandte. Man kann hier auch Binghams Sammlungen (Origg. Ecclesiast. Vol. III. p. 1—111.) gebrauchen; ob sie gleich öfters, um den Stoff zu dieser wichtigen Geschichte darzubieten, weit bestimmter und zusammenhängender seyn könnten.

s. n.
F. G.
306
bis
337.

Leben und Schriften
des
Eusebius, Bischofs von Cäsarea.

Jede Art des mannichfaltigen Aberglaubens, der in diesem Zeitalter unter den Christen ausbrach, würde noch weit schneller überhand genommen haben, wenn nicht die wahre Gelehrsamkeit bey den meisten ihrer Lehrer noch ihren Werth behalten hätte. Der gelehrteste unter allen war während Constantins ganzer Regierung, Eusebius, Bischof von Cäsarea in Palästina. Er kam in diesem Lande nicht lange vor dem Jahr 270. zur Welt. Agapius, Bischof von Cäsarea, weihte ihn zum Presbyter: und daselbst stiftete er auch eine genaue Freundschaft mit dem berühmten Pamphilus, dessen Geschichte am Ende des vorigen Zeitraums beschrieben worden ist. Der vertraute Umgang des Eusebius mit einem so gelehrten und verdienten Manne scheint für ihn sehr nützlich geworden zu seyn, ihn besonders mit den Schriften des Origenes, und anderer trefflichen Männer, bekannt gemacht zu haben. Er schätzte es sich daher zur Ehre, der Freund des Pamphilus (Eusebius Pamphili) genannt zu werden. Auch besuchte er denselben fleissig, als er in der Verfolgung des Diocletianus ins Gefängniß gesetzt wurde, und arbeitete mit ihm gemeinschaftlich die Schutzschrift für den Origenes aus, von deren Ueberbleibsalen man den Auszug bereits gelesen hat. Eusebius selbst wurde nach der Hinrichtung des Pamphilus, in Aegypten auch gefangen gesetzt; erlangte aber ohne allen Schaden seine Freyheit wieder. Dieses gab einem seiner Mitgenossen in der Gefangenschaft, der ein Auge darinne einbüßte, Gelegenheit zu argwohnen, (Epiphan. haer. 68.) er möchte wohl den Göttern geopfert haben: ein Vorwurf, wider welchen alle Wahrscheinlichkeit streitet.

Nachdem Eusebius auch eine Zeitlang in der theologischen Gelehrsamkeit Unterricht zu Cäsarea ertheilt hatte, wurde er im Jahr 314. wie es glaublich ist, zum Bischof der dortigen Gemeine gewählt. In dieser Würde hielt er bey der Einweihung der prächtigen Kirche zu Tyrus eine Rede, die er in einem seiner Werke (Hist. Eccl. L. X. c. 4.) aufbehalten hat. Er richtete sie insonderheit an die anwesenden Bischöfe, die er Freunde Gottes und Priester, gezieret mit dem heiligen Kleide, mit der himmlischen Krone der Ehre, mit der göttlichen Salbe, und mit dem priesterlichen Rocke des heiligen Geistes nennt. Zuerst stellt er mit vielen Stellen der Psalmen, die damalige Glückseligkeit der

christ=

christlichen Kirche vor, Gott in seinem Hause dienen zu können, und ermahnet darauf, den einzigen und alleinigen Gott, den Vater von allem, aber auch den zu preisen, der die zweyte Ursache des uns wiederfahrnen Guten sey, der uns zur Kenntniß Gottes geführt, und die wahre Religion gelehrt hat, Jesum unsern Heiland, die wir ohne alle Hofnung waren. Dieser einzige Sohn des gütigen Vaters, fährt er fort, hat nach der menschenfreundlichen Absicht deßelben, unsere Natur, die wir im tiefsten Verderben lagen, angenommen, und uns als ein trefflicher Arzt, da wir bereits würklich todt waren, gerettet. Kein anderer himmlischer Geist hätte das Heil so vieler Menschen ohne Schaden bewürken können. Er aber allein berührte unser äußerstes Verderben, trug allein unsere Arbeiten, und nahm allein die Strafe unserer Sünden auf sich. Ehemals und jetzt rettet er uns wider alle unsere Erwartung, und schenkt uns die Glückseeligkeit seines Vaters. Er ist der Stifter des Lebens, der Führer zum Lichte, unser großer Arzt, König und Herr, der Christus Gottes. Er hat das ganze menschliche Geschlecht erleuchtet, das durch die Betrügereyen der bösen Geister in die tiefste Finsterniß versunken war. Als aber der über diese Wohlthat neidische Dämon alle seine Macht wider uns aufbot, und die Kirche auf das heftigste verfolgte: da hat wiederum der Engel des grossen Raths, der grosse Feldherr Gottes, nachdem seine Soldateten sich genugsam im Unglück geübt, und viele Standhaftigkeit bewiesen hatten, indem er plötzlich erschien, alle seine Feinde vernichtet, und seine Freunde vor allen Menschen und himmlischen Mächten herrlich gemacht. Darauf ist es geschehen, was sich noch niemals zugetragen hatte, daß die Kaiser selbst, mit Verspottung der Götzen, den einzigen Gott erkennen, und Christum, seinen Sohn,

als

als den allgemeinen König erkennen, auch ihn in ihren Verordnungen vor den Heiland erklären; so daß er als der ächte Sohn des höchsten Gottes, und als Gott an sich selbst, (αὐτόθεος) verehret wird.

Eusebius rühmt hierauf die grossen Thaten Christi in der Ausbreitung seiner Herrschaft durch die Welt; und indem er unter andern fragt: „Wer kann in den lebendigen Tempel des lebendigen Gottes, den wir selbst ausmachen, hineinschauen, als allein der größte Hohepriester, der allein das Recht hat, die Geheimniße jeder vernünftigen Seele zu erforschen?" so setzt er hinzu: „Vielleicht aber ist dieses demjenigen noch allein verstattet, der die zweite Stelle nach ihm hat, dem Anführer dieses Heeres, den der oberste Hohepriester mit der zwenten Stelle des Priesterthums beehrt, zum Hirten eurer göttlichen Heerde gesetzt hat; — dem neuen Aaron und Melchisedek, der dem Sohne Gottes ähnlich geworden ist, indem er immer bleibt, und euren gemeinschaftlichen Wünschen von ihm erhalten wird. (Er versteht den Paulinus, Bischof von Tyrus.) Diesem allein gehört nach jenem größten Hohenpriester, wo nicht die erste Stelle, doch die zweite, in der Aufsicht und Beobachtung des Innern eurer Seelen." Die übertriebene, aber doch nur rednerische Vergleichung zwischen dem Heilande und dem Bischof, aus der man schwerlich mit Rechte schließen kann, daß ihr Verfaßer die göttliche Würde des erstern verringert habe, wird weiter dergestalt fortgesetzt, daß die Bemühungen und Anstalten des Paulinus bey der neuerbauten Kirche mit den höhern Wohlthaten zusammengestellt werden, welche die gereinigte Seele, der Tempel Christi, und der durch die ganze Welt ausgebreitete Tempel, die Kirche, ihm zu verdanken haben. Auf der einen Seite also werden die

die Haupttheile und die innere Einrichtung der neuen Kirche zu Tyrus, der Vorhof, die Hallen, die Taufcapelle, die höhern Stühle für den Bischof und die Aeltesten, die niedrigern für die Kirchendiener, (denn die übrige Gemeine stand beym Gottesdienste,) das Allerheiligste oder der Altar, und so weiter das übrige, mit vielem Lobe beschrieben. Hingegen bemerkt auch der Redner, wie das göttliche Gebäude in der Seele, das der Sohn Gottes nach seinem Bilde aufgerichtet hatte, durch die Arglist unsichtbarer Feinde gänzlich zerstört, und sogar der natürlichen Begriffe von Gott beraubt, von Christo aber durch alle die neuern glücklichen Veränderungen in dem Zustande des Christenthums, wieder hergestellt worden sey: eine Vorstellung, in welcher man die gewöhnliche, ohnedieß figürlich ausgedrückte Lehre vom Ebenbilde Gottes nicht suchen darf. In einer andern Stelle wird gesagt, der große einzige Altar sey nichts anders, als die reinste Seele des allgemeinen Priesters. Zur Rechten deßelben stehe der große Hohepriester Jesus, nehme freundlich von allen das angenehme Räuchwerk, die unblutigen, geistigen Opfer des Gebets auf, und überbringe sie dem himmlischen Vater, dem Gott über alles. Diesen bete er zuerst an, und erweise ihm allein die Ehrerbietung, deren er würdig sey. Darauf aber bitte er denselben, daß er auch uns allen beständig gnädig seyn wolle. Endlich ermahnt Eusebius seine Zuhörer, im Lobe Gottes und Gebet eben so eifrig zu seyn, als die Einwohner des himmlischen Jerusalem. — In der ganzen Rede herrscht zwar eine Vermischung von schönen und seichten Stellen; doch ist das Gute und Brauchbare darinne sehr überwiegend.

In der Folge nahm Eusebius an verschiedenen Hauptbegebenheiten der Kirche einen großen Antheil. Inson-

J. n.
C. G.
306
bis
337.

Insonderheit stellte er, so lange er lebte, in den Arianischen Unruhen, die gegen das Jahr 320. anfiengen, eine sehr wichtige Person vor. Sein Ruf aber wurde dadurch so zweydeutig, daß man noch in den neuern Zeiten oft darüber gestritten hat, ob man ihn unter die Rechtgläubigen, oder unter die Arianer rechnen müße. Vor einen Anhänger der leßtern haben ihn schon zu seinen und den gleich folgenden Zeiten viele christliche Lehrer, besonders aber Eustathius, Athanasius, Hilarius, Epiphanius, Hieronymus und Theodoretus, erklärt. Ihre und anderer Alten Stellen, die ein gleiches Urtheil von ihm gefällt haben, findet man bey denen gesammelt, welche in den leßten Jahrhunderten ihnen beygetreten sind, wie unter andern beym Tillemont, (Mémoires T. VII. P. I. p. 117. sq. ed. in 12.) Auf eben dieser Seite steht Clericus, (Unpartheyische Lebensbeschreib. einiger Kirchenväter und Keßer, und besonders in den Epistolis criticis et ecclesiasticis Epist. I. sqq. Artis Crit. Vol. III.) Dagegen hat sich in der alten Kirche nur Socrates (Hist. Eccl. L. II. c. 21.) des Eusebius gegen diese Beschuldigung sorgfältig angenommen; desto ausführlicher hingegen unter den Neuern Cave, (Dissert. de Eusebii Caesar. Arianismo adversus Io. Clericum, und Epist. apologet. adversus eundem, beyde als Anhänge seiner Hist. litterar. Script. Ecclesiast.) Man kann demselben auch den Valesius (de vita et scriptis Eusebii Caes.) beyfügen. Die ganze Untersuchung aber ist so tief in die Arianische Geschichte überhaupt verflochten, daß sie nur erst in derselben einigen Plaß wird finden können. Hier ist es genug, vorläufig bemerkt zu haben, daß, so wie Eusebius einer der glimpflichsten und gemäßigtesten Lehrer mitten unter dem Feuer der Arianischen Händel blieb, er desto mehr von den hißigsten Feinden der ebengedachten Lehrsäße,

säße, die zugleich ungemeines Ansehen in der Kirche
behaupteten, als ein offenbarer Anhänger derselben betrachtet worden sey: die gewöhnliche Denkungsart in
solchen Streitigkeiten, daß man niemanden einen Mittelweg zu gehen; sondern entweder völlig für oder wider eine Parthey die Waffen zu ergreifen erlauben will.
Und keines von beyden hat Eusebius gethan; doch
war er gewiß immer mehr auf der Seite der sogenannten Rechtgläubigen. Es fanden sich auch noch besondere Ursachen, ihn nachtheilig zu beurtheilen. Eine
solche hatte die zweite Kirchenversammlung von Nicäa
gegen das Ende des achten Jahrhunderts. Denn da
sie entschloßen war, die abergläubische Verehrung der
Bilder wieder herzustellen, und man eines Schreibens
des Eusebius an die Constantia, die Schwester des
Kaisers Constantin, gedachte, worinne er derselben
auf ihr Verlangen, ihr ein Bild von Christo zu schicken, an Statt zu gehorchen, vielmehr antwortete, sie
möchte den Erlöser als Gott, nicht bloß als einen Menschen, betrachten: so schrieen die Bischöfe der Kirchenversammlung sogleich, es sey dieses ein in verworfenen
Sinn hingegebener Mann, der einerley Meinung mit
dem Arius gehabt hätte; deßen Gedanken von den
Bildern also gar nicht zu achten wären. (Act. VI. Conc.
Nic. II.) Die eifrigern Schriftsteller der Römischen
Kirche sind ebenfals, nach dem Muster des Baronius, (Annal. Eccles. ad a. 324.) gewohnt, den Eusebius kurz und verächtlich als einen Arianer abzufertigen, weil seine Erzählungen denenjenigen gerade zu
widersprechen, welche sie von dem Ansehen und den
Besitzungen der Römischen Bischöfe zu den Zeiten
Constantins, verbreitet haben. Ueberhaupt aber
konnte ein Geschichtschreiber, der seine Pflicht kannte,
mehr zu erzählen, als theologische Händel seiner Zeit

entscheidend zu beurtheilen, einem solchen Schicksale nicht entgehen.

J. n. C. G.
306 bis 337.

Unter diesen weitläufigen Unruhen wurde Eusebius im Jahr 329. oder etwas später, von einer grossen Anzahl Bischöfe zum Bischof von Antiochien gewählt. Allein er weigerte sich, diese Stelle, eine der ansehnlichsten in der ganzen Kirche, anzunehmen, weil die Versetzung von einer Gemeine zur andern durch die Kirchengesetze verboten war. Der Kaiser lobte ihn deswegen in einem Schreiben das er an ihn abließ, ungemein, und pries ihn glücklich, daß ihn das Urtheil beinahe der ganzen Welt vor würdig erkannt habe, Bischof der ganzen Kirche zu seyn. (Euseb. de vita Const. L. III. c. 61.) Wie viel Gewogenheit auch Constantinus immer für ihn gehabt habe, gesteht er nicht allein selbst, (l. c. c. 60.) indem er ihn wegen seiner Gelehrsamkeit und Sanftmuth rühmt; sondern man sieht es besonders aus dem vertraulichen Umgange, den er mit ihm pflog, und aus den Aufträgen welche er ihm ertheilte. (l. c. L. I. c. 28. L. II. c. 8. 9. c. 45. 46. L. III. c. 51. sq. L. IV. c. 36. 37.) Eusebius bezeigte dagegen die lebhafteste Dankbarkeit. Ihm ist es dieser Kaiser vielleicht hauptsächlich schuldig, daß er der Nachwelt so ehrwürdig und vollkommen erschienen ist. Eine Lebensbeschreibung wie diejenige ist, welche er vom Constantin aufgesetzt, und die Lobrede welche er zur Ehre deßelben hinterlaßen hat, legen seinen an sich schon großen Verdiensten um die christliche Religion und Kirche, einen so hohen Werth bey, als niemand leicht erreichen kann. Freylich gesteht es Eusebius offenherzig genug, (l. c. L. IV. c. 15.) daß sich seiner und anderer Bischöfe, indem sie von dem Kaiser so gütig und freygebig aufgenommen wurden, Freude und Erstaunen zu sehr bemächtigt haben,

ben, als daß sie sich in den Schranken der gewöhnlichen Ergebenheit und Ehrerbietung hätten halten können. Bey der Feyer seines zwanzigsten Regierungsjahres, schreibt er, zog Constantin die sämmtlichen anwesenden, nunmehr mit einander ausgesöhnten Bischöfe zur Tafel, und brachte durch sie gleichsam Gott ein anständiges Opfer dar. Was dabey geschah, läßt sich kaum beschreiben. Denn die kaiserlichen Trabanten standen in einem Kreise, und bewachten den Eingang des Palastes mit bloßen Schwerdtern. Die Männer Gottes aber giengen mitten durch sie in das Innerste des Palastes. Einige von ihnen speisten mit dem Kaiser selbst; die übrigen in der Nähe herum. Man konnte sich darunter recht ein Bild von dem Reiche Christi vorstellen, setzt der durch die Herrlichkeit des Hofs betäubte Schriftsteller hinzu: und die Sache schien mehr ein Traum, als etwas Würkliches zu seyn." — Diese Schwachheit, welche Eusebius hier und an andern Stellen, in der Bewunderung von allem was Constantinus that, äußert, ist wenigstens in der Betrachtung verzeihlich, weil man nicht findet, daß er einen eigennützigen oder herrschsüchtigen Gebrauch von seinem Ansehen bey dem Kaiser gemacht habe.

Eusebius lebte bis zum Jahr 340. Er war ein sehr eifriger und geschäftiger Lehrer; doch nicht weniger gelaßen und friedfertig. Wenn bey so vielem was er von der Religion geschrieben hat, doch Zweifel über seinen Glauben haben übrig bleiben können: so ist es wahrscheinlich, daß er sich aus dem Gedränge der spitzfindigsten und heftigsten Streitigkeiten seiner Zeit so gut zu retten gesucht habe, als es ihm möglich war; daß er nicht ganz zufrieden mit denen welche sich Rechtgläubige nannten, ihnen gleichwohl habe nachgeben, aber auch die Entfernung zwischen ihnen und den vor

Kezer gehaltenen, die es in seinen Augen etwas weniger waren, habe verringern, und sich daher im Lehrvortrage gewißer Freyheiten bedienen wollen, die man nicht mehr verstattete. Dabey hat er eben so wenig manche Fehler vermieden, als jeder andere von beyden Partheyen, welcher damals sich tiefer in die kirchlichen Händel eingelaßen hat. Allein darinne ist man stets einig gewesen, daß ihn keiner seiner Zeitgenoßen unter den Christen an Gelehrsamkeit und Belesenheit übertroffen habe, oder ihm auch nur völlig gleich gekommen sey. Vielleicht ist ihm überhaupt in der alten Kirche nur der einzige Origenes in dieser Betrachtung vorzuziehen. Durch die scharfsinnige Anwendung dieser Schätze des Geistes, wurde er ein für die Kirche und für die Wißenschaften zu allen Zeiten sehr nützlicher Mann. Es ist desto anständiger, ihn aus seinen mannigfaltigen Schriften, und den Zügen die er darinne von sich selbst entworfen hat, abzuschildern, weil ihn keine von den Partheyen, zwischen welchen er seinen Weg fortgegangen ist, treu genug hat zeichnen können. Der von ungemeinem Fleiße, gründlicher Untersuchung, Wahrheitsliebe und Mäßigung geleitete Geist des Schriftstellers, hat sich beynahe überall kenntlich gemacht: und selten wendet er eine ausnehmende Mühe an, durch seine Schreibart zu gefallen.

Eine seiner ersten Arbeiten war ein Werk über die allgemeine Zeitrechnung und Geschichte, (Chronicon, παντοδαπὴ ἱςορία). Es bestand aus zween Theilen, davon der erstere mehr die eigentliche Geschichte, der andere mehr die Zeitrechnung betraf. In jenem (χρονογραφία) hatte er den Ursprung und Fortgang aller Völker und Reiche, vom Anfange der Welt bis auf den Kaiser Constantinus, dergestalt angezeiget, daß jede Geschichte in gewissen Abschnitten beson-

Schrift. d. Eusebius, Bisch. von Cäsarea. 195

besonders gestellt, die Regierungsjahre der Fürsten bestimmt, und manche Begebenheiten auch etwas umständlicher erzählt wurden. Aber im zweyten Theile (χρονικὸς κάνον) machte er aus diesen chronologisch-historischen Sammlungen gleichsam eine einzige Tabelle, auf welcher man von zehn zu zehn Jahren, nach den verschiedenen Arten der Zeitrechnung bey verschiedenen Nationen, die Regenten und merkwürdigsten Veränderungen, von der Berufung Abrahams an, in einem gleichzeitigen Zusammenhange überschauen konnte. Bey diesem eben so mühsamen als nützlichen Werke, wußte zwar Eusebius das Jahrbuch der Weltgeschichte vom Julius Africanus, das anderwärts (Th. IV. S. 148. fg.) beschrieben worden ist, so wohl zu gebrauchen, daß er es größtentheils in das seinige einrückte; aber er wich auch öfters von demselben ab, ergänzte es aus dem Manetho, Apollodorus, Josephus, und andern Alten, ingleichen aus eigenen Kenntnissen oder Erörterungen, und brachte solchergestalt, ob er gleich sich auch hin und wieder verirrte, ein Buch zu Stande, das seines gleichen in dem Alterthum nicht hatte.

Allein dieses wichtige Werk ist verloren gegangen. Hieronymus übersetzte es zwar am Ende des vierten Jahrhunderts in die lateinische Sprache; er setzte es auch bis auf den Todt des Kaisers Valens fort. Da er aber aus verschiedenen Geschichtschreibern, eigenen Begriffen und herrschenden Sagen, viele Zusätze machte, und manches wegließ: so blieb es nicht mehr das Werk des Eusebius; und selbst diese sogenannte Uebersetzung ist nicht ganz auf unsere Zeiten gekommen. Unterdessen haben sich doch von der griechischen Urschrift ansehnliche Stücke in den spätern Schriftstellern der Byzantinischen Geschichte, wie im Georgius

Syncellus, Cedrenus, Zonaras, und andern mehr, erhalten, weil sie die Arbeit des Eusebius häuffig in die ihrige übertrugen. Diese Ueberbleibsale vollständig zu sammeln, übernahm zuerst Joseph Scaliger; er glaubte aber, daß er außer denen die ausdrücklich unter dem Nahmen des Eusebius vorkommen, noch manche andere in jenen Geschichtschreibern, an der Uebereinstimmung mit der Schreibart desselben entdeckt habe. Hierinne irrte er sich zwar bisweilen; nahm jedoch zugleich Gelegenheit, aus diesen Trümmern ein vortreffliches Gebäude für die alte Zeitrechnung und Geschichte zu errichten. Er fügte diesen Ueberbleibsalen, die er durch Uebersetzungen aus dem lateinischen des Hieronymus noch vollständiger zu machen suchte, nicht nur die vorhergedachte Arbeit des letztern, sondern auch ihre Fortsetzungen vom Prosper Aquitanicus, Victor Tununensis, Johannes Biclariensis, Jdactus, und Marcellinus Comes, dem griechischen Terte aber, ähnliche griechische Schriften von Zeitrechnern und Chronikenschreibern bey. Dieser ganze Vorrath endlich erhielt theils durch Scaligers Anmerkungen über das Werk des Eusebius in beiden Sprachen, (Animadversiones in chronologica Eusebii) theils durch seine Einleitung zur ältern Zeitrechnung überhaupt, (Isagogicorum chronologiae Canonum Libri tres) eine so ausnehmende Brauchbarkeit, daß man das Werk worinne dieses alles enthalten ist, als eines der vornehmsten zur Aufflärung der alten Geschichte und Zeitrechnung betrachten muß. Es erschien zuerst unter der Aufschrift: Thesaurus Temporum *Eusebii* Pamphili, cet. Lugd. Bat. 1606. fol. Die zweyte Ausgabe aber, die im Jahr 1658. zu Amsterdam, besorgt vom Alexander Morus, herauskam, erhielt durch die hinterlassenen Anmerkungen Scaligers, noch beträchtliche Vermehrungen.

In

In den neuern Zeiten sind die Untersuchungen über dieses Werk des Eusebius fortgesetzt worden. Besonders hat ein Geistlicher von der Congregation des Oratorium zu Verona, Hieronymus de Prato, in einem eigenen Buche, (de Chronicis libris duobus ab Eusebio Caesariensi scriptis et editis Dissertatio, Veronae 1750. 8.) und nachmals in seiner Ausgabe des Sulpicius Severus (Tomo II. Veronae 1754. 4. Dissertat. II.) zu beweisen gesucht, daß Hieronymus nur den zweyten Theil von der Chronik des Eusebius übersetzt, daß man beiden Theilen nach dem Vorgange des Scaliger unrechte Nahmen beigelegt, noch nicht alle übrig gebliebene Stücke der Urschrift erkannt, und in den anerkannten manches falsch verstanden habe. Er gab also zugleich eine Probe einer neuen Ausgabe von den griechischen Ueberbleibseln des Werks; die aber nicht erfolgt ist.

Obgleich Eusebius in demselben auch für die Ehre und zuverläßige Geschichte der christlichen Religion gesorgt hatte; so arbeitete er doch zur unmittelbaren Bestätigung und Ausbreitung derselben, auch in besondern Werken. Von dieser Art war dasjenige welches er unter der Aufschrift: Evangelische Vorbereitung, oder Vorbereitung zum Beweise der Wahrheit des Evangelium, (προπαρασκευὴ εὐαγγελικὴ, ingleichen Ἐυαγγελικῆς ἀποδείξεως προπαρασκευὴ.) Er richtete es in funfzehn Büchern an den Bischof von Laodicea, Theodotus, und sammlete darinne eine große Menge von günstigen Verniuthungs- und andern Gründen, auch Stellen heidnischer und jüdischer Schriftsteller, um dadurch die Gemüther der Leser zur bessern Aufnahme des Beweises von der Wahrheit der christlichen Religion, vorzubereiten. Eigentlich zeigt er in den sechs ersten Büchern, daß die heidnische Religion und Theologie ungereimt sey; in den neun übrigen aber, wie weit mehr das Christenthum verdiene, angenommen zu werden.

Den Anfang macht Eusebius damit, daß er eine Beschreibung von dem Evangelium und von der christlichen Frömmigkeit mittheilt, und darauf die Vorwürfe widerlegt, welche von Heiden und Juden gegen die Christen vorgebracht wurden. Dergleichen waren es, daß sie ihre Lehrsätze und Erzählungen mit unvernünftigem Glauben und schnellem unüberlegten Beyfall angenommen hätten, und daher auch die Gläubigen genannt würden, weil sie bloß glaubten, aber keine Gründe und Beweise anführen könnten; daß sie eine völlig neue, von allen Völkern verschiedene Religion und Lebensart eingeführt, und die allgemein anerkannten, für ihr Vaterland wohlthätigen Götter verlassen hätten; daß sie die Schriften der Juden gegen diese selbst mißbrauchten, sich die Verheissungen anmaaßten, welche diesen allein durch ihre Propheten gegeben worden wären, und dagegen nur die angekündigten Strafen dieser Nation überliessen; daß sie das Gesetz derselben übertraten, und gleichwohl die Belohnungen sich zueigneten, welche auf die Beobachtung desselben gesetzt worden wären. Indem er alle diese Beschuldigungen abweiset, dringt er unter andern darauf, daß der Glaube der Christen auf Thatsachen, nicht auf bloßen Worten, beruhe; daß diese Religion der Welt mehr Frieden geschenkt, die Wildheit der Völker aufgehoben, und unter andern herrlichen Lehren, sonderlich die Unsterblichkeit der Seele bekannt gemacht habe. Er bemerkt weiter, daß es für die im Nachdenken ungeübten nothwendig sey, bloß zu glauben; Scharfsinnigere hingegen das Christenthum auch untersuchen müßten. Vorzüglich beweiset er, mit wie vielem

Rechte

Rechte die Christen der heidnischen Religion entsagt
hätten, aus der Beschaffenheit dieser letztern. Zuerst
erzählt er also die Meinungen der Griechen vom Ursprunge der Welt, beschreibt die Verehrung der Gestirne, als den ältesten Götterdienst, und erklärt insonderheit die alte Phoenizische Theologie. Hier rückt
er das so berühmt gewordene Ueberbleibsel aus den
Schriften des phoenizischen Philosophen, Sanchuniathon, nach der griechischen Uebersetzung des Philo
von Byblos, ein; das, wenn es auch nicht nach allen Umständen ächt seyn sollte, doch als ein altes Denkmal immer schätzbar, und zum Beweise von dem Ursprunge der Götter aus Menschen, auch andern Erläuterungen der heidnischen Theologie, hinlänglich seyn
würde.

Von den Phoenizischen Religionslehren geht der
Verfasser im zweiten Buche zu den ägyptischen, und
bald darauf zu den griechischen, über. Jene werden
zum Theil mit den Worten des Manetho, diese aus
dem Diodor von Sicilien, dem Evemerus, und
der geheime Gottesdienst der Griechen insonderheit,
aus dem Clemens von Alexandrien, erklärt. Eusebius macht es darauf begreiflich, mit wie vielem Rechte
die Christen eine Religion von so schlechten Grundsätzen, und Tempel, die man vielmehr Begräbnißplätze
nennen möchte, verlassen haben. Er zeigt weiter, daß
die Theologie des Plato nicht besser zusammenhänge;
ingleichen daß die allegorischen Deutungen, welche die
Griechen von ihren Fabeln machten, von den Römern
selbst verworfen worden wären.

Da aber dergleichen Deutungen der ägyptischen
und griechischen Göttergeschichte aus der Naturkunde
und Sittenlehre, von scharfsinnigen Männern häuffig
ersonnen worden waren, und viel Glück gemacht hatten:

sten: so thut Eusebius im dritten Buche dar, wie gezwungen und oft ungereimt sie sind, wie viele Widersprüche dagegen die Heiden selbst begangen haben, und wie wenige Weisheit in jener vermeinten Geheimnissen verborgen liege. Sodann entwickelt er die Nichtigkeit und die Betrügereyen der Orakelsprüche und der Wahrsagerkünste. Damit fährt er im vierten und fünften Buche fort, wo er ferner zu beweisen sucht, daß die Opfer und andere Arten des Götterdienstes, nicht Göttern, sondern bösen Geistern, von welchen Christus das menschliche Geschlecht befreyet habe, geleistet worden wären. Das sechste Buch aber widerlegt die heidnische Lehre vom Schicksal und dem Einflusse der Gestirne auf die menschlichen Handlungen, ausführlich. Zugleich wird die Freyheit des menschlichen Willens behauptet, und gut bestimmt.

Nachdem Eusebius so weit die Gründe angegeben hat, warum die Christen allen verschiedenen Arten der heidnischen Theologie entsagt haben, (denn in der That liegt hier die Eintheilung derselben in die poetische oder historische, die physikalische oder philosophische, und die politische oder Staats-Theologie, zum Grunde:) so belehrt er die Heiden auch, weswegen die Christen vielmehr das jüdische Religionsgebäude angenommen haben. Es ist, sagt er im siebenten Buche, unter allen das vortrefflichste, und den Menschen nützlichste. Die Beyspiele so vieler frommen Hebräer vor dem Moses, reitzen schon zur Nachahmung. In der Jüdischen Religion aber, welche seit diesem Gesetzgeber eigentlich erst aufgekommen ist, wird von der Schöpfung der Welt und des Menschen, von Gott dem höchsten Urheber aller Dinge, und von dem zweyten Wesen (δευτέρα ȣσία) und göttlichen Kraft, von welcher alles Geschaffene ent-

entsprungen ist, die vor allen andern Dingen vorhan=
den war, von der ersten größern Grundursache ge=
zeugt, und als ein Arzt der Seelen an die Menschen
gesandt worden, vieles beym Moses, Philo und an=
dern gelehrten Juden, vorgetragen. Außer diesem
zweyten Wesen, welches die Hebräer das Wort, die
Weisheit und Kraft Gottes, auch die Sonne der Ge=
rechtigkeit nennen, weil es alle Geschöpfe weit über=
trifft, giebt es noch ein drittes, das gleichsam die
Stelle des Mondes vertritt, den heiligen Geist, den
die Hebräer auch unter die Grundursachen des Geschaf=
fenen setzen, nemlich der später hervorgebrachten Dinge
in den niedrigern Classen. Diesen theilt er also in der
dritten Stelle, welche er einnimmt, seine Güter der=
gestalt mit, wie er sie von einem andern, nemlich Gott
dem Worte, als einem höhern und vortrefflichern, em=
pfängt; der wiederum das seinige aus der immer flies=
senden Quelle des Vaters schöpft. Weiter lehren die
Hebräer allein richtig von den Engeln und bösen Gei=
stern, welche letztere sich zu Göttern aufgeworfen ha=
ben; von der Natur des Menschen, auch von der Ma=
terie, ohne welche sie Gott alles erschaffen lassen, und
der sie keine Ewigkeit beylegen.

§. n.
E. G.
306
bis
337.

Hierauf kommt Eusebius im achten Buche
dieses Werks auf die Quellen der jüdischen Religion,
und die Bekanntmachung derselben unter den Griechen
durch die Alexandrinische Uebersetzung. Die Geschichte
derselben erzählt er nach dem Aristeas; zeigt, daß
diese heilige Schriften nicht allein einen offenen und
in die Augen fallenden, sondern auch einen geheimen
Verstand haben, und macht eine Beschreibung von
der Jüdischen Religions = und Staatsverfassung, die
Moses gestiftet hat. Zur Empfelung dieses Glau=
bens dient ferner die vollkommenere Heiligkeit der jüdi=

schen Philosophen, der Eßäer, die sich von der Schale der Gesetze und Gebräuche frey gemacht, und ein so bewundernswürdiges Leben geführt haben: ingleichen die ausnehmende Weisheit anderer Mitglieder dieser Nation, besonders des Philo, sowohl in göttlichen als andern Wissenschaften.

Nun bedient sich Eusebius vom neunten Buche an, zu eben dieser Absicht, der griechischen Schriftsteller des Heidenthums. Die vornehmsten unter denselben haben, wie er durch viele Beispiele zu beweisen sucht, der Geschichte und Religion, der Gesetze und Sitten der Juden häuffig gedacht, auch berühmte Männer unter denselben nahmentlich angeführt; aber eben dadurch die Wahrheit von diesem allem bestätiget. Noch mehr, (und dieses ist der Inhalt des zehnten und der drey folgenden Bücher dieses Werks,) alles Gute was die Griechen in der Philosophie gedacht und geschrieben, haben sie von den Hebräern, einem weit ältern Volke als das ihrige war, entlehnt. Ihre eigenen Schriftsteller, wie zum Beispiel, Porphyrius, gestehen es, daß sie einander selbst bestohlen haben; die Nahmen ihrer Buchstaben selbst beweisen einen hebräischen Ursprung. Besonders aber hat Plato, der weiseste unter ihnen, alles Wahre und Nützliche was man bey ihm antrifft, aus dem Moses und den Propheten genommen. Dieser Beweis, dergleichen schon Clemens von Alexandrien und andere christliche Lehrer vorgetragen hatten, wird hier ungemein weitläufig, und mit Hülfe auch der entferntesten Aehnlichkeiten, geführt. Zuletzt beantwortet der Verfasser auch den Einwurf, warum die Christen, bey solcher Bewandniß der Sache, nicht lieber dem Plato, als den Jüdischen Schriftstellern, folgten?

Noch

Noch einen wichtigen Grund, die jüdischen Schriften und Religionslehren den heidnischen vorzuziehen, haben die Christen, wie Eusebius im vierzehnten und funfzehnten Buche seines Werks darthut, darinne gefunden, daß unter den heidnischen Philosophen durchgängig und in allen Hauptmeinungen die anstößigste Uneinigkeit, bloße Muthmaaßungen, Wortgezänke und Irrthümer in großer Menge herrschen; hingegen die jüdischen und christlichen Schriftsteller von Glauben und Tugend, genau mit einander übereinstimmen. Nur jenes wird eigentlich von ihm an sehr vielen Beispielen bewiesen: eine von den ältern Zeiten her, sehr beliebte, und in der That auch leichte Art des Angrifs der Christen auf die heidnische Religion.

Sehr wenige aber unter ihren Schriftstellern haben bey dieser und andern Bestreitungen des Heidenthums eine so ausgebreitete gelehrte Belesenheit angebracht, als Eusebius in diesem Werke, das man würklich ein durch die Verbindung unzähliger und sehr weitläufiger Stellen aus den Büchern heidnischer und jüdischer Gelehrten errichtetes Gebäude nennen kann. Diese Sammlung hat vorzüglich in der Geschichte der heidnischen Religion und Philosophie, noch immer ihren beträchtlichen Nutzen; sie ist auch desto angenehmer, weil sie eine ziemliche Anzahl Stücke aus Werken der Alten, die nunmehr längst verlohren gegangen sind, aufbehalten hat. Der Verfaßer hat sie nach einem ziemlich wohl überdachten Entwurfe angelegt, und durch manche scharfsinnige Betrachtungen eines nachdenkenden Lesers würdiger gemacht; wenn er gleich hin und wieder etwas zu freygebig im Sammeln gewesen zu seyn scheint, oder manches den Heiden entgegengesetzt hat, das die erwarteten Dienste nicht thun konnte. Um den neuern Gebrauch dieses Werks hat sich der französi-
sche

sche Jesuit Franciscus Vigerus, durch die Berichtigung des Textes, seine beßere lateinische Uebersetzung als die alte des Trapezuntius war, und Anmerkungen verdient gemacht, mit welche er es (zu Paris 1628. Fol.) ans Licht gestellt hat. Diese Ausgabe ist im Jahr 1688. zu Leipzig, (obgleich Cölln auf dem Titel stehet,) nachgedruckt worden.

Auf diese Vorbereitung ließ Eusebius den versprochenen Beweis von der Wahrheit des Evangelium, (Ευαγγελικὴ ἀπόδειξις) in einem andern Werke von zwanzig Büchern, gleichfals an den Bischof Theodotus, folgen; von welchen sich aber nur zehn erhalten haben. Dieser Beweis wird eigentlich gegen die Juden geführt, und ist daher aus ihren heiligen Schriften genommen. Gleich Anfangs beruft sich der Verfaßer darauf, daß die Jüdischen Propheten mit ungemeiner Deutlichkeit und Umständlichkeit vorhergesagt haben, wie Christus, das Wort Gottes, selbst Gott und Herr, und der Engel des großen Raths, ein Mensch werden, Wunder verrichten, leiden, sterben, und wieder in den Himmel kehren, und wie seine Religion von Juden und Heiden aufgenommen werden würde. Da dieses nun, so fährt er fort, mit Rechte als ein Hauptbeweis für das Christenthum angesehen werde, daß man Christo nur auf dieses wichtige Zeugniß der Propheten von ihm glaube: so habe er denselben ausführen wollen: nicht sowohl zur Bestreitung der Juden; als vielmehr, um ihre eigene Religion durch die erwiesene Erfüllung jener Weissagungen zu befestigen. Hingegen wolle er zugleich auch den Heiden dadurch zeigen, daß es eine Verläumdung sey, vorzugeben, als wenn die Christen gar nichts beweisen könnten; sondern alles nur glauben müßten. Hauptsächlich aber sey es seine Absicht, den

Vorwurf der Juden zu widerlegen, daß die Christen zwar ihre heilige Schriften gebrauchten; aber nicht einerley Sitten mit ihnen beobachteten.

Zuvörderst also legt Eusebius den Unterscheid vor Augen, der sich zwischen der jüdischen, heidnischen und christlichen Religion finde, und wendet besonders viele Mühe darauf, im ersten Buche zu beweisen, daß die Staatsverfaßung und das Gesetz des Moses nur für ein einziges Volk errichtet worden; daß hingegen die christliche Lehre für alle Völker bestimmt gewesen; und daß die Religion der Christen mit der Patriarchen ihre eben dieselbe sey. Den letztern dieser Sätze leitet er aus folgenden Gründen her: weil die Patriarchen nur Einen Gott verehrt hätten; weil ihnen Christus eben sowohl als den Christen bekannt gewesen, auch würklich erschienen wäre, und seinen Nahmen gleichfals ertheilt habe; wobey er sich unter andern auf die Stelle bezieht: „Tastet meine Gesalbten (χριςῦς) nicht an;") weil sie nichts vom Mosaischen Cärimonialgesetze gewußt, und weil sie auch nicht an einem bestimmten Orte, sondern überall, Gott angebetet hätten. Daraus schließt Eusebius, daß man das Alte Testament auch das Neue nennen könne; und daß zwischen beiden das Gesez Mosis gleichsam als ein Arzt für die an der ägyptischen Abgötterey krankliegenden Juden gekommen sey, der sie davon zur Verehrung des einzigen Gottes zurückgeführt, und deswegen an so viele Cärimonien gebunden habe; bis endlich diese nach der Zerstörung von Jerusalem aufgehoben, und die patriarchalische Religion wieder hergestellt worden sey. Eine großentheils wohlgerathene Vergleichung zwischen den Lehren Mosis und Christi, und eine Untersuchung, warum dieser das Cärimonialgesetz erfüllt habe, folgt hierauf. Der Verfaßer macht sich

aber

aber auch die Einwürfe, daß doch die Patriarchen Kinder gezeugt, und Gott Opfer dargebracht, mithin sich von den Christen darinne unterschieden hätten. Die Beantwortung des erstern Einwurfs ist allein merkwürdig. Bey den Patriarchen, sagt Eusebius, war dieses nöthig, weil in den ersten Zeiten der Welt für ihre Bevölkerung gesorgt werden mußte. Sie konnten auch weit ungehinderter als die Christen, mit den ihrigen die Gottseligkeit ausüben. Sie wollten, bey der überhandnehmenden Anzahl der Gottlosen, doch eine fromme Nachkommenschaft hinterlaßen; hörten aber dennoch zeitig mit Kinderzeugen auf. Daß aber viele Christen sich der Ehe enthalten, kommt davon her, weil in der Kirche Gottes zweyerley Lebensarten festgesetzt worden sind. Die eine geht über unsere Natur und das gemeine Leben hinaus, verlangt keine Kinder noch Güter, nimmt gar keinen Antheil an den gewöhnlichen Beschäftigungen der Menschen, und ist bloß dem Dienste Gottes, aus unermeßlicher Liebe zum Himmlischen, gewiedmet. Diejenigen welche solche Lebensart ergriffen haben, befinden sich mit ihren Sinn und Gemüthe im Himmel, und sind für ihr ganzes Geschlecht Gott geweiht, indem sie durch richtige Lehren der wahren Gottseligkeit, durch die Faßung einer gereinigten Seele, auch durch tugendhafte Werke und Worte, die Gottheit versöhnen, und für sich sowohl als diejenigen, die mit ihnen gleichen Geschlechts sind, das Priesterthum verwalten. Die andere Lebensart ist weniger anstrengend, und menschlicher, enthält sich der ordentlichen Arbeiten und Geschäfte nicht, hat gewiße Tage zu andächtigen Uebungen; steht aber nur auf der zweyten Stufe der Gottseligkeit. Die Ehe ist also auch durch das Christenthum nicht verboten, sondern vielmehr geehrt geblieben. Nur der vollkommnere Christ tritt nicht in dieselbe; der Bischof

darf

darf nur einmal heyrathen, und wer zum Lehrer bestellt worden ist, muß dem vertrautern Umgange mit seiner Frau entsagen.

Im zweyten Buche beweiset hierauf Eusebius, daß die göttlichen Verheißungen durch die Propheten von einem Erlöser, welche sich die Juden allein zueigneten, für alle Völker gegeben worden wären; daß nach eben denselben Weißagungen, die Erkenntniß und Verehrung Christi von allen Völkern angenommen werden sollte; daß jene auch die Verwerfung der Juden, zur Zeit der Berufung der Heiden durch Christum, angekündigt hätten; endlich, daß zu Folge diesen Vorhersagungen, nur wenigen Juden die Ankunft Christi, wegen des Unglaubens der meisten von diesem Volke, heilsam werden sollte.

Nach dieser Einleitung zu seinem Werke, nähert sich der Verfaßer dem Hauptinhalte deßelben im dritten Buche. Er zeigt nemlich zuerst, daß Jesus Christus der wahre Heiland der Welt sey, indem die Propheten von Christo selbst das Wort Evangelium gebraucht, und überhaupt sehr häufig von ihm geweisfagt hätten. Eusebius findet hier sehr viele Aehnlichkeiten zwischen Moses und Christus, unter welchen auch diese mehr gekünstelte vorkommen, daß Moses das gelobte Land, Christus den Himmel versprochen, jener zwölf Kundschafter in das gedachte Land, dieser zwölf Apostel zur Besichtigung aller Völker ausgesandt habe; ingleichen, daß weder des erstern Tod und Grab jemand gewußt, noch des letztern Verwandlung in die Gottheit jemanden bekannt geworden sey. Auf der andern Seite beweiset Eusebius weitläufig, daß Jesus nicht, wie die Ungläubigen ihm Schuld gegeben haben, ein Betrüger oder Gauckler gewesen

wesen sey. Besonders rettet er die Wunder Christi gegen feindseelige Vorwürfe.

J. n.
C. G.

306
bis
337.
Die Lehre von der Gottheit Christi und von seiner Menschwerdung, erörtert der Verfasser im vierten Buche. Was die erstere betrift, nennt er ihn den einzigen Sohn des einigen wahren Gottes, die erstgebohrne Weisheit Gottes, den auf eine unbeschreibliche Art gebohrnen Gott, und das Bild Gottes. Christus ist, nach der Erklärung des Eusebius, vor allem andern von dem Vater, als ein in seiner Art einziges, beseeltes und lebendiges, oder vielmehr göttliches, lebendigmachendes und allweises Werkzeug aller Wesen und Naturen hervorgebracht worden, das alles Gute erzeugen, Himmel und Erde erbauen, Engel schaffen, Geistern befehlen, und Seelen erretten sollte. In Ansehung der Menschwerdung Christi, behauptet er, Gott habe den Menschen die Engel zu Beschützern und Hirten gegeben; noch über dieselben aber, und über die frommen Seelen, welche in der heiligen Schrift Jacob und Israel heißen, seinen einzigen Sohn zum Fürsten gesetzt, wie Moses bezeuge. Der Sohn Gottes habe die ihm untergebenen Menschen zur Verehrung seines Vaters angeführt; allein die Engel hätten die andern Völker zur Betrachtung des Himmels geleitet, um daraus den unsichtbaren Gott zu erkennen: und die bösen Geister, sonderlich ihr Oberhaupt, habe die Fabeln von den Göttern ersonnen, auch die Menschen durch allerhand Wollüste gereißt; durch welche beide Mittel er nach und nach alle Menschen seiner Herrschaft unterworfen habe. Da nun die Engel nicht im Stande waren, dieses Verderben aufzuheben, weil die Freyheit der Menschen in der Wahl des Bösen, und die Bosheit der Teufel zu groß gewesen sey: so habe der allgemeine Erlöser zuerst durch den Moses die

die Hebräer warnen laßen; als aber auch diese den Weg der übrigen Völker gegangen wären, sey er selbst in die Welt kommen, um den Engeln Hülfe zu leisten, die ihm auch gleich als ihrem Herrn gedient hätten; ferner, um die Teufel zu überwältigen, und über alle Menschen zu herrschen. Dieses alles habe er würklich ausgeführt, und sey endlich gestorben, damit er über Todte und Lebendige herrschen, unsere Sündenflecken abwischen, und Gott als ein Opfer für die ganze Welt dargebracht werden möchte. Daß aber seiner, unter dem Nahmen Christus, und gewißermaaßen auch Jesus, schon im Alten Testamente sehr oft gedacht worden sey, sucht Eusebius am Ende dieses Buchs darzuthun.

J. n. G. 306 bis 337.

Alles übrige was im fünften und den folgenden fünf Büchern dieses Werks vorkömmt, läuft hauptsächlich auf den Beweis hinaus, daß jede Behauptung und Erzählung der Evangelischen Geschichte von Christo, bereits von den Jüdischen Propheten vorher verkündigt worden sey. Vorläufig widerlegt Eusebius diejenigen, welche vorgaben, die Götteraussprüche unter den heidnischen Völkern hätten denselben ohngefähr eben solche Lehren und Weißagungen mitgetheilt, als die jüdischen Propheten ihrer Nation. Er zeigt dagegen, daß jene Göttersprüche nicht unter der Veranstaltung des wahren Gottes, sondern von bösen Geistern müssen gegeben worden seyn, und beruft sich unter andern auch darauf, daß sie mit der Ankunft Christi in der Welt gänzlich aufgehört hätten. Die Gottheit Christi, welche er besonders aus den zwo Stellen, Evang. Johann. C. I. v. 1. sq. und Br. an die Coloss. C. I. v. 15. 16. beweiset, findet er in etwan dreyßig Stellen des Alten Testaments deutlich ausgedrückt, darunter folgende einige der merkwürdigsten sind: 1 B. Mos.

V. Theil.   O   C. XIX.

C. XIX. v. 24. 2 B. C. XXIII. v. 20. Psalm XXXIII. v. 6. XLV. v. 7. CX. v. 1. fg. Sprüche Salom. C. VIII. v. 22. Jesaias C. XLV. v. 14. 15. C. XLVIII. bis v. 12. fgd. Zachar. C. II. v. 8. fgd. Hierauf sucht er im sechsten Buche, vorzüglich aus Stellen der Psalmen und des Jesaias, darzuthun, daß die Erscheinung Christi unter den Menschen eine längst vorher angekündigte Begebenheit sey; im siebenten und achten Buche aber, daß auch die Art und Zeit, ingleichen der Ort der Geburt Christi, selbst Geschlecht und Stamm desselben, von den Propheten treffend bezeichnet worden sind. Hier bemüht sich der Verfasser insonderheit, wiewohl nicht zum glücklichsten, die Einwendungen wegzuräumen, durch welche man es unglaublich machen wollte, daß Jesaias C. VII. v. 14. fg. von der Geburt des Erlösers geweissagt habe. Endlich giebt Eusebius im neunten und zehnten Buche Stellen des Alten Testaments an, in welchen auch besondere Begebenheiten des Lebens Christi unter den Menschen, klar bezeichnet worden sind: wie unter andern die Erscheinung des Sterns in den Morgenländern, (4 B. Mos. C. XXIV.) die Flucht Christi nach Aegypten, (Jesaias C. XIX.) seine Versuchung, (Psalm XCI.) sein erstes Wunder in Galiläa, (Jesaias C. IX.) sein Gehen auf dem Meere (Hiob C. IX. v. 8.) die Verrätherey des Judas, (Psalm XLI. v. 10. LV. v. 14. CIX. v. 1. fgd. Zachar. C. XI. v. 13.) die Verfinsterung der Sonne während des Leidens Christi, (Amos C. VIII. v. 9. Zachar. C. XIV. v. 6. 7.) sein Ringen mit der Verzweifelung, auch viele andere Umstände und Folgen seines Leidens und Sterbens, (Psalm XXII.)

Hiermit endigt sich das zehnte Buch, so weit es noch vorhanden ist. Eine kleine noch darauf folgende Stelle, die in den gedruckten Ausgaben des Werks fehlt,

fehlt, hat Fabricius (in Delectu argumentorum et Syllabo scriptorum, qui veritatem religionis christianae adversus Atheos, Epicureos, Deistas, etc. lucubrationibus suis asseruerunt, p. 22.) und vorher (p. 1. sq.) die auch noch niemals vorher gedruckte Einleitung, nebst den zwey ersten Capiteln, und dem größten Theil des dritten vom ersten Buche, aus einer Handschrift in der Büchersammlung des Fürsten von der Walachey, Maurocordato, ans Licht gestellt. Sonst ist die beste Ausgabe dieses Werks, nebst einigen andern nachmals zu beschreibenden Büchern des Eusebius, zu Paris im Jahr 1628. Fol. herauskommen, und zu Leipzig, unter der Aufschrift Cölln, im Jahr 1688. nachgedruckt worden. Die lateinische Uebersetzung schreibt sich vom Richard Montacutius, (Montaigu) her; aber die auf dem Titel versprochenen Anmerkungen finden sich wenigstens in dem Nachdrucke nicht. Sie könnten in der That manchem Leser bey der Beurtheilung des Werks eine nützliche Anleitung geben. Es enthält überhaupt viel brauchbares, zum Theil auch noch für unsere Zeiten, und macht mit der Evangelischen Vorbereitung, Ein Ganzes, in der That ein Hauptwerk der alten Kirche von diesem Inhalte aus. Zur Geschichte der biblischen Auslegungswissenschaft und Religionsvertheidigung kann es also insonderheit dienen. Es sind auch manche Ueberbleibsale der alten griechischen Uebersetzer der Bibel darinne aufbewahrt und unter einander verglichen worden. Hingegen ist die durchgehends in dem Werke herrschende, vom Origenes angenommene Meinung über den zweifachen Sinn der heiligen Schrift, etwas anstößig. Daher kommen so viele gezwungene Wendungen, die sich Stellen des Alten Testaments ertheilen lassen müssen, um Weissagungen von dem Erlöser der Welt und seiner Religion zu werden. Durch strengere

gere Wahl und genauere Erklärungsgrundsätze zusammen gepreßt, würde diese Arbeit weit glücklicher ausgefallen seyn.

Noch ein anderes Buch zur Ehrenrettung des Christenthums, schrieb Eusebius wider den Hierocles. Dieser Statthalter von Bithynien, und nachher von Alexandrien, hatte nicht allein, wie bereits an einem andern Orte (Th. IV. S. 477.) erzählt worden ist, die Verfolgung der Christen durch den Diocletianus und seine Mitregenten, mit gehäßigen Rathschlägen sehr befördert; er war selbst auch eines der grausamsten Werkzeuge derselben. Sein Haß gegen die Christen verführte ihn, nach dem Eusebius, (de Martyr. Palaest. c. 5.) zu sehr übermüthigen und niederträchtigen Handlungen. Er gab unter andern christliche Frauenspersonen, selbst Gottgeweihte Jungfrauen, der Unzucht schändlicher Personen Preiß. Diese und ähnliche Ausschweifungen der Wuth wurden einem Christen Aedesius unausstehlich. Er näherte sich dem Statthalter, beschimpfte ihn dafür mit Worten und mit der That, (die spätern griechischen Heiligengeschichten setzen hinzu, daß er ihn mit der Faust geschlagen habe;) erlitt aber auch, auf Befehl desselben, einen Martervollen Tode. Dieser Hierocles, den man mit dem jüngern Philosophen dieses Nahmens, der auch ein berühmter Schriftsteller war, nicht vermischen darf, griff die Christen außerdem noch in einem besondern Buche an, welches er Wahrheitliebende Reden an die Christen, (λόγυς φιλαλήθεις πρὸς τὺς χρισιανὺς) nannte. Er suchte darinne Widersprüche zu zeigen, die sich in der heiligen Schrift fänden; aber auch unter den Stiftern des Christenthums besonders den Petrus und Paulus verächtlich zu machen. Christum selbst verglich er mit dem Apollonius von Tyane, vor welchem derselbe, nach seiner Meinung, die Gabe der Wunderthätigkeit nicht voraus haben sollte. (Lactant. Instit. divin. L. V. c. 2. 3.)

Indem ihn Eusebius widerlegte, ließ er vieles in dem Buche desselben unberührt stehen, was Hierocles aus andern Schriftstellern, zum Theil mit ihren eigenen Worten, gezogen hatte. Es waren darunter sehr ungereimte Unwahrheiten, wie zum Beispiel, daß Christus, nachdem er von den Juden verjagt worden, mit einem Hauffen von neunhundert Anhängern einen Straßenräuber abgegeben habe. Eusebius versichert auch, daß Origenes in seinem Werke wider den Celsus, schon gleichsam zum voraus das meiste von demjenigen umgestürzt habe, was dieser neue Feind des Christenthums demselben entgegen gesetzt hat. Er hält sich also nur bey der Vergleichung auf, welche Hierocles zwischen Christo und Apollonio anstellt. Dieser, schreibt der Heide, hat von den ersten Jahren seiner Jugend an, eine Menge Wunder verrichtet, von welchen er auch einige anführt, und darauf hinzufügt: „Man mag nunmehr unser ge-
„naues und festes Urtheil über alles, und den Leichtsinn „der Christen gegen einander halten. Wir halten den-„jenigen, der so große Dinge gethan hat, vor keinen „Gott, sondern nur vor einen von den Göttern gelieb-„ten Menschen; sie hingegen preisen Jesum wegen „einiger wenigen Wunderwerke als einen Gott. — „Auch das ist der Betrachtung werth, daß die Ge-„schichte Jesu vom Petrus und Paulus, und an-„dern ähnlichen Leuten, lauter Lügnern, Ungelehrten „und Betrügern, lobrednerisch beschrieben worden ist; „die Thaten des Apollonius aber haben Maximus „von Aegä, und der Philosoph Damis, der mit ihm „selbst umgegangen war, und der Athenienser Philo-
„stratus,

„stratus, aufgezeichnet: Männer von ausnehmender „Gelehrsamkeit, welche die Wahrheit hochschätzten, und „aus Menschenliebe die Handlungen eines rechtschaffe „nen und bey den Göttern beliebten Mannes, nicht un- „bekannt bleiben lassen wollten." — Eusebius also untersucht bloß die vermeinte Geschichte des Apollonius, welche Philostratus geschrieben hatte, und zeigt nach der Ordnung ihrer Bücher, daß sie ganz unzuverläßig, fabelhaft, ungereimt und widersprechend sey; daß man zwar allenfals dem Apollonius den Nahmen eines Philosophen zugestehen könne, aber durchaus nicht berechtigt sey, ihm übermenschliche Gaben und Kräfte beyzulegen. Dieses ist nebst einigen allgemeinen Anmerkungen, der Inhalt des wider den Hierocles gerichteten, und ziemlich wohl gerathenen Buchs. Man findet es nicht nur der oben gedachten Ausgabe von dem Evangelischen Beweise des Eusebius beygedruckt; sondern es ist auch vom Gottfried Olearius in seine Sammlung der Werke der beiden Philostratus, (Leipzig 1709. Fol.) gebracht worden.

Außer diesen Werken, in welchen Eusebius ausdrücklich die Vertheidigung der christlichen Religion übernommen hat, kann man selbst seine Kirchengeschichte in zehn Büchern unter diejenigen Arbeiten rechnen, die er zum Besten des gedachten Glaubens, und um die Feinde desselben ihm günstiger zu machen, aufgesetzt hat. Denn in diesem Buche, dem wichtigsten und schätzbarsten von allen, die er hinterlassen hat, wird das Christenthum selbst durch die Geschichte seines göttlichen Ursprungs, seines Wachsthum mitten unter den heftigsten Verfolgungen, der Gottseligkeit seiner Lehrer, und der Standhaftigkeit seiner Bekenner im Leiden und im Tode, gewissermaaßen stärker

als

als durch die Beantwortung listiger Einwürfe empfohlen. Von dem Werthe dieses Werks in der christlichen Kirchengeschichte, ist in der allgemeinen Einleitung (Th. I. S. 144. fgb.) bereits gehandelt worden. Man hat auch den beständigen Gebrauch desselben, der bisher gemacht worden ist, nicht weniger die Fehler welche der Verfasser zuweilen begangen hat, in dieser Geschichte bemerkt gesehen. Diese gesammte historische Seite des Werks gehört also nicht mehr in die Beschreibung seiner Schriften; obgleich, nach einigen der neuesten argwöhnischen Zweifeln, welche über die Glaubwürdigkeit seiner Nachrichten vorgebracht worden sind, eine besondere Prüfung derselben keine vergebliche Bemühung seyn würde. Allein der theologische Eingang des Buchs, auch andere den Glauben und die heiligen Schriften der Christen betreffende Stellen desselben, machen hier noch einen besondern Auszug nothwendig.

Eusebius hält es vor dienlich, ehe er die Geschichte der von Christo gestifteten Religion erzählt, seine Person, oder sowohl die durch ihn von Gott getroffenen ersten Veranstaltungen auf der Welt (οἰκονομία) das heißt, seine Menschwerdung, als auch seine Gottheit in einer kleinen Abhandlung (θεολογία) zu beschreiben. Denn es ist in Christo, sagt er, (L. I. c. 2.) eine zwiefache Natur, davon die Gottheit gleichsam als das Haupt, und die menschliche Natur wie die Füsse anzusehen ist. Kein Ausdruck ist hinlänglich, das Geschlecht, die Würde, das Wesen und die Natur Christi zu erklären. Wer kann dieses Licht, das vor der Welt gewesen, diese selbstbestehende und wesentliche Weisheit, die vor allen Zeiten da war, das lebendige und im Anfange bey dem Vater befindliche Wort, das Gott ist, so rein begriffen haben, als der Vater?

Christus ist die erste und einzige Geburt Gottes vor aller Creatur und Schöpfung sichtbarer und unsichtbarer Dinge, der oberste Feldherr des himmlischen vernünftigen und unsterblichen Heeres, der Engel des großen Raths, der Vollbringer des geheimen Willens des Vaters, der Schöpfer aller Dinge mit dem Vater, die zweyte Ursache von allem neben dem Vater, der ächte und eingebohrne Sohn Gottes, der Herr und Gott und König aller Geschöpfe, der das Ansehen und die Gewalt sammt der Gottheit, Macht und Ehre vom Vater empfangen hat. Moses sagt auch, Gott der Weltschöpfer habe diesem seinem göttlichen und erstgebohrnen Worte die Schöpfung der niedrigern Dinge überlassen, und sich mit ihm über die Schöpfung des Menschen unterredet. (1 B. Mos. C. I. v. 26.) Und ein anderer Prophet bestätiget dieses (Psalm XXXIII. v. 9.) Ihn haben alle, die vom Ursprunge des menschlichen Geschlechts an, durch Rechtschaffenheit und Gottseligkeit berühmt worden sind, besonders auch die Propheten, mit reinen Augen des Verstandes erkannt, und ihm als dem Sohne Gottes die gebührende Verehrung erwiesen. Er aber, unabläßig in der Ehrerbietung gegen seinen Vater, ist auch zum allgemeinen Lehrer der Erkenntniß seines Vaters gesetzt worden. Derjenige welcher dem Abraham erschien, und von ihm angebetet, Gott und Herr, und der Richter der ganzen Welt genannt wurde, kann niemand anders seyn, als das Wort Gottes, das vorher da war. Denn an den ersten Urheber aller Dinge darf man hier nicht denken, weil es ganz unvernünftig ist, daß das ungezeugte und unveränderliche Wesen des allmächtigen Gottes in eine menschliche Gestalt verwandelt werde, so daß die Augen der Zuschauer betrogen würden, als wenn sie etwas Geschaffenes vor sich sähen; oder daß die Schrift dergleichen

gleichen Vorstellungen erdichten sollte. Ein Engel aber kann es auch nicht in jenen göttlichen Erscheinungen gewesen seyn, indem es sonst ausdrücklich gesagt würde, und der dem Josua erscheinende oberste Feldherr des göttlichen Heeres, deutlich als die Macht und Weisheit des Vaters, und der die zweite Stelle in der Regierung aller Dinge führt, beschrieben wird. Man kann es außer diesen Beweisen auch aus einer Schriftstelle, (Sprüche Sal. C. VIII. v. 12. fg.) erkennen, daß es ein gewisses Wesen gebe, welches vor der Schöpfung der Welt lebendig und da gewesen, welches dem Vater und Gott über alles bey der Schöpfung gedient habe, auch das Wort und die Weisheit Gottes genannt werde.

Warum aber, so fährt Eusebius weiter fort, dieses göttliche Wort nicht schon ehemals, wie jetzt, allen Völkern und Menschen verkündigt worden sey, das wird aus folgendem begreiflich. Die ältern Menschen waren noch nicht im Stande, die Lehre Christi, diesen Umfang jeder Weisheit und Tugend, zu faßen. Denn gleich im Anfange verfiel der erste Mensch, nach dem ersten seeligen Leben, indem er das göttliche Gebot gering schätzte, in dieses sterbliche und dem Verderben ausgesetzte Leben, und vertauschte die ehemaligen Ergötzungen des Paradieses mit dieser verfluchten Erde. Seine Nachkommen, die sich auf der ganzen Erde verbreiteten, und, einen oder den andern ausgenommen, noch viel schlimmer wurden, führten ein wildes und elendes Leben. Sie achteten weder Stadt, noch bürgerliche Verfaßung, noch Künste und Wißenschaften. Gesetze und Rechte, Tugend und Philosophie, kannten sie nicht einmal dem Nahmen nach. Vielmehr lebten sie als Wilde in den Wüsten, erstickten und verdarben den natürlichen Saamen der Vernunft, der in die See-

...len der Menschen gepflanzt ist, durch vorsetzliche und hochgetriebene Bosheit. Sie übten nicht allein gegen einander jede Schandthat aus; sondern unterstanden sich bis zuletzt sogar, Gott selbst zu bekriegen, jenes allgemein verschrieene Riesengefechte zu wagen, und die Erde gegen den Himmel zur Festung aufzuwerfen. Daher griff sie auch Gott, der Aufseher über alles, mit sehr harten Strafgerichten an. Als dergestalt die Seelen fast aller Menschen durch Bosheit gleichsam berauscht waren, da erschien die erstgebohrne Weisheit Gottes, aus ungemeiner Menschenliebe, ihren Creaturen bald durch Engel, bald durch sich selbst als eine heilsame Kraft Gottes, einem und dem andern Frommen in Menschengestalt, weil es anders nicht möglich war. Da nun durch diese Personen der Saame der Religion unter vielen Menschen ausgestreuet worden war, und das ganze Volk der Hebräer sich derselben ergab: so ertheilte das göttliche Wort diesem noch durch sein altes Leben verwöhnten Hauffen, durch den Moses Bilder und Zeichen eines Geheimnißvollen Sabbaths und einer Beschneidung, auch andere Anweisungen zu geistlichen Lehren; aber noch nicht eine deutliche Einsicht in dieselben. Endlich nachdem das Gesetz, das dieses Volk bekommen hatte, unter allen Menschen verbreitet war, und die meisten Völker daraus durch ihre Gesetzgeber und Philosophen eine Milderung ihrer ehemaligen Wildheit geschöpft hatten: erschien mit dem Anfange des römischen Reichs eben derselbe Lehrer der Tugend, der Diener des Vaters in allem Guten, das göttliche und himmlische Wort Gottes, als ein wahrer Mensch, that und litt auch alles, was die Propheten von ihm vorhergesagt hatten.

Um zu zeigen, daß auch die Nahmen Jesus und Christus von den alten Propheten geehrt worden seyen, beruft

beruft sich) Eusebius auf verschiedene Stellen der Bücher Moses nach der griechischen Uebersetzung, worinne der Nahme Christus (der Gesalbte, oder Meßias) vorkömmt, auf den Nahmen seines Nachfolgers Josua, und auf andere ähnliche Stellen. Darauf bemerkt er, daß nicht nur die Hohenpriester den Nahmen Christus geführt haben, weil sie um einer geheimen Bedeutung Willen gesalbt wurden; sondern daß auch Könige und Propheten, wegen einer ähnlichen vorbildlichen Salbung, dergleichen Christi geworden wären; und daß also alle eine Beziehung auf den wahrhaftigen Christus, den einzigen Hohenpriester, den König der Schöpfung, und den höchsten Propheten des Vaters, hätten. In dieser Vergleichung fährt der Geschichtschreiber noch weiter fort; man sieht aber leicht, daß wer darinne eine Bestätigung der neuern Lehrart von dem dreifachen Amte Christi suchen wollte, noch eine Menge anderer tropisch-mystischer Vorstellungsarten aus diesem und andern Kirchenvätern in die Lehre von Christo übertragen müste. Die Vorzüge Christi vor allen diesen Vorbildern werden ausführlicher entwickelt, und insonderheit wird zuletzt darauf gedrungen, daß derselbe die Ehre göttlicher Anrufung vom Vater empfangen habe, und als Gott angebetet werde. Hierauf bemüht sich der Verfasser, ohngefähr wie in einem seiner vorher beschriebenen Werke, darzuthun, daß, wenn gleich der Nahme der Christen und ihre Bildung zu einem sehr zahlreichen Volke, etwas neues sey, die Sache selbst dennoch nicht neu genannt werden könne, indem es unter den Hebräern, noch vor dem Moses, Christen genug gegeben habe. Der Nahme eines Christen, setzt er hinzu, bezeichnet einen Mann, der durch die Erkenntniß der Lehre Christi, an Mäßigkeit und Gerechtigkeit, Enthaltsamkeit, Standhaftigkeit in der Tugend, und Bekenntniß der Verehrung des einzigen höchsten Gottes, sich hervorthut. Man sieht daher auch aus der Denkungsart jener ältesten Christen, daß unsere Religion die erste, einzige und wahre sey.

So weit geht die Einleitung des Eusebius in seine Kirchengeschichte. Aus dem Werke selbst ist für diese Geschichte nichts weiter übrig, als dasjenige, was der Verfasser von den heiligen Schriften der Christen, und insonderheit, wie diejenigen Bücher, welche wir noch darunter zu rechnen pflegen, zu seiner Zeit angesehen worden sind, für die Nachwelt aufgezeichnet hat. Zwar kommen in diesem Werke mehrere und vieler Untersuchungen fähige Stellen von den gedachten Büchern und ihren Verfassern vor; so wie es auch darinne an Verzeichnissen der heiligen Schriften der Juden nicht fehlt, die aus dem Josephus, Melito und Origenes genommen sind, (Hist. Eccl. L. III. c. 9. 10. L. IV. c. 26. L. VI. c. 25.) Allein da es nicht sowohl die Absicht der gegenwärtigen Geschichte seye, Sammlungen dieser Art über den sogenannten biblischen Canon, mit den dazu nöthigen weitläufigen Erörterungen beyzubringen, als von Zeit zu Zeit es in sein gehöriges Licht zu setzen, was die ansehnlichsten Lehrer, Gemeinen und Versammlungen der ältesten Kirche von jenen Büchern geurtheilet haben: so braucht diese Anzeige nur kurz zu seyn. Ohnedem sind die vornehmsten dieser Nachrichten des Eusebius schon in den vorhergehenden Theilen dieser Geschichte genützt worden. Seine ganze Denkungsart aber über die heilige Schrift, und einzele Bücher derselben, hat niemand fleißiger aus allen seinen Werken, als Lardner, (Glaubwürdigk. der Evangel. Geschichte, zweyten Theils vierter Band, S. 81 — 186.) herausgezogen.

Bis auf die Zeiten des **Eusebius**, gab es noch kein allgemein angenommenes und für alle Christen festgesetztes Verzeichniß derjenigen Bücher, welche als Quellen der christlichen Religion betrachtet werden sollten. Doch über den größten Theil derselben waren die Christen vom ersten Jahrhunderte an desto leichter einig geworden, weil die Verfasser und die Zeit derselben, die Gemeinen, für welche sie waren aufgesetzt worden, und andere Umstände dieser Bücher, keinem Zweifel unterworfen waren. Aber auch solche unter denselben, über welche man noch Bedenklichkeiten hatte, wurden doch neben jenen ungezweifelten gebraucht: zumal da sie nach der in diesen enthaltenen Lehre geprüft werden konnten. Es blieb also auch immer noch viele Freyheit darüber zu urtheilen übrig; wenn gleich weniger bey denenjenigen Büchern, über welche schon die ältesten Christen hinlänglich entschieden hatten. Alles dieses wird durch verschiedene Stellen der Kirchengeschichte des **Eusebius** bestätigt. Man lernt zugleich daraus, wie man zu seiner, und gewiß auch zu jeder frühern Zeit der christlichen Kirche, gewohnt gewesen sey, die ächten biblischen Schriften von den unächten abzusondern.

So versichert **Eusebius**, (Hist. Eccl. L. III. c. 3. daß von dem Apostel **Petrus** nur der erste Brief durchgängig als ächt angenommen werde, und von den ältern Lehrern als ein solcher angeführt worden sey; allein was den zweyten betreffe, habe man die Nachricht, daß er nicht zum Neuen Testamente gezählet worden sey. (ἐκ ἐνδιαθηκος) Doch da ihn viele vor nützlich gehalten hätten, so sey er mit den übrigen heiligen Schriften fleißig gelesen worden. Hingegen wäre das Buch, welches die Thaten Petri heisse, ingleichen sein sogenanntes **Evangelium**, seine Predigt
und

und Offenbarung, bekanntermaaßen niemals allgemein angenommen worden; wie sich denn auch kein älterer oder neuerer kirchlicher Schriftsteller eines Zeugnisses aus diesen Büchern bediene.

337.

Vornemlich aber sagt der Verfasser in einer wichtigen Stelle (L. III. c. 25.) seine Meinung, oder vielmehr auch die Meinung seines Zeitalters, von den sämmtlichen damals vor heilig und göttlich geachteten Schriften der Christen, die er die Schriften des Neuen Testaments oder Bundes (τῆς καινῆς διαθήκης) nennt. „Zuerst, schreibt er, muß man die „heiligen vier Evangelien setzen. Auf diese folgen „die Apostelgeschichte, die Briefe Pauli, der „erste Brief Johannis, und der erste Brief Petri. Zu allen diesen kann man, wenn man es vor „gut befindet, auch die Offenbarung Johannis „hinzufügen; über welche wir die verschiedenen Meinungen zu seiner Zeit beybringen wollen. Und dieses „sind die unstreitig richtigen Bücher (ὁμολογούμενα.) „Solche denen widersprochen wird, (oder gegen „welche Zweifel erregt werden, ἀντιλεγόμενα) sind der „Brief des Jacobus, der vom Judas, der andere vom Petrus, der zweyte und dritte vom „Johannes; sie mögen nun von dem Apostel Johannes, oder von einem andern Johannes herrühren. Unter die unächten (νόθα) aber muß man „die Thaten Pauli, den sogenannten Hirten, und „die Offenbarung Petri rechnen, außerdem noch „den Brief, der dem Barnabas beygelegt wird, „und die sogenannten Lehren der Apostel. Hierzu „setze man noch, wie ich gesagt habe, wenn man will, „die Offenbarung Johannis, welche einige, wie „gedacht, verwerfen; andere aber zu den unstreitig „richtigen Büchern zählen. Manche haben auch
„schon

„ſchon darunter das Evangelium der Hebräer ge-
„ſetzt, deſſen ſich beſonders die jüdiſchgebohrnen Chri-
„ſten gern bedienen. Alle dieſe Bücher alſo gehören
„unter die in Zweifel gezogenen. Ich habe unterdeſ-
„ſen vor nöthig befunden, dieſes Verzeichniß zu ge-
„ben, und diejenigen Bücher, welche nach den kirch-
„lichen Nachrichten (ἐκκλησιαστικὴν παράδοσιν) wahr,
„ächt und unſtreitig richtig ſind, von denen zu unter-
„ſcheiden, welche nicht in der Sammlung des Neuen
„Teſtaments ſtehen, ſondern Widerſprüchen ausgeſetzt
„ſind; gleichwohl aber von den meiſten Kirchenlehrern
„erkannt werden: damit man ſowohl dieſe, als auch
„diejenigen kennen möge, welche von den Ketzern un-
„ter den Nahmen der Apoſtel ans Licht geſtellt werden;
„dergleichen die Evangelien des Petrus, Tho-
„mas, Matthias, und einiger andern, auch die
„Thaten des Andreas, Johannes, und der an-
„dern Apoſtel ſind. Kein Kirchenlehrer der auf die
„Apoſtel gefolgt iſt, hat eines dieſer Bücher gewürdigt,
„es in ſeinen Schriften anzuführen. Auch iſt der Aus-
„druck derſelben weit von dem Apoſtoliſchen entfernt.
„Endlich weichen der Inhalt und die Meinungen die-
„ſer Bücher ebenfals von der wahren Rechtgläubigkeit
„ab. Deſto deutlicher iſt es, daß ſie Erdichtungen
„der Irrlehrer ſind, die man nicht einmahl unter die
„unächten Schriften ſetzen, ſondern völlig als unge-
„reimte und gottloſe verwerfen muß."

Es darf nicht geleugnet werden, daß ſich in dieſer
Stelle einige Dunkelheit finde; beſonders in demjenigen, was der Verfaſſer von der Offenbarung Johannis ſchreibt. Aber ſchwerlich konnte man auch
von dem Euſebius, als Geſchichtſchreiber, mehr erwarten; und wenn nicht alles in ſeiner Nachricht klar
genug iſt, ſo mag es auch ihm und ſeinen Zeiten noch
nicht

nicht so völlig gewesen seyn. Er begnügt sich, mit historischer Genauigkeit den Erfolg seiner Nachforschungen anzugeben, ohne die Gründe und Zweifel, die Personen und Schriften nahmentlich darzustellen: man sollte nur überhaupt sehen, was vor einen Werth die Christen seiner Zeit gewissen vor heilig geachteten Büchern beilegten. Selbst läßt er es aufrichtig bey einem derselben merken, daß er noch in Ungewißheit schwebe. Und ob er gleich alles vor sich hatte, was seit mehr als zweihundert Jahren darüber geurtheilt und geschrieben worden war; so begegnete er doch den Christen, welche jenes Buch (die Offenbarung Johannis) vor ungezweifelt ächt hielten, auch noch in einer andern Stelle (L. III. c. 39.) mit Achtung und Bescheidenheit. Ihre Anzahl scheint groß und ihr Eifer für dasselbe desto hitziger gewesen zu seyn, da sie vermuthlich gröstentheils das tausendjährige Reich auf dieses Buch stützten. Daher kommt es, daß er es zu giebt, wenn man unter die ungezweifelt richtigen oder von sehr vielen angenommenen Bücher, auch die Offenbarung rechnen wolle. Es ist auch zwischen den beyden letzten Classen von Büchern, die er festgesetzt hat, weder Widerspruch noch Vermischung vorgegangen; wie der erste Anblick einige zu glauben verleitet hat. Denn die zweite Classe der bezweifelten oder bestrittenen Bücher begreift eigentlich zwo Gattungen unter sich: solche Bücher, gegen welche nur von einer Anzahl Christen Einwürfe wegen ihrer Verfasser gemacht wurden, (oder die Bücher der zweiten Classe,) und die unächten, oder über welche sie ziemlich überein kamen, daß sie den vorgegebenen Verfassern untergeschoben wären; (das heißt, die Bücher der dritten Classe.) Man muß es dem Eusebius Dank wissen, daß er ehrlich und freymüthig, ohne einen theologischen Streit daraus zu machen, diese ge-

samm-

sammlete Nachrichten mitgetheilet hat. Freylich war auch keine Gefahr zu diesen Zeiten vorhanden, wenn man über die gedachten Bücher sein Urtheil öffentlich sagte. Ein allgemein anzunehmendes Verzeichniß der Bücher des Neuen Testaments, war noch weder durch Lehrer, noch durch Kirchenversammlungen, unveränderlich festgesetzt worden: und da die angeführte erste Classe von Büchern die eigentlichen Hauptschriften der christlichen Sammlung von Religionsquellen alle enthielt: so konnte auch ihr Glaube nichts leiden, wenn gleich einige Schriften von besonderer Bestimmung oder geringerer Fruchtbarkeit, nicht in dieselbe gezogen wurden.

Einige andere Schriften des Eusebius stehen mit seiner Kirchengeschichte in Verbindung. Außer seinem Buche von den Märtyrern in Palästina während der Verfolgung des Diocletianus, das ordentlich als ein Theil des achten Buchs der Kirchengeschichte angesehen wird, und in der Beschreibung jener Verfolgung gebraucht worden ist, hatte er eine allgemeine Sammlung der ältern Märtyrergeschichten (τῶν ἀρχαίων μαρτυρίων συναγωγή) geschrieben, auf die er sich selbst (Hist. Eccl. L. IV. c. 15. L. V. c. 21.) beruft. Man glaubt wahrscheinlich genug, daß sich manche Stücke dieses untergegangenen Werks sich in den Lebensbeschreibungen der Kirchenväter, die unter dem Nahmen des Hieronymus vorhanden sind, und in den Lebensbeschreibungen der Heiligen vom Simeon Metaphrastes, erhalten haben; so wie auch eine Erzählung, welche Papebroch (in Actis Sanct. Iun. T. I. p. 420. sq.) herausgegeben hat, eben daher geschöpft seyn soll. Die vier Bücher vom Leben des Constantinus, die anderwärts (Th. I. S. 146.) beurtheilt, und bisher häuffig genützt worden sind, machen besonders eine wichtige Ergänzung der Kirchengeschichte des **Eusebius** aus. Die ehemaligen Zweifel neuerer Gelehrten, ob dieses Werk sich von ihm herschreibe, sind nunmehr gefallen: und es bleibt eben sowohl, als andere viel zu lobrednerisch abgefaßte historische Arbeiten, eine schätzbare Quelle. Verschiedene Reden und Aufsätze welche **Eusebius** dem gedachten Kaiser zu Ehren schrieb, oder an ihn richtete, sind verloren gegangen. Wir lesen nur noch eine Lobrede auf denselben, die er bey dessen dreyßigjährigen Regierungsandenken gehalten hat: eine sehr weitläufige und mit vieler Zierlichkeit abgefaßte Rede, in der man aber nicht weniger von den Religionslehren der Christen, als von den Thaten des Kaisers, der sich um die Ausbreitung derselben verdient gemacht hatte, antrifft.

Zu den unvergeßlichen Denkmälern für die Geschichtkunde, und den gelehrten Vertheidigungsschriften des christlichen Glaubens, setzte **Eusebius** auch noch mancherley Bemühungen über die heilige Schrift hinzu; so viele Untersuchungen und Erklärungen derselben ausgenommen, die er schon in seine Bücher von der zweyten Art eingestreuet hatte. Um die Uebereinstimmung der Evangelischen Geschichtschreiber sichtbar zu machen, verfertigte er zehn Verzeichnisse (Κανόνες) über dieselben. In das erste setzte er diejenigen Erzählungen, die sich bey allen vier Evangelisten finden; in die drey folgenden, solche, die nur bey drey Evangelisten stehen; wiederum in fünf andere, diejenigen Nachrichten, welche nur zween von den gedachten Geschichtschreibern haben; endlich in das zehnte, was nur ein einziger derselben berichtet. Man liefet sie nebst dem Schreiben, welches er beigefügt hat, in verschiedenen Ausgaben des griechischen Neuen Testaments, unter andern auch in der **Millischen;**

schen; das Schreiben aber hat Fabricius (Biblioth. Gr. Vol. VI. p. 97. sq.) besonders abdrucken lassen. Noch hatte Eusebius ein Werk von der Uneinigkeit der Evangelien, (περὶ τῆς τῶν Εὐαγγελίων διαφωνίας) ausgearbeitet, worinne er beflissen war, die anscheinenden Widersprüche derselben zu heben. Stellen aus demselben hat Anastasius von Sinai (Quaest. 153.) und Combefis (Auctar. nov. Patrum, T. I. p. 781. 783.) aufbehalten.

Da ihm die Erdbeschreibung von Palästina, wo er wohnte, so wohl bekannt war: so wandte er dieselbe zur Aufklärung der heiligen Schrift in folgendem Werke an: Von den Nahmen der Gegenden und Städte in der heiligen Schrift, (περὶ τῶν τοπικῶν ἐν τῇ θείᾳ γραφῇ). Im ersten Theil desselben, den wir nicht mehr besitzen, hatte Eusebius die hebräischen geographischen Nahmen der heiligen Schrift griechisch erklärt, auch eine Beschreibung des jüdischen Landes, insonderheit von Jerusalem und dem Tempel, gegeben. Eben die erstgedachten Nahmen brachte er im zweyten Theil in alphabetische Ordnung, bestimmte die Lage eines jeden Orts, und bemerkte, wie er zu seiner Zeit genannt würde. Lange konnte man denselben nur in der lateinischen Uebersetzung lesen, welche Hieronymus davon gemacht, und darinne, weil er gleichfals sich in Palästina aufhielt, viel verbessert und hinzugesetzt hat. Den griechischen Text davon gab zuerst der Jesuit Jacob Bonfrere zu Paris in den Jahren 1631. und 1659. heraus, verbesserte ihn aus der Uebersetzung, verfertigte eine neue, setzte Anmerkungen und Ergänzungen, auch eine Landkarte hinzu, und gab dadurch dem Werke, dessen Ordnung er auch bequemer einrichtete, eine vorzügliche Brauchbarkeit. Marcianay berichtigte es noch mehr, als er solches in den zweyten Theil seiner Ausgabe von den Werken des Hieronymus einrückte. Doch wurde auch sein Fleiß durch die vollständigere Ausgabe übertroffen, welche Johann Clericus davon unter der Aufschrift: Onomasticon urbium et locorum S. Scripturae, zu Amsterdam im Jahr 1707. ans Licht stellte.

Nächstdem schrieb Eusebius auch ausführliche Erklärungen biblischer Bücher. Von seiner Auslegung der Psalmen ist noch der größte Theil, nemlich über die hundert und neunzehn ersten Psalmen, übrig geblieben, und vom Montfaucon (Nova Collect. Patrum, T. I. p. 1. sq.) mit einer lateinischen Uebersetzung, Anmerkungen und einer lesenswürdigen Einleitung den Gelehrten mitgetheilet worden; in welcher letztern von dem Verfasser und dem Gebrauche dieses Werks viele lehrreiche Anmerkungen vorkommen. In eben dieser Sammlung (Tom. II. p. 347. sq.) hat der Herausgeber auch das allermeiste von der Erklärung des Jesaias durch den Eusebius, ans Licht gezogen, mit seiner Uebersetzung und mit Anmerkungen begleitet. Beide Erklärungsschriften sind zwar in der Erörterung des Wortverstandes nicht von sehr beträchtlichem Nutzen. Ihr Verfasser hatte keine genauere Kenntniß der hebräischen Sprache: er behalf sich, wie so viele andere Kirchenlehrer dieser ältesten Zeiten, bey dem Alten Testamente mit den griechischen Uebersetzungen. Er gab auch häuffig, als ein Nachahmer des Origenes, geheime Deutungen von der allegorischen, mystischen und typischen Art an, wie man bey seinen frühern Werken bereits oben gesehen hat. Aber doch haben diese Schriften durch manche historische und andere Erläuterungen, auch durch die häuffig eingerückten Stellen der alten griechischen Uebersetzer, einen nicht geringen Werth erhalten.

Von

Schrift. d. Eusebius, Bisch. von Cäsarea. 229

Von den Auslegungen des Eusebius über das Hohelied Salomons, hat Meursius einige Ueberbleibsale, mit des Polychronius und Psellus Arbeiten über eben dieses Buch, zu Leiden im J. 1617. 4. drucken lassen. So hatte er auch ein Buch vom Leben der Propheten geschrieben, aus welchem man ein Stück vor des Procopius Gazäus Erklärung des Jesaias (Paris 1680. Fol.) antrifft.

Vierzehn Abhandlungen oder vielleicht Predigten in lateinischer Sprache, welche der Jesuit Sirmond unter dem Nahmen des Eusebius (Eusebii Caes. Opuscula XIV. Paris 1643. 8. Sirmondi Opp. T. I. p. 1. sq.) herausgegeben hat, könnten wohl Uebersetzungen aus seiner griechischen Urschrift seyn; wenigstens enthalten sie eben nichts, wodurch diese Meinung unwahrscheinlich würde. Ob sie gleich nicht sehr zusammenhängend gerathen sind; so fehlt es ihnen doch nicht an Gründlichkeit und Beredsamkeit. Die beyden ersten sind gegen die Lehren des Sabellius gerichtet. In der dritten wird der Beweis für die Gewißheit der Auferstehung aus der göttlichen Fürsorge und Gerechtigkeit geführt, auch gezeigt, daß Abraham die Aufopferung seines Sohns nicht unternommen haben würde, wenn er nicht von einem künftigen Leben überzeugt gewesen wäre. Daß Christus würklich auferstanden und gen Himmel gefahren sey, wird in dem vierten Aufsatze aus der Standhaftigkeit der Apostel und Märtyrer, ingleichen aus der Wundervollen Fortpflanzung der christlichen Religion, dargethan. In den sechs folgenden Abhandlungen wird bewiesen, daß Gott unkörperlich und unsichtbar, ingleichen daß die Seele des Menschen geistig und unsterblich sey; daß der Mensch besonders die Fähigkeit besitze, sich selbst zu erkennen, und daß er auch seine

Begierden zurückhalten könne. Die beiden nächsten Predigten über Matth. X, 34. 37. erklären es, wie durch die wohlthätige Ankunft Christi unter den Menschen gleichwohl wegen ihrer üblen Gesinnungen, Unruhen entstanden sind; und wie sehr sich die Christen, auch außerhalb eigentlicher Verfolgungen, verbunden achten und stets bereit seyn müssen, um Christi Willen zu leiden. Endlich wird in der dreyzehnten und vierzehnten über 2 Corinth. VIII, fgd. eine thätige Frömmigkeit in der Ausübung alles Guten, besonders auch im Almosengeben, empfolen.

Andere noch vorhandene Schriften des Eusebius werden in der Geschichte der Streitigkeiten des Arius und des Marcellus von Anzyra, weit bequemer als hier, beschrieben werden können. Aber außer diesen allen hatte er noch eine Anzahl Werke geschrieben, die uns die Zeit entrissen hat. Es ist schon anderswo (Th. IV. S. 432.) des Antheils gedacht worden, den er an der Schutzschrift seines Freundes Pamphilus für den Origenes, durch Verfertigung des sechsten Buchs derselben, genommen hat. Er hinterließ ein ansehnliches Werk zur Vertheidigung der christlichen Religion, wider ihren berühmten Feind, den Porphyrius. Den Heiden überhaupt, welche diese Religion bestritten, setzte er eine eigene Widerlegung und Schutzschrift (ἔλεγχος καὶ ἀπολογία) entgegen. Er arbeitete noch mehrere Werke von verwandtem Inhalte aus: eine kirchliche Vorbereitung, (ἐκκλησιαστικὴ παρασκευή) einen kirchlichen Beweis, (ἐκκλησιαστικὴ ἀπόδειξις) und Auszüge prophetischer Stellen, (ἐκλογαὶ προφητικαί.) Aber es nützt wenig, bloße Aufschriften verlorner Werke, von deren Inhalte sich jetzt so wenig sagen läßt, anzuführen. Man kann sie und noch mehrere bey den

Schriftstellern finden, welche Nachrichten von diesem unermüdeten Gelehrten gesammlet haben.

g. n.
C. G.
306
bis
337.

Unter diesen stehen die Alten oben an; welche ihm aber, wegen des Verdachtes des Arianismus, den er sich zugezogen hatte, gröstentheils nicht sehr günstig sind. Hieher gehören vorzüglich Athanasius, (Epist. de decret. Synod. Nicaen. und an andern Stellen,) Hieronymus, (Catal. Scriptt. Ecclef. c. 81. et in Epist.) Socrates, (Hist. Eccl. L. II. c. 21.) Philostorgius, (Hist. Eccl. Epit. L. I. c. 2. L. VIII. c. 14.) Photius, (Biblioth. cod. 13. 127. Epist. 144.) und andere mehr. Von den Neuern können hier insonderheit Valesius (de vita et scriptis Eusebii Caesar.) Tillemont und Dü Pin in ihren bekannten Werken, Hanke (de Byzantin. rerum Scriptorib. graecis, p. 1 — 130.) le Clerc (Bibliothèque univerfelle, T. X. und daraus in der übersetzten Lebensbeschreibung einiger Kirchenväter und Ketzer,) Johann Christoph Ernesti (de Eusebio Differtatt. II. Wittenberg 1688. und wiederum 1703. 4.) und Fabricius (Biblioth. Gr. Vol. VI. p. 30—105.) mit Nutzen gelesen werden. So verschieden bey dieser Menge von Schriftstellern ihre Absicht, Art zu sammeln und zu urtheilen ist: so angenehm ist selbst diese Verschiedenheit für Leser, welche eigene Beurtheilung hinzubringen, und sich die Schicksale eines so merkwürdigen Mannes bey der Nachwelt bekannt machen wollen. Noch vor kurzem hat der Herr Rector Stroth seinem wohlgerathenen Versuche einer deutschen Uebersetzung von der Kirchengeschichte des Eusebius, (deren Urschrift er auch herauszugeben im Begriff ist,) eine kurze Lebensbeschreibung dieses Schriftstellers vorgesetzt, in der sich manche Spuren eigener Untersuchung finden. Es dient übrigens zur Kenntniß der Denkungsart der Christen in Religionssachen, daß sie dem Eusebius beinahe stets den gewöhnlichen Ehrennahmen Heilig versagt haben, den man angesehenen rechtgläubigen Kirchenlehrern und Schriftstellern, besonders auch leidenden Bekennern des Christenthums, von denen er gleichfals einer gewesen war, beizulegen pflegten; wenn gleich ihre Sitten oft, bey aller ihrer Rechtgläubigkeit, sehr unheilig waren. Nur in den spätern Jahrhunderten haben einige Verfasser von Märtyrerbüchern (Martyrologia,) wie Usuardus, und andere, es gewagt, ihn den heiligen Eusebius zu nennen.

F. n.
E. G.
306
bis
337.

Leben und Meinungen
des
Lactantius.

Zu gleicher Zeit mit ihm, wie er an dem Hofe des Kaisers Constantinus geschäzt, und durch ähnlichen Eifer in der Vertheidigung des Christenthums gegen die Heiden berühmt, lebte ein lateinischer Schriftsteller der Christen, Lucius Cölius (oder Cäcilius) Lactantius Firmianus. Sein Vaterland ist unbekannt; man glaubt aber, daß es Africa gewesen sey, weil er sich des Unterrichts in der römischen Beredsamkeit, den Arnobius zu Sicca gab, bedient hat. In der That würde ein Italiäner, wovor ihn noch Neuere gehalten haben, der Beredsamkeit wegen nicht nach Africa gereiset seyn. Aber er ließ auch seinen Lehrer weit hinter sich zurück, und behielt keine Spur der africanischen Härte in seiner
Schreib-

Schreibart übrig. Sein Ruf verschaffte ihm eine Lehrstelle der Beredsamkeit, die man ihm zu Nicomedien, wo damals Diocletianus seinen Sitz hatte, gegen das Ende des dritten Jahrhunderts, auftrug. Hier lehrte er die gedachte Kunst lange Zeit; fand aber doch wenige Zuhörer, weil man in dieser griechischen Stadt auch vorzüglich die griechische Sprache bearbeitete. Er wandte daher seine Beredsamkeit, die er als Sachwalter niemals gebraucht hat, zur Vertheidigung des Christenthums in Schriften an, und erwarb sich durch dieselbe einen ausnehmenden Ruhm.

Es ist ungewiß, zu welcher Zeit er die christliche Religion angenommen habe. Vielleicht brachte ihn bereits Arnobius in Africa zu derselben: wenigstens war sie in dem grösten Theil der Regierung Diocletians kein Hinderniß, wegen welcher Lactantius nicht öffentlich zu Nicomedien hätte lehren können. Er erlebte auch daselbst den Anfang der Verfolgung im Jahr 303. und man schließt aus den vielen Umständen die er von den damaligen Begebenheiten in der genannten Stadt erzählt, daß er bis zum Jahr 313. mit welchem sich die Bedrückungen der Christen endigten, in derselben geblieben sey. Einige Zeit darauf vertrauete ihm Constantinus die Unterweisung seines ältesten Prinzen Crispus, welcher sich eben in Gallien befand. Ohngeachtet dieses wichtigen Amtes, lebte Lactantius in einer solchen Dürftigkeit, daß es ihm meistentheils auch an dem Nothwendigsten fehlte. Ein neuerer frommer Schriftsteller giebt diesen seinen Umständen die Wendung, daß er freywillig, aus Grundsätzen christlicher Gottseeligkeit, die Armuth gewählt habe. Es ist aber auch nicht unwahrscheinlich, daß ihn seine frühere Lebensart, und zuletzt das Unglück des Crispus, darein gestürzt haben. Vermuthlich ist er nicht lange nach dem Tode dieses Prinzen, und also noch vor dem Jahr 330, verstorben.

Als er während der Verfolgung seiner Mitbrüder sah, daß zween heidnische Gelehrte von großem Ansehen, das Ungemach der Christen noch durch Schriften wider dieselben, welche sie öffentlich vorlasen, zu vergrößern suchten: beschloß er, nach seiner eigenen Erzählung, (Institut. divinar. L. V. c. 2. 4.) nicht allein diese beiden, sondern überhaupt die ähnlichen Angriffe der Heiden auf seinen Glauben abzuwehren, und ihnen zugleich richtigere Begriffe von diesem zu ertheilen; weil doch Tertullianus dieses nicht vollständig, und Cyprianus es nicht genau und bestimmt genug geleistet hätte. In dieser Absicht schrieb er, aber erst um das Jahr 320. wenigstens vollendete er damals, seine *Anleitung zur wahren Religion*, oder, wie man es auch nennen kann, seinen *christlichen Unterricht*, in *sieben Büchern*. (Institutionum divinarum Libri VII.)

In den beiden ersten Büchern dieses Werks, welche, entweder durch ihn selbst, oder durch die Abschreiber, von der falschen Religion, und vom Ursprunge des Irrthums, überschrieben sind, zeigt Lactantius die Falschheit der heidnischen Religion. Es hat vortreffliche Männer gegeben, so fängt er seine Einleitung an, welche der Untersuchung der Wahrheit alles aufgeopfert, und sie gleichwohl nicht gefunden haben, weil sie ein Vorzug Gottes ist, deßen Absichten auch Menschen durch ihre Vernunft nicht ergründen können. Da aber Gott die Weisheitbegierigen nicht länger herumirren laßen wollte, machte er endlich den wahren Weg zur Unsterblichkeit bekannt. Nur bedienen sich wenige dieser Wohlthat; und daher habe ich den Gebrauch derselben empfelen wollen: eine weit nützlichere

lichere Beschäftigung, als mein ehemaliges Lehramt
der Redekunst, in welchem ich eine Anweisung zu arg=
listigen Künsten gab; wiewohl mir auch diese Uebung
in erdichteten Streithändeln, jetzt zur beredtern und da=
her nachdrücklichern Vertheidigung der Wahrheit sehr
dienlich ist. Es ist nicht nöthig, mit derjenigen Fra=
ge den Anfang zu machen, welche ihrer Natur nach die
erste zu seyn scheint: Ob es nemlich eine alles re=
gierende Vorsehung gebe? oder ob alles von
ohngefähr geschehen sey, und fortgehe? Denn
obgleich einige griechische Philosophen, indem sie die
Götter leugneten, zugleich auch die göttliche Vorsehung
aufgehoben haben; so sind sie doch von den übrigen,
besonders von den Stoikern, hinlänglich widerlegt
worden. Es ist auch gar nicht schwer, diesen Irrthum
durch das hierinne allein übereinstimmende Zeugniß
der Völker, und durch die Größe, Bewegung, Einrich=
tung, beständige Dauer, Nutzbarkeit, Schönheit und
andere Eigenschaften der Dinge, zu stürzen. Ich will
also vielmehr mit der folgenden Frage anfangen: Ob
die Welt durch die Macht eines einzigen Gottes,
oder vieler Götter, regiert werde? Jeder weise
Mann muß den ersten Theil dieser Frage bejahen.
Denn mehrern die Regierung der Welt beilegen, heißt
einen jeden derselben desto schwächer und unfähiger zur
Erhaltung des Ganzen machen. In der That besitzt
Gott, der ewige Verstand, auch die vollkommenste
Kraft: er muß also nur einer seyn, dem nichts entzogen,
und nichts beigefügt werden kann. Derjenige ist der mäch=
tigste König, welcher über die ganze Welt herrscht.
Auch kann die höchste Gewalt nicht einmal getheilt
werden, indem sie sonst dem Untergange ausgesetzt seyn
würde. Und da die Welt nur von Einem geschaffen
werden konnte: so kann sie auch nur von ihm allein re=
giert werden, wenn nicht Unordnung und Uneinigkeit

entste=

entstehen sollen. Sagt man, daß mehrere regieren, aber einer der vornehmste sey: so macht man jene aus Göttern zu bloßen Dienern deßelben. So viele Propheten, deren Weißagungen noch täglich erfüllet werden, haben die Einheit Gottes gelehrt: und es kann leicht bewiesen werden, daß sie weder Unsinnige noch Betrüger gewesen sind, wie ihnen vorgeworfen wird. Aber wir können jene Lehre auch aus den Dichtern und Philosophen darthun, die wider uns gebraucht werden. Hier führt Lactantius viele Stellen heidnischer Schiftsteller, und darunter zuletzt den Hermes Trismegistus an, der auch von dem einzigen höchsten Gott und Vater rede, und behaupte, daß derselbe eben deswegen keinen Nahmen habe, weil er von keinem antern Gotte unterschieden zu werden brauche. Er bringt auch zur Bestätigung mehrere ähnliche Stellen der Sibyllinischen Gedichte bey, deren Geschichte er zugleich erzählt. Darauf zeigt er überaus weitläuftig, aber doch auf eine angenehme Art, daß die Götter der Heiden, nach ihren eigenen Nachrichten, nicht einmal Engel, sondern höchstens verdiente Menschen gewesen sind, die zum Theil grobe Schandthaten begangen haben.

Nun wird im zweiten Buche erklärt, wie die Menschen darauf verfallen sind, solche falsche Götter anzunehmen, und wie sie in dieser irrigen Meinung haben bleiben können. Es ist dieses, schreibt der Verfaßer, desto befremdlicher, da sie in der Noth so häufig an Gott denken, und ihn anrufen. Aber es muß schlechterdings eine böse Macht geben, die stets eine Feindinn der Wahrheit ist, sich über die Irrthümer der Menschen freuet, und beständig daran arbeitet, ihren Verstand zu verfinstern, damit sie nicht Himmelwärts sehen und Gott betrachten mögen. Daher kommt

kommt die Thorheit, Bilder anzubeten. Vergebens entschuldigt man sich damit, daß man nur diejenigen anbete, welche durch die Bilder vorgestellt werden. Denn sind diese abwesend, so hören und sehen sie nichts, sind also keine Götter; sind sie aber gegenwärtig, so sind ihre Bilder überflüßig. Ein Bild Gottes muß lebendig und empfindlich seyn: dem Menschen gebühret also selbst dieser Nahme. Man verwundere sich nicht, daß man Gott nicht sieht. Man sieht doch den Menschen selbst nicht; sondern nur das Gefäß, in welchem der Mensch enthalten ist: und seine Eigenschaft erkennt man nicht an der Gestalt dieses Gefäßes; sondern an den Handlungen und Sitten. Verständigere Heiden haben wohl die Falschheit ihrer Religion erkannt; allein entweder alle Religion verworfen, oder die ihrige beibehalten, weil sie keine beßere kannten. Gleichwohl verdienen die Bilder desto weniger eine Verehrung, da sie ungestraft beraubt und beschimpft werden können, wie hier aus vielen Beispielen erwiesen wird. Eben so wenig hätte man die Gestirne vor Götter ansehen sollen. Denn der Grund, aus dem man dieses schließt, weil ihr Lauf bestimmt und vernünftig wäre, beweiset gerade das Gegentheil. Wären sie Götter, so würde ihre Bewegung willkührlich, nicht aber so nothwendig und unveränderlich seyn, als diejenige ist, welche Gott in sie gelegt hat. Auch die besondern Theile der Welt können nicht Götter seyn; noch die ganze Welt überhaupt. Aber die Heiden ergötzen sich einmal an äußerlichen Schönheiten, und hängen so hartnäckig an dem was die Alten gelehrt haben, daß sie es vor ein Verbrechen halten, daßelbe zu untersuchen.

Doch vielleicht, sagt Lactantius, macht man zur Unterstützung des Götterdienstes den Einwurf, sie hätten

hätten doch ihre Hoheit sehr oft durch Wunderzeichen, Träume, Wahrsagungen und Orakelaussprüche bewiesen. Er führt viele Erzählungen dieser Art an, und beantwortet sie folgendergestalt. Gott hat zwar, als die Quelle des vollkommenen Guten, einen ihm ähnlichen, mit den Tugenden seines Vaters versehenen Geist hervorgebracht. Aber er hat auch einen andern gemacht, in welchem die göttliche Art nicht geblieben ist, der durch Neid gegen seinen standhaftern und Gott geliebten Vorgänger verdorben worden, und durch seinen freien Willen einen entgegen gesetzten Nahmen angenommen hat. Statt des Nahmens den ihm die Griechen geben, (διαβολος) nennen wir ihn den **Verleumder oder Ankläger**, (criminator) weil er die Verbrechen zu welchen er selbst verführt, bey Gott angiebt. —— Hier folgt in einigen Handschriften des Werks eine lange Stelle, die in der Hauptsache die **Manichäische** Lehre von einem guten und bösen Grundwesen, nur mit dem Unterscheide, daß beide von Einem Gott herkommen sollen, enthält. Es wird nemlich darinne behauptet, daß, da Gott die Welt zu erschaffen im Begriff gewesen sey, die aus einer Mischung entgegen stehender Dinge bestehen sollte, er vorher zwo Quellen dieser Dinge, nemlich zween Geister, einen guten und bösen, gemacht habe, davon jener gleichsam seine Rechte, der andere seine Linke vorstellen, und jeder eine Art der widerwärtigen Dinge in ihrer Gewalt haben sollten. Er habe ferner den Menschen zugleich gut und böse gemacht, weil sich seine Tugend ohne Böses nicht zeigen könnte, ja gar nicht vorhanden seyn würde. Weil aber das Böse nicht von Gott herkommen konnte, so habe er jenen Stifter desselben gesetzt, der in jeder Bosheit vollkommen geübt seyn sollte; er habe aber auch demselben seinen guten Sohn als einen Streiter entgegen gestellt, und auf gleiche Weise noch viele Engel
von

von beiderley Gattung gezeugt. — Man streitet noch
immer darüber, ob diese Stelle dem Lactantius zu=
gehöre. Sie fehlt freilich in den meisten Handschrif=
ten, und daher auch in den ältesten Ausgaben. Auch
scheint der darinne vorgetragene Irrthum, der nicht
bloß Manichäisch ist, so grob zu seyn, daß man ihn
von einem so oft richtig denkenden Schriftsteller kaum
erwarten könnte. Unterdessen ist doch der Ausdruck
dieser Stelle dem übrigen in diesem Werke sehr ähn=
lich: sie schickt sich ziemlich wohl in den Zusammenhang
hinein: und wenn sie in mehrern Handschriften ver=
mißt wird, so könnte sie gar wohl aus Eifer für die
Rechtgläubigkeit, wovon ehemals die Abschreiber man=
cherley Proben abgelegt haben, aus denselben weggelas=
sen worden seyn. Man muß zwar gestehen, daß die=
se Frage nicht völlig entschieden werden könne; aber
mehreres, auch im folgenden, empfielt doch die Aecht=
heit dieser Stelle.

Bey dem Bau der Welt, fährt Lactantius fort,
hat Gott jenen ersten und größten Sohn dem ganzen
Werke vorgesetzt, und sich seiner als Rathgebers und
Künstlers bedienet. Er hat alles aus Nichts gemacht;
nicht aber aus einer schon vorhandenen Materie: und
hier wird Cicero, der solches behauptete, weitläufig
widerlegt. Gott hat zwo einander entgegen stehende
Theile der Welt gesetzt: den Morgen und den Abend.
Jener gehört Gott zu, weil er die Quelle des Lichts
und Lebens ist; dieser aber dem bösen Wesen, das nur
Finsterniß und Verderben einführt: so wie auch der
Tag und Mittag mit dem erstern, Nacht und Mitter=
nacht mit dem letztern, dem Gegengotte, (antitheo) in
Verbindung stehen. Aus Wärme und Feuchtigkeit hat
Gott alles hervorgebracht: die erstere ist gleichsam ein
männliches und thätiges, die andere gleichsam ein weib=
liches

liches und leidendes Element. Den Menschen hat er zu einem empfindenden und vernünftigen Bilde von sich geschaffen: denn wie unglaublich alles sey, was die Heiden von der Entstehung deßelben gedichtet hatten, wird wiederum ausführlich und gelehrt gezeigt. Der Mensch ist, nach seinen beiden Haupttheilen, gleichsam aus Himmel und Erde zusammengesetzt, und in der That aus Dingen, die mit einander streiten. Ueberwindet der Körper die Seele, so wird sie nicht zernichtet; wohl aber in Ewigkeit gestraft: und dieses nennen wir den zweyten Todt, welcher das Leiden eines ewigen Schmerzens ist. Die Thiere trifft er nicht, weil ihre Seelen nicht von Gott, sondern aus der Luft, entsprungen sind, und durch den natürlichen Todt untergehen. Bey dem Menschen aber gehört der obere Theil oder die Seele, Gott; hingegen der untere, oder der Leib, dem Teufel zu. Dieser hat aus Neid die Menschen im Paradiese verführet: und daher hat Gott sie zum Tode verurtheilt, wie dieses und andere der ersten Begebenheiten, auch die Sibyllinischen Gedichte erzählen. Die Ausartung der Menschen bestrafte Gott mit der Sündfluth; verringerte nach derselben bey jedem Geschlechte, die Dauer ihres Lebens, damit die Länge deßelben nicht abermals Gelegenheit geben möchte, Böses auszusinnen, und setzte es endlich auf hundert und zwanzig Jahre, als auf ein unüberschreitbares Ziel, herab. Nun wurden die Cananäer, Nachkommen des Cham, das erste Volk das Gott nicht kannte, weil ihr Stammvater die wahre Religion von seinem Vater nicht annahm; welche hingegen von den Hebräern beibehalten wurde.

Damit jedoch der Teufel, (dieses ist die weitere Erklärung des Verfaßers,) dem Gott von Anfang her Gewalt über Erde ertheilt hatte, die Menschen nicht

Leben und Meinungen des Lactantius.

nicht ferner verderben möchte, schickte Gott, zur Beschützung und Ausbildung der Menschen, Engel ab; verbot ihnen aber, sich durch Ansteckung der Erde nicht zu verunreinigen. Er wußte wohl, daß sie es thun würden; allein er verbot es ihnen, damit sie nachmals keine Vergebung hoffen möchten. Würklich verleitete sie der Beherrscher der Erde nach und nach zu Lastern: sie befleckten sich durch den Umgang mit Weibern, und fielen dergestalt vom Himmel gänzlich auf die Erde, wo sie Diener des Teufels wurden. Weil aber die von ihnen gezeugten weder Engel noch Menschen, sondern von mittlerer Natur, waren; so sind sie auch nicht in die Hölle aufgenommen worden. Auf diese Art sind nun zwey Geschlechter von bösen Geistern (oder Dämonen) entstanden: ein himmlisches, und ein irdisches. Diese letztern sind die unreinen Geister, Stifter des Uebels: und ihr Fürst ist der Teufel. Sie wissen zwar viel Künftiges; aber nicht alles: und daher pflegen sie ihre Aussprüche zweideutig abzufassen. Ob sie gleich die Menschen zu Grunde richten; so wollen sie doch vor Hüter derselben angesehen seyn, damit sie an Statt Gottes verehrt werden. Sie schweifen auf der ganzen Erde herum, füllen alles mit Betrügereien und Irrthümern an, halten sich an einzele Menschen: und sie sind es, die als Götter angebetet werden. Oft schleichen sie sich in die Körper, verursachen Krankheiten, erschröcken und zerrütten die Menschen, damit sie bey ihnen Hülfe suchen mögen. Vielleicht sagt jemand, man müsse sie also verehren, damit sie keinen Schaden zufügen. Allein sie schaden nur denen, die sich vor ihnen fürchten, und von Gott nicht beschützt werden. Vielmehr scheuen sie selbst die Verehrer Gottes; fahren aus, wenn sie bey seinem Nahmen beschworen werden, und bekennen alsdenn wer sie sind. Von ihnen sind die Sterndeuterey, die Wahrsager-

F. n.
C. G.
306
bis
337.

sagerkunst, und andere Künste erfunden worden. Sie haben die Menschen gelehrt, Bilder verstorbener Fürsten zu machen, um unter deren Nahmen selbst angebetet zu werden. Alle ihre Bemühungen gehen nur dahin, den Menschen zu schaden und sie zu betrügen. Weil sie einst Diener Gottes gewesen sind, merken sie einige seiner Anstalten voraus, und kündigen solche durch Träume, Orakelsprüche, und auf andere Art an, als wenn sie Urheber davon wären. Fragt man noch, warum Gott so viel Böses dulde? Damit Böses und Gutes, Laster und Tugenden mit einander kämpfen; damit er solche haben möge, die er strafe, und andere, die er ehre. Denn er wird einst über Lebendige und Todte Gericht halten; bis dahin aber beweiset er die vollkommenste Geduld.

Nachdem Lactantius bisher die Falschheit der heidnischen Religion dargethan hat: sucht er im dritten Buche, von der falschen Weisheit, zu beweisen, daß die Philosophie der Heiden eben so ungegründet und unnütze sey. Er schließt dieses schon aus ihrem Nahmen: da sie ein Bestreben nach Weisheit heißt, so kann sie, meint er, nicht die Weisheit selbst seyn: und daß diese noch nicht gefunden worden sey, gestehen die Philosophen selbst, welche sie noch immer suchen. Es kommt eigentlich bey der Philosophie auf Wissenschaft und auf Meinung an. Jene rührt allein von Gott her: es bleiben also dem Menschen bloß Meinungen und Muthmaaßungen übrig. Daraus entsteht aber lauter Ungewißheit: wie denn auch jede philosophische Sekte vor. den übrigen getadelt und verworfen wird. Man mag mit einigen dieser Philosophen behaupten, daß man etwas gewiß wissen könne; oder mit andern solches leugnen: so ist die Philosophie verloren. In der Sittenlehre, wo sie, wegen ihres wichtigen

Leben und Meinungen des Lactantius.

tigen Nutzens, durchaus alle übereinstimmig lehren
sollten, haben sie sich niemals über die Hauptfrage
vom höchsten Gute vergleichen können. Der Verfaſſer beſtreitet verſchiedene ihrer Meinungen darüber,
und behauptet, daß dieſes Gut bloß in der Religion
zu ſuchen ſey. Alle Menſchen kommen darinnen überein, daß man Religion haben müſſe; nur irren ſie
darinne, daß ſie dieſelbe ohne Weisheit, oder dieſe
ohne Religion beſitzen wollen; welches beides unmöglich iſt. Unſterblichkeit iſt eigentlich das höchſte Gut.
Wie man zu derſelben gelangen könne, lehrt die Religion; die Tugend aber macht, daß wir zu derſelben
gelangen. Selbſt die Beſchreibungen, welche große
Männer unter den Heiden, wie Cicero und Seneca
inſonderheit, von der Philoſophie machen, ſind feh-
lerhaft. Man ſieht auch, daß ſie dieſelbe mehr zum
Vergnügen als zur Beſſerung erforſcht haben: und
daß ſie keine wahre Weisheit ſeyn könne, iſt ſchon daraus klar, weil man ihren Anfang und Urſprung kennt.

So iſt die Philoſophie beſchaffen, ſagt Lactantius: die Philoſophen ſind nicht beſſer. Epicurus,
der die göttliche Vorſehung leugnete, und die Seelen
ſterben ließ, hat dadurch gleichſam für die Aufmunterung von Räubern geſorgt. Die Pythagoräer und
Stoiker, welche die Unſterblichkeit der Seele erkannten, haben durch ihre Lehren von der Wanderung derſelben, von der Pflicht, das Leben als ein Uebel zu
meiden, und dergleichen mehr, Irrthümer und Selbſt-
mord veranlaßt. Socrates ſelbſt und Plato haben
viel Falſches und Verführeriſches geſagt, wie der erſtere inſonderheit die Worte: Was über uns iſt, geht
uns nichts an; und der letztere die Meinung von der
Gemeinſchaft der Weiber. An den geringern Philoſophen iſt nicht weniger zu tadeln. Darunter rechnet

der

der Verfasser, zum Beispiel, die Lehre des Zeno, daß das so wohlthätige Mitleiden ein Fehler und eine Krankheit sey; ingleichen die Behauptung, daß es Gegenfüßler gebe: einen ungereimten Einfall, der daraus entstanden sey, weil einige geglaubt hätten, die Erde sey auf allen Seiten rund, und müsse also auch überall an Menschen und Gewächsen gleiche Beschaffenheit haben, welches auch dadurch begreiflich werde, weil alle Dinge gegen ihren Mittelpunkt schwer wären. Auch deswegen kann die Philosophie keine Weisheit seyn, weil sie, nach dem eigenen Geständnisse ihrer Verehrer, nicht für alle Menschen ohne Unterscheid, sondern nur für eine kleine Anzahl brauchbar ist. Der Erfolg hat dieses ebenfals bestätigt: und die Vorschriften der Philosophie werden nicht einmal von den Philosophen selbst beobachtet. Aber die Kraft der göttlichen Weisheit, oder der Religion, ist so groß, daß sie den Lasterhaften tugendhaft macht. Durch Ein Bad wird alle Bosheit weggeschafft. Ist diese Weisheit in das Herz des Menschen gegossen, so treibt sie auf einmal die Thorheit, die Mutter der Sünden, durch Einen Anfall aus: dazu ist weder Lohn, noch Bücher oder Studieren nöthig, und diese volle göttliche Quelle steht allen offen. Damit lassen sich die Lehren der Philosophen gar nicht vergleichen; wenn sie gleich manches ähnliche enthalten. Sie können den Menschen nicht bessern, sehen nicht über dieses Leben hinaus, setzen die nichtsbedeutenden oder zweideutigen Wörter, *Natur und Glück*, an die Stelle Gottes, und bleiben voll Widerspruch und Ungewißheit.

Alle diese Untersuchungen führen den Verfasser im vierten Buche zu der genauern Erklärung der wahren Weisheit. Nach einer Klage über die schlimmen Folgen, welche die falsche Religion nach sich gezogen

Leben und Meinungen des Lactantius.

zogen hat, bemerkt er, daß die alten Philosophen die
Weisheit auch darum nicht hätten finden können, weil
sie solche bey den Aegyptiern, Magiern und Persiern,
nicht aber bey den Juden, bey welchen sie allein anzutreffen war, gesucht hätten; es habe sie aber auch die
göttliche Vorsehung nicht zu diesem Volke kommen lassen, weil es noch nicht erlaubt gewesen sey, daß
Fremde die wahre Religion kennen sollten. Er setzt
hinzu, daß Weisheit und Frömmigkeit nur bey den
Christen unzertrennlich verbunden wären; nicht bey
den Heiden, wo Religion und Philosophie so sehr von
einander unterschieden seyen, erstere auch der Vernunft
entgegen stehe. Weisheit gehört eigentlich für die
Söhne, und verlangt Liebe; Religion aber ist für die
Knechte, und fordert Furcht. Daher wird Gott als
Vater und Herr betrachtet; aber die Heiden kennen
ihn unter keinem von beiden Verhältnissen.

Um nun die vereinigte Religion und Weisheit zu
erklären, sagt Lactantius, muß ich vorher von den
Propheten, deren Zeugnisse ich dabey gebrauchen werde, erinnern, daß sie weit früher als die griechischen
Schriftsteller gelebt haben, insonderheit der erste unter ihnen, Moses, siebenhundert Jahre vor dem
Trojanischen Kriege. Ihnen zu Folge hat Gott vor
der Schöpfung der Welt, einen heiligen und unverweslichen Geist gezeugt, den er den Sohn nannte:
und ob er gleich hernach unzählige andere durch denselben geschaffen hat, die wir Engel nennen; so hat er
doch diesen allein des göttlichen Nahmens des Erstgebohrnen gewürdigt, weil er väterliche Macht und Majestät hat. Von diesem haben Hermes Trismegistus und die Erythräische Sibylle geweissagt: er
ist es auch, der durch den Salomo (Sprüche C. VIII.
v. 22.) von sich geredet hat. Sein Nahme ist nicht

einmal den Engeln bekannt; sondern allein Gott dem Vater, kann auch durch menschliche Zunge nicht ausgesprochen werden, wie Hermes abermals lehrt. Einen andern Nahmen hat er bey den Engeln; einen andern bey den Menschen, nemlich Jesus: denn der Nahme Christus (woraus einige aus Irrthum Chrestus gemacht haben,) bezeichnet nur seine Macht und sein Reich. Er ist zweimal gebohren worden: einmal im Geiste, das anderemal im Fleische. Diese seine doppelte Geburt hat sogar bey den Anhängern der wahren Religion Mißverständnisse verursacht. Man muß sich aber die erstere Zeugung nicht auf menschliche Art vorstellen. Ob sich gleich die göttlichen Werke nicht füglich beschreiben lassen; so sagt doch die heilige Schrift von ihm, daß er Gottes Wort, und die übrigen Engel Geister sind. Nun ist Wort ein Hauch, der mit einer bedeutenden Stimme vorgebracht wird. Da aber der Hauch aus der Nase, und das Wort aus dem Munde kommt: so zeigt sich hierinne der Unterscheid zwischen dem Sohne Gottes und den Engeln. Diese sind ganz still als Geister von Gott ausgegangen, weil sie bloß seine Diener seyn sollten; jener aber ist mit Stimme und Schall aus dem Munde Gottes hervorgekommen, wie ein Wort, weil er die Lehre Gottes vortragen, und seinen Willen offenbaren sollte. Unser Hauch ist zerstörbar, weil wir sterblich sind; aber der Hauch Gottes lebt, bleibt und empfindet. Und da unsere Worte fortdauern, wenn sie niedergeschrieben werden: wie vielmehr muß Gottes Wort in Ewigkeit bleiben? Daß aber Gott aus Gott durch Hervorbringen einer Stimme und eines Hauchs habe gezeugt werden können, darüber wird man sich nicht wundern, wenn man einige Stellen der Propheten, (Psalm XXXIII. v. 6. XLII. v. 2. Sirach C. XXIV. v. 4. fg.) gelesen hat. Das griechische Wort (λόγος)

(λόγος) drückt jedoch diesen Begriff besser aus, als das unsrige, (verbum oder sermo) weil es auch Vernunft bedeutet.

F. n.
C. G.
306
bis
337.

Es sollte aber, wie der Verfasser weiter zeigt, auch die zweyte Geburt des Sohnes Gottes auf der Welt zur bestimmten Zeit vor sich gehen. Sie war von den Propheten vorher verkündigt worden: und um dieses zu verstehen, wird ein Auszug der jüdischen Geschichte mitgetheilt. Dieser Lehrer der Gerechtigkeit wurde Gott und Mensch zugleich; aber er blieb Gott getreu: denn er lehrte, daß nur Ein Gott sey, den man allein verehren müsse, und er hat sich niemals selbst Gott genannt, weil er nicht treu geblieben wäre, wenn er, der die Vielgötterey aufheben sollte, mehr als Einen Gott eingeführt hätte. Wegen dieser Treue hat er die Würde eines ewigen Priesters, die Ehre des höchsten Königes, richterliche Gewalt, und den Nahmen Gottes erhalten. Er wurde getauft, nicht, um seine Sünden, denn er hatte keine, sondern um die Sünden des Fleisches, das er trug, aufzuheben. Von seinen Wundern, deren Hauptgattungen beschrieben werden, haben schon die Sibyllen geweissagt. Zwar brauchen einige, weil sie durch die Gedichte derselben überzeugt werden, diese Ausflucht, die unsrigen hätten diese erdichtet. Aber wer beym Cicero und andern Alten die Nachrichten von den Sibyllen gelesen hat, wird dieses nicht glauben können; wenn gleich freylich jene Gedichte zu der Zeit, als man sie noch nicht verstand, vor Unsinn mögen gehalten worden seyn. Das Leiden Christi wird uns zwar als etwas Schimpfliches vorgeworfen, daß wir nemlich einen ans Kreutz geschlagenen Menschen verehrten. Allein es ist mit großer göttlicher Weisheit veranstaltet worden. Hätte er in aller Glückseligkeit

J. n.
G. C.
306
bis
337.

auf der Welt regiert: so würde ihn kein weiser Mann vor Gott gehalten haben. Da hingegen Tugend und Gerechtigkeit seine Vorzüge waren, und nebst seinen Wundern machten, daß er als Gott erkannt wurde: so haben ihm seine thörichten Feinde eben deswegen das Leben geraubt. Die Propheten haben auch dieses verher verkündigt, unter andern Salomo, (B. der Weisheit C. II. v. 12. fg.) und bloß weil er dieses alles erfüllte, haben die in dem göttlichen Worte unwissenden Juden, ihn, als ihren Gott, zum Tode verurtheilt. Nach seiner Auferstehung zeigte er sich den Juden nicht, damit er sie nicht zur Buße bringen möchte; sondern erklärte seinen Jüngern die nun verständlichere heilige Schrift. Die Propheten nennen deswegen das den Juden gegebene Gesetz ein Testament: denn wäre Christus nicht gestorben, so hätte es eben so wenig, als ein anderes Testament, vor dem Tode seines Stifters eröffnet und verstanden werden können. Beide Testamente der heiligen Schrift sind Eines: Christus hat sie beide gestiftet, uns zu Erben des ewigen Reichs gemacht, und die Juden enterbt. Als er gen Himmel fuhr, machte er unter andern dem Petrus und Paulus künftige Dinge bekannt, welche sie zu Rom verkündigten, darunter auch der Untergang des jüdischen Volks war: und diese Verkündigung ist (er meint die untergeschobene Schrift, (Praedicatio Petri) zum Andenken aufgeschrieben worden.

Hierauf beantwortet Lactantius die Einwürfe: warum Christus nicht lieber, zur Belehrung der Menschen, als Gott unter die Menschen gekommen; sondern ihnen so schwach und verächtlich erschienen, und so viel von ihnen gelitten? warum er nicht wenigstens zuletzt, um sich dem Tode zu entziehen, seine Majestät geoffenbaret hat? Darum, antwortete er, weil derjenige,

nige, der andern Vorschriften gab, sie selbst erfüllen
mußte, damit sie sich nicht mit der Unmöglichkeit, dieselben zu beobachten, entschuldigen möchten. Denn
dieses ist eben die Ursache, warum man den Lehren der
Philosophen nicht gehorcht. Weiter kann auch der
vollkommenste Lehrer vom Himmel die Menschen, welche in sich selbst keine wahre Wissenschaft haben können, nicht anders unterrichten, als wenn er ihren Leib
annimmt. Auch kann ihnen die von der Schwächlichkeit ihres Fleisches hergenommene Beschönigung der
Sünde, nicht anders entrissen werden, als wenn ihr
Lehrer dieses Fleisch selbst angezogen hat, und darinne
tugendhaft geblieben ist. Damit man aber gewiß wissen möchte, daß er von Gott gesandt worden sey, mußte
er auf eine ungewöhnliche Art gebohren werden. Er
war solchergestalt Gott und Mensch, zwischen Gott und
den Menschen in der Mitte gestellt; — daher ihn die Griechen den Mittler (μεσίτην) nennen, — auf daß er sie
zu Gott, das heißt, zur Unsterblichkeit führen könnte.
Alle seine Wunder und Leiden hatten eine gewisse Bedeutung. Indem er, zum Beispiel, den Blinden das
Gesicht schenkte, gab er zu erkennen, daß er die Völker mit dem Lichte der Weisheit erleuchten werde.
Seine Leiden kündigten den Anhängern der Wahrheit
in diesem Leben lauter Bitterkeiten, wie Eßig und
Gallentrank, an. Er duldete zuletzt auch den Todt, damit die Christen lernen möchten, denselben zu verachten und zu besiegen. Daß er eben der schmählichsten
Todesart gestorben ist, hat diese Ursachen, weil er
durch eine so tiefe Erniedrigung, auch dem geringsten
Hoffnung zur Seeligkeit machen wollte; weil sein Leib
zur baldigen Auferstehung ganz erhalten werden sollte; weil er am Kreutze erhöhet werden mußte, damit
alle Völker sein Leiden sähen; und weil seine daran aus-
gestreckten Hände anzeigten, es werde eine große Menge

unter seine Flügel versammelt werden. Das Zeichen des Bluts, welches die Juden von ihrem Osterlamm an den Thürpfosten machen, ist eigentlich das Zeichen des Kreußes, weil Christus an diesem sein Blut vergossen hat; so wie das Osterlamm, (pascha) das vom Leiden (πάσχειν) den Nahmen hat, überhaupt ein Vorbild auf ihn war. Auch ist das Zeichen des Kreußes den bösen Geistern, welche menschliche Körper eingenommen haben, fürchterlich. Weder Wahrsager noch Orakelsprüche vermögen etwas, wenn ein mit dem Kreuße bezeichneter gegenwärtig ist. Daher kamen oft Verfolgungen, indem die Wahrsager die Schuld des vergeblichen Opferns den Christen beimaaßen. Ein Beweis wider ihre Religion, deren Götter Christo nicht aus Haß, wie sie vorgaben, sondern aus Ohnmacht, weichen mußten. So ist also alle Hoffnung des Lebens für die Menschen allein in der Religion zu suchen, die auch davon den Nahmen hat, weil sie uns mit Gott verbindet; (hoc vinculo pietatis Deo religati sumus;) und eine andere Ableitung, die Cicero von diesem Worte giebt, wird umständlich bestritten.

Sollte jemand fragen, setzt Lactantius hinzu, wie wir uns zur Verehrung eines einzigen Gottes bekennen, und doch zween, Gott den Vater und Gott den Sohn, einen sterblichen Gott, behaupten können, an welche Lehre sich auch diejenigen stoßen, die unsern übrigen ganzen Glauben annehmen: so muß man bedenken, daß wir den Vater und den Sohn nicht von einander trennen. Sie lassen sich nicht ohne einander denken: und daher haben sie beide Einen Sinn, Geist und Substanz. Nur ist der Vater gleichsam die überströmende Quelle; der Sohn aber gleich einem davon abfließenden Bache: jener ist wie die Sonne; dieser

wie

wie der daraus gehende Strahl. Hat jemand einen sehr geliebten Sohn, der aber im Hause unter der Gewalt des Vaters lebt, ob er ihm gleich den Nahmen und die Macht eines Herrn zugestehet: so wird es doch nach dem bürgerlichen Rechte nur Ein Haus und Ein Herr genannt. Gleichergestalt ist diese Welt Ein Haus Gottes: und der Vater und Sohn, welche sie einmüthig bewohnen, sind Ein Gott, weil Einer wie zween, und zween wie Einer sind. Der Sohn thut nichts, als was der Vater will und befiehlt. Der höchste Gott ist allein ohne Ursprung: er ist der Ursprung der Dinge, und in ihm ist der Sohn und alles enthalten. Da nun der Sinn und Wille des einen im andern, oder vielmehr ein einiger in beiden ist: so werden sie beide mit Recht Ein Gott genannt, weil alles, was im Vater ist, auf den Sohn überfließt, und alles was im Sohn ist, vom Vater herkommt. Man kann also auch den höchsten und einzigen Gott nicht anders als durch den Sohn verehren. Damit endlich niemand diese wahre Weisheit am unrechten Orte suchen möge, ertheilt Lactantius noch einigen Unterricht über die Ketzereyen, in welche das Volk Gottes, durch Antrieb der Teufel, gespaltet worden sey. Christus und seine Gesandten hätten dieselben vorhergesagt, und ihre Entstehung sey auch gar begreiflich. Denn außerdem, daß die meisten der unveränderlichen Vorschriften Christi uneingedenk geworden wären, hätten einige einen zu wankenden Glauben, andere zu wenig Gelehrsamkeit oder Vorsichtigkeit gehabt. Manche hätten eine Trennung gestiftet, weil sie nach dem Bißthum (summum sacerdotium) getrachtet, und ein anderer solches erhalten hätte; wiederum andere wären nicht geübt genug in der heiligen Schrift gewesen, um die Einwürfe zu beantworten, wie Gott ein Kind habe gebohren werden, leiden und sterben können.

§. 11.
C. G.
306
bis
337.

können. Es wären auch manche durch die falschen
Propheten verführt worden. Alle aber hätten dadurch
aufgehört, Christen zu seyn, und dafür menschliche
Nahmen bekommen, wie unter andern die Monta-
nisten, die Novatianer, die Valentinianer, Mar-
cioniten und Anthropianer, (eine unbekannte Parthey, über die sich der Verfasser nicht weiter erklärt
hat.) Die rechtgläubige Kirche behält allein den wahren Gottesdienst bey. Sie ist der Tempel Gottes:
wer nicht da hinein geht, oder aus demselben geht, der
hat keine Hoffnung des ewigen Lebens. Weil aber
alle Ketzergemeinen sich vor rechtgläubig halten: so
muß man wissen, daß es nur diejenige sey, worinne
Bekenntniß und Busse ist, und wo die Wunden der
Sünden, welche die Schwachheit des Fleisches verursacht, geheilt werden.

Das fünfte Buch dieses Werks, das die Ueberschrift von der Gerechtigkeit hat, erklärt zuerst
die Absichten und Ursachen, welche der Verfasser dabey hatte. Insonderheit erinnert er, daß die heilige
Schrift deswegen von vielen Heiden verachtet worden
sey, weil sie in keiner zierlichen Schreibart aufgesetzt
worden sey, und beurtheilt zugleich die vorhergehenden christlichen Verfasser von lateinischen Schutzreden
für ihre Religion, die ihm theils in der Ausführung,
theils im Vortrage, keine Genüge gethan haben.
Was aber die Gerechtigkeit betrift, sagt er: so haben
die Dichter mit Grunde versichert, sie sey von der Erde
in den Himmel weggegangen. Denn dieses ist geschehen, als die Verehrung eines einzigen Gottes auf-
hörte, mit welcher auch die goldene Zeit unter den
Menschen verschwand. Um sie wieder zurück zu führen, schickte Gott seinen Gesandten; aber die Gerechtigkeit, oder, welches einerley ist, die Verehrung Gottes

tes kam nur auf wenige. Die Ursache davon ist diese, weil die Tugend entweder nicht sichtbar ist, wenn ihr keine Laster entgegenstehen; oder, wenn sie nicht durch Widerwärtigkeiten geübt wird, unvollkommen bleibt. Man klage also nicht über die Abwesenheit der Gerechtigkeit: sie ist vor unsern Augen, und darf nur angenommen werden, indem man alle böse Gedanken ablegt. Der Dienst des einzigen Gottes leistet dem menschlichen Geschlechte die wichtigsten Vortheile. Aber da die Heiden die Anhänger der Gerechtigkeit umbringen: so können sie jene Klagen nicht aufrichtig meinen. Ihre abscheulichen Sitten, die Beschaffenheit ihres Götzendienstes selbst, hindern sie gerecht zu seyn. Uns halten sie vor Thoren, daß wir uns, wie wir leicht könnten, den Martern und dem Tode nicht entziehen. Allein da so viele tausend Menschen von allerley Volke, Stande, Geschlecht und Alter, in diesem standhaften Bekenntnisse ihrer Religion vollkommen einmüthig sind: so muß diese Gesinnung vernünftige Gründe genug für sich haben. Freylich hat die Gerechtigkeit, ihrer Natur nach, einen gewissen Schein von Thorheit: und so stellte sie auch der Philosoph Carneades vor. Aber dieser Schein fällt weg, wenn man bedenkt, daß die Gerechtigkeit zwo Haupttugenden in sich enthalte: die Frömmigkeit und die Billigkeit; und daß nach diesem Leben noch ein anderes und unsterbliches bevorstehe. Denn, ohne dieses zu hoffen, würde nichts thörichter seyn, als die Erhaltung und die Vortheile des gegenwärtigen Lebens zu vernachläßigen. Hierdurch müssen auch die Heiden beschämt werden: sowohl in Ansehung des vielen grausamen Unrechts, das sie den Christen zufügen, als auch wegen der elenden Religion, der sie ergeben sind. Sie verfolgen würklich die Christen nicht darum, weil diese die Götter nicht verehren; sondern, weil wir im

Besitze

Besitze der verhaßten Wahrheit sind. Gott aber läßt diese Bedrückungen zu, damit die Christen in der Geduld geübt werden; sich durch die zeitlichen Güter und Vergnügungen nicht verderben lassen; vielmehr durch solche Züchtigungen ihre Besserung befördert werde; damit endlich auch das Volk Gottes immer an Anzahl zunehme. Dieses letztere geschieht besonders, indem viele Heiden die grausamen Menschenopfer die an uns dargebracht werden, verabscheuen; manche unserer Lehre Beifall geben; andere auf die Vermuthung kommen, die Abneigung so vieler sterbenden Menschen vom Götzendienste müsse doch ihren Grund haben; oder begierig werden zu wissen, welches denn das große Gut sey, dem die Christen, Leben und alles aufopfern; noch andere die Standhaftigkeit der Märtyrer bewundern; ingleichen die Strafen sehen, welche die Verfolger immer getroffen haben. Es kommt hinzu, daß die Macht der christlichen Religion, die sich im Austreiben der Teufel aus den Besessenen zeigt, ebenfals viele zu derselben führt. Alle unsere Verfolger werden hier und einst ewig bestraft werden: laßt uns nur darauf bedacht seyn, daß die Menschen an uns nichts als die Gerechtigkeit strafen.

Bisher hatte *Lactantius* die *wahre Weisheit* und *Erkenntniß Gottes* erklärt; nun lehrt er im *sechsten Buche* den *wahren Gottesdienst*. Wir sind, sagt er, deswegen gebildet und beseelt worden, (inspirati sumus) damit wir Gott mit reinem Herzen verehren. Jene heilige und einzige Majestät verlangt von dem Menschen nichts anders als Unschuld zum Opfer. Die Menschen aber glauben, bey allen ihren Lastern, recht gottesfürchtig zu seyn, wenn sie Tempel und Altäre mit blutigen Opfern oder mit Wein benetzen, auch andern kostbaren Aufwand machen; weil sie nemlich die äußer-

äußerlichen Güter über alles hochschätzen. Man sieht auch daraus den irdischen Ursprung derjenigen Götter, welche man mit Speise und Trank bedienet. Ueberhaupt giebt es zween Wege für die Menschen: den einen zum Himmel, den andern zur Hölle. Die Philosophen haben zwar von beiden schon viel Gutes geschrieben, und sie die Wege der Tugend und des Lasters genannt; aber die richtigen Begriffe von der Tugend fehlten ihnen, weil sie die Unsterblichkeit der Seele nicht kannten, und mithin alles auf dieses Leben einschränkten. Wir unterscheiden uns von ihnen darinne, daß wir auf jeden dieser Wege einen unsterblichen Anführer stellen: einen geehrten, der den Tugenden und den Guten, und einen verdammten, der den Lastern und den Bösen vorgesetzt ist; weiter auch darinne, daß wir Leute von jedem Geschlechte und Alter auf den himmlischen Weg führen; und dergleichen mehr. Hauptsächlich aber verbinden wir auf dem erstern Wege, Tugenden mit Armuth und anderm zeitlichen Uebel, aber auch mit ewigen Belohnungen; und auf dem letztern alle Vortheile und Ergötzlichkeiten der Welt mit Lastern und ewigen Strafen. Nicht darinne besteht die Tugend, wie die heidnischen Weisen vorgaben, daß man wisse, was gut oder böse sey; sondern daß man jenes thue, und dieses unterlasse. Diese Weisen wußten selbst nicht einmal, was gut oder böse sey, weil sie Wahrheit und Tugend bloß auf der Welt suchten.

Ihnen setzt also der Verfasser bessere Vorschriften über den Dienst Gottes entgegen. Das erste von Gott selbst bekannt gemachte Gesetz, ist, ihn erkennen, ihn allein Gehorsam und Verehrung leisten. Es ist möglich, daß mancher, aus natürlichen angebohrnen guten Gesinnungen würkliche Tugenden ausübe, wie ehemals Cimon; aber, wenn dabey die Erkenntniß

Gottes fehlt, so ist alles dieses Gute vergeblich: und eine solche Gerechtigkeit ist einem Körper ohne Kopf gleich, dessen Glieder sonst vollkommen, aber ohne Leben sind. Die zweite Hauptpflicht ist man den Menschen schuldig, ob sie gleich im Grunde auch Gott erwiesen wird: und diese wird überhaupt unter dem Nahmen Mitleiden oder Menschlichkeit begriffen. Wir sind alle Anverwandte: daher hat Gott die Feindschaft verboten, und dagegen beständige Hülfleistungen und Mildthätigkeit anbefohlen. Man muß am liebsten da gutes thun, wo man keine Wiedererstattung noch Belohnung erwarten darf; aber auch hier irren die heidnischen Philosophen auf mehr als Eine Art, indem sie alles auf den Nutzen zurück führen. Die göttliche Verheissung, alle Sünden zu vergeben, ist ein großer Lohn für das Mitleiden. So oft man dich also um etwas bittet: so glaube, daß dich Gott versuche, ob du auch werth seyest, von ihm erhört zu werden. Untersuche dein Gewissen, und heile, so viel möglich, deine Wunden: nur denke nicht, daß du deswegen, weil die Sünden durch Freygebigkeit getilgt werden, die Erlaubniß habest, mit aller Frechheit zu sündigen. Sündigst du in einem solchen Vertrauen: so werden sie nicht getilgt. Ist man aber auch schon von aller Sünde gereinigt: so muß man doch in der Wohlthätigkeit fortfahren. Denn alsdenn ist man schuldig, es zur Ehre der Tugend zu thun. Auch kann niemand ohne Sünde seyn, so lange er mit dem Fleische bekleidet ist. Es übersteigt fast die menschlichen Kräfte, daß man selbst durch Gedanken nicht sündigen sollte. Man darf also auch niemals aufhören, durch Mildthätigkeit an der Tilgung seiner Sünden zu arbeiten. Hier widerlegt Lactantius die Meinungen der Philosophen, daß Barmherzigkeit, Begierde und Furcht, Krankheiten des menschlichen Gemüths wären, die

man

Leben und Meinungen des Lactantius. 257

man ausrotten müsse; daß die Laster, weil man sie nicht aufheben könne, wenigstens gemäßigt werden müßten. Er zeigt dagegen, es sey Pflicht, die menschlichen Triebe und Leidenschaften recht zu leiten. So sey, zum Beispiel, Furcht kein Laster, und keine Schwäche des Menschen. Die höchste Furcht müsse vielmehr die höchste Tugend genannt werden, nemlich die Furcht Gottes.

J. n.
J. G.
306
337.

Hat nun ein Verehrer Gottes, fährt Lactantius fort, jene Haupttugenden geübt, so wird es ihm leicht, sich auch der übrigen zu befleißigen. Er darf niemals lügen, um zu betrügen, oder zu schaden. Für geborgtes Geld darf er keine Zinsen nehmen, um seine Wohlthat vollkommen zu machen, und sich fremdes Guts zu enthalten. Er soll kein Geschenk von einem Armen nehmen, niemals von jemanden übel reden, auch niemanden sich durch seine Schuld zum Feinde machen, noch sich an denen welche ihn beleidigen, rächen. Die drey Leidenschaften welche alle Verbrechen hervorbringen, Zorn, Begierde und Lust, müssen in ihren Schranken gehalten werden: und besonders die Vergnügungen der fünf Sinnen. Man belustige sich nicht an Schauspielen, weil sie zu Lastern reißen, und Feste der Götter sind; auch nicht am Zuschauen der Hinrichtung eines Verurtheilten, weil man dadurch sein Gewissen so sehr befleckt, als wenn man an einer heimlichen Mordthat Antheil nähme. Es ist auch dem Christen (demjenigen, sagt der Verfasser, dessen Kriegsstand die Gerechtigkeit ist,) nicht erlaubt, Kriegsdienste zu thun, noch jemanden auf das Leben anzuklagen: denn es ist einerley, ob man jemanden durch Worte, oder durch Waffen umbringt. Neugebohrne Kinder wegzusetzen, oder zu erwürgen, ist gleich sündlich; wenn gleich die Eltern zu arm sind, als daß sie

V. Theil.   R   meh-

mehrere Kinder erhalten könnten. Sind sie dieses: so mag sich der Vater lieber des vertrautern Umgangs mit seiner Frau enthalten. Nicht weniger hüte man sich, einen gar zu grossen Gefallen an schönen Reden und Gedichten zu gewinnen: man gewöhnt sich zu sehr an solche schmeichelnde Töne; und daher kommt es, daß Gelehrte, welche Christen werden, wenn sie nicht von einem geschickten Lehrer gegründet worden sind, schwerer glauben, indem sie die ungekünstelte Schreibart der heiligen Schrift, die wegen der Deutlichkeit nöthig war, verachten. Insonderheit fliehe man die lasterhaften Wollüste: wogegen die Ehe und ihre unverbrüchliche Treue eines der sichersten Verwahrungsmittel ist. Zu seinen hier vorzüglich lebhaften und starken Warnungen setzt der Verfasser zuletzt noch hinzu, es sey nicht schwer, sich in den Gränzen der Keuschheit zu halten. Es gehöre nur ein ernstlicher Vorsatz dazu, und viele hätten bisher in vollkommener Enthaltsamkeit ein glückseeliges Leben geführt. Dieses letztere habe Gott zwar nicht befohlen, weil doch Menschen gezeugt werden müßten, und dieser Trieb so dringend sey; aber er lasse es wenigstens geschehen, und habe einen unvergleichlichen Lohn darauf gesetzt. Uebrigens sey diese Art der Enthaltung der Gipfel aller Tugenden. Ist aber jemand, sagt Lactantius am Ende dieses Buchs, auf den Weg der Ungerechtigkeit verfallen: so darf er deswegen nicht verzweifeln; er kann wieder gerettet werden, wenn ihn solches reuet, und er durch Besserung Gott seine Schuldigkeit erweiset. Wir nehmen unsere Kinder wieder auf, wenn wir Reue und Besserung an ihnen spüren: wie viel mehr wird dieses Gott thun? Demjenigen der sich bessert, schaden seine alten Sünden nichts. Diese Reue welche den begangenen Irrthum erkennt, und die im Griechischen einen nachdrücklichen Nahmen

men (μετάνοια) hat, kann auch im Lateinischen (resipiscentia) wohl ausgedrückt werden. Ueberhaupt müssen wir Gott Gaben und Opfer darbringen; aber beides von unkörperlicher Art. Jene bestehen in der Redlichkeit des Herzens: diese in Lob und in Gesängen.

Wie nun ein solcher wahrer Dienst Gottes von ihm belohnt werde, zeigt Lactantius im siebenten Buche, das die Aufschrift, vom glückseligen Leben, führt. Er bemerkt, daß Epicurus der einzige unter den alten Philosophen gewesen sey, der vom Ursprunge und Untergange der Welt ziemlich richtig geurtheilt habe; doch hätte er von dem letztern nicht so bestimmt lehren können, als die Christen aus göttlicher Offenbarung. Es ist, fährt der Verfasser fort, von Gott so geordnet, daß diese ungerechte Welt, nach Ablauf der gehörigen Zeit, ein Ende nehme, alle Bosheit vertilgt, die Seelen der Frommen in ein glückseliges Leben versetzt werden, und ein ruhiges, friedfertiges, goldenes Zeitalter, in welchem Gott selbst regiert, kommen soll. Von den göttlichen Absichten bey der Schöpfung der Welt und des Menschen, haben die heidnischen Gelehrten sehr unrichtig gedacht. Die Welt ist zwar wegen des Menschen, der Mensch aber um Gottes Willen gemacht worden, damit jemand vorhanden wäre, der seine Werke erkennen, seine Eigenschaften bewundern, und durch Worte ausbreiten, mit einem Worte, der ihn verehren könnte. Deswegen ist unter allen Thieren bloß des Menschen Gesicht gen Himmel gerichtet. Aber warum hat ihn denn Gott, da er ihm so viele Vorzüge gab, zugleich schwach und sterblich geschaffen? Gott konnte freylich, antworte ich darauf, durch seine unsterbliche Geister immer unzähliche Seelen hervorbringen, wie er auch die Engel gebohren hat, die ohne alle Gefahr vor Uebel unsterb-

lich

~lich sind. Allein er ersann vielmehr ein unbeschreibliches Werk, nemlich eine unendliche Menge Seelen zu schaffen, die er vors erste an die hinfälligen Körper binden, und also mitten zwischen dem Guten und Bösen stellen wollte, damit er diesen aus zwo solchen Naturen bestehenden Geschöpfen die Tugend vorlegen, und sie die Unsterblichkeit nicht auf eine zärtliche und weichliche Art erhalten, sondern zu jener ewigen Belohnung mit der größten Mühe und Arbeit gelangen möchten. Das gegenwärtige Leben also hat uns Gott gegeben, damit wir jenes wahre und beständige entweder durch Laster verlieren, oder durch Tugend erlangen. Würde jeder Mensch, der gebohren wird, unsterblich; so wäre zwischen dem Gerechten und Ungerechten kein Unterschied: mithin ist die Unsterblichkeit keine Folge der Natur, sondern ein Lohn der Tugend.

Bald nach diesen Lehren, findet man in den neuern Ausgaben des Werks wiederum eine lange Stelle, die in den ältern, und in den meisten Handschriften fehlt, weil man sie in der Meinung, daß sie Manichäisch gerathen sey, als einen fremden Zusatz weggelassen hat; aber man hat sich in beiderley Betrachtung offenbar geirret. Lactantius gesteht hierauf, daß die ganze Wahrheit unter den Philosophen und ihren Partheyen zertheilt sey, und führt Beispiele ihrer richtigen Behauptungen an, unter andern von der Unsterblichkeit der Seele; nur daß ihre Beweisgründe unzulänglich sind. Wir hingegen haben mehrere der stärksten für diese Lehre. Dergleichen sind folgende: weil die Seele allein unter allen Thieren, die Erkenntniß Gottes besitzt; weil sich der Mensch allein des himmlischen Elements, des Feuers, bedient; weil ihm allein die Tugend gegeben worden ist, die dem gegenwärtigen Leben schadet, und also dem künftigen nützen muß; weil die

die Tugend immer fortdauert; weil die Güter welche
Gott den Frommen geschenkt, eben so ewig sind, als
er selbst; weil der Körper als fühlbar und beschaulich,
auch sterblich ist; die Seele aber, welche keines von
beiden ist, auch unsterblich seyn muß. Weil aber auf
das zeitliche Leben der zeitliche Todt folgt, der endlich
ein Ende hat: so folgt, daß die Seelen zu einem ewigen Leben aufstehen. Zwar hat Lucretius verschiedene Einwürfe wider die ewige Dauer der Seele vorgebracht, die auch hier umgestoßen werden. Aber
selbst Hermes Trismegistus, auch ein Ausspruch des
Apollo von Miletus, und die Sibyllinischen
Gedichte, bestätigen unsere Lehre.

Eben so sucht der Verfasser die Philosophen über
das Ende der Welt eines beßern zu belehren. Wenn
sechstausend Jahre verflossen seyn werden, schreibt er,
alsdenn wird die Vollendung und Verbesserung aller
menschlichen Dinge vor sich gehen. Der Grund davon liegt darinne, weil Gott in sechs Tagen die Welt
geschaffen, den siebenten aber, an welchem er ruhte,
geheiligt hat. Dieses ist der Tag des Sabbath, der
im Hebräischen von der Zahl sieben den Nahmen bekam. Daher ist die siebente Zahl eine vollständige:
denn aus sieben abwechselnden Tagen entstehen die
Kreise der Jahre; und es giebt sieben Sterne, die
nicht untergehen, auch sieben Planeten. Der große
Tag Gottes wird durch tausend Jahre begränzt, wie
der Prophet (Psalm XC. v. 5.) sagt: mithin muß nach
sechstausend Jahren, binnen welcher die Welt in ihrem jetzigen Zustande bleibt, alle Bosheit auf derselben abgeschafft werden, die Gerechtigkeit tausend Jahre
lang herrschen, und Ruhe von den jetzigen Arbeiten
eintreten. Ein Vorbild dieser großen Veränderung
findet man in der Befreyung der Israeliten von der

ägypti=

ägyptischen Knechtschaft. Bey der Annäherung des Endes der Welt, werden sich die Menschen auf das äußerste verschlimmern. Der Römische Nahme, welcher jetzt die Welt regiert, wird vernichtet werden; die Morgenländer werden wieder die allgemeine Herrschaft bekommen, und die Abendländer werden ihnen dienen. Auch diesen Untergang von Rom hat die Sibylle geweissagt, und der alte König der Meder Hystaspes in einem Traume vorhergesehen. Es werden nemlich, nach vielen bürgerlichen Händeln und Kriegen, zehn Könige zugleich aufstehen, welche die Welt unter sich theilen und verwüsten werden. Wider diese wird sich ein sehr mächtiger Feind, vom äußersten Norden her, erheben, die drey Asiatischen Könige vertilgen, und von den übrigen zu ihrem Oberhaupte gewählt werden. Dieser Fürst wird der abscheulichste Wüterich seyn; zu seinen Grausamkeiten werden alle natürliche Plagen und fürchterliche Wunderzeichen kommen: so daß zuletzt nur der zehnte Theil der Menschen übrig bleiben, und auch von den Verehrern Gottes zween Drittheile zu Grunde gehen werden. Zu dieser Zeit wird ein großer Prophet zu den Menschen gesandt werden, um sie zu Gott zu bekehren: er wird Wunder thun zur Bestrafung derer die ihn nicht hören wollen, und wird daher viele bekehren. Gegen ihn wird ein König aus Syrien streiten, den Propheten überwinden, umbringen, und ihn unbegraben liegen lassen. Allein dieser wird nach drey Tagen wieder lebendig, und vor jedermanns Augen in den Himmel aufgenommen werden. Der gedachte König aber wird sich Gott nennen, und als den Sohn Gottes verehren lassen: er wird auch zur Verführung der Menschen Wunder verrichten, Feuer vom Himmel fallen lassen, den Lauf der Sonne hemmen, und dergleichen mehr thun. Er wird den Tempel Gottes zu zerstören suchen, und die ärgste Verfolgung

der

Leben und Meinungen des Lactantius.

der Gerechten, die jemals gewesen ist, stiften. Sie wird zwey und vierzig Monathe lang währen; die Gerechten werden auf einen Berg fliehen, und daselbst von dem gottlosen Könige belagert werden; aber auf ihr Schreyen zu Gott, wird dieser den grossen König vom Himmel zu ihrer Rettung senden. Alles dieses haben die Propheten aus dem Geiste Gottes; aber auch Heiden, aus Antrieb der Teufel, vorher verkündigt. Hystaspes, Hermes und die Sibyllen gehören unter diese Zahl. Man sieht leicht, daß Lactantius unter den göttlichen Propheten den Ezechiel und Daniel, ingleichen den Verfasser der Offenbarung Johannis, verstehe; aber er nennt keinen von allen, noch ihre Bücher, und überläßt sich, mit einer unter den Christen fast immer herrschenden Neigung, der Freyheit, ihre Weissagungen durch willkührliche Zusätze und Deutungen zu erweitern.

In gleichem Geschmacke erklärt der Verfasser auch das übrige, was zu den letzten Begebenheiten der Welt und der Menschen gehört. Nach seiner Meinung wird sich mitten in einer finstern Nacht der Himmel öffnen, und das Licht des herabsteigenden Gottes, gleich einem Blitze, in der ganzen Welt sichtbar seyn. Dieses ist die Nacht, sagt Lactantius, welche wir, wegen der Zukunft unsers Königes und Gottes, mit Wachen feyern: denn in derselben hat er nach seinem Leiden das Leben wieder bekommen, und wird auch dereinst die Regierung der Welt wieder übernehmen. Zum Zeichen seiner Ankunft wird plötzlich ein Schwerdt vom Himmel fallen; Engel werden ihn begleiten, und unauslöschliches Feuer wird vor ihm hergehen. Alsdenn werden die Gerechten den grossen Hauffen der sie Belagernden gänzlich niederhauen. Der Antichrist allein wird entfliehen, und den Krieg mehrmals erneuern;

aber in der vierten Schlacht ebenfals gefangen, und nebst den übrigen Fürsten bestraft werden. Darauf wird die Erde ruhen; die Todten werden auferstehen; aber nur diejenigen von ihnen sollen gerichtet werden, welche sich zur wahren Religion bekannt haben: denn die übrigen sind schon gerichtet und verdammt. Bey jenen werden die guten und bösen Werke gegen einander abgewogen werden: und auf welcher Seite das Uebergewicht seyn wird, dahin wird auch das Urtheil fallen. Vielleicht macht hier jemand den Einwurf: Wie kann die Seele, da sie doch unsterblich ist, als leidend vorgestellt werden? Ist sie dem Tode nicht unterworfen: so kann sie auch keinen Schmerz empfinden. Aber die Macht Gottes ist so groß, daß er auch unkörperlichen Geschöpfen, freilich er allein, unangenehmes Gefühl beibringen kann. Daher fürchten ihn die Engel, weil sie auf eine unbeschreibliche Art von ihm gezüchtigt werden können: und die Teufel werden würklich von ihm gequält. Dazu kommt auch dieses, daß die Gottlosen wieder Leiber bekommen werden, weil sie in Leibern gesündigt haben; jedoch ein ewig dauerndes Fleisch, das ein unaufhörliches von dem unsrigen sehr verschiedenes Feuer auszuhalten fähig ist: ein Feuer, das ohne Nahrung durch sich selbst lebt, keinen Rauch hat, sondern rein und flüßig, wie Wasser ist; das zugleich die Gottlosen brennen und erfrischen, eben so viel immer von ihren Körpern wieder ersetzen als verzehren wird. Selbst die Gerechten, (er versteht die Christen überhaupt,) wird dieses Feuer treffen. Diejenigen unter ihnen, deren Sünden an Zahl oder Gewicht mehr betragen als ihre Tugenden, wird es anbrennen; die Frommen aber werden es gar nicht fühlen, weil sie etwas Göttliches an sich haben, das die Gewalt der Flamme zurücktreibt. Niemand glaube, daß die Seelen gleich nach dem Tode gerichtet werden: denn sie

werden

werden alle in einer gemeinen Verwahrung aufbehalten, bis die Zeit kommt, da der höchste Richter die Untersuchung anstellt. Alsdenn werden diejenigen, deren Gerechtigkeit bewährt erfunden wird, den Lohn der Unsterblichkeit erhalten; solche aber, deren Sünden aufgedeckt worden sind, werden nicht auferstehen, sondern mit den Gottlosen in einerley Finsternissen, aufbewahrt werden, um gewiß bestraft zu werden.

§. n.
§. G.
306
bis
337.

Nunmehr folgt die Geschichte vom tausendjährigen Reiche Christi auf der Welt. Selbst die heidnischen Dichter, so versichert Lactantius, haben etwas davon erfahren, und in ihre Werke gebracht: nur durch irrige Zusätze verfälscht, wie unter andern Virgilius, (Aeneid. VI. 748. sq.) Die Seelen der Frommen nemlich werden nicht neugebohren werden, welches unmöglich ist, auch nicht ihres vorigen Lebens ganz vergeßen; sondern sie werden auferstehen, und von Gott mit Leibern angezogen werden, auch in dem Genuße himmlischer Güter, und eines unzählbaren Ueberflußes, dem gegenwärtigen Gotte danken, daß er alles Böse von der Welt vertilgt hat. Es wird also der Sohn des höchsten Gottes kommen, um Lebendige und Todte zu richten. Nachdem er nun die standhaften Gerechten ins Leben wiederhergestellt hat, wird er tausend Jahre unter den Menschen bleiben, und eine sehr gerechte Regierung über sie führen. Die noch Lebendigen werden nicht sterben; sondern diese tausend Jahre hindurch eine unendliche Menge heiliger Nachkommen zeugen. Die Auferweckten aber werden, gleich Richtern, den Lebenden vorgesetzt seyn. Einige heidnische Völcker werden noch übrig bleiben; aber nur deswegen um in beständiger Knechtschaft der Gerechten zu leben. Um diese Zeit wird auch der Fürst der Teufel mit Ketten gebunden, und diese tausend Jahre hindurch gefangen gehalten werden, um nichts Böses stiften zu können. Die Gerechten werden sich aus der ganzen Welt versammeln, und es wird, nach vollbrachtem Gerichte, die heilige Stadt mitten auf der Erde errichtet werden, in welcher Gott selbst mit den Gerechten wohnen wird. Alle Finsterniß wird aufhören; der Mond wird so helle als die Sonne, und diese siebenmal heller werden, als sie jetzt ist. Die Erde wird von selbst unbeschreiblich fruchtbar, und ganz ruhig, die wilden Thiere werden zahm, und alles wird wie in der sogenannten goldenen Zeit seyn. Man kann nicht nur überhaupt sagen, daß dieses alles sechstausend Jahre nach der Schöpfung erfolgen werde; sondern auch, obgleich die Schriftsteller über die Zeitrechnung, die seitdem verflossene Anzahl von Jahren verschiedentlich angeben, noch genauer behaupten, daß die Erwartung davon nicht weiter, als noch auf zweyhundert Jahre hinaus, sich erstrecke. So lange noch Rom steht, ist nichts davon zu befürchten; diese Stadt erhält alles: und daher müssen wir Gott bitten, daß jener abscheuliche Wüterich, der dieselbe zerstören wird, nicht unvermuthet früh kommen möge. Nach dem Ablauf aber der siebentausend Jahre, wird der Fürst der Teufel wieder loßgelassen werden, alle Völker wider die heilige Stadt zusammen bringen, und sie belagern. Da wird der letzte Zorn Gottes über die Völker ausbrechen: er wird sie ganz und gar auf eine außerordentliche Art aufreiben; und die Gerechten, welche während dieser Strafgerichte sich in Höhlen versteckt gehalten hätten, werden wieder herauskommen, und allein übrig seyn. Sieben Jahre lang wird kein Baum abgehauen werden; sondern man wird die Waffen der Völker verbrennen: und nun wird ewiger Friede seyn. Hierauf wird Gott die Welt erneuern, und die auf derselben befindlichen Gerechten den Engeln gleich machen: sie werden weiß wie der Schnee seyn, und unaufhörlich

Leben und Meinungen des Lactantius. 267

lich vor dem Allmächtigen leben, und ihm dienen. Zugleicher Zeit wird die zweyte öffentliche und allgemeine Auferstehung vor sich gehen, in welcher die Ungerechten zu ewigen Martern auferweckt werden sollen. Auch wird ihr Herr nebst seinen Dienern ergriffen, und zur Strafe verurtheilt werden; mit welchen alle Gottlosen, vor den Augen der Engel und der Gerechten, in einem ewigen Feuer brennen werden.

J. n. C. G. 306 bis 337.

Dieses ist, sagt Lactantius zum Beschluß, die Lehre der heiligen Propheten, der wir Christen anhängen. Er setzt noch Lobsprüche auf den Kaiser Constantinus hinzu, an den er diese ganze Arbeit gerichtet hatte, und eine lebhafte Ermahnung an die Heiden, diese Religion anzunehmen. Aus diesem Werke machte er nachmals einen kurzen Auszug, (Epitome Institionum divinarum) der aber schon zu den Zeiten des Hieronymus größtentheils verloren gegangen war. Endlich hat Christoph Matthäus Pfaff denselben im Jahr 1712. aus einer Handschrift der königlichen Bibliothek zu Turin, zuerst ganz mit einer Einleitung zu Paris in Oktav drucken laßen. Seine Ausgabe ist vom Johann Davies (zu Cambridge, 1718. 8.) wiederholt, und mit Anmerkungen, besonders auch zur Berichtigung des Textes, bereichert worden. Der Auszug selbst ist auch neben dem größern Werke nützlich. Er zieht daßelbe auf eine angenehme Art in die Enge, welches dem Leser mehrmals erwünschte Dienste leistet: und er trägt auch oft zur richtigen Leseart und Erklärung deßelben etwas bey.

Schon aus diesem Hauptwerke des Lactantius, läßt sich von seinen Gaben und Verdiensten ein ziemlich hinreichendes Urtheil fällen. Es gehört ohne Zweifel unter die schönen Denkmäler des christlichen Alterthums;

§. n.
L. G.
3c6
bis
337.

thums; wenn es gleich hin und wieder auch durch Flecken verunstaltet ist. Einen der merkwürdigsten Vorzüge hat es an der feinen Römischen Schreibart, die so rein, fließend und anmuthig, öfters auch so zierlich und erhaben ist, als es die abgehandelten Sachen nur erlauben. Man kann sich dieselbe zum Muster des guten lateinischen Lehrvortrags in christlichen Religionsmaterien nehmen. Er verdient würklich den Nahmen des christlichen Cicero, den man ihm längst beigelegt hat, vollkommen. Was Lactantius in diesem Werke zur Bestreitung des Heidenthums, vornemlich der Philosophen in demselben, beygebracht hat, ist meistentheils wohl überdacht, und eben so gesagt. Darunter sind auch die vielen Stücke heidnischer Schriftsteller, und unächter Schriften bey den Christen selbst, unterhaltend und brauchbar. Manche Lehren des christlichen Glaubens stellt er richtig und einnehmend vor; zuweilen philosophirt er auch mit gutem Erfolge: und wer das Werk nicht eben zur Vermehrung seiner theologischen Wißenschaft zu lesen nöthig hat, der wird doch darinne viele Begriffe auf eine angenehme Art entwickelt, eine vergnügende Mannichfaltigkeit, nutzbare Anmerkungen und Nachrichten, und mehrere vortreffliche Stellen über die Sittenlehre, antreffen. Hingegen ist der Verfaßer nicht so glücklich in der Erklärung der christlichen Lehrsätze, als in der Widerlegung von den Feinden derselben. Hätte doch, schrieb schon Hieronymus (ep. 13. ad Paulinum) dieser mit der Beredsamkeit eines Cicero gleichsam fortströmende Schriftsteller eben so leicht unsere Lehrsätze bestätigen können, als er fremde zerstörte! Man darf diesen Mangel nicht bloß davon herleiten, wie es gewöhnlich ist, daß Lactantius kein eigentlicher Lehrer der Religion unter den Christen gewesen ist, und also auch zu wenig theologische Gelehrsamkeit beseßen hat. In ähnliche

liche oder gar gleiche Verirrungen mit den seinigen, sind berühmte Bischöfe dieser ältesten Zeiten, wie Irenäus unter andern, gleichfals gerathen. Das hat neulich auch Herr Rösler (Bibliotheck der Kirchenväter, Th. III. S. 353.) erkannt, und dabey sehr wohl bemerkt, daß man auch deswegen dem Lactantius, nicht wie andern Kirchenvätern, die sich von der nach und nach eingeführten Rechtgläubigkeit entfernt haben, durch erträgliche Auslegungen und Entschuldigungen zu Hülfe geeilt sey, weil er durch seine klaren und bestimmten Ausdrücke alles in ein Licht gesetzt hat, bey dem eine neue Erleuchtung sehr überflüßig ist. Seine Fehltritte auf dieser Bahn kommen in der That aus einerley Ursachen mit denen her, welche christliche Lehrer vor und gleich nach seinen Zeiten begiengen. Er wollte insonderheit öfters zu weise seyn, und alles nach menschlicher Art begreiflich machen, auch wo es Ehre genug war, den deutlichen Aussprüchen der heiligen Schrift zu folgen. Daß er in der Erklärung der letztern zu wenig geübt gewesen ist, und willkührlich Meinungen in dieselbe hinein getragen hat, mußte bey ihm ebenfals auf die Bildung des Lehrbegriffs einen nachtheiligen Einfluß haben. Man kann seine offenbar falschen oder seltsamen und ihm eigenthümlichen Schriftauslegungen, in einem Buche des H. D. Winklers (Philologemata Lactantiana Sacra) gesammlet, erläutert und beurtheilt finden. Freilich kommt ihm auch zweyerley zu Statten: das erste, daß er nicht sowohl mit dogmatischer Genauigkeit und Vollständigkeit die Glaubenslehre der Christen vortragen und beweisen, als vielmehr dieselbe vertheidigen, und die heidnische Religion bekämpfen wollte, um die Anhänger von dieser zu bekehren. Das zweyte ist das Ansehen welches er sich häufig giebt, sich den Gegnern des Christenthums als Philosoph entgegen zu setzen. Daher liest man

man beträchtlich lange Stellen in dem Werke, die kein unterscheidendes Merkmal eines christlichen Theologen enthalten: und er verstand es ohne Zweifel, wie viel eine solche Streitmethode bey den Heiden fruchte. Unterdessen muß man doch gestehen, daß seine Philosophie nicht überall so scharf und treffend ist, als sie es seyn sollte; hauptsächlich aber, daß er öfters nur den Redner macht, der philosophische Gedanken schmückt, und auch bis zum Weitschweifigen ausdähnt; nicht den Philosophen, dem die Beredsamkeit bloß zu Diensten gestanden hätte. Noch darf man nicht vergeßen, daß er bisweilen den heidnischen Schriftstellern etwas hart und ungerecht begegne; manchmal zu leichtgläubig auf das Ansehen gewißer Zeugniße baue, oder spielenden Witz anbringe. Gleichwohl liest man den größten Theil des Werks gern: wozu die vielen Nachrichten über die heidnische Religionsgeschichte auch das ihrige beytragen.

Zwo andere Schriften des Lactantius können fast als eine Ergänzung deßelben angesehen werden. Die eine handelt vom Zorne Gottes, (de Ira Dei Liber unus.) In derselben soll gezeigt werden, daß Gott allerdings zürne; wenn gleich viele, und selbst einige Philosophen, solches aus dem Grunde geleugnet hätten, weil die göttliche Natur nur wohlthätig sey, mithin unmöglich jemanden schaden könne; oder auch darum, weil sich Gott um gar nichts bekümmere. Der Verfasser setzt ihnen zuerst dieses entgegen, daß man Gott entweder Zorn und Gnade zugleich beilegen müße, oder, wenn man ihm nur eines von beiden absprechen wolle, auf falsche und ungereimte Sätze gerathe. Er beweiset weiter, daß diese Meinung den Umsturz der Religion befördere. Einige behaupteten zwar, es sey wenigstens nützlich, den Zorn Gottes zu glauben, um das

Gewissen zu schröcken, das durch Gesetze nicht bestraft werden kann, wenn man auch diese Lehre nicht vor wahr halten sollte; aber einen solchen Mißbrauch der Religion verwirft der Verfaßer. Ferner schließt er auch aus dem Unterscheide von Gutem und Bösem unter den Menschen, daß Gott eben sowohl das letztere mit Unwillen, als das erstere mit Wohlgefallen betrachte. Er antwortet auf die Einwürfe, daß, wenn Gott Zorn hätte, er auch Furcht und Begierde haben müße; daß seine Glückseeligkeit in der Ruhe bestehe, welche keinen Zorn vertrage; und daß er auch ohne diese Gemüthsbewegung die Sünde strafen könne. Darauf folgt noch eine Reihe von Beweisen, wie unter andern diese: die Verachtung des Gesetzes welches Gott den Menschen vorgeschrieben hat, muß ihn zum Zorne reitzen; wenn er vergeben kann, so kann er auch zürnen; alle Propheten Gottes gedenken seines Zorns über die Gottlosen; selbst die Sibyllen, und der Apollo zu Miletus, haben ihm solchen zugeschrieben. Der Verfaßer endigt mit einer Ermahnung, Gott als Vater zu lieben, und als Herrn zu fürchten. — Auch in diesem Buche beschäftigt er sich besonders mit der Widerlegung heidnischer Philosophen, insonderheit des Epicurus und der Stoiker. Darüber sind zwar verschiedene lesenswerthe Erörterungen entstanden, die sich durch seine gewöhnlichen Annehmlichkeiten empfelen; aber auch viele Ausschweifungen, von der Religion überhaupt, von der Schöpfung und ihren Absichten, von der göttlichen Vorsehung, und dergleichen mehrere. Ueberhaupt beantwortet er hier wiederum die Einwürfe meistentheils beßer, als daß er die bestrittene Lehre selbst überall, der Erwartung gemäß, aufgeklärt hätte. An Statt vieler rednerischen Beschreibungen, und zum Theil Fechterstreiche, hätte vor allen Dingen der wahre Begrif vom Zorne Gottes entwickelt

ckelt werden sollen. Da würde es sich gezeigt haben, daß die herschenden viel zu menschenartigen Vorstellungen von demselben, welche die Christen selbst noch immer hegen, eben so sehr einer Verbeßerung bedürfen, als das gänzliche Ableugnen mancher alten Philosophen; und daß insonderheit dabey der Mißdeutung biblischer Ausdrücke vorzubeugen sey. Was man davon in einigen Stellen des Verfassers zerstreuet findet, wie zum Beispiel, daß man Gott nur keine lasterhaften Leidenschaften, wohl aber tugendhafte, beilegen dürfe, (c. 16.) ingleichen, daß der Zorn, wie ihn Aristoteles beschreibt, er sey eine Begierde, den Schmerz zurück zu geben, bey Gott nicht Statt finde; sondern nur ein gerechter Zorn, der in der Absicht, die Bösen zu beßern, nicht aus Rachbegierde, entsteht, den man also eine Gemüthsbewegung, die zur Einschränkung der Laster sich erhebe, nennen müße, (c. 17.) diese und ähnliche Bestimmungen möchten wohl zu der gedachten Absicht nicht ganz hinlänglich seyn.

In der andern Schrift des Lactantius, von der göttlichen Vorsehung, (de opificio Dei, vel formatione hominis) wird diese Lehre aus dem bewundernswürdigen Bau des menschlichen Körpers bewiesen. Nach einer Vergleichung zwischen Menschen und Thieren, wobey insonderheit gezeigt wird, wie viel von Natur zur Beschützung der Thiere veranstaltet sey, lehnt der Verfasser den Vorwurf der Epicuräer ab, daß der Mensch weit schwächer und hinfälliger als die Thiere, auf die Welt komme, Krankheiten und einem frühzeitigen Tode ausgesetzt sey. Darauf geht er die Gestalt, Einrichtung und die Verhältniße des menschlichen Körpers, vornemlich aber den Nutzen und Gebrauch aller Glieder deßelben durch, erklärt das Entstehen der Stimme, und handelt auch vom Sitz der Seele,

Seele, den er sich nicht getrauet sicher anzugeben. Unter vielem Bekannten, das aber auf eine gefällige Art vorgetragen ist, stehen auch einige scharfsinnige oder gelehrte Anmerkungen. Hin und wieder sah der Verfasser freylich unrichtig, wie wenn er (c. 8.) durchaus nicht zugeben will, daß das Auffallen der Bilder, Luft, oder Strahlen, das Sehen hervorbringen; sondern die Seele allein alles dabey verrichten, und durch die Augen, wie durch gläserne Fenster, sehen läßt. Doch gesteht er auch, daß er von manchem Theile des Menschen, wie von der Leber, den Gebrauch nicht wiße; wenn gleich allerhand Vermuthungen darüber vorhanden wären. Zuletzt folgen noch einige Untersuchungen und Fragen über die Seele, ihr Wesen, ihren Unterscheid von der Empfindungskraft, und ihre Erzeugung: alles mit ziemlicher Bescheidenheit.

Das Buch des Lactantius, vom unglücklichen Tode der Verfolger der Christen, (de mortibus persecutorum) ist schon aus der vorhergehenden Geschichte, besonders der Verfolgung des Diocletianus, bekannt. Es ist daher auch schon an einem andern Orte (oben S. 50.) bemerkt worden, in wie weit er dadurch seine Absicht erreicht habe, nemlich an den Schicksalen und besonders dem Tode derjenigen Kaiser, von denen die Christen gedrückt worden sind, zu zeigen, daß Gott dieselben außerordentlich bestraft, und dadurch gleichsam ein Zeugniß für seine Religion abgelegt habe. Diese Schrift fängt von der Verfolgung des Nero an, enthält auch manche Erläuterungen der Römischen Geschichte; würde aber überhaupt weit glaubwürdiger und nützlicher seyn, wenn sie mit weniger Erbitterung gegen die heidnischen Kaiser aufgesetzt wäre. Da unterdessen der Verfasser, noch in der ersten Hitze, nach kaum geendigter Verfolgung, geschrieben hat: so war

V. Theil.   S   auch

auch keine besondere Mäßigung von ihm zu erwarten. Es ist zwar in den neuern Zeiten darüber gestritten worden, ob dieses Buch dem Lactantius zugehöre. Allein Baluzius, der es zuerst (in Miscellaneis, Libro II. p. 1 — 46. Paris. 1679. 8.) aus der einzigen noch übrigen Handschrift der ehemaligen Colbertinischen Büchersammlung, ans Licht stellte, hat bereits (Notae ad Lactant. ib. p. 347. sq.) den Beweis dafür aus der Schreibart, der Aehnlichkeit des Inhalts mit andern Büchern des Lactantius, und außer mehrern Umständen, auch aus dem Zeugniß des Hieronymus, (Catal. Scriptt. ecclef. c. 80.) unwiderleglich geführt. Die kleinen Bedenklichkeiten, welche le Nouery dawider aufzubringen gewußt hat, (in seiner Ausgabe des Buchs, das er einem Lucius Cäcilius beilegt, Paris, 1710. 8.) haben auch nur geringen Beifall gefunden. Paul Bauldri hat von diesem Buche (zu Utrecht, 1693. 8.) eine zwar schöne, mit den Anmerkungen aller Gelehrten, die es erläutert hatten, und mit seinen eigenen, überdies mit besondern Abhandlungen und Kupfern versehene, aber auch mit einer Menge Ueberflüßigkeiten beladene Ausgabe veranstaltet.

Noch giebt es einige lateinische Gedichte, die vor Arbeiten des Lactantius gehalten werden. Das erste (Symposium) ist ehemals wegen einer verfälschten Leseart des ersten Verses, einem ganz unbekannten Dichter, Symposius, zugeeignet worden, bis Christoph August Heumann in seiner Ausgabe (Hannover 1722. 8.) den wahren Verfasser wieder in den Besitz desselben einsetzte, der ihm auch nach dem Hieronymus (l. c.) gebührte. Diese Frucht der Jugend des Lactantius enthält eine Sammlung von hundert Räthseln in Hexametern, die nicht unangenehm gera=

gerathen sind, und in Witz gekleidet, der wenigstens
der frölichen Veranlassung bey einer Mahlzeit (symposium) würdig ist. Ein anderes Gedicht von dem
Vogel Phoenix, (Carmen de Phoenice) dessen Handschriften auch den Lactantius als Verfasser nennen,
könnte wohl ebenfalls aus diesen frühern Zeiten seines
Lebens seyn. Aber von zwey andern Gedichten, (de
Pascha et de Passione Domini) läßt sich wahrscheinlicher urtheilen, daß sie sich von einem spätern Gelehrten herschreiben. Seine Reisebeschreibung aus
Africa nach Nicomedien, gleichfalls in einem Gedichte
abgefaßt, sein Buch von der Grammatik, und einige Sammlungen seiner Briefe, sind verloren
gegangen.

Nicht leicht hat man die Werke eines Schriftstellers aus der alten Kirche so häuffig gedruckt, als diese
vom Lactantius. Ihre Schreibart hat sie vermuthlich am meisten dazu empfolen, und verdient auch, da
in derselben so viel Nützliches gelehrt wird, der Jugend zum Muster vorgelegt zu werden. Die älteste
Ausgabe derselben, (vom Jahr 1465. Fol. in dem
Kloster Subiaco) ist zugleich das erste Buch, das man
in Italien gedruckt hat. Mehrere Gelehrten haben
sich auf gleiche Art um diese Schriften verdient gemacht, wie Michael Thomasius, Josephus
Isäus, Servatius Galläus, und insonderheit durch
bequeme Handausgaben für Deutschland, Christoph
Cellarius, (1698) Johann Georg Walch (1715)
und Chr. Aug. Heumann (1736). Allein die beiden
wichtigsten Ausgaben hat man Johann Ludolf Bü-
nemannen und Johann Baptista le Brun zu danken. In der erstern (Leipzig 1739. 8.) sind nicht nur
die vorhergehenden genützt, durch Vollständigkeit, genauern Text, und großen Fleiß im Sammeln verdun-

F. n.
G. E.
306
bis
337.

-felt worden; sondern es ist auch so viel geschickte Wahl, Beurtheilung und Gelehrsamkeit in den Anmerkungen beygebracht, daß man den wahren Kenner darinne erblickt; zwo Proben von Handschriften, und eine schöne kritische Vorrede sind auch hinzugekommen; nur die Sachen von denen Lactantius redet, wären hin und wieder noch mehrerer Erläuterung bedürftig gewesen. Diese ist ihnen desto reichlicher in der zweyten dieser Ausgaben zu Theil geworden, welche Nicol. Lenglet Dufresnoy, nach dem Tode des le Brün vollendet, und zu Paris 1748. in zwey Quartbänden bekannt gemacht hat. Sie hat noch überdieß den Vorzug der äußerlichen Schönheit, und eines Gebrauchs von mehr als achtzig Handschriften; allein da lange nicht alles Gute der Bünemannischen Ausgabe in dieselbe übergetragen worden ist: so behält auch diese noch immer ihren Werth.

Zu den bereits angeführten Stellen des Hieronymus, in welchen er vom Lactantius Nachricht giebt und sein Urtheil fällt, kann man noch einige andere hinzufügen, (Commentar. in Epist. ad Galat. IV, 5. Epist. 65. ad Pammachium et Oceanum; Epist. 84. ad Magnum.) In den beiden erstern von diesen beschuldigt er denselben, daß er an der Persönlichkeit des heiligen Geistes gezweifelt, und ihn bald mit dem Vater, bald mit dem Sohne vermengt habe. Zwar findet man diese Lehre nicht ausdrücklich in den Büchern des Lactantius; aber doch hat man gesehen, daß er seltsam genug den Glauben von dem heiligen Geiste erklärt hat. Die ansehnlichsten unter den Neuern, welche ihre Meinung von ihm und seinen Schriften gesagt haben, wie Cave, Du Pin, Tillemont, Fabricius, (Biblioth. Lat. Vol. I. p. 730. sq. Biblioth. Lat. mediæ et infimæ ætatis, T. IV. p. 226 —235.

— 235. ed. Patav.) Oudin, (Commentar. de Scriptor. et Scriptis ecclesiast. Tom. I. p. 307 — 312.) und andere mehr, laſſen ihm meiſtentheils alle Gerechtigkeit wiederfahren, und verringern nur ſelten, indem ſie ſeine Beredſamkeit bewundern, ſeine Fehltritte.

F. n.
C. (K.
306
bis
337.

Zu dieſer Zeit, da die Chriſten Schriftſteller bekamen, welche wegen der Feinigkeit ihres Ausdrucks, den größten Rednern der Römer an die Seite geſtellt werden konnten, blühte auch die Dichtkunſt unter ihnen mehr auf, und wurde ebenfals dem Dienſte der Religion gewiedmet. Ihre wenigen Verſuche in dieſer Kunſt, die bisher angeführt worden ſind, waren nicht ſo beträchtlich als derjenige, den jetzt Juvencus wagte. Er hieß vollſtändig Cajus Vettius Aquilinus Juvencus, und ſtammte aus einem vornehmen Geſchlechte in Spanien her. Daſelbſt bekleidete er auch in einer jetzt unbekannten Gemeine die Stelle eines Presbyter. Er lebte gegen das Ende der Regierung des Conſtantinus. Mehr Umſtände von ſeinem Leben hat Hieronymus (Catal. Scriptt. ecclef. c. 84. Epiſt. 84. ad Magnum, Commentar. in Matth. c. 6.) nicht aufbehalten.

Juvencus iſt zuerſt, wie der ebengedachte Lehrer ſchreibt, kühn genug geweſen, die Majeſtät des Evangelium den Geſetzen des Sylbenmaaßes zu unterwerfen. Er beſchrieb die Evangeliſche Geſchichte, in einem Gedichte von lateiniſchen Hexametern, in vier Bücher abgetheilt, (Hiſtoriæ Evangelicæ Libros IV.) Darinne folgte er hauptſächlich der Erzählung des Matthäus. Doch nahm er auch von den übrigen Evangeliſten einige merkwürdige Begebenheiten und Reden Jeſu in den Zuſammenhang auf. Man merkt wohl, daß er einige Anlage zum Dichter habe, mit der

der Sprache und ihren poetischen Schönheiten, auch mit den besten Römischen Dichtern gut bekannt sey. Da es ihm aber mehr darum zu thun war, die Evangelische Geschichte treu zu erzählen, als sich in sinnreichen Erdichtungen, erhabenen Bildern und Beschreibungen zu zeigen: so ist er auch in der Niedrigkeit eines historischen Gedichts stehen geblieben. Meistentheils also trägt er nur die Nachrichten der Evangelisten aus der ungebundenen Schreibart in die gebundene über; so daß eine poetische Redensart oder ähnliche kurze Abschilderung, den ganzen Unterscheid von jener ausmacht. Es fehlt ihm darum nicht an Lebhaftigkeit: und zuweilen bricht auch etwas Feuer hervor. So ist die Vorrede, eine Nachahmung des Beschlusses von den Verwandlungen des Ovidius, geschrieben: der Dichter verspricht darinne seinem Werke die Unsterblichkeit, die demselben der Untergang der Welt selbst nicht rauben soll. Zuweilen erlaubt er sich auch neu zusammengesetzte Wörter, oder vernachläßigt das Sylbenmaaß. Eine noch mehr poetische Freyheit ist es, daß er an manchen Stellen kleine Ergänzungen oder Erklärungen einrückt, von denen sich bey den Evangelisten keine Spur findet. In der sechsten Bitte, zum Beispiel, läßt er (L. I. v. 600.) den Christen um Abwendung der Versuchung des Teufels flehen. Auch macht er Matth. C. IX. v. 18. aus dem vornehmen Juden, den vornehmsten Priester; anderer Stellen nicht zu gedenken. Ihrer sind aber nicht viele, und seine Zusätze nicht sehr beträchtlich. Man hat auch nicht eben Ursache zu vermuthen, daß er solche bereits in seinem Texte gefunden habe. Einen Nutzen konnte diese Arbeit für die an eine schönere Schreibart gewohnten Heiden äußern; ihnen das Lesen von diesem Theil der heiligen Schrift etwas beliebter machen. Noch jetzt lernt man daraus damals herrschende

Juvencus, ein christlicher Dichter.

schende Schriftauslegungen kennen, und beschäftigt sich mit den kunstlosen, aber still fortfliessenden Versen des frommen Verfassers, nicht ohne Vergnügen. Von den gleich folgenden christlichen Dichtern kann man sich aus diesem einen Begriff machen: denn sie sind in seine Fußstapfen getreten.

Unter denen, welche sich um dieses Gedicht verdient gemacht haben, war Caspar Barth, (in Adversariis, an vielen Stellen,) lange der vornehmste, indem er es aus alten Handschriften verbesserte, nach seinem Werthe beurtheilte und erläuterte. Vorher hatte auch schon Georg Fabricius, in seiner Sammlung der alten christlichen Dichter, (Poetæ veteres ecclesiast. p. 451. sq. Basil. 1564. 4.) nach mehrern alten Ausgaben, dasselbe abdrucken lassen, und deutlicher zu machen gesucht. Allein die beste und vollständigste Ausgabe desselben ist vom Erhard Reusch, einem Gelehrten zu Altorf, (Franks. und Leipz. 1710. 8.) besorgt worden. Den eigentlichen Grund zu derselben hatte ein anderer dortiger Gelehrter, Magnus Daniel Omeis, gelegt, dessen und anderer Anmerkungen reichlich beigefügt sind. In noch neuern Zeiten hat Eduard Martene (Nova Collectio vett. monumentor. T. IX. p. 15. sq.) auch des Juvencus poetische Uebersetzung des ersten Buchs Moses (Liber in Genesin) ans Licht gezogen, nachdem die vier ersten Capitel davon längst vorher unter dem Nahmen des Tertullianus, auch des Cyprianus, gedruckt erschienen waren. Ein anderes Gedicht des Juvencus, das vermuthlich kirchliche Cärimonien beschrieb, (Sacramentorum ordinem) hat sich nicht erhalten. Außer denen die bereits angeführt worden sind, verdienen von diesem Schriftsteller besonders Nicol. Antonius, (Biblioth. Hisp. vet. L. 2. c. 4.

S 4

p. 126. sq.) Du Pin, (Nouv. Biblioth. T. II. p. 25.) und Fabricius, (Biblioth. Lat. L. 4. c. 2. p. 702. sq. Bibl. Lat. med. et inf. æt. T. IV. p. 212. sq. ed. Pat.) bis gelesen zu werden.

Kirchliche Händel
des
Meletius in Aegypten.

Wenn viele andere christliche Lehrer zu den Zeiten Constantins sich eben nicht als Schriftsteller hervorthaten: so haben sie desto mehr Antheil an den theologischen Streitigkeiten, Spaltungen der Kirche, Ketzereyen und Kirchenversammlungen genommen; an welchen Begebenheiten dieses Zeitalter so fruchtbar war. Ein solcher Mann war gleich im Anfange desselben Meletius, der Stifter einer kirchlichen Trennung, die lange fortgedauert hat.

Meletius, Bischof zu Lykon oder Lykopolis in der ägyptischen Landschaft Thebais, wurde nebst andern Lehrern dieser Gegenden durch die Verfolgung des Diocletianus getroffen. Aber sein Verhalten bey derselben, aus welchem gleichwohl die nachmaligen Unruhen erwachsen sind, wird von den Schriftstellern des vierten Jahrhunderts sehr verschieden angegeben. Athanasius, sein Zeitgenosse, und der in Aegypten selbst, zuletzt als Bischof von Alexandrien, lebte, erzählt, (Apolog. contra Arianos, Opp. T. I. Vol. I. p. 177. ed. Bened.) Meletius, den er Melitius nennt,

nennt, sey wegen vieler Vergehungen, und besonders, weil er den Götzen geopfert habe, von dem Bischof Petrus zu Alexandrien, auf einer Versammlung von Bischöfen seines Amtes entsetzt worden; er habe sich aber weder auf eine andere Kirchenversammlung berufen, noch sonst vor der Welt gerechtfertigt; sondern eine Spaltung in der ägyptischen Kirche errichtet. Daher würden seine Anhänger nicht Christen, sondern Meletianer, genannt, und er hätte nebst ihnen sowohl den Bischof Petrus, als dessen beyde Nachfolger, Achillas und Alexander, gelästert. Mit dieser Nachricht stimmt diejenige in der Hauptsache überein, welche die Geschichtschreiber des fünften Jahrhunderts, Socrates, (Hist. Eccl. L. I. c. 6.) und Theodoretus, (Hist. Eccl. L. I. c. 9.) hinterlassen haben; obgleich letzterer von dem Opfern nichts gedenkt.

Allein Epiphanius, der in den spätern Zeiten des vierten Jahrhunderts und in der Nachbarschaft von Aegypten schrieb, berichtet die Entstehung der Meletianischen Parthey mit ganz andern Umständen. Meletius, schreibt er, (Panar. hær. 68. p. 716. sq. Tom. I. ed. Petav. Colon.) wurde nebst dem Bischof Petrus von Alexandrien, und andern Märtyrern, durch die kaiserlichen Statthalter in Aegypten ins Gefängniß geworfen. Er war, nach dem Petrus, der vornehmste Bischof in Aegypten; aber ihm gleichwohl in Kirchensachen unterworfen. Denn der Kirchensprengel der Erzbischöfe von Alexandrien geht, nach einer alten Gewohnheit, über ganz Aegypten, Thebais, Maraeotis, Libyen, Ammoniace und Pentapolis. Einige nun unter den gefangenen Christen standen glücklich den Märtyrertodt aus; andere aber ließen sich durch die dringende Noth überwinden, den Götzen zu opfern. Diese letztern wandten sich bald dar-

F. n.
C. G.
306
bis
337.

darauf an die Bekenner und Märtyrer, um durch Buße Mitleiden zu erlangen. Es waren darunter Soldaten, und viele vom Lehrstande, aus verschiedenen Classen desselben. Das stiftete aber keine geringe Bewegung und Uneinigkeit unter den Märtyrern. Einige von diesen behaupteten, daß diejenigen welche einmal abgefallen wären, ohne sich tapfer im Streite verhalten zu haben, nicht zur Kirchenbuße gelassen werden müßten, damit nicht die übrigen, durch eine so geschwind erlangte Verzeihung, sich desto leichter zur Verleugnung der Religion hinreissen lassen möchten. Dieses war die Meinung des Meletius, auch vieler anderer Märtyrer und Bekenner, die vom Eifer für die Ehre Gottes getrieben wurden; und sie setzten hinzu, man möchte diesen Christen, nach geendigter Verfolgung, und verfloßener gehöriger Zeit, die Erlaubniß zur Kirchenbuße ertheilen, wenn man anders von ihrer Aufrichtigkeit sichere Merkmale hätte; doch müßten die zum Lehrstande gehörigen unter ihnen, dieser Würde verlustig werden. Allein Petrus, (so fährt Epiphanius fort,) der barmherzig und gleichsam ein allgemeiner Vater war, bat seine Mitgefangenen in diesen Worten: „Laßt sie uns, weil sie sich gebessert haben, wieder aufnehmen, und ihnen die Kirchenbuße verstatten; wir wollen weder sie, noch die vom Lehrstande verwerfen, damit sie nicht aus Schaam und wegen der Verzögerung, nachdem sie einmal durch Muthlosigkeit und Schwäche vom Teufel erschüttert worden sind, ganz und gar abfallen, ohne ein Heilungsmittel zu gebrauchen." Aus dieser Verschiedenheit der Meinungen nun, die doch beyde von frommen Gesinnungen herstammten, nahm die Trennung ihren Ursprung. Denn da Petrus sah, daß die Freunde des Meletius sich seinem Rathe widersetzten, hieng er mitten im Gefängnisse seinen Mantel als eine
Schei-

Scheidewand auf, und ließ durch einen Diaconus ausrufen: Wer es mit mir hält, komme hieher zu mir,
und wer dem Meletius beitritt, gehe auf seine Seite
hinüber! Darauf wandten sich die meisten Bischöfe,
Mönche und Aeltesten zum Meletius; nur wenige
traten zum Petrus. Von dieser Zeit an verrichtete
jeder Theil das Gebet und den übrigen Gottesdienst
besonders. Petrus erlitt nachher den Märtyrertodt;
Meletius hingegen wurde nebst vielen andern zur Arbeit in die Bergwerke verurtheilt.

J. n.
C. G.
306
bis
337.

 Bey einer so widersprechenden Erzählung von zween
so angesehenen Zeugen ist es nicht zu verwundern, wenn
die neuern Schriftsteller sich entweder für einen von
beiden erklärt, oder alle Entscheidung vermieden haben. Die Römischcatholischen haben, da sie den Petrus als einen heiligen Märtyrer verehren, durchgängig den Bericht des Epiphanius vor falsch ausgegeben, und kühn genug vorausgesetzt, daß er durch Erdichtungen der Meletianer hintergangen worden sey.
Dennoch ist es ungemein wahrscheinlich, daß man ihn
in der Hauptsache (denn im übrigen hat er einige offenbare Fehler begangen,) zum Führer annehmen müssen. Athanasius war einer der vornehmsten Gegner
der Meletianer, und hat daher auch von dem Anführer dieser Parthey vermuthlich die schlimmsten Nachrichten am leichtesten geglaubt. Was er von dem Gö-
tzenopfer desselben sagt, wird dadurch sehr verdächtig,
weil die Anhänger des Meletius vielmehr sich gegen
die Abgefallenen strenger als die übrigen Christen bezeigt haben; so wie es auch unglaublich ist, daß Meletius, wenn er würklich in jenes schimpfliche Verbrechen gefallen ist, so viele Freunde gefunden haben
sollte. Auf der andern Seite verdient Epiphanius,
welcher sonst gewohnt ist, jede von den Rechtgläubigen

getrenn-

getrennte Parthey auf das härteste zu beurtheilen, desto mehr Beifall, wenn er einen Stifter derselben als einen gottseeligen und edel denkenden Mann abschildert. Seine Beschreibung von den Gesinnungen des Petrus kommt auch völlig mit demjenigen überein, was man bereits oben (S. 60.) aus den Kirchengesetzen dieses Bischofs wegen der abtrünnigen Christen, davon gelesen hat. Die Erzählung des Epiphanius wird weiter auch durch den guten Zusammenhang der sich in derselben findet, und selbst durch das Urtheil welches die Nicänische Kirchenversammlung über die Meletianischen Händel gefällt hat, bestätigt. Endlich kommt hinzu, daß einige zu dieser Geschichte gehörige Urkunden besonders ein Schreiben von vier ägyptischen Bischöfen, deren Eusebius (Hist. Eccl. L. VIII. c. 9.) gedenckt, aus ihrem Gefängnisse an den Meletius, (beym Scip. Maffei, Observaz. litterar. T. III. p. 11. sq.) ebenfals Beweise für die Glaubwürdigkeit des Epiphanius abgeben.

Genug, diese Spaltung in der ägyptischen Kirche entstand um das Jahr 306. Sie hatte mit dem Glauben nichts zu thun; indem beide Partheien darinne vollkommen mit einander einig waren. Aber Meletius errichtete nicht nur mit seinen Anhängern eine abgesonderte Gemeine; sondern machte auch dem Bischof von Alexandrien das Recht streitig, welches dieser Kraft eines alten Herkommens besaß, alle Bischöfe in Aegypten, Libyen, und andern zu seinem Kirchensprengel gehörigen Ländern, allein zu weihen. Nicht Athanasius, sondern Sozomenus, (Hist. Eccl. L. I. c. 24.) Theodoretus (Fabul. hæret. L. IV. c. 7.) und Epiphanius (l. c. p. 719.) melden dieses vom Meletius: und der letztere insonderheit erzählt, daß dieser aus dem Gefängnisse, und auf seiner Reise zu den

den Bergwerken, nicht nur in Aegypten, Bischöfe, Aeltesten und Kirchendiener gesetzt, sondern eben dieses auch bis in die benachbarten Länder gethan habe. Die vier oben gedachten Bischöfe warfen ihm diesen Eingriff in die Rechte eines fremden Kirchensprengels, der durch alte Gesetze verboten sey, und die Verachtung des Bischofs Petrus, ingleichen die wenige Achtung vor, die er darinne gezeigt habe, während ihrer Leiden so viele Verwirrung zu erregen. Sie bemerkten außerdem, daß er sich durch den Mangel den die Gemeinen an Lehrern hätten, nicht entschuldigen könne, indem derselbe theils nicht vorhanden sey; theils, wenn er sich würklich ereignete, Petrus und sie wegen der Besetzung der erledigten Stellen erst befragt werden müßten. Allein Meletius fuhr in dieser eigenmächtigen Bestellung von Lehrern fort, die alle seiner Parthey zugethan blieben. Die Kirchengemeinschaft zwischen beyden Theilen wurde so sehr aufgehoben, daß sich die Anhänger des Petrus die catholische, und die Freunde des Meletius die Kirche der Märtyrer nannten; Athanasius aber den Nahmen der Meletianer sogar dem christlichen entgegensetzte. Er beschuldigte sie auch, (Apolog. contra Arianos, p. 140. l. c.) daß sie ungeschickte Lehrer ordneten, die kaum aus dem Heldenthum gekommen wären: und der Bischof Petrus erklärte nach dem Sozomenus (Hist. Eccl. L. I. c. 15.) selbst ihre Taufe vor ungültig. Daher pflanzte sich auch diese Trennung, als er im Jahr 311. starb, noch unter seinen Nachfolgern, Achillas, Alexander und Athanasius, fort.

Nunmehr nahm sich die Kirchenversammlung zu Nicäa im Jahr 325. vor, diese langen und unnöthigen Zwistigkeiten zu schlichten. Sie meldete daher der Gemeine zu Alexandrien und den ägyptischen Christen

sten überhaupt, in ihrem Schreiben, welches Socrates (Hist. Eccl. L. I. c. 9.) und andere Schriftsteller mehr aufbehalten haben, Meletius sey zwar, wenn nach der Strenge verfahren werden sollte, keiner Verzeihung werth; allein da die Versammlung gütiger mit ihm umgehen wolle, so sollte er nur in seiner Stadt bleiben, und keine Macht haben, weder Lehrer zu weihen, noch zu wählen, auch sich in einer solchen Absicht weder auf dem Lande noch in einer andern Stadt blicken lassen, und den bloßen Nahmen seiner Würde beybehalten. Die von ihm geweihten Lehrer sollten durch eine heiligere Einweihung bestätigt, und zur Kirchengemeinschaft zugelassen werden; so daß sie zwar ihre Würde und ihr Amt behalten, aber stets den zweiten Rang nach allen denen haben sollten, die in jedem Kirchensprengel und jeder Gemeine bereits vorhanden wären, und von dem Bischof Alexander vorher geweiht worden. Es sollte ihnen auch niemals erlaubt seyn, Leute nach ihrem Gefallen zum Lehramte zu wählen, oder vorzuschlagen, noch sonst etwas ohne Vorwissen der Bischöfe der rechtgläubigen Kirche, die unter dem Alexander stünde, zu verrichten. Doch sollten sie, wenn ältere Bischöfe, die stets in der rechtgläubigen Gemeine geblieben wären, stürben, an die Stelle derselben, wenn sie es verdienten, mit Einwilligung und Bestätigung des Bischofs von Alexandrien, von dem Volke gewählt werden können. Nur dem Meletius sollte dieses nicht verstattet seyn, weil dieser hartnäckige und hitzige Mann neue Unruhen erregen könnte. Zur Erläuterung dieser Verordnung dienen die Stellen der Geschichtschreiber, (Socrates l. c. Sozom. L. I. c. 24.) und der sechste Schluß dieser Kirchenversammlung, durch welchen dem Bischof von Alexandrien seine Rechte bestätigt wurden.

Mele-

Meletius, der dieselben verletzt, und damit zugleich die Kirchenverfassung gestört hatte, schien für die Gelindigkeit, mit welcher ihm begegnet wurde, dankbar zu werden, indem er alle acht und zwanzig von ihm in Aegypten geweihten Bischöfe, nebst seinen Aeltesten und Kirchendienern, persönlich vor den Bischof Alexander stellte, wie Athanasius (Apol. contra Arianos p. 187.) erzählt. Aber seine Anhänger mögen mit den Verfügungen der Kirchenversammlung nicht zufrieden gewesen seyn. Die Spaltung dauerte also fort: und Meletius ernannte an seiner Stelle seinen Freund Johannes zum Bischof; (Theodoret. Hist. Eccl. L. I. c. 26. Sozom. L. II. c. 21.) starb aber bald darauf.

J. n.
J. G.
306
bis
337.

Nach seinem Tode vereinigten sich die Meletianer mit den Arianern. Meletius war den Lehrsätzen des Arius niemals beigetreten; obgleich dieser im Anfange, nach dem Sozomenus, (Hist. Eccl. L. I. c. 15.) der Parthey desselben zugethan war: er soll sogar, wenn das Zeugniß des einzigen Epiphanius (l. c. p. 719.) hierbey gilt, die Irrlehren desselben bey dem Bischof Alexander angegeben haben. Allein die Meletianer und die Arianer hatten an den Bischöfen von Alexandrien gemeinschaftliche Feinde: und dieses beförderte ihre Verbindung untereinander. Wiederum erzählt es Epiphanius (l. c. p. 720. sq.) allein, daß die erstern einige Abgeordnete an den Kaiser Constantinus mit der Bitte geschickt hätten, daß ihnen besondere gottesdienstliche Versammlungen erlaubt werden möchten. Sie hätten aber nicht anders bey dem Kaiser Gehör, und die Bewilligung ihres Ansuchens erlangt, als nachdem sie dem Bischof Eusebius von Nicomedien versprochen hätten, daß sie mit den Arianern Kirchengemeinschaft halten wollten. Und so sey es geschehen, daß viele Meletianer auch die Ketzerey

rey der letztern angenommen hätten; diejenigen aber, welche bey dem wahren Glauben geblieben, wären doch wenigstens seitdem mit den Arianern vermengt worden. Diese Nachrichten sind nicht unwahrscheinlich; aber noch gewisser ist es, daß die Meletianer mit den Arianern verbunden, an den Klagen wider den Bischof Athanasius zu Alexandrien einen Hauptantheil genommen haben, die auf der Kirchenversammlung zu Tyrus im Jahr 335. in seine Landesverweisung ausschlugen.

Diese Parthey, die bis in die ersten Zeiten des fünften Jahrhunderts in Aegypten übrig blieb, hat zwar verschiedene ansehnliche Lehrer, aber keinen darunter gehabt, der durch Gelehrsamkeit und Schriften berühmt geworden wäre. Ihre Entstehung und Fortdauer scheint durch Fehler von beiden Seiten, besonders durch Hartnäckigkeit und Herrschbegierde, befördert worden zu seyn: und eben darum hätte diese Spaltung desto früher gehoben werden können; wenn nicht Uneinigkeiten, die einen sittlichen Grund haben, noch schwerer zu tilgen wären, als Glaubenszwistigkeiten. Die Geschichte derselben ist von dem Herrn C. R. Walch (Entwurf einer vollständigen Historie der Ketzereyen, 2c. Vierter Theil, S. 355 – 410.) mit vorzüglicher Genauigkeit bearbeitet worden.

Geschichte
der
Donatisten.

Aus einer ähnlichen Veranlaßung, und im Grunde aus einerley Hauptquellen, aus der Verfolgung der Christen durch den Diocletianus, und aus den

Geschichte der Donatisten.

den Leidenschaften, welche sie gegen einander selbst erhitzten, entstand zur Schande der Christen dieser Zeit, die Donatistische Streitigkeit. Sie hat weit mehr Unruhe und Unglück verursacht, auch viel länger als die Meletianische fortgewährt, und ist überhaupt die wichtigste Spaltung in der alten Kirche, deren Geschichte in sehr vielerley Betrachtung, besonders aber in Absicht auf die nun herrschende Gewohnheit der Christen, persönliche Zänkereyen zur Angelegenheit der Religion zu machen, in Ansehung des Rechts der weltlichen Obrigkeit in Religionssachen, auch der äußersten Gewaltthätigkeiten bey eben denselben, immer lehrreich bleibt.

An gleichzeitigen Nachrichten und Urkunden hat diese Geschichte keinen Mangel: und wenn gleich jene meistentheils einseitig sind, mithin der Partheylichkeit beschuldigt werden können; so liegt dagegen in diesen die Wahrheit ohne fremde Zusätze unverfälscht vor Augen. Der vornehmste Geschichtschreiber und Zeuge der Donatistischen Händel ist Optatus, Bischof zu Milevi oder Milevum, in der africanischen Landschaft Numidien. Er schrieb, wie Hieronymus, (Catal. Scriptt. Eccles. c. 110.) bemerkt, unter der Regierung der Kaiser Valentinianus und Valens, das heißt gegen oder bald nach dem Jahre 370, ein Werk gegen die Donatisten, unter welchen er lebte, (de Schismate Donatistarum adversus Parmenianum, Libri Sex,) in der Absicht, um wider den Donatistischen Bischof Parmenianus zu zeigen, daß der Vorwurf einer kirchlichen Trennung, welchen sie von sich abwälzten, und den Rechtgläubigen machten, völlig ungegründet sey. Man hat es in den neuern Zeiten in sieben Bücher getheilt, weil man gewiße Zusätze die der Verfasser den sechs ersten beifügte, in ein siebentes gesammlet

let hat. Wenn gleich dieses Werk hauptsächlich eines widerlegenden und theologischen Innhalts ist; so wird doch im ersten Buche der Ursprung und Fortgang dieser Streitigkeiten umständlich, und mit einer sichtbarlich guten Kenntniß der Sache, erzählt. Es hat durch den Fleiß neuerer Gelehrten an Brauchbarkeit ungemein zugenommen. Insonderheit hat Du Pin die beste Ausgabe davon (zu Paris, 1700. Fol.) ans Licht gestellt, welche im Jahr 1702. zu Amsterdam (unter der Aufschrift Antwerpen) mit einer bequemern Stellung der Anmerkungen, nachgedruckt worden ist. Man findet in derselben des Herausgebers nicht übel gerathene, aber sehr kurze Geschichte der Donatisten; eine Nachricht von den Africanischen Bißthümern, mit einer dazu gehörigen Landcharte über die kirchliche Geographie von Africa; das Werk des Optatus, mit den Anmerkungen des Balduinus, Aubespine, Du Pin, und anderer mehr; insonderheit aber eine sehr schätzbare Sammlung von Urkunden, welche die Hälfte dieser Ausgabe einnimmt, (Monumenta vetera, ad Donatistarum historiam pertinentia.) Optatus hatte selbst eine Anzahl derselben seinem Werke zum Beweise angehängt; die aber verloren gegangen sind. Hier sind sie glücklich genug wieder hergestellt, vermehrt, und vom Jahr 303 bis 596. fortgesetzt worden. Die wichtigsten derselben, dergleichen die kaiserlichen Befehle, Handlungen der Kirchenversammlungen und Religionsgespräche sind, werden in der Folge dieser Geschichte angezeiget werden.

Ein noch heftigerer Gegner und würklicher Verfolger der Donatisten, der bald nach dem Optatus, wider sie schrieb, der Bischof Augustinus zu Hippo Regius, einer gleichfals Numidischen Stadt, ist doch auch in dieser Geschichte einer der wichtigsten Schriftsteller. Er wurde es durch die Menge von Büchern, welche

welche er dieser Parthey entgegensetzte, und welche man, so weit sie noch vorhanden sind, in dem neunten Bande seiner Werke, (nach der Benedictiner=Ausgabe,) beysammen antrifft. Aber auch in sehr vielen Stellen seiner übrigen Schriften, besonders der Predigten und Briefe, beschäftigt er sich mit derselben: wovon man das Verzeichniß in der erstgenannten Sammlung (l. c. p. 463.) und daraus in des Herrn C. R. Walchs vorher angeführtem Buche, (S. 256.) liest. Es kommt hinzu, daß Augustinus, außer dieser Bestreitung des Lehrbegriffs der Donatisten, auch viele Aufsätze und Stellen aus den Schriften ihrer Lehrer zugleich aufbehalten hat. Andere Schriftsteller des vierten und fünften Jahrhunderts haben nur einzele Beiträge zu dieser Geschichte mitgetheilt.

F. n. C. G. 306 bis 337.

Mitten also in der Verfolgung des Diocletianus wurde der Grund zu diesen weitläufigen Streitigkeiten gelegt. Damals retteten viele Christen und selbst Lehrer in Africa, wie man anderwärts (Christl. Kirchengesch. Theil IV. S. 479.) bereits gelesen hat, ihr Leben dadurch, daß sie nach dem kaiserlichen Befehle, die Abschriften der heiligen Schrift, die sie besaßen, oder in Verwahrung hatten, den Heiden zur Vernichtung auslieferten. Sie wurden deswegen von den übrigen Christen als eine besondere Gattung von Abtrünnigen (Traditores) angesehen und genannt. Im Jahr 305. nach der wahrscheinlichsten Berechnung, hielten eilf bis zwölf Bischöfe in der Numidischen Stadt Cirta, welche nachher Constantina genannt wurde, eine Versammlung wegen einer Bischofswahl. Da fand es sich, daß sechs unter ihnen sich jenes Verbrechens der Auslieferung schuldig gemacht, und einer sogar seiner Schwester Sohn umgebracht hatte. Allein sie wurden darüber einig, einem jeden seine Ver-

§. n.
C.G.
306
bis
337.

-antwortung bey Gott ohne kirchliche Bestrafung selbst zu überlassen; vermuthlich, weil aus dem Gebrauch der gesetzmäßigen Strenge, eine ärgerliche Spaltung unter ihnen entstanden seyn würde. Diese Begebenheit blieb auch ziemlich unbekannt, bis sie nach sechszig Jahren vom Optatus (l. c. L. I. c. 14.) aus alten Urkunden ans Licht gezogen, und den Donatisten vorgeworfen wurde. Die letztern versuchten umsonst hundert Jahre darauf, die ganze Geschichte dieser Kirchenversammlung vor erdichtet zu erklären. Sie wurden bey einer gerichtlichen Untersuchung, die man darüber angestellt hatte, widerlegt, wie Augustinus (Brevicul. collat. Carthag. p. 387. sq. T. IX. Opp. ed. Bened. Antvp.) erzählt: und dieser Schriftsteller hat auch (contra Crescon. L. III. p. 305. sq.) die Urkunde von jener Versammlung größtentheils beigebracht.

Aber eben diese Bischöfe, die sich einander die beschriebene Art des Abfalls so leicht verziehen hatten, Secundus, Bischof zu Tigisis, dem vornehmsten Bißthum in Numidien, und andere mit ihm, waren nachmals bey der Wahl eines Bischofs von Carthago, um das Jahr 311, gegen diejenigen Bischöfe, welche sich eben desselben Verbrechens schuldig gemacht haben sollten, desto unerbittlicher. Man sieht zwar aus verschiedenen Stellen des Augustinus, (Brevic. collat. p. 385. sq. Epist. 44. p. 79. T. II. Opp. und andern mehr,) daß in der christlichen Gemeine jener Hauptstadt des Römischen Africa, entweder noch bey dem Leben des Bischofs Mensurius, oder gleich nach seinem Tode, ehe noch Cäcilianus an seine Stelle kam, einige Unruhen entstanden sind, welche etwas zur Beschleunigung der weit größern Donatistischen beigetragen haben. Es ist aber ungewiß, aus welchem Grunde diese Uneinigkeit der Christen zu Carthago geflossen

floſſen ſey: und ſie hoben auch darum die kirchliche Gemeinſchaft mit einander nicht auf. Nur dieſes verdient dabey Aufmerkſamkeit, daß Menſurius in ſpätern Zeiten von den Donatiſten beſchuldigt worden iſt, er habe die heiligen Schriften den heidniſchen Verfolgern ausgeliefert, und ſey unbarmherzig genug geweſen, nebſt ſeinem Diaconus, dem Cäcilianus gewaltſam zu verwehren, daß den gefangenen Märtyrern weder Speiſe noch Trank gebracht werden durfte. Allein das erſtere leugnete Menſurius, und rechtfertigte ſein Verhalten in dem Schreiben an den Secundus, das man beym Auguſtinus (Brevic. collat. p. 386.) findet. Die andere Beſchuldigung aber würde, wenn auch die Märtyrergeſchichte auf welche ſie ſich gründet, (in Pin. Monum. Donatiſt. p. 155. ſq.) vollkommen zuverläßig ſeyn ſollte, doch dadurch gemildert werden, weil jene Märtyrer von einer ziemlich verächtlichen Art waren. Menſurius geſtand nemlich in ſeinem Schreiben, daß er den Chriſten verboten habe, diejenigen nicht als Märtyrer zu ehren, die ſich ungefragt zur Verfolgung angegeben hatten, indem ſie verſicherten, bibliſche Handſchriften zu beſitzen, die ſie nicht herausgeben wollten, da ſie doch keine hatten. Er gedachte auch anderer laſterhaften und an die kaiſerliche Kammer verſchuldeten Chriſten, welche ſich, bey Gelegenheit der Verfolgung, ihres mit Schulden beladenen Lebens zu entledigen ſuchten; oder gar glaubten, ſich von ihren Ausſchweifungen durch den Märtyrertod zu reinigen, wenigſtens durch die Mildthätigkeit der Chriſten Geld zu gewinnen, und im Gefängniße herrlich zu leben hofften. Wenn Menſurius die Erwartung ſolcher Heuchler zu Schanden gemacht hat: ſo war er ſchon deswegen ein nützlicher Lehrer für die Chriſten.

Deſto gewißer iſt es, daß man den Urſprung der Donatiſtiſchen Spaltung von der Wahl des erſtgedachten

dachten Cäcilianus zum Bischof von Carthago herleiten müße. Sie erfolgte im Jahr 311. oder im nächstvorhergehenden. Nach dem Berichte des **Optatus,** (L. I. c. 18.) veranstalteten es zween Aeltesten daselbst, die nach der bischöflichen Würde trachteten, daß bloß die benachbarten Bischöfe, in Abwesenheit der Numidischen, eingeladen wurden, um bey der Einweihung des neuen Bischofs gegenwärtig zu seyn. Cäcilianus wurde einmüthig von dem ganzen Volke gewählt, und Felix, Bischof von Aptunga, legte ihm die Hände auf. Als darauf einige Aeltesten, denen Mensurius den goldenen und silbernen Schmuck der Kirche zur Verwahrung übergeben hatte, die sich aber denselben als eine Beute zuzueignen gedachten, genöthigt wurden, ihn an den Cäcilianus zu überliefern: entzogen sie sich aus Verdruß seiner kirchlichen Gemeinschaft. Eben dieses thaten die beiden ehrgeitzigen Aeltesten, deren Hoffnung hintergangen worden war; ingleichen die mächtige und unruhige Lucilla, die schon lange keine Kirchenzucht mehr ertragen konnte, mit allen ihren Anhängern. Diese reiche Frau hatte, wie eben dieser Schriftsteller anderwärts (c. 16.) meldet, auf den Cäcilianus einen bittern Haß geworfen, da er noch Diaconus war. Er hatte ihr nemlich einen Verweis darüber gegeben, daß sie jedesmal, ehe sie das geweihte Brodt und den Wein im Abendmahl empfieng, den Mund eines verstorbenen Menschen, den sie vor einen Märtyrer hielt, der aber noch nicht einmal gehörig davor erkannt worden war, (nondum vindicatus) küßte. Solchergestalt, schreibt **Optatus,** ist diese Trennung durch Zorn gebohren, durch Ehrsucht genährt, und durch Geitz gestärkt worden. Man erdichtete nun mancherley Vorwand wider den Cäcilianus, damit seine Wahl ungültig werden möchte.

Es kann seyn, daß diese Erzählung durchaus richtig ist: wenigstens findet sich nichts, wodurch sie verdächtig gemacht werden könnte; allein man muß sich doch stets erinnern, daß sie von den Feinden der Donatisten herrührte, die sie vermuthlich nicht unbeantwortet gelassen haben. Würklich wurden auch von diesen ganz andere Ursachen der Trennung angegeben, die nunmehr auf folgende Art zur Reise kam. Die Numidischen Bischöfe kamen, vermuthlich von den Gegnern des Cäcilianus gerufen, nach Carthago. Darunter waren auch Secundus nebst den übrigen zu Cirta versammleten, und überhaupt gegen siebzig Bischöfe. Sie kamen nicht in die Hauptkirche, wo Cäcilianus mit der Gemeine sich befand: und obgleich dieser verlangte, man möchte einen Kläger wider ihn auftreten lassen, wenn man Beschwerden gegen ihn hätte; so warfen sie ihm doch nur seine Einweihung vor, liessen auch die härtesten Drohungen gegen ihn hören, als er sich erklärte, daß er bereit wäre, sich von ihnen weihen zu lassen. Endlich wählten sie den Majorinus, einen Vorleser der Kirche zu Carthago, und Hausgenossen der Lucilla, welche die Wählenden durch Geld gewann, in einer Versammlung zum Bischof an Statt des Cäcilianus. Sie fanden auch außerhalb Carthago gar bald Beifall. So wie in dieser Hauptstadt nun zwo Gemeinen und zween Bischöfe waren: so theilten sich auch die Christen in dem übrigen römischen Africa, indem einige den Cäcilianus, andere den Majorinus, als rechtmäßigen Bischof von Carthago erkannten; in manchen Städten aber ebenfals zween Bischöfe gesetzt wurden. In den übrigen Welttheilen hingegen nahm alles die Parthey des Cäcilianus. So haben wiederum Optatus (L. I. c. 19. 20.) und Augustinus (Epist. 42. p. 68. sq.

Ep. 44. p. 75. Brevic. collat. p. 387. 389.) den Fortgang dieser Streitigkeit beschrieben.

Um zu beweisen, daß die Wahl des Cäcilianus ungültig sey, behaupteten seine Gegner zuerst, es hätten bey derselben, und bey der Einweihung, die Numidischen Bischöfe erwartet werden sollen, damit der Hauptbischof in Africa von dem ansehnlichsten nach ihm hätte eingeführt werden können. (Augustin. Brevic. collat. p. 388.) Insonderheit aber beschuldigten sie nicht nur den Bischof Felix, der den Cäcilianus geweiht hatte, sondern auch diesen selbst, daß sie die heiligen Schriften an die Heiden ausgeliefert hätten. (Optat. L. I. c. 19. Augustin. l. c. p. 387.) Man leugnete von der andern Seite das Recht der ersten Forderung, und verwarf die beiden Beschuldigungen als Unwahrheiten. Die letztere wurde in der That erst lange nach der ersten vorgebracht. Und obgleich Cäcilians Wahl nicht ohne Uebereilung vorgenommen worden war; so scheinen doch die Einwendungen gegen dieselbe, so weit sie sich jetzt beurtheilen lassen, weder erwiesen genug, noch, wenn sie es sogar waren, zu einer Trennung hinlänglich gewesen zu seyn.

Unterdessen war Constantinus, nachdem er den Marentius im Jahr 312. besiegt hatte, im folgenden Herr des römischen Africa geworden: und da er zugleich seine Neigung gegen das Christenthum an den Tag legte, nahm er bald einen lebhaften Antheil an den kirchlichen Unruhen dieser Gegenden. Außerdem, daß er den Cäcilianus als den Vorsteher der rechtmäßigen und catholischen Religion und Kirche in Africa erkannte, und ihm ohngefähr siebzig tausend Thaler, nach unserer Rechnungsart, zustellen ließ, um sie unter die Diener dieser Religion, nach einer gewissen

sen Vorschrift, auszutheilen, (Euseb. Hist. Eccl. L. X. c. 5. 6. 7.) setzte er noch in einem seiner Schreiben an den Cäcilianus selbst hinzu, er habe vernommen, daß einige unruhige Leute das zur heiligsten und rechtgläubigen Kirche gehörige Volk auf eine arglistige Art zu verwirren suchten, und habe daher einigen Staatsbedienten aufgetragen, sich der Sache sorgfältig anzunehmen. An diese also, befiehlt der Kaiser, möchte sich der Bischof wenden, wenn es noch solche Leute gäbe, damit sie bestraft werden könnten. Allein die Gegenpartey des Cäcilianus bat gleich darauf den Kaiser, (beym Optatus, L. I. c. 22.) daß er, weil sich zwischen ihr und den übrigen Bischöfen in Africa, Zwistigkeiten erhoben hätten, ihr Richter aus Gallien geben möchte. Daß die Anhänger des Majorinus zuerst bey der weltlichen Obrigkeit Hülfe gesucht haben, ist ihnen nachmals von den Catholischen sehr oft vorgeworfen worden; würde aber an sich nicht tadelhaft seyn, wenn jene gewiß unschuldig an der erregten Spaltung gewesen wären. Sie nannten sich in der Unterschrift des einen Schreibens, die Parthey des Donatus: allem Ansehen nach deswegen, weil außer ihrem Anführer zu Carthago, Majorinus, in den übrigen Gegenden von Africa keiner sich unter ihnen so sehr hervorthat, als der Bischof zu Casâ Nigrâ, Donatus. Aber Majorinus scheint auch noch im Jahr 313. gestorben zu seyn: und da sie ihm einen andern Donatus zum Nachfolger gaben, der nachmals der Große, ingleichen von Carthago, genannt wurde: so hat von demselben die ganze Parthey den Nahmen der Donatisten erhalten.

Constantinus gewährte ihnen ihre Bitte, diese Händel, der Unpartheylichkeit wegen, durch Gallische Bischöfe untersuchen zu laßen. Drey derselben, Maternus

ternus von Colonia Agrippina, (jetzt Cölln,) Retis cius von Antissiodorum, (jetzt Auxerre,) und Marinus von Arelate, (dem jetzigen Arles,) verfügten sich auf seinen Befehl nach Rom, wo sie im Jahr 313. unter dem Vorsitze des Melchiades, oder, wie er auch genannt wird, Miltiades, Bischofs von Rom, und mit funfzehn Italiänischen Bischöfen, eine Versammlung in dem Lateranischen Palaste der Kaiserinn Fausta hielten. Vor ihnen mußten sich sowohl Cäcilianus als Donatus von Casa Nigra, nebst einer Anzahl Bischöfe von jeder Seite, stellen. Die Richter fällten nach angestelltem Verhör, das Urtheil wider den Donatus, er müße von der Kirchengemeinschaft ausgeschloßen werden, weil er selbst bekannt hätte, daß er zum zweitenmal getauft, und abgefallenen Bischöfen die Hände aufgelegt habe; auch sonst überführt worden sey, noch zur Zeit des Mensurius, zu Carthago Unruhen gestiftet zu haben. Dagegen wurde Cäcilianus einmüthig vor unschuldig erklärt. Man verfuhr gleichwohl mit seinen Gegnern sehr gelinde: denn Donatus allein wurde verurtheilt; den übrigen aber wurde es freigestellt, ob sie sich mit den Catholischen vereinigen wollten. In diesem Falle sollte mit ihnen die kirchliche Gemeinschaft wieder hergestellt werden: und zur Beförderung derselben sollte in den Städten, wo es zween Bischöfe gab, derjenige im Amte bleiben, der zuerst eingeweiht worden wäre. Der Kaiser, dem man die Handlungen dieser Untersuchungsversammlung oder Commißion, (nach der heutigen Art zu reden,) übersandte, bestätigte ihr Urtheil. Alle diese Nachrichten findet man beym Eusebius, (Hist. Eccl. L. X. c. 5.) beim Optatus, (L. I. c. 24. 25.) und Augustinus, (Brevic. collat. Carthag. p. 385. 389. Epist. 43. p. 69. 71. 72.) ingleichen in der Sammlung des Du Pin, (Monum. Donatist. p. 181.)

Doch

Geschichte der Donatisten.

Doch die Donatisten beklagten sich, daß sie zu Rom nicht genugsam gehört worden wären, wo außerdem zu wenige Richter die Sache erörtert hätten. Sie beriefen sich daher auf den Kaiser selbst, um von ihm gehört zu werden. Diesen befremdete ein solcher Schritt ungemein, weil, wie er sich in einem Schreiben an die catholischen Bischöfe, (beym Du Pin, Monument. Donatist. p. 184.) ausdrückte; das Urtheil der Bischöfe, welches sie nach den Lehren Christi gesprochen hätten, so angesehen werden müße, als wenn es Gott selbst gefällt hätte, wie er denn auch vor seine Person das Urtheil Christi erwarte. Er nannte zugleich die Donatisten Werkzeuge des Teufels, deren rasende Kühnheit sie angetrieben hätte, eben so wie es die Heiden machten, sich einer Berufung an das höchste Gericht zu bedienen. Ohngeachtet dieser partheyischen Hitze wider die Donatisten, war doch Constantinus selbst einmal Willens, ihre Händel persönlich in Africa zu untersuchen. Jetzt schickte er zween Bischöfe in dieser Absicht dahin, welche endlich den Ausspruch der Römischen Versammlung bestätigten. Es ist wahr, daß die Hauptquellen dieser Geschichte an diesem Orte gar nicht mit einander übereinstimmen, und daß es also auch niemals vollkommen ausgemacht werden kann, ob sich die Begebenheiten seit der Römischen Untersuchung in der eben erzählten, oder in einer andern Ordnung, zugetragen haben. Wenigstens aber sind sie doch alle gewiß, wie man aus den bisher angeführten Schriftstellern und Urkunden sehen kann. (Euseb. Hist. Eccl. L. X. c. 5. Optat. L. I. c. 25. 27. Augustin. L. I. contra Parmen. c. 6. p. 16. Pin. Monument. Donatist. p. 184. sq.)

Um also das Verlangen der Donatisten zu erfüllen, berief der Kaiser eine Kirchenversammlung nach

§. n.
C. G.
306
bis
337.

nach Arelate, auf welcher sich viele Bischöfe aus seinem Reiche einfinden sollten. Sechshundert derselben sollen wirklich dahin gekommen seyn; aber obgleich diese Anzahl weder genug erwiesen, noch ganz glaublich ist; so war doch die Versammlung zahlreicher, als irgend eine der bisherigen unter den Christen, und bestand eigentlich aus Lehrern der abendländischen Gemeinen: denn damals gehorchte noch lange nicht das ganze Römische Reich dem Constantinus. Sie reiſten auf seine Kosten nach Arelate, wurden auch von ihm daselbst frey unterhalten. Marinus, Bischof der eben genannten Stadt, führte auf der Versammlung den Vorsitz. Manche Bischöfe, wie der Römische Silvester, schickten nur einige Aelteſten, oder mit denselben auch Kirchendiener an ihrer Statt. Auch von diesem kirchlichen Gerichte des Jahrs 314. wurde Cäcilianus loßgesprochen. In einem Schreiben an den Silveſter, nannten die versammleten Bischöfe die anweſenden Donatiſten unverschämte und gefährliche Leute; die aber durch die wirksame Gegenwart Gottes, und durch die richtigen Grundsätze der Kirche, dergestalt wären eingetrieben worden, daß sie weder im Anklagen, noch im Beweisen, hätten fortkommen können. Das Urtheil über dieselben, setzen sie hinzu, würde noch ſtrenger ausgefallen seyn, wenn er, den sie ihren Bruder nennen, hätte gegenwärtig seyn können. (Vermuthlich würden sie alsdenn an das Betragen der Donatiſten gegen das Römische Verhör nachdrücklicher erinnert worden seyn.) Unterdeßen theilen sie ihm die von ihnen gefaßten Schlüße mit, damit sie durch ihn, der einen weitläuftigern Kirchensprengel habe, allgemein bekannt gemacht würden.

Sie hatten sich, außer dem Donatiſtischen Handel, noch mit andern Theilen der Kirchenzucht beschäftigt,

tigt, und überhaupt zwey und zwanzig Verordnungen entworfen, von denen freilich manche durch jenen mochten veranlaßt worden seyn. Insonderheit gehört darunter das dreyzehnte Gesetz, nach welchem diejenigen vom Lehrstande, welche, nicht durch Worte und Zeugen, sondern durch öffentliche Urkunden, überführt worden wären, daß sie biblische Abschriften, oder Kirchengefäße ausgeliefert, oder auch ihre Brüder bey den Heiden angegeben hätten, aus ihrem Stande gestoßen werden sollten, ohne daß es doch den von ihnen Geweihten, wenn sie sonst untadelhaft wären, zum Nachtheil gereiche. Hingegen sollten auch nach dem folgenden Gesetze, diejenigen, welche eine falsche Anklage dieses Inhalts vorgebracht hätten, bis an ihr Ende außer der Kirchengemeinschaft zubringen. Das achte dieser Kirchengesetze ist auch merkwürdig, weil es über den ehemaligen hitzigen Streit der Africanischen und Römischen Kirche von der Ketzertaufe, eine Entscheidung giebt: und diese nicht für die herrschende Meinung der erstern. Die Kirchenversammlung befohl, daß, wenn ein Ketzer zu den Rechtgläubigen übergienge, und man aus den Fragen, die man über das Glaubensbekenntniß an ihn thun würde, sehen könnte, daß er im Nahmen des Vaters, des Sohnes und des heiligen Geistes getauft worden sey, er nicht von neuem getauft, sondern ihm nur die Hände aufgelegt werden sollten. Man hat wohl bemerkt, daß der vortheilhafte Ausspruch, der für den Cäcilianus erfolgt war, die sogenannten Catholischen in Africa desto leichter bewegen konnte, der Wiedertaufe der Ketzer zu entsagen, die sie mit ihrem Bischof Cyprianus bisher immer vertheidigt hatten. Eine Stelle des Augustinus, welche sich auf diese Entscheidung zu beziehen scheint, (de baptismo contra Donatist. L. II. p. 66. T. IX. Opp. ed. Antverp.) hat zu vielen

Strei-

Streitigkeiten in den neuern Zeiten Gelegenheit gegeben. Er verſichert darinne, der Streit über die Ketzertaufe ſey durch eine allgemeine Kirchenverſammlung (Concilium plenarium) entſchieden worden. Launoi (Diſſertatt. de Conc. plenar.) und andere haben dieſes von dem zu Arelate gehaltenen;. Pagi hingegen, (Crit. Baron. ad a. 314. n. 17. ſq.) auch vor und mit ihm mehrere, von dem Nicäniſchen verſtanden. Allein die letztere Meinung verdient deſto mehr vorgezogen zu werden, da Auguſtinus ſelbſt die Erklärung von dem einmüthigſten Anſehen der ganzen Kirche hinzuſetzt, und die erſtere dieſer Kirchenverſammlungen niemals vor eine öcumeniſche gehalten worden iſt.

Sonſt verordnete die Arelatenſiſche Kirchenverſammlung noch, daß alle Gemeinen (es verſteht ſich, der abendländiſchen Gegenden des Reichs,) das Oſterfeſt an einerley Tage begehen ſollten, und verlangte von dem Römiſchen Biſchof, ihnen die Zeit deſſelben, wie es gewöhnlich wäre, jährlich durch Schreiben anzuzeigen. Sie gebot ferner, daß die zum Lehramte eingeweihten an dem Orte wo ſolches geſchehen, bey Strafe der Abſetzung bleiben ſollen. Soldaten welche in Friedenszeiten die Waffen weggeworfen hätten; Chriſten welche bey dem Wettrennen Pferde führten, oder Schauſpieler abgäben, ſollten von der Kirchengemeinſchaft ausgeſchloſſen werden. Kranke Heiden, welche Lehrlinge des Chriſtenthums zu werden wünſchten, ſollten durch Auflegung der Hände darunter aufgenommen werden. Chriſten welche zu Statthalterſchaften befördert worden, ſollen ſchriftliche Zeugniſſe ihrer Gemeinſchaft mit der Kirche (litteras eccleſiaſticas communicatorias) nehmen; doch ſoll der Biſchof des Orts wo ſie ſich aufhalten, auf ſie Acht geben, und das Recht haben, ſie von jener Gemeinſchaft auszuſchlieſſen,

Geschichte der Donatisten. 303

schliessen, wenn sie ein Verbrechen begiengen. Ferner wird den Bekennern verboten, keine Empfelungsschreiben mehr auszustellen, und diejenigen welche sie brächten, sollten sich vielmehr um schriftliche Zeugnisse der kirchlichen Gemeinschaft bewerben. Ehemänner die ihre Frauen im Ehebruche betroffen haben, soll man, so lange diese leben, möglichst von einer zweiten Ehe zurück zu halten suchen. Christliche Jungfern, welche sich mit Heiden verheirathen, sollen auf einige Zeit von der Kirchengemeinschaft abgesondert werden: und eben diese Strafe wird auch Wucher treibenden Geistlichen gedroht. Da die Kirchendiener sich hin und wieder unterstanden, Brodt und Wein zum heiligen Abendmahl einzusegnen, (offerre:) so wird ihnen solches untersagt, auch befohlen, daß sie selbst in den Städten nichts ohne Vorwissen der Aeltesten thun sollen. Kein Aeltester oder Kirchendiener soll an einem andern Orte als wo er angestellt worden ist, den Gottesdienst besorgen, und welcher dagegen handelt, soll abgesetzt werden. Kein Bischof soll den andern in seinen Rechten stören; keiner soll einen Bischof weihen, ohne sieben, oder zum wenigsten drey Bischöfe dabey zu Gehülfen zu haben. Auch soll es fremden Bischöfen, die in eine Stadt kommen, erlaubt werden, das heilige Abendmahl daselbst einzusegnen. Endlich wird verordnet, daß abtrünnige Christen, die sich niemals zur öffentlichen Kirchenbusse gemeldet haben; wohl aber, wenn sie krank werden, um die kirchliche Gemeinschaft bitten, auch alsdenn diese nicht erlangen sollen, sondern erst, wenn sie wieder gesund worden sind, und würdige Früchte der Busse gebracht haben. Alle diese Schlüsse der Kirchenversammlung von Arelate, nebst andern zu derselben gehörigen Urkunden sind vom Harduin (Acta Concilior. T. I. p. 259 — 270.) gesammlet worden.

Die

Die Gelindigkeit gegen die Donatisten, deren sie sich selbst rühmten, scheint darinne bestanden zu haben, daß sie den Mitgliedern dieser Parthey, ohne vorhergehende Strafen, den Weg zur Wiedervereinigung mit den Catholischen offen gelassen, und selbst ihren Lehrern dieselbe erleichtert hat. Dem ohngeachtet, und obgleich zu eben dieser Zeit die oben gedachte Beschuldigung der Donatisten gegen den Bischof Felix untersucht und falsch befunden worden war; (Augustin. Epist. 88.) so beruhigten sie sich doch dabey nicht. Sie baten den Kaiser, daß er sie selbst hören möchte. Dieses geschah auch im Jahr 316. zu Mediolanum; allein das Urtheil fiel wiederum sehr günstig für den Cäcilianus aus. Ein Schreiben des Kaisers, aus welchem Augustinus (contra Cresconium L. III. c. 71. p. 324. T. IX. Opp.) eine Stelle anführt, und andere Nachrichten dieses Kirchenlehrers, (wie Epist. 43. p. 68. 72. sq. Epist. 53. p. 92. T. II. Opp.) bestätigen dieses hinlänglich. So oft, und zwar jedesmal von Richtern, die sie selbst gewählt hatten, verurtheilt, konnten die Donatisten in spätern Zeiten keine andere Ausflucht mehr gebrauchen, als daß sie behaupteten, Hosius, Bischof von Cordua, der bey dem Kaiser in großem Ansehen stand, habe sich des Cäcilianus angenommen, und ihnen überhaupt viel geschadet. Augustin. contra epist. Parmen. L. I. c. 4. 5. p. 10. sqq. T. IX. Opp.)

Ihm schrieben sie auch die harten Gesetze zu, welche Constantinus nunmehr in den Jahren 316 und 317. wider diese halsstarrige Gegner des Cäcilianus ergehen ließ. Augustinus gedenkt derselben mehrmahls, (Epist. 88. p. 162. sq. Epist. 105. p. 227. contra Parmenian. l. c.) und es leidet keinen Zweifel, daß durch dieselben nicht nur den Donatisten ihre Kirchen

chen entrißen, sondern auch Lebensstrafen wider sie verordnet worden sind. Nach ihrem Vorgeben beym Augustinus, (ad Donatistas post Collationem, c. 16. p. 403. T. IX. Opp.) scheint sogar Donatus der bis Große ein Märtyrer geworden zu seyn. Allein es ist glaublicher, daß sie nur auf die Verfolgungen gezielt haben, die er, ihrer Meinung nach, ausgestanden hat; und daß überhaupt unter Constantins Regierung keine Donatisten mit Todesstrafen belegt, sondern nur einige derselben des Landes verwiesen worden sind.

Auch diese Strenge währte nur bis zum Jahr 321. In demselben übergaben die Donatisten dem Kaiser eine Bittschrift, worinne sie versicherten, sie würden mit dem Schelm, seinem Bischof, (sie meinten den Cäcilianus,) niemals eine kirchliche Gemeinschaft unterhalten, und wären bereit, lieber alles zu leiden, was er gegen sie verfügen wollte: zugleich hielten sie um die Zurückberufung ihrer Bischöfe an. (Gesta Collat. Carthag. c. 544. p. 244. in Pin. Monum. Donastic. Augustini Brevic. Collat. p. 392.) So kühn dieses Schreiben abgefaßt war; so that es doch seine Würkung. Nur sah man es der Bewilligung des Kaisers an, daß er sie gleichsam im Zorn, und aus Ueberdruß dieser Händel gab: sie war den Donatisten äußerst schimpflich. Er bezeigt in seiner Verordnung an den Vicarius in Africa, daß er sie verabscheue, vor schlimme und unruhige Leute halte; aber dennoch sie bloß dem göttlichen Gerichte und der Strafe ihrer eigenen Wuth überlaßen wißen wollte: sie möchten also aus ihrer Verweisung zurückkommen, und nach ihrem Gefallen leben. (Augustin. l. c. p. 393. 394. ad Donatist. post Collat. p. 416. 417.) Eusebius erklärt diese Gelindigkeit des Kaisers ohngefähr eben so. (de vita Constant. L. I. c. 45. Er lachte nur, nach diesem

V. Theil.   U   Schrift-

Schriftsteller, über solche aus Antrieb des bösen Geistes, oder wenigstens von ganz unsinnigen Menschen, die mehr Mitleiden als Bestrafung verdienten, gestiftete Unruhen.

337.

Allein die Donatisten breiteten sich nun desto weiter in Africa aus: und zum Theil durch gewaltsame Mittel, unter denen die Catholischen litten. Ihrer wird selbst in zwey Schreiben Constantins (in Pinii Monument. ad Donatist. Histor. pertinentt. p. 188. sq.) gedacht. In dem ersten derselben, das an alle catholische Bischöfe und Gemeinen in Africa gerichtet ist, erklärte er sich, daß er mit der leutseligsten Mäßigung alles mögliche angewandt habe, um den Kirchenfrieden in ihren Gegenden zu erhalten; daß man aber nunmehr bloß von Gott Hülfe dagegen erwarten müße. Bis diese erscheine, verlangt er von den Catholischen, Geduld zu üben; sich keiner Rache, die Gott gebühre, zu bedienen, und versichert zu seyn, daß bey demselben dasjenige was sie von den Donatisten ausstünden, eben so angesehen würde, als die Leiden der Märtyrer. So würden sie dieselben, setzt er hinzu, überwinden, und diese Parthey würde nach und nach untergehen. Das andere Schreiben ist vermuthlich im Jahr 330. an die Bischöfe in Numidien abgelaßen worden. Es hat einen ähnlichen Eingang mit dem erstern; der aber doch viel heftiger, mit Schimpfwörtern auf die Donatisten, welche schon so gut als Ketzer angesehen werden, ausgedrückt ist. Da sie sich der vornehmsten Kirche, die der Kaiser zu Constantina, (ehemals Cirta genannt,) hatte bauen laßen, bemächtigt hatten, und dieselbe, ohngeachtet aller kaiserlichen Befehle, den Catholischen nicht wieder überlaßen wollten: so lobt Constantinus die Geduld der letztern; meldet aber auch zugleich den Bischöfen, daß dieselben eine andere

Kirche daselbst bekommen, und ihre Kirchendiener der bürgerlichen Freyheiten, eben so wie anderwärts, geniessen sollen. Zuletzt wünscht er, die Ketzer oder Schismatiker möchten doch endlich für ihr Heil sorgen, bessere Einsichten erlangen, und vom Teufel abweichen. Weil sie aber, sagt er, bey ihrer Bosheit bleiben, wollen, so ist unsere häufige Ermahnung für sie hinlänglich.

Weiter hat sich Constantinus, so viel man weiß, mit den Donatisten nicht beschäftigt. Sie lebten daher in dem spätern Theil seiner Regierung nicht allein ruhig; sondern scheinen auch schon damals in manchen Gegenden von Africa die Oberhand behauptet zu haben. Außer diesem Welttheil hatten sie auch bereits zu Rom eine kleine Gemeine; die aber nur aus Africanern bestand, und sich ausserhalb der Stadt in der Höhle eines Berges versammlete; wovon man sie daselbst die Bergbewohner (Montenses) nannte. Anfänglich schickte man ihnen aus Africa nur bischöfliche Verweser, (Interventores) nachmals aber auch Bischöfe zu. (Optat. L. II. c. 4. Augustin. de unico bapt. contra Petil. c. 16. de haeresibus c. 69.) Ueberhaupt erkannten alle Christen in Europa und Asien den Cäcilianus vor den rechtmäßigen Bischof von Carthago. Aber in Africa wurden die Donatisten so zahlreich und sicher, daß sie um das Jahr 330. eine Kirchenversammlung von zweyhundert und siebzig ihrer Bischöfe halten konnten. Auf derselben untersuchten sie, nach dem Berichte des Augustinus, (Epist. 93. p. 188. T. II. Opp.) fünf und siebzig Tage nach einander, ob die Auslieferer der heiligen Schriften von neuem getauft werden müßten, und beschloßen endlich, daß diese Personen, wenn sie solches an sich nicht wollten geschehen laßen, doch wieder in die Kirchengemeinschaft aufgenommen werden könnten:

könnten: eine Meinung, von der die Donatisten nachher selbst abgegangen sind. Ihre so glückliche Ausbreitung in Afria war hauptsächlich dem Donatus von Carthago zuzuschreiben. Er war auch noch eine Zeitlang nach dem Tode Constantins, das Oberhaupt dieser Parthey: ein Mann von unternehmendem Geiste, sehr geschäftig, klug und standhaft, unter den Widerwärtigkeiten, die ihn nebst den seinigen betrafen. Da er viele Gelehrsamkeit und Beredsamkeit besaß: so erwarb er sich dadurch desto mehr Anhänger, schrieb auch viele Bücher zur Fortpflanzung seiner Meinungen; die aber alle untergegangen sind. Man des davon gestehen selbst einige seiner berühmtesten Gegner, wie Optatus, (L. III. c. 3.) Augustinus, (de haeresib. c. 69. und in vielen andern Stellen seiner Werke,) ingleichen Hieronymus, (Catal. Scriptt. ecclef. c. 93.) Sie machen ihm wegen seiner Sitten keinen andern Vorwurf, als daß er überaus stolz und eitel gewesen sey. Optatus führt davon (l. c.) Beispiele genug an; aber mit vieler Bitterkeit wider ihn eingenommen, und mit einer so feindseligen theologischen Folgerungssucht, daß man wenig weiß, was man davon glauben soll. Unter andern giebt er ihm Schuld, daß er sich von den seinigen als einen Gott habe verehren, und es geschehen laßen, daß sie sich nicht Christen, sondern Donatisten genannt hätten. Sie kannten, wenigstens nach dem Augustinus, (contra Epist. Parmen. L. II. c. 7. de unit. Ecclef. c. 19. etc.) in seinen Lobeserhebungen keine Gränzen, verglichen ihn mit Christo selbst, und versicherten, daß er Wunder gethan habe. Ohne Zweifel ist es ihm wie allen Stiftern heftig bestrittener Partheyen gegangen: eben so unmäßig gepriesen, als bis zur sichtbarsten Ungerechtigkeit gehaßt zu werden.

Gleich-

Geschichte der Donatisten.

Gleichwohl läßt sich auch zur Entschuldigung der unglücklichen Spaltung in der Africanischen Gemeine, welche Donatus so sehr erweitert und zur Vollkommenheit gebracht hat, beinahe gar nichts sagen. Immer mögen er und seine Anhänger mit völliger Ueberzeugung geglaubt haben, daß Cäcilianus und Felix das ihnen vorgeworfene Verbrechen würklich begangen hätten. Selbst dieses gab ihnen noch kein Recht, sich von den Catholischen auf immer zu trennen. Es ist wahr, daß die Wahl des Cäcilianus übereilt und nicht ganz regelmäßig gewesen ist. Es können auch andere Umstände, welche die catholischen Schriftsteller jener Zeiten vielleicht verschweigen, den Widerspruch der Donatisten gegen diesen Bischof einigermaaßen gerechtfertigt haben. Allein ihr hartnäckiges Beharren bey demselben ist desto tadelhafter, mit je mehrerm Glimpfe man ihnen anfänglich begegnet ist. Will man sie durch günstige Muthmaaßungen vertheidigen: so findet man zum wenigsten darinnen einigen Grund, weil von ihren eigenen Nachrichten und Schriften sich entweder gar nichts, oder nur abgerißene Stücke, mitten unter den Widerlegungen ihrer Gegner, erhalten haben.

Freilich betraf ihr Streit mit den Catholischen, zu den Zeiten Constantins, noch keine Glaubenslehren; sondern bloß die historischen Fragen über die Veranlaßung und Nothwendigkeit ihrer Absonderung von der herrschenden Kirche. Sie waren bloß Schismatiker; sie sind es aber auch in der Folge geblieben, wie Optatus selbst (L. I. c. 10. sq.) erkannt hat. Augustinus, welcher behauptete, (de haeresib. c. 69.) daß sie nach und nach Ketzer geworden wären, konnte doch nur zwo vermeinte Irrlehren von ihnen angeben: die erste, daß sie sich eingebildet hätten, die christliche Kir-

<small>F. n.
C. G.
306
bis
337.</small>

che sey wegen der vorgegebenen Verbrechen des Cäcilianus in der ganzen Welt, wo sie doch, zu Folge der göttlichen Verheißung, bleiben sollte, durch die mit demselben unterhaltene Kirchengemeinschaft zu Grunde gegangen, und nur bey ihrer Parthey allein übrig; die zweyte, daß sie die zu ihnen tretenden Catholischen noch einmal tauften, da doch die ganze Kirche sogar die Wiedertaufe der Ketzer verworfen hätte. Allein der erste dieser Sätze war, an Statt eine Ketzerey zu seyn, vielmehr nur eine unvermeidliche Folge der Trennung, welche die Donatisten vor ihre Pflicht hielten: und den zweiten, der aus jenen floß, hatte ehemals die rechtgläubige Kirche in Africa sehr eifrig wider die Römische verfochten. So sind unzählichemal unter den Christen Glaubenslehren des einen Jahrhunderts in einem der folgenden Ketzereyen geworden, weil sich ihre Lehrer stets die Bestimmung davon vorbehielten. Es kann nicht geleugnet werden, daß sich zwischen den Novatianern und Donatisten eine ziemliche Aehnlichkeit finde. Epiphanius (haer. 59.) macht sogar aus beiden Eine Parthey. Die Donatisten selbst hingegen, (wie Cresconius beym Augustinus, L. II. contra Crescon. c. 3.) gaben diese Uebereinstimmung so wenig zu, daß sie vielmehr die Novatianer in die Gesellschaft der schlimmsten Ketzer setzten: wiederum eine Folge von der längst in Africa eingeführten Denkungsart, oder Freygebigkeit in Ertheilung des Ketzernahmens. In der That bemerkt man zwischen diesen beiden Partheyen nur den beträchtlichen Unterschied, daß die Donatisten den Verbrechern keineswegs die Rückkehr zur Kirchengemeinschaft, durch die öffentliche Büßung versperrten. Dazu kam noch, daß manche mit ihren Händeln verwandte Lehrsätze auf eine zum Theil bisher ungewöhnliche Weise erörtert worden sind. Diese dogmatischen Streitigkeiten aber gehören mehr in die letztern Zeiten

des

des vierten Jahrhunderts, und in den Anfang des fünften. Hier kommt zwar auch bereits die Beschuldigung gegen den großen Donatus vor, daß er in einem Buche, welches er vom heiligen Geiste geschrieben hatte, Irrthümer vorgetragen habe, (Hieronym. Catal. Scriptt. eccles. c. 93.) indem er gelehrt hätte, daß der Sohn Gottes geringer als der Vater, und der heilige Geist geringer als der Sohn sey, (Augustin. de haeresib. c. 69.) Doch der letztere dieser Schriftsteller gesteht, daß die Donatisten dieser Meinung nicht beigetreten wären, und nicht einmal wüßten, daß Donatus sie gehegt hätte; er bezeugt auch noch besonders, daß derselbe den Arianischen Lehrbegriff nicht angenommen habe. (Epist. 185.)

Ueber die gesammte Geschichte der Donatisten, welche auch zuweilen von den Alten Donatianer genannt wurden, sind in den neuern Zeiten viele und meistentheils wohlgerathene Untersuchungen angestellt worden. Dazu hat auch die Nachahmung einer alten christlichen Unart bey Protestanten und Römischcatholischen, einander außer Ketzernahmen, auch den Nahmen dieser Parthey beizulegen, einige Veranlassung hergegeben. Nur wird das Lesen dieser Erörterungen durch Weitschweifigkeit, und streitbare Partheilichkeit, sehr oft verdrießlich. Die Arbeit des Du Pin ist bereits oben (S. 290.) angezeigt worden. Eine andere vom Valesius, die er seiner Ausgabe von der Kirchengeschichte des Eusebius angehängt hat, (Dissert. de Schismate Donatistarum,) ist mit seiner gewohnten Gründlichkeit abgefaßt; aber nur innerhalb der Zeiten Constantins eingeschränkt. Mit vielem mühsamen gelehrten Fleiße haben Thomas Ittig, (Historia Donatistar. in Adpendice

dice Differtt. de haerefiarchis) und **Melchior Leidecker** (Historia Ecclesiae Africanae, Utrecht 1692. 4.) geschrieben. Die Geschichte des **Hermanns Witsius**, (de Schism. Donatist. in Miscellaneis sacris) empfielt sich durch einen kernhaften bündigen Vortrag, und ein gesundes Urtheil. **Tillemonts** Sammlungen (Histoire du Schisme des Donatistes, in den Mémoires, T. VI. p. 1 — 83. ed. in fol.) dürfen ebenfals nicht vergessen werden. Seine sorgfältige Genauigkeit verliert auch hier durch das uneingeschränkte Zutrauen gegen rechtgläubige Schriftsteller und gegen das Urtheil der Kirche überhaupt: er schreibt daher den polemischen Ungestüm des heiligen **Optatus** und des heiligen **Augustinus** getreulich ab; kann die Sanftmuth **Constantins** gegen die Donatisten nicht begreifen, und versichert, daß eine solche unzeitige Gelindigkeit zuweilen den Teufel gar wohl erfreuen könne. Einiges neue Licht hat der Cardinal **Noris** dieser Geschichte in verschiedenen Abhandlungen gegeben, oder doch zu geben versucht, welche man im vierten Bande seiner gesammleten Werke antrifft. Alle seine Vorgänger aber hat der Herr **C. R. Walch**) Entwurf einer vollständigen Historie der Ketzereien, vierter Theil, (S. 3 — 354.) durch scharfsinnigen Gebrauch von Quellen und Hülfsmitteln, auch insonderheit durch Unpartheilichkeit, übertroffen.

Zu den christlichen Begebenheiten dieser Zeiten, welche mit der letzten großen Verfolgung der Christen, eben so wie die Meletianischen und Donatistischen Händel, in Verbindung stehen, gehört auch die Kirchenversammlung zu Ancyra in Galatien, welche zwischen den Jahren 313 und 319, nach der gewöhnlichen Meinung aber im Jahr 315, gehalten wurde. Ihre Schlüsse, die man in bekannte Sammlungen

(Harduini Concilia, T. I. p. 270. sq. Bevereg. Pandect. Canon. T. I. p. 375. sq.) eingerückt hat, sind zwar nur von achtzehn Bischöfen unterschrieben, darunter Vitalis, als Bischof von Antiochien, den Vorsitz geführt zu haben scheinet. Da sich aber darunter Bischöfe fast aus allen Asiatischen Ländern der Römer finden: so mögen wohl alle morgenländische Gemeinen an dieser Kirchenversammlung Antheil genommen haben. Sie gab scharfe Verordnungen über die Kirchenzucht, besonders wegen der abgefallenen Christen, und erlangte großes Ansehen in der Kirche, deren damalige Verfassung man zum Theil daraus kennen lernet. Zuerst wurde daselbst beschlossen, daß die Aeltesten, welche während der Verfolgung den Götzen geopfert, nachher aber, nicht bloß zum Schein, sondern in völligem Ernste, um der Religion Willen gelitten hätten, zwar ihr Amt beybehalten, aber weder das heilige Abendmahl einseegnen, noch der Gemeine öffentlichen Unterricht geben, (προσφέρειν ἢ ὁμιλεῖν) auch sonst nichts vom heiligen Dienste verrichten sollten. Eben so wird den Kirchendienern, die sich in gleichem Falle befinden, verboten, weder Brodt noch Wein im heiligen Abendmahle herum zu reichen, (ἀναφέρειν) auch nicht die Gemeine, wie sonst gewöhnlich, zum Gebet aufrufen, (κηρύττειν.) Doch sollte es, in Ansehung dieser, den Bischöfen erlaubt sein, ihnen etwas mehr zuzugestehen, wenn es ihre gute Aufführung anriethe. Ferner wurde ausgemacht, daß diejenigen, die man unter allerley Drangsalen, durch gewaltsame Ergreiffung ihrer Hände, zum Opfern, oder auch zum Verschlingen von Opferfleische genöthigt, und die darüber ihre äußerste Betrübniß bezeigt hätten, vor unschuldig angesehen, zur Kirchengemeinschaft, und selbst zum Lehramte zugelassen werden sollten. Solche hingegen, die zwar gezwungen worden sind zu opfern; aber der Opfermahlzeit in frölicher Gestalt und herrlicher Kleidung beigewohnt haben, sollen einer fünfjährigen Kirchenbuße unterworfen werden. Andere, welche traurig gekleidet und weinend bey einer solchen Mahlzeit gegenwärtig gewesen sind, sollen, wenn sie von dem Opferfleische gegessen haben, nach einer dreyjährigen Büssung, in die Kirchengemeinschaft aufgenommen werden; doch ohne daß sie sogleich als Gläubige ihre freiwilligen Gaben darbringen dürften, (χωρὶς προσφορᾶς.) Haben sie aber von jener Mahlzeit nicht gegessen, so sollen sie schon im dritten Jahre zu einer solchen eingeschränkten Gemeinschaft gelangen. Den Bischöfen wurde hier abermals freigestellt, nach Befinden mehr Nachsicht zu bezeigen. Ein anderes dieser Kirchengesetze bestimmte, daß Christen, welche bloß aus Furcht vor bevorstehenden Bedrängnissen geopfert, und sich nunmehro zur Kirchenbuße gemeldet hätten, bis zum großen Tage, (das ist Ostern, das höchste der Feste,) unter der Gattung von Büssenden, welche Hörende hiessen, bleiben, nach sechs Jahren aber erst der völligen Kirchengemeinschaft wieder geniessen sollten; nur alsdenn früher, wenn sie in Todesgefahr kämen. Das siebente Gesetz verordnete eine zweijährige Büssung für diejenigen, welche sich an den Festtagen der Heiden bey ihren Mahlzeiten eingefunden, doch ihr eigenes Essen mitgebracht hatten. Durch das achte und neunte Gesetz wurden denen, welche zweimal bis dreimal gezwungen Opfer gebracht, eine siebenjährige Kirchenbuße, und eine zehnjährige denen auferlegt, welche selbst ihre Brüder dazu genöthigt hatten.

Auf diese Verordnungen der Kirchenversammlung wegen der abtrünnigen Christen, folgen andere von verschiedenem Inhalte. Ein Kirchendiener, der bey seiner

seiner Einweihung selbst versichert hat, er wolle sich verheirathen, weil er nicht ehelos bleiben könne, soll, wenn er nachmals heirathet, in seinem Amte bleiben; hat er aber diese Erklärung nicht gethan, indem ihm die Hände aufgelegt wurden: so soll er, wenn er in die Ehe tritt, sein Amt verlieren. Verlobte Jungfrauen, welche entführt und entehrt worden sind, sollen denen mit welchen sie verlobt sind, wieder gegeben werden. Es wird erlaubt, diejenigen zum Lehramte zu weihen, welche vor ihrer Taufe den Götzen geopfert haben, weil sie eben durch dieselbe rein gewaschen worden sind. Den Landbischöfen, oder Aufsehern der Kirchen auf dem Lande, (χωρεπισκόποις) wird verboten, Aeltesten oder Kirchendiener zu weihen, auch den Aeltesten, etwas ohne Erlaubniß des Bischofs, in dem Kirchensprengel desselben vorzunehmen. Da auch einige Aeltesten und Kirchendiener sich aus abergläubischer Bedenklichkeit des Fleisches enthielten: so beschloß man, sie sollten es wenigstens berühren; wenn sie aber sogar mit Fleisch gekochte Hülsenfrüchte deswegen vor unrein halten würden, so sollten sie ihr Amt nicht mehr verwalten. Hat ein Aeltester, während der Zeit, daß die Gemeine keinen Bischof hat, etwas der Kirche gehöriges verkauft: so soll es dem neuen Bischof frey stehen, diesen Kauf vor ungültig zu erklären. Denjenigen welche Sünden wider die Natur begehen, wird nach den verschiedenen Umständen des Alters, der Ehe, und der Wiederholung, eine zwanzigjährige, oder auch bis zum Ende des Lebens dauernde Kirchenbuße auferlegt. Zum Theil wird auch wegen eben derselben von der heiligen Kirchenversammlung, wie sie sich nennt, verordnet, daß sie beym öffentlichen Gottesdienste ihr Gebet mit der ersten Classe der Büssenden, die ihren Platz vor der Kirchthüre hatten, (εἰς τοὺς χειμαζομένους) verrichten sollten. Bischöfe, welche

che von der Gemeine, zu der sie ernannt waren, nicht angenommen worden sind, sollen sich nicht mit Gewalt in andere Gemeinen einzudrängen suchen; sondern in ihrer bisherigen ruhig als Aeltesten bleiben, oder abgesetzt werden. Jungfrauen, welche ihr Versprechen ehelos zu verharren, nicht gehalten hätten, sollten eben so wie diejenigen welche sich zweimal verheiratheten, angesehen werden. Der alte Mißbrauch, da junge Christinnen mit Männern gemeinschaftlich, und unter dem Nahmen ihrer Schwestern, lebten, wird von neuem verboten. Die übrigen dieser Kirchengesetze betreffen die kirchliche Strafe der Ehebrecher und Mörder, derjenigen welche sich der Wahrsagerkunst ergeben, und der Frauenspersonen, welche ihre unehelichen Kinder abtreiben oder umbringen. Obgleich die letztern, Kraft der alten Gesetze, bis an ihr Ende unter den Büssenden bleiben sollten; so wurde doch jetzt, aus Menschenliebe, wie man sich ausdrückte, diese Zeit auf zehn Jahre herabgesetzt. Endlich wurde ein Mensch, der die Schwester seiner Braut geschändet, darauf die letztere geheirathet, aber auch dadurch verursacht hatte, daß sich jene Unglückliche erhenkte, nebst allen, die an diesem Verbrechen Antheil hatten, zu einer zehnjährigen Kirchenbusse verurtheilt.

Um gleiche Zeit mit dieser Kirchenversammlung, im Jahr 314 oder 315, wie man gemeiniglich glaubt, wurde eine andere zu Neucäsarea, aus einer ähnlichen Sorgfalt für die Kirchenzucht gehalten. Auch waren die Bischöfe der erstern meistentheils auf dieser ebenfals zugegen; ob man gleich gegen die Richtigkeit der Unterschriften von beiden, nicht ungegründete Einwürfe gemacht hat, die man beym Tillemont (Mémoires Tome VI. p. 86.) lesen kann. Die zu Neucäsarea entworfenen Kirchengesetze wurden nachmals eben sowohl

wohl als die Ancyranischen, in die Sammlung der Gesetze der allgemeinen Kirche, (Codex Canonum Ecclesiae universae) und in neuern Zeiten in die Sammlungen des Beveridge (Pandect. Canon. T. I. p. bis 402.) und Harduin (Acta Concil. T. I. p. 281. sq.) gebracht. Das erste derselben verordnet, daß ein Aeltester der sich verheirathet, von seinem Amte abgesetzt werden; wenn er aber Hurerey oder Ehebruch begeht, auch Kirchenbuße thun soll. Durch das zweite wird eine Frau, welche zween Brüder geheirathet hat, auf lebenslang von der Kirchengemeinschaft ausgeschlossen; aber in der Todesgefahr soll sie dieselbe wieder erlangen, wenn sie zugleich verspricht, beym Wiedergenesen ihre Heirath aufzuheben. Denn sollte, wie hinzugesetzt wird, eines von beiden in dieser Ehe sterben: so würde dem übrigbleibenden Theil die Buße desto schwerer fallen. Es wird ferner in Ansehung derer, die mehrmals sich verheirathen, zwar vorausgesetzt, daß sie sich einer bestimmten Kirchenbuße unterwerfen müssen; doch wird eine Verkürzung derselben erlaubt, wenn sie es durch ihr Betragen verdienen. Darauf wird gelehrt, daß derjenige, der auf eine Frauensperson böse Begierden geworfen, sie aber nicht zur Würklichkeit gebracht hat, augenscheinlich durch die Gnade Gottes gerettet worden sey. Durch das folgende Gesetz wird ein Lehrling des Christenthums, der bereits mit den Gläubigen betet, wenn er ein Verbrechen begeht, unter die Hörenden zurückgesetzt, und wenn er zu sündigen fortfährt, ganz verstoßen. Es wird weiter befohlen, eine Schwangere zu taufen, sobald sie es verlangt, weil sich diese Handlung doch nicht auf ihr Kind erstrecke. Kein Aeltester soll bey der Hochzeit eines zum zweitenmale Heirathenden, der also deswegen unter die Büssenden kommen muß, zugegen seyn. Der Mann einer Ehebrecherinn soll niemals in den

Lehr-

Lehrstand aufgenommen werden; ist er aber bereits in demselben, so soll er sich von ihr scheiden, oder sein Amt verlieren. Ein Aeltester, der vor seiner Einweihung durch Wollust gesündigt hat, und solches bekennt, soll das heilige Abendmahl nicht mehr einseegnen; aber seine übrigen Amtsgeschäfte darf er verrichten. Denn was andere Sünden betrifft, so behaupten die meisten, sagt die Versammlung, daß sie durch die Auflegung der Hände vergeben werden. Bekennt er aber jene Sünde nicht, und kann derselben nicht deutlich überführt werden, so soll man ihn seinem eigenen Gewissen überlassen. Ein **Kirchendiener**, der eben eine solche Sünde begangen hat, soll unter die niedrigern **Kirchenaufwärter** gesetzt werden. Niemand soll vor seinem dreyßigsten Jahre zum Aeltesten geweihet werden, wenn er gleich viele gute Eigenschaften an sich hat; weil unser Heiland selbst erst in diesem Jahre getauft worden ist, und zu lehren angefangen hat. Diejenigen welche krank getauft worden sind, können nicht Aeltesten werden, weil ihr Glaube nur aus Noth entstanden zu seyn scheint; doch könnte sie der von ihnen bezeigte Eifer, und der Mangel an tüchtigen Personen, noch zum Lehramte befördern. Den Aeltesten von den **Landkirchen** soll es nicht erlaubt seyn, in der Stadtkirche, in Gegenwart des Bischofs und der dortigen Aeltesten, das heilige Abendmahl einzuseegnen, oder auch auszutheilen; aber in Abwesenheit derselben dürfen sie es thun. Die **Landbischöfe**, welche ein Bild der siebzig Jünger Christi sind, sollen als Mitarbeiter der Bischöfe, und wegen ihrer Sorgfalt für die Armen, der Ehre gleichfals geniessen, das heilige Abendmahl einzuseegnen. Endlich wird festgesetzt, daß in einer Stadt, wenn sie auch sehr groß wäre, zu Folge der Vorschrift in der Apostelgeschichte, nur sieben **Kirchendiener** seyn sollen.

Zwar

Zwar sind nicht alle Verordnungen dieser zwo Kirchenversammlungen von gleicher Erheblichkeit; aber alle dienen sie doch dazu, manches von der Denkungsart und den Sitten eines großen Theils der Christen, bis auch vornemlich der zum Lehrstande gehörigen Personen, ingleichen das große Ansehen dieser Versammlungen bey den Christen, kenntlich zu machen. Sie waren in der That durch die schärfern Anstalten wegen der Kirchenzucht, nothwendiger und nützlicher, als wenn sie Entscheidungen über Glaubensstreitigkeiten, oder damit verwandte Händel, herausgaben. Denn es war nicht nur die Erwartung sonderbar, daß eine Anzahl Bischöfe oder anderer Lehrer, die keineswegs ausgesucht worden; sondern sehr zufällig zusammen gekommen, und großentheils nur mittelmäßige Köpfe waren, vollkommen im Stande seyn müßten, über spitzfindige und verwickelte Glaubensfragen ein gemeinschaftlichrichtiges Urtheil zu fällen. Sie gaben auch sehr oft durch Partheylichkeit, Vorurtheile und sichtbaren Mangel an Scharfsinn oder Gelehrsamkeit, solche Blößen, daß es manchem einzelen Gelehrten nicht verübelt werden konnte, wenn er ihren Aussprüchen, ob sie gleich von mehrern Hunderten unterschrieben waren, nicht gehorchen wollte.

Lehren und Streitigkeiten
des
Arius.

So gieng es würklich in der größten und unglücklichsten Streitigkeit dieses Zeitalters, in der Arianischen. Diese erhub sich nicht allein zu einer

ner sehr ungelegenen Zeit für die Christen, indem sie nach der kaum geendigten Verfolgung, des Maximinus in Aegypten, noch unter der Regierung eines dem Christenthum abgeneigten Fürsten, des Licinius, als die christlichen Gemeinen des gedachten Landes schon durch die Meletianischen, und in dem benachbarten Africa durch die Donatistischen Händel beunruhigt wurden, entstand; sondern sie ist auch durch eben dieselben Mittel erweitert und angefeuert worden, welche man vor die kräftigsten zu ihrer Unterdrückung hielt, durch Kirchenversammlungen, Glaubensbekenntniße, kaiserliche Gesetze und Verfolgungen. Keine andere Religionsstreitigkeit des vierten Jahrhunderts, und überhaupt der alten Kirche, hat auch so viele kirchliche und bürgerliche Unruhen, überhaupt aber so viele wichtige Veränderungen von mancherley Art hervorgebracht, ist unter so zahlreichen Abwechselungen und verschiedenen daraus entstandenen Partheyen, in und außer dem Römischen Reiche, so lange fortgesetzt worden, und bleibt noch so lehrreich und erheblich, als die Arianische.

Ihr Gegenstand war so wenig neu, daß vielmehr die unter den Christen über eben denselben, über die Lehre von der göttlichen Dreieinigkeit, und besonders von dem Sohne Gottes, im dritten Jahrhunderte ausgebrochenen Uneinigkeiten, auch dagegen erfolgten Widersprüche und andere Anstalten, eine vorsichtige Verhütung ähnlicher Zwistigkeiten hätten erleichtern können. Aber diese wurden vielmehr durch jene vorbereitet und zur Reife gebracht. Man hatte sich zwar ehemals denen entgegen gesetzt, welche die Gottheit Christi, ingleichen den wahren und persönlichen Unterschied zwischen Gott dem Vater, Sohn und heiligen Geiste, leugneten; doch war man noch nicht ganz

Lehren und Streitigkeiten des Arius.

ganz darüber einig geworden, welches die sichersten Merkmale der Rechtgläubigkeit in diesen Fragen wären. Die gesammte Lehre von der heiligen Dreieinigkeit hatte noch keinen durchgängig gleichförmigen Vortrag angenommen: sofern sie besonders in Schriften, wo man scharfsinnig erklären und widerlegen wollte, ihre Stelle bekam. Mancherley Vorstellungsarten, Beschreibungen und Vergleichungen, wechselten darinne mit einander ab. Bald schien es daher, daß selbst Lehrer die vor rechtgläubig gehalten wurden, den Sohn Gottes und den heiligen Geist nur als Kräfte des allerhöchsten Gottes betrachteten; bald setzten sie dieselben nicht undeutlich dem Vater über alles an Würde nach. Das Beste war ohne Zweifel dieses, daß alle mit einander hierinne übereinkamen, man müsse doch zuletzt die Richtigkeit solcher Begriffe nach den klärsten und sichersten Aussprüchen der heiligen Schrift beurtheilen: und für den großen Hauffen der Christen hielt man sich auch lediglich an dieselben. Unterdessen fehlte es desto weniger an Zweifeln über die rechte Lehrart von dieser Grundlage des Christenthums; wovon man außer vielen andern Beispielen in der vorhergehenden Geschichte, eines der merkwürdigsten an dem Dionysius von Alexandrien, (Th. IV. S. 173. fg.) gesehen hat.

Es war also auch eben nichts unerwartetes, daß um diese Zeit ein Presbyter zu Alexandrien, Arius, indem er seinem Bischof einen Irrthum in der Lehre von Christo vorwarf, selbst eines noch größern beschuldigt wurde. Dieser Mann hatte, nach dem Berichte des Epiphanius, (Hær. 69.) Libyen zum Vaterlande. Nachdem er eine Zeitlang die Parthey des Meletius genommen hatte, vereinigte er sich wieder mit dem Bischof Petrus zu Alexandrien. Er wurde von demselben zum Diaconus ernannt; nachmals aber,

V. Theil.   X   weil

J. n. C. G. 306 bis 337.

weil er das heftigere Betragen des Bischofs gegen die Meletianer laut mißbilligte, von der Kirchengemeinschaft ausgeschlossen. Der neue Bischof Achillas, der am Ende des Jahrs 312. gewählt wurde, nahm ihn wieder in dieselbe auf, und machte ihn zum Presbyter. (Sozom. Hist. Eccl. L. I. c. 15.) In diesem Amte hatte er seine besondere Gemeine, welche von einem seiner Vorgänger die Kirche des Baucalis hieß: er erklärte derselben öffentlich die heilige Schrift, wie sehr viele Aeltesten zu dieser Zeit, unter der Genehmigung und Aufsicht ihrer Bischöfe, thaten. (Epiphan. hær. 68. 69. Theodoret. Hist. Eccl. L. I. c. 2.)

Arius hatte viele Gaben und Kenntnisse, durch welche er sich bald hervorthat. Er besaß ziemliche Gelehrsamkeit, und war besonders in der Disputierkunst sehr geübt. Mit Beredsamkeit und Eifer für die Religion verband er auch in die Augen fallende gute Sitten. Der Stolz und Neid, die Falschheit und Zancksucht, nebst andern Lastern, die ihm seine Gegner beigelegt haben, sind eben weil sie auf einem solchen Zeugnisse beruhen, nur in so weit glaubwürdig, als sie aus zuverläßigen Handlungen oder schriftlichen Erklärungen des Arius geschlossen werden können. Denn einem so verhaßten Manne schrieb man in allem die ärgsten Bewegungsgründe zu, vergrößerte die Fehler welche er hatte, und glaubte, wie gewöhnlich, bis auf den Grund seines Herzens zu sehen. Epiphanius versichert, daß er sehr lang, von ernsthaftem Ansehen, und an seiner ganzen Gestalt einer betrügerischen Schlange gleich gewesen sey; freundlich und einnehmend im Umgange, auch daher geschickt, jedermann durch Schmeicheley auf seine Seite zu ziehen. Eben so gesteht zwar Constantinus, (in einem Schreiben das ihm zugeeignet wird, in Gelasii Cyziceni Actis

Lehren und Streitigkeiten des Arius.

Concil. Nicaeni apud Harduin. Act. Concilior. T. I. p. 454. sq.) daß Arius von sanfter und angenehmer Gesellschaft gewesen sey; beschreibt ihn aber zugleich als einen ausgezehrten, blassen, schmutzigen und hagern Menschen, von häßlichem Anblicke, den nicht sowohl Sorgen, als die Wuth der Leidenschaften, in einen solchen Zustand versetzt hätten. Mit mehr Gewißheit weiß man, daß er ein Schriftsteller gewesen ist. Sein vornehmstes Werk hieß Thalia, (Θάλεια, eine herrliche Mahlzeit) das er in spätern Jahren zur Ausbreitung seiner Lehrsätze schrieb. Athanasius hat in verschiedenen seiner Werke, (Orat. 2. contra Arianos, p. 136. 137. Synodi Nicaenæ decreta contra hæres. Arianam, p. 413. de Synodis Arimini et Seleuciæ, p. 680. T. I. Opp. ed. Commelin 1600. Fol. und noch anderwärts mehr,) Stellen aus demselben aufbehalten. Auch gedenken Socrates (Hist. Eccl. L. I. c. 9.) und Sozomenus (Hist. Eccl. L. I. c. 21.) dieses Buchs. Alle vergleichen den Ausdruck desselben mit der weichlichen Schreibart der Gedichte des Sotades, der von wollüstigen und unzüchtigen Gegenständen gesungen hatte. Allein daraus scheint noch nicht bewiesen werden zu können, daß ein Theil des Buchs in gebundener Rede abgefaßt gewesen sey: und es kann seyn, daß man diese Aehnlichkeit desselben nur in dem vom Sotades geborgten Nahmen, in den poetischen Redensarten, und gleicher Frechheit zu finden geglaubt hat. Arius hat außerdem noch Lieder für Schiffer, Müller und Reisende, den Umständen eines jeden gemäß, verfertigt: eine Nachricht des Athanasius, (Syn. Nic. decr. l. c.) und des Philostorgius, (Hist. Eccl. Epit. L. II. c. 2. p. 9. ed. Gothofr.) zu welcher Photius hinzusetzt, er habe durch dieses süße Mittel seinen gottlosen Meinungen mehr Anhänger zu verschaffen gesucht. Was von kleinern

Aufsätzen des Arius noch vorhanden ist, gehört in seine spätere Geschichte. Unter denen aber, welche von seinen Schriften gehandelt haben, ist besonders Fabricius (Biblioth. Græc. Vol. VIII. p. 309. sq.) zu empfelen.

Kaum hatte Arius sein Lehramt zu Alexandrien angetreten, als der Bischof Achillas im Jahr 313. starb, und der Aelteste Alexander an seine Stelle kam. Glaubt man dem Philostorgius, (l. c. L. I. c. 3.) der freylich selbst ein Arianer war, so hatte Arius damals die größte Hoffnung, Bischof zu werden; er lenkte aber selbst die Wahl auf Alexandern. So wenig unterdessen der Bericht dieses einzigen partheiischen Schriftstellers, der auch in dieser Geschichte offenbare Fehler begeht, hier gelten kann: eben so übereilt haben manche Neuere aus dem Neide, den Theodoretus (Hist. Eccl. L. I. c. 2.) dem Arius beilegt, den zuversichtlichen Schluß gezogen, er habe, weil ihm die gewünschte Bischöfliche Würde durch den Alexander entzogen worden sey, den Glauben seines Bischofs angegriffen. Freylich erzählt der eben genannte Geschichtschreiber, Arius habe, weil er an den Sitten des Bischofs nichts zu tadeln gefunden, auf Antrieb des Teufels, der einmal entschlossen gewesen sey, die Kirche zu beunruhigen, die Lehre desselben gelästert. Aber eine solche theologisch-heftige Verunglimpfung gehört nicht zur eigentlichen Geschichte. Man sieht auch nicht ein, warum eben Arius, bloß durch die schändlichsten Triebe verführt, in einem Lehrsatze, der noch gar nicht völlig übereinstimmend unter den gelehrten Christen erklärt wurde, von seinem Bischof hätte abweichen sollen. Vermuthlich glaubte er eben so viel Scharfsinn als dieser zu besitzen, und gleiche Erlaubniß zur Bekanntmachung seiner Meinungen zu haben. Socrates

Lehren und Streitigkeiten des Arius.

tes ertheilt wenigstens einen solchen natürlichen Bericht von der Entstehung dieser Händel, (Hist. Eccl. L. I. c. 5.): „Eines Tages sprach Alexander in Gegen„wart der ihm untergebenen Aeltesten und der übrigen „zum Lehrstande gehörigen Personen, um sich Ruhm „zu erwerben, (Φιλοτιμότερον) von der heiligen Drei„heit, indem er den philosophischen Satz vortrug, (Φι„λοσοφῶν) daß in der Dreiheit auch eine Einheit sey. „Arius — — bildete sich ein, daß der Bischof die Lehre „des Libyers Sabellius einführe, trat aus Streitbe„gierde auf die der Lehre des Libyers gerade entgegen„gesetzte Seite, und begegnete, wie es scheint, etwas „hitzig dem was der Bischof gesagt hatte. Er schloß „folgendergestalt: Wenn der Vater den Sohn gezeugt „hat: so muß der Gezeugte einen Anfang seines Da„seins haben. Hieraus ist offenbar, daß eine Zeit ge„wesen sey, da der Sohn nicht vorhanden war, und „es folgt nothwendig, daß er aus Nichts entstan„den sey."

Obgleich die übrigen Geschichtschreiber, welche den Ursprung dieses Streits, der in das Jahr 320. oder eines der nächstvorhergehenden fällt, erzählen, verschiedene Umstände anders melden; so widersprechen sie doch in der Hauptsache dem Socrates nicht so sehr, daß keine Vereinigung zwischen ihnen Statt fände. So erzählt Sozomenus, (Hist. Eccl. L. I. c. 15.) Arius habe zuerst den bisher unerhörten Lehrsatz vorgetragen, der Sohn Gottes sey aus Nichts gemacht worden; es sey eine Zeit gewesen, da er noch nicht vorhanden war; er sey nach seinem freien Willen, sowohl zum Bösen als zur Tugend fähig; ein Geschöpf und etwas Gemachtes; auch viele andere ähnliche Behauptungen. Einige welche diese Reden gehört, hätten den Alexander getadelt, daß er solche Neuerun-

§. n.
E.G.
306
bis
337.

gen wider die Glaubenslehre duldete; er aber habe es vor besser gehalten, beiden Theilen über diese zweideutige Fragen ihre freye Erklärung zu verstatten, damit es nicht scheinen möchte, als wenn er sie durch Zwang, nicht durch Ueberzeugung, von ihrem Streite zurück ziehen wolle. Er habe daher als Richter, und in Gegenwart anderer Lehrer, beide Partheien vor sich streiten lassen. Jede habe zu siegen gesucht, und, indem Arius seine Lehren vertheidigte, hätten seine Gegner wider ihn behauptet, der Sohn sey gleiches Wesens (ὁμοούσιος) und gleich ewig mit dem Vater. Vergebens sey noch eine Versammlung deswegen angestellt worden. So lange die Frage noch streitig gewesen sey, habe Alexander gewanckt, und bald den einen Theil, bald den andern gelobt. Nachher aber habe er sich völlig wider den Arius erklärt, und ihm befohlen, seine Meinungen zu verlassen. Diese Nachricht, welche gar wohl eine Ergänzung von der kürzern des Socrates seyn könnte, wenn die Versammlung, deren dieser gedenckt, eben dieselbe seyn sollte, vor welcher, nach dem erstern, Arius und seine Gegner erscheinen mußten, wird zwar von dem Theodoretus, (l. c. Hæret. fabul. L. IV. c. 1.) nicht völlig bestätigt, indem dieser den Anfang des Streits von Alexanders Lehren herleitet; so wie hingegen Epiphanius (Hær. 69. c. 3. sq.) etwas mehr mit dem Sozomenus übereinkommt. Aber alle geben doch die streitigen Fragen zwischen dem Alexander und Arius auf ohngefähr gleiche Art an: und Philostorgius, (l. c. c. 4.) der sich sonst von den übrigen durch eine wahrscheinlich falsche Erzählung des Ausbruchs dieser Streitigkeiten unterscheidet, setzt doch hinzu, von dieser Zeit an habe man zu Alexandrien gelehrt, daß der Vater und Sohn gleiches Wesens wären.

Lehren und Streitigkeiten des Arius. 327

Von den beiden Hauptpersonen in diesen Händeln haben sich auch noch Aufsätze erhalten, welche sowohl ihren Glauben, als diese Geschichte erläutern. Der Bischof Alexander schilderte in einem Schreiben an alle Bischöfe der rechtgläubigen Kirche, beym Socrates, (Hist. Eccl. L. I. c. 6.) zuerst die Lehrsätze des Arius ab, und nannte außer den schon angeführten noch folgende: Gott ist nicht allezeit Vater gewesen. Der Sohn ist weder dem Wesen nach dem Vater gleich; noch das wahrhaftige und natürliche Wort des Vaters; noch die wahrhafte Weisheit desselben. Er heißt beides nur durch einen Mißbrauch; indem er selbst durch das eigenthümliche Wort Gottes, und durch die Weisheit die in Gott ist, wie alles übrige, gemacht worden ist. Er ist ein fremdes, verschiedenes, von Gottes Wesen entferntes Wort. Der Vater ist ihm unsichtbar und unaussprechlich; er kennet nicht einmal sein eigenes Wesen, ist bloß unsertwegen gemacht worden, damit uns Gott durch ihn, als durch ein Werkzeug, schaffen möchte: und er würde gar nicht da seyn, wenn nicht Gott uns hätte machen wollen. Der Bischof versichert weiter, daß die Anhänger des Arius dem Sohne Gottes einerley Fähigkeit verändert zu werden, mit dem Teufel, beilegten, und, indem sie die Gottheit desselben leugneten, ärger als alle andere Ketzer wären, weil sie dem Antichriste am nächsten kämen. Alexander behauptet nun von allem diesem das Gegentheil. Der Sohn Gottes, schreibt er unter andern, muß stets vorhanden gewesen seyn, weil er, nach dem Johannes, schon im Anfange war. Er kann kein Geschöpf seyn, weil er der eingebohrne Sohn heißt, durch den alles gemacht worden ist. Er kann nicht aus Nichts entstanden seyn, weil er (nach Psalm 145) aus dem Herzen, und (nach Psalm 110) aus dem Mutterleibe Gottes gezeugt worden ist. Und

wenn

wenn der Sohn die Vernunft (λόγος) und die Weisheit Gottes ist: wie kann eine Zeit gewesen seyn, da er noch nicht war? Das würde eben so viel seyn, als wenn man sagte, Gott wäre einmal ohne Vernunft (ἄλογος) und ohne Weisheit gewesen.

In einem andern Schreiben, das der Alexandrinische Bischof an einen andern Bischof, der gleichfals Alexander hieß, (vielleicht zu Constantinopel, das aber damals noch den Nahmen Byzantium führte,) abgelassen, und Theodoretus (Hist. Eccl. L. I. c. 4.) erhalten hat, meldet er, einige Herrschsüchtige und Geldgierige Leute hätten, vom Teufel angestiftet, seine Gemeine zerrüttet. Arius und Achillas hätten in gemeinschaftlicher Verbindung die schlimme Aufführung des Colluthus, der vor kurzem einen Kaufhandel mit dem Christenthum getrieben, noch übertroffen. Dieser Mann war ebenfals Lehrer an einer besondern Kirche zu Alexandrien, trug ungewöhnliche Meinungen vor, weihte Aeltesten für Geld, und stiftete eine Parthey, die aber bald wieder unterdrückt worden ist, wie man aus dem Athanasius (Apolog. II. p. 570. 614. 616. ed. Commel. T. I.) und Epiphanius (Hær. 69. c. 2.) sehen kann. Jene beiden, so fährt Alexander fort, hätten sich Räuberhöhlen erbauet, (vermuthlich meint er die Kirchen an welchen sie stunden,) in welchen sie mit den ihrigen Versammlungen hielten, auch Christum und ihn beständig lästerten. Sie leugneten die Gottheit unsers Heilandes, und lehrten, er wäre allen gleich: dieses suchten sie durch die Sammlung solcher Schriftstellen zu beweisen, worinne von seiner Menschwerdung und Erniedrigung die Rede ist. Sie lehrten weiter, daß ihn Gott nicht deswegen, weil er von Natur etwas vorzügliches hätte, zu seinem Sohne gewählt habe; sondern weil Gott voraus

Lehren und Streitigkeiten des Arius.

voraus gesehen, daß er durch Fleiß und Uebung beständig bey der Tugend bleiben würde. Hätten also Paulus und Petrus eben einen solchen Eifer angewandt: so würden sie auf völlig gleiche Art Söhne Gottes gewesen seyn. Wiederum bemühet sich Alexander, die Gegensätze von diesen und den übrigen Meinungen des Arius zu beweisen. Hier behauptet er, daß sich die Seele gar keinen Unterscheid zwischen dem Vater und dem Sohne denken könne; erinnert auch, daß man es nicht wagen dürfe, das selbst Engeln unbegreifliche Geheimniß von dem persönlichen Daseyn (ὑπόστασις) des eingebohrnen Sohnes Gottes genauer zu erforschen. Es sey widersprechend, zu sagen, daß es eine Zeit gegeben habe, in welcher er nicht da gewesen; da er doch die Zeit selbst geschaffen habe. Seine Zeugung vom Vater und die göttliche Kindschaft der Christen hätten nichts mit einander gemein, weil jene in der Natur Gottes ihren Grund habe. Die Lehre des Arius sey bereits vom Ebion, Artemas, Paulus von Samosata, und Lucianus vorgetragen worden. Wir dürfen deswegen, setzt der Bischof hinzu, weil wir leugnen, daß der Sohn Gottes aus Nichts sey, nicht behaupten, (wie die Arianer meinen,) daß es zwey ungezeugte Wesen gebe. Sie sehen aber nicht ein, daß ein großer Unterscheid zwischen dem ungezeugten Vater, und den von ihm aus Nichts erschaffenen Dingen sey; dagegen die Natur des Eingebohrnen, durch welche der Vater des Wortes Gottes alles aus Nichts gemacht hat, in der Mitte stehe. Ein kurzes Glaubensbekenntniß folgt hierauf, worinne Alexander unter andern sagt, der Sohn sey allezeit aus dem Vater gewesen, und es fehle ihm nichts was dieser hat, als daß er nicht ungezeugt sey; er habe einen würklichen Körper von der Gottesgebährerinn (Θεοτόκος) Maria bekommen, und habe am Ende der

Welt unter den Menſchen gelebt, um die Sünde wegzuräumen. — Man hat zwar in den neueſten Zeiten gegen die ächte Beſchaffenheit dieſes Schreibens, dergleichen Alexander viele andere ausgebreitet hat, nicht unerhebliche Bedenklichkeiten aus deſſen Inhalte vorgebracht; allein ſie ſcheinen zur Verwerfung deſſelben nicht hinlänglich zu ſeyn.

n.
C.G.
306
bis
337.

Auf der andern Seite ſind zween Briefe des Arius nicht minder wichtig. Der eine, an den Biſchof Euſebius von Nicomedien, ſteht beym Epiphanius, (Hær. 69. c. 6.) und Theodoretus (Hiſt. Eccl. L. I. c. 5.) Er beklagt ſich darinne über die Verfolgung, die er nebſt ſeinen Freunden von dem Alexandriniſchen Biſchof ausſtünde, weil ſie dieſem darinne nicht Beifall geben wollten, indem er lehrte, Gott ſey allezeit, der Sohn ſey allezeit, der Vater und der Sohn ſeyen zugleich; der Sohn ſey mit dem Vater ungezeugt da; der Sohn ſey allezeit gezeugt, und doch ohne Zeugung gezeugt; Gott ſey weder im Gedanken, noch in einem Augenblicke eher als der Sohn da; und der Sohn ſey aus Gott ſelbſt. Sie hingegen, ſchreibt er ferner, glaubten, der Sohn ſey nicht ungezeugt, auch auf keine Weiſe ein Theil des Ungezeugten; auch aus keiner vorher vorhandenen Materie; ſondern durch den Willen und Rathſchluß (Gottes) vor den Zeiten und Weltaltern zur Würklichkeit gekommen: ein völliger Gott, (πλήρης Θεὸς) eingebohren, unveränderlich, der nicht da geweſen ſey, ehe er gezeugt oder geſchaffen, oder beſtimmt, oder gegründet worden. Er fügt hinzu, ſie würden deswegen verfolgt, weil ſie behaupteten, der Sohn habe einen Anfang: denn Gott allein ſey ohne Anfang; ingleichen weil ſie lehrten, er ſey aus Nichts, indem er doch kein Theil Gottes, noch aus irgend einer vorhandenen Materie ſey. Arius gedenkt auch drey

drey ketzerischer und ungelehrter Bischöfe, welche den Sohn Gottes etwas Ausgesprudeltes, (ἐρυγὴ aus Psalm 45. v. 2.) einen Auswurf, (προβολὴ) und mit andern anstößigen Nahmen nannten: wir können, fügt er hinzu, diese Gottlosigkeiten nicht anhören, wenn uns auch die Ketzer tausend Tode drohen sollten.

Sein zweites Schreiben, das an den Bischof von Alexandrien selbst gerichtet ist, findet man beym Athanasius, (de Synod. Arimin. et Seleuc. p. 682. sqq. T. I. Opp. ed. Commel.) beym **Epiphanius**, (Hær. 69. c. 7.) und bey andern alten Schriftstellern. Er erklärt darinne, zugleich im Nahmen der Aeltesten und Kirchendiener, auch etlicher Bischöfe, welche es mit ihm hielten, seine Meinung am vollständigsten, und wirft dem Bischof, den er seinen seeligen Vater (μακάριε πάπα) nennt, vor, daß sie diesen Glauben ihrer Vorfahren von ihm selbst gelernet hätten. Wir kennen, sagt er, Einen Gott, der allein ungezeugt, allein ewig, allein ohne Anfang, allein wahrhaftiger Gott ist, allein Unsterblichkeit hat, —— der vor ewigen Zeiten (πρὸ χρόνων αἰωνίων) einen eingebohrnen Sohn gezeuget, und durch denselben auch die Welten und alles übrige gemacht hat. Er hat ihn gezeugt, nicht dem Scheine nach, sondern wahrhaftig, und durch seinen eigenen Willen zur Würklichkeit gebracht, unveränderlich und ohne Abwechselung, ein vollkommenes Geschöpf Gottes; aber nicht wie eines von den andern Geschöpfen; einen Gezeugten, aber nicht wie andere Gezeugte; nicht einen Auswurf, wie **Valentinus** gelehrt hat; nicht einen Theil des Vaters von gleichem Wesen, (μέρος ὁμοούσιον τοῦ πατρὸς) nach dem **Manichäus**; noch wie **Sabellius**, der die Einheit trennt, und einen Sohnvater nennt; noch wie **Hierakas**, ein

licht

Licht von einem Lichte, oder zwo Fackeln aus einer; auch nicht dergestalt, daß der vorher schon vorhandene erst nachher gezeugt worden, oder zum Sohn geordnet worden wäre: lauter Lehrsätze, welche du selbst in der Gemeine, oder in der Versammlung der Lehrer, öfters verworfen hast. Sondern er ist durch Gottes Willen vor den Zeiten und Welten geschaffen worden; er hat das Leben und Dasein von dem Vater bekommen, der ihm auch die Herrlichkeiten zugleich mitgetheilt hat. Denn da ihm der Vater die Herrschaft über alles übergeben, hat er sich dessen nicht beraubt, was er ohne Zeugung in sich hat. Denn er ist die Quelle von allem. Es sind also drey Bestehungen, (oder Personen, ὑποστάσεις.) Der Gott, der die Ursache von allen Dingen ist, ist ganz allein ohne Anfang. Der Sohn ist ohne Zeit von dem Vater gezeugt, und vor den Welten erschaffen und gegründet: er war also nicht da, ehe er gezeugt wurde. Er hat sein Dasein allein von dem Vater. Er ist nicht ewig, und mit dem Vater weder zugleich ewig, noch zugleich ungezeugt; hat auch sein Dasein nicht zugleich mit dem Vater, wie einige sagen, die zwey ungezeugte Grundwesen einführen. Gott ist also eher als sein Sohn, wie wir dich selbst in der Gemeine lehren gehört haben: er ist sein Ursprung, und höher als er. Wollte man die Schriftstellen, aus ihm, aus dem *Mutterleibe, ich bin vom Vater ausgegangen*, mit einigen so verstehen, als wenn der Sohn ein Theil gleiches Wesens von dem Vater, oder ein Auswurf sey: so müßte der Vater zusammengesetzt, theilbar und veränderlich, ja sogar ein Körper seyn, und körperliche Veränderungen leiden.

Zu diesen eigenen Erklärungen des Arius muß man noch diejenigen setzen, welche aus seinem Werke

Thas

Lehren und Streitigkeiten des Arius.

Thalia übrig geblieben sind. In einer Stelle aus demselben (beym Athanasius de Synod. Arim. et Seleuc. p. 680. ed. cit.) kommen folgende Lehrsätze vor: Gott bleibt, seinem Wesen nach, allen unaussprechlich. Er allein hat keinen seines gleichen, noch seine Ehre mit jemanden gemein. Er, der keinen Anfang hat, hat den Sohn zum Anfange der Geschöpfe gemacht, ihn gezeugt, und an Sohnes Statt angenommen. Denn dieser hat nach seinem eigenen Bestehen nichts göttliches zum Eigenthum; er ist weder Gott gleich, noch mit ihm gleiches Wesens. — Gott ist selbst für seinen Sohn unsichtbar; doch siehet ihn dieser nach seinem besondern Maaße. — Es ist eine Dreyheit; aber von ungleicher Herrlichkeit: ihre Personen sind nicht unter einander vermischt; sondern eine ist unendlich herrlicher als die andere. Der Vater ist dem Sohne, dem Wesen nach, fremd, weil er ohne Anfang ist. Da der Sohn noch nicht war, war der Vater allein Gott. — Zwo andere Stellen aus eben diesem Werke, (in Athanas. Orat. II. contra Arianos, p. 137. sq.) enthalten, außer manchen schon angeführten Sätzen, noch folgende: Als Gott uns schaffen wollte: da hat er Einen gemacht, und ihn das Wort, den Sohn und die Weisheit genannt, damit er uns durch ihn hervorbrächte. Es giebt daher eine doppelte Weisheit: eine Gott eigenthümliche, und mit ihm bestehende, durch welche auch der Sohn gemacht worden: und nachdem ihm diese mitgetheilt worden, hat er bloß den Nahmen Weisheit und Wort bekommen. Eben so ist noch ein anderes Wort, außer dem Sohne, in Gott: und nachdem er dessen theilhaftig worden, heißt er ebenfals aus Gnaden Wort und Sohn. — Das Wort ist nicht wahrer Gott; wenn es gleich Gott genannt wird: es heißt nur, wie die andern alle, dem Nahmen nach

Gott,

§. n.
T. G.
306
bis
337.

Gott, wegen Mittheilung der Gnadengaben. So wie alle Dinge, dem Wesen nach, Gott fremd und unähnlich sind: so ist auch das Wort in allem von dem Wesen und den Eigenschaften des Vaters verschieden, und ihm ungleich: es gehört unter die gemachten und geschaffenen Dinge, und ist selbst eines davon. — Der Sohn kennet nicht allein den Vater nicht genau: denn es fehlt ihm das Vermögen, denselben zu begreifen; der Sohn kennt nicht einmal sein eigenes Wesen. Die Wesen des Vaters, des Sohnes, und des heiligen Geistes sind von Natur getheilt, getrennt und abgesondert, von einander verschieden, und ohne Gemeinschaft unter einander. Diese drey sind einander gänzlich und ins Unendliche unähnlich, sowohl an ihrem Wesen, als an Herrlichkeiten.

Es schien hier aus mehrern Ursachen nothwendig zu seyn, den Lehrbegriff des Alexander und Arius von der göttlichen Dreieinigkeit, mit ihren eigenen Worten vollständig gegen einander zu halten; wenn sie gleich erst einige Zeit nach dem Anfange des Streits, denselben mehr in Schriften entwickelt haben. Die Uneinigkeit der Christen über die Erklärung der gedachten Lehre war noch nie zu einem so heftigen Ausbruche, noch einer endlichen übereinstimmenden Entscheidung so nahe gekommen, als diesesmal. Beide Gegner suchten offenbar darüber etwas ungesagtes, scharfsinnigeres und deutlicheres, als die ältern Lehrer, vorzubringen: und beide haben vielleicht diese Lehre noch mehr in Verwirrung gesetzt. Sie waren im Anfange vermuthlich nicht so weit von einander entfernt, als sie glaubten; allein der Bischof konnte fortdaurenden Widerspruch eben nicht vertragen, und der Aelteste wußte nichts vom Nachgeben: besonders da ihm anbefohlen wurde,

wurde, seinen Glauben zu ändern. Jener war in der Vorstellung und Widerlegung der Meinungen des letztern weder unpartheiisch noch treffend genug: sein eigener Glaube von dem Sohne Gottes war nicht einmal völlig derjenige, den man bald darauf zum Zeichen der Rechtgläubigkeit machte. Arius hingegen fehlte weit mehr durch die eingebildete Begierde, die Zeugung des Sohnes Gottes faßlicher zu machen, als sie die heilige Schrift selbst abgebildet hat; durch die Einmischung Platonischer Lehrsätze, und philosophischer Kunstwörter überhaupt, und durch manche willkührliche Einfälle; ob er gleich mehr Philosoph war, als sein Bischof, und es, allem Ansehen nach, mit der Religion nicht übel gemeint hat.

Er fand zeitig nicht nur zu Alexandrien, sondern auch in dem übrigen Aegypten, und in den benachbarten Ländern, viele Anhänger seiner Meinungen. Epiphanius nennt sogar, außer einigen Bischöfen, siebenhundert dem ehelosen Leben geweihte Jungfrauen, sieben Aeltesten, und zwölf Kirchendiener in der gedachten Hauptstadt, welche seine Parthey bald genommen hätten. Sowohl Arius als Alexander waren durch mündlichen Vortrag und durch Schreiben sehr geschäftig, sich Beifall zu erwerben. Allein der Bischof, der die Parthey seines Gegners immer wachsen sah, nahm insonderheit nachdrückliche Maaßregeln wider denselben. Er hielt, vermuthlich im Jahr 321, eine Versammlung von fast hundert Bischöfen aus Aegypten und Libyen zu Alexandrien, und that mit ihnen den Arius, welcher seines Amts entsetzt wurde, nebst seinem ganzen Anhange, in den Bann. Darunter waren auch der Bischof Eusebius von Cäsarea, die Bischöfe zu Tyrus, Berytus, Lydda, Tripolis, und überhaupt die meisten morgenländischen,

begrif-

begriffen. So erzählt es wenigstens Arius in seinem oben angeführten Schreiben an den Bischof von Nicomedien: und wenn es gleich nicht glaublich ist, daß Alexander auch die morgenländischen Bischöfe nahmentlich mit dem Kirchenbanne belegt habe; so traf sie doch derselbe gewissermaaßen ebenfals. Diese kirchliche Strafe war freylich in solchen Fällen ein gewöhnliches und Gesetzmäßiges Gegenmittel: es gereicht auch dem alexandrinischen Bischof zur Ehre, daß er vorher friedliche Versuche angestellt hat; aber sie hatte doch sehr unangenehme Folgen. Die Trennung zwischen den beiden Partheien wurde nun fast unheilbar, und Alexander verschlimmerte, nach der Bemerkung des Socrates, den Zustand der Sache dadurch, daß er so viele Briefe an die auswärtigen Bischöfe ergehen ließ, durch welche er sie in diesen Streit verwickelte. (Epiphan. Hær. 69. c. 3. Socrat. Hist. Eccl. L. I. c. 6. Sozom. Hist. Eccl. L. I. c. 15. Theodoret. Hist. Eccl. L. I. c. 2 — 5.

Zu Alexandrien selbst ergriffen nicht wenige von dem Volke aus Mitleiden die Parthey des Arius, weil sie glaubten, daß ihm zu hart begegnet würde. Er machte nun mit seinen dortigen Anhängern eine besondere Gemeine aus; sie suchten aber doch mit ihrem Bischof wieder ausgesöhnt zu werden, und schickten deswegen ihr Glaubensbekenntniß an mehrere auswärtige Bischöfe, mit dem Ersuchen, bey Alexandern eine Fürbitte für sie einzulegen, oder sie über ihren Glauben eines bessern zu belehren. Dieser Schritt that ihrer Sache große Dienste. Sie wurde immer mehr zu einer allgemeinen Kirchenangelegenheit; und obgleich einige Bischöfe von Alexandern verlangten, die Arianer nicht eher in die kirchliche Gemeinschaft wieder aufzunehmen, als bis sie ihre Meinungen abgelegt

gelegt hätten; so gab es doch verschiedene durch ihre Sitten ehrwürdige und beredte Bischöfe, welche ihn vielmehr um das Gegentheil baten. Nachdem sie dieses öfters fruchtlos gethan hatten, sahen sie die Weigerung des Bischofs als eine Beschimpfung an, und nahmen den Arius mit desto größerm Eifer in ihren Schutz an. Insbesondere hielt sich der Nicomedische Eusebius durch den Alexandrinischen Bischof beleidigt, weil dieser in seinen Briefen sich über ihn vorzüglich beschwert hatte. (Socrat. et Sozom. II. cc.). Dieser Eusebius, der vornehmste unter allen Anhängern des Arius, und nach dem Epiphanius, (Hær. 69. c. 9.) sein Mitschüler bey dem Märtyrer Lucianus, hatte sich den Ruhm eines sehr gelehrten Mannes erworben; war nicht allein in der Kirche überhaupt hoch geachtet, sondern galt auch viel an dem kaiserlichen Hofe, der sich eben zu Nicomedien aufhielt, besonders bey Constantins Schwester, Constantia, der Gemahlinn des Licinius. Er wird sonst von dem Kaiser selbst (beym Theodoretus, (Hist. Eccl. L. I. c. 20.) als ein ehemaliger gewaltsamer Anhänger des Licinius beschrieben. Da ein solcher Mann sich des Arius lebhaft annahm: so konnte die Angelegenheit desselben nicht leicht auf dem gewöhnlichen Wege geschlichtet werden: und würklich war der Antheil des Eusebius an derselben eine Hauptursache des Feuers, das sich nach und nach daraus entzündete.

Arius hatte sich unterdessen nach Palästina begeben. Er beklagte sich zwar in seinem Schreiben an den erstgedachten Eusebius, (Epiphan. Hær. 69. c. 3.) daß ihn sein Bischof aus Alexandrien vertrieben habe; allein das ist schwerlich von Befehlen und Gewaltthätigkeiten zu verstehen. Er merkte vermuthlich, daß seine Parthey in der gedachten Stadt und in ganz Aegypten haupten sich nicht lange gegen das Ansehen Alexanders würde behaupten können, und suchte daher eine mächtige Hülfe in ausländischen Gegenden. In der That fand er sie auch nach seinem Wunsche. Eusebius zu Nicomedien, zu welchem er nachmals selbst reiste, billigte nicht nur in einem Schreiben an den Arius die Lehre desselben, daß der Sohn Gottes vor seiner Zeugung vom Vater nicht vorhanden gewesen seyn könne, vollkommen, wie man aus einer Stelle dieses Schreibens beym Athanasius (de Synodis Arim. et Seleuc. p. 683. ed. Commel.) sieht. Er erklärte sich darüber noch ausführlicher in einem Schreiben an den Paulinus, Bischof von Tyrus, das Theodoretus (Hist. Eccl. L. I. c. 6.) abgeschrieben hat, und worinne auch der für christliche Bischöfe bisher ungewöhnliche Titel, Herr, (δεσπότης) merkwürdig ist. Zuerst wirft er dem Paulinus vor, daß er nicht, wie Eusebius zu Cäsarea, seine wahre Meinung über diese Streitigkeit schriftlich an den Tag gelegt habe. Sodann fährt er fort: Wir haben nie gehört, daß zwey Ungezeugte wären; noch daß Eines in zwey getheilt worden; noch daß solches etwas Körperliches gelitten habe. Vielmehr ist Eines ungezeugt, und Eines ist von dem andern wahrhaftig, aber nicht aus dem Wesen, gezeugt. Dieses hat an der Natur des Ungezeugten gar keinen Theil, ist auch nicht aus seinem Wesen; sondern es ist erst worden, und durchaus verschieden an Natur und Macht; doch zu einer vollkommenen Aehnlichkeit der Natur und Macht dessen der es gemacht hat, gemacht. Sein Ursprung kann nicht allein mit Worten nicht beschrieben, sondern auch durch keine Vorstellung der Menschen, oder der höhern Geschöpfe, begriffen werden. Eusebius versichert, daß er dieses alles nicht nach bloßen Schlüssen behaupte; sondern aus der heiligen Schrift selbst gelernet

Lehren und Streitigkeiten des Arius.

lernet habe. In dieser Absicht beruft er sich auf die Stelle, Sprüche Salom. C. 8. v. 22. sg. und erinnert unter andern, man dürfe daraus, weil von dem Sohne Gottes gesagt werde, er sey gezeugt worden, noch nicht schliessen, er sey aus dem Wesen des Vaters entstanden, und habe mit diesem einerley Natur; indem die Schrift auch von Menschen, und sogar von leblosen Dingen lehre, daß sie Gott gezeugt habe. Eusebius ersucht zuletzt den Paulinus, das vorher gesagte dem Alexander zu schreiben: so würde dieser andere Gesinnungen annehmen.

Die Gewogenheit dieses und anderer benachbarten Bischöfe gegen den Arius gieng so weit, daß sie, nach dem Sozomenus, (Hist. Eccl. L. I. c. 15.) eine Kirchenversammlung in Bithynien hielten, von welcher sie an alle Bischöfe schrieben, sie möchten mit den Anhängern des Arius, als mit Rechtgläubigen, die kirchliche Gemeinschaft unterhalten, und sich bemühen, den Alexander zu einer gleichen Verbindung zu bewegen. Da aber dieser Versuch ohne Erfolg war: schickte Arius einige Abgeordnete an die Bischöfe, Paulinus zu Tyrus, Eusebius zu Cäsarea, und Patrophilus zu Scythopolis, um sie zu bitten, daß ihnen, obgleich nur Aeltesten, erlaubt werden möchte, gottesdienstliche Versammlungen zu halten; weil dieses doch einmal zu Alexandrien, unter der Aufsicht des Bischofs, gewöhnlich sey. Die drey erstgenannten Lehrer versammleten deswegen die übrigen Bischöfe von Palästina, und bewilligten durch einen gemeinschaftlichen Schluß jene Bitte; doch mit dem Zusatze, daß Arius nebst seinen Mitbrüdern dem Alexander fernerhin unterworfen bleiben, daß sie ihn auch beständig ersuchen sollten, sie an dem Kirchenfrieden wieder Theil nehmen zu lassen. Allein die Scheidewand zwischen beiden

Partheien befestigte sich vielmehr täglich, und zum allgemeinen Nachtheil der Kirche. Das Volk trennte sich gleichfals darüber in den meisten Städten und Dörfern, und die Erbitterung mit welcher man von beiden Seiten stritt, gab endlich Gelegenheit, daß die Heiden auf öffentlichen Schauplätzen die christliche Religion verspotteten. (Euseb. vita Const. L. II. c. 61. Socrat. Hist. Eccl. L. I. c. 7.)

Constantinus fand es nunmehr nothwendig, die so sehr gestörte Ruhe durch sein Ansehen wieder herzustellen. Die ähnliche Sorgfalt, welche er bey den benachbarten Donatistischen Händeln angewandt hatte, und der Eifer, den er als ein neuer Christ überall gegen die Religionsangelegenheiten seiner Glaubensgenossen äußerte, ließen solches von ihm sicher erwarten. Vermuthlich haben ihn auch die Vorstellungen einiger Bischöfe dazu aufgemuntert. Er schrieb also gegen den Anfang des Jahrs 324, an beide Hauptpersonen in dieser Streitigkeit, den Bischof von Alexandrien, und den Arius, der damals wieder in die gedachte Stadt gekommen war, einen Brief, welchen man beym Eusebius (de vita Constant. L. II. c. 64 — 72.) vollständig, einen Theil aber davon beym Socrates (Hist. Eccl. L. I. c. 7.) antrifft. Nachdem der Kaiser darinne seiner Bemühungen gedacht hat, eben sowohl die Religionsstreitigkeiten der Christen in Africa beizulegen, als er dem Reiche überhaupt den Frieden verschafft hätte, beklagt er es, daß unter den morgenländischen Bischöfen weit beträchtlichere Zwistigkeiten ausgebrochen wären, als in Africa, wohin er einige derselben habe schicken wollen. Da sie jedoch, setzt er hinzu, ihren Ursprung aus einer sehr geringen Ursache genommen hätten, so hoffe er sie, mit göttlicher Hülfe, durch seine Vermittelung desto leichter zu heben.

Doch

Doch die Vorstellungen, welche der Kaiser hierauf beifügt, verdienen hier ganz zu stehen. „Ich höre, „schreibt er, daß der gegenwärtige Streit auf folgende „Art angefangen habe. Du, Alexander, hast deine „Aeltesten gefragt, was jeder derselben von einer ge=„wissen Stelle des Gesetzes, oder vielmehr von einem „Stücke einer unnützen Frage, halte. Du aber, Arius „hast dasjenige, was du entweder niemals hättest den=„ken, oder, wenn du es dachtest, verschweigen sollen, „unbehutsam herausgesagt. Solchergestalt ist unter „euch Uneinigkeit entstanden, die beiderseitige Gemein=„schaft aufgehoben, das heiligste Volk in zwo Par=„theien getrennt, und von der Uebereinstimmung des „gemeinschaftlichen Körpers abgesondert worden. Je=„der von euch beiden verzeihe es also dem andern, und „nehme den billigen Rath eures Mitdieners an. Und „was ist dieses? Es schickte sich gleich anfänglich nicht, „weder eine solche Frage aufzuwerfen, noch auf die=„selbe zu antworten. Denn dergleichen Streitfragen, „welche das Gesetz nicht als nothwendig vorschreibt, „sondern die Zancksucht einer unnützen Trägheit vor=„bringt, wenn sie gleich zur Uebung der Geisteskräfte „angestellt werden, müssen wir doch lieber innerhalb „unsers Verstandes einschränken, und sie nicht leicht in „öffentlichen Versammlungen vortragen, noch unvor=„sichtiger Weise vor die Ohren des Volks kommen las=„sen. Denn wie viele giebt es wohl, welche die ganze „Stärke so großer und schwerer Sachen, entweder ge=„nau begreifen, oder würdig erklären können? Sollte „man auch glauben, daß dieses jemand leicht thun kön=„ne, wie viele wird er wohl vom Volke überreden? „Oder wer wird sich bey der genauen Untersuchung sol=„cher Fragen, genugsam vor einem gefährlichen Falle „hüten können? Man muß also dabey nicht geschwä=„ßig seyn, damit nicht, weil wir entweder um unsers

„schwa=

„schwachen Verstandes Willen, die vorgelegte Frage „nicht geschickt genug zu erklären wissen; oder weil die „Zuhörer, aus natürlicher Unfähigkeit, das Gesagte „nicht begreifen können, das Volk durch eines von die„sen beyden zu ärgerlichen Reden oder zu einer Tren„nung, unvermeidlich verleitet werde."

Der Kaiser ermahnt beide Gegner noch einmal in seinem Schreiben, sich mit einander auszusöhnen, weil sie doch nicht über den Hauptbefehl des Christenthums stritten, und keine neue Lehre über den Dienst Gottes einführten; sondern einerley Meinung wären. Es sey unanständig, sagt er, ja völlig unerlaubt, daß sie, die über so nichtsbedeutende Dinge zankten, ein so zahlreiches Volk Gottes regieren sollten. Selbst die Philosophen, die in verschiedenen Meinungen von einander abgiengen, vereinigten sich doch zu ihren gemeinschaftlichen Absichten: wie vielmehr sollten sie, als Diener des großen Gottes, in der Religion übereinstimmen? Daß Brüder gegen Brüder wegen elender Wortstreitigkeiten zu Felde zögen, und dadurch eine gottlose Uneinigkeit in der Gemeine stifteten, sey etwas Pöbelhaftes, und mehr einer kindischen Unwissenheit, als der Einsicht von Priestern und klugen Männern, gemäß. Laßt uns, ruft er aus, uns freiwillig von den teuflischen Versuchungen entfernen! Unser großer Gott und allgemeiner Heiland hat uns ein gemeinschaftliches Licht aufgesteckt. Vergönnt mir, seinem Diener und Verehrer, daß ich unter seiner Aufsicht dieses Werk zu Stande bringe, damit sein Volk durch meine Anreden und Ermahnungen wieder zur Einigkeit geleitet werde. Ueber die unerhebliche Frage selbst möchten sie immer verschieden denken, nur ihre Meinungen für sich behalten, und desto mehr in den vornehmsten Lehren von Gott und seiner Vorsehung einig bleiben. Er bringt

in

in sie, ihre alte Freundschaft zu erneuern, der Gemeine die Eintracht, ihm aber ruhige Tage und Sorgenfreye Nächte wieder zu geben; sonst würde er Thränen vergiessen, und kein zufriedenes Leben führen, wenn das Volk Gottes, seine Mitdiener, durch eine unbillige und schlimme Zwistigkeit getheilt wäre.

Dieses Schreiben ist vielleicht unter allen noch vorhandenen Aufsätzen des Kaisers Constantinus über Gegenstände der Religion derjenige, der ihm am meisten zur Ehre gereicht. Man hat zwar gemuthmaaßt, daß ihm die Gedanken desselben von dem Bischof Eusebius zu Nikomedien, wo sich der Kayser eben aufhielt, möchten eingegeben worden seyn. Allein dieses ist schon deswegen unwahrscheinlich, weil Eusebius der Arianischen Streitigkeit ein weit stärkeres Gewicht beilegte, als in dem kaiserlichen Schreiben geschieht. Die folgenden Begebenheiten machen es eher glaublich, daß Hosius, Bischof von Corduba, viel zu demselben beigetragen haben könnte. Gesetzt aber auch, daß er dieses Schreiben würklich entworfen, oder daß sich Constantin darinne einen etwas größern Eifer, als er würklich empfand, beigelegt hat; so ist doch das Urtheil selbst, über das Verhalten, welches christliche Lehrer bey spitzfindigen theologischen Fragen zu beobachten schuldig sind, vortrefflich. Das einzige was vielen daran anstößig fallen mußte, ist dieses, daß der Kaiser die Streitfrage zwischen dem Alexander und dem Arius schlechterdings vor unbedeutend ausgiebt; da doch die Lehre von Jesu und seiner göttlichen Höhe für die Christen ungemein wichtig ist. Zu seiner Entschuldigung kann jedoch manches gesagt werden. Außerdem, daß er als ein noch jungetaufter Christ von demjenigen Theil des christlichen Glaubens, der solchen Lehrlingen nicht sogleich in seinem ganzen

Umfange erklärt würde, leicht einen unrichtigen Begriff haben konnte, enthält auch sein Schreiben nicht den Ausspruch eines Lehrers der Kirche; sondern die sanften und friedliebenden Gesinnungen eines Fürsten, der die Verträglichkeit unter seinen Unterthanen, nicht durch jeden Unterschied der Denkungsart ihrer Lehrer unterbrochen wissen wollte. Da überdieß selbst auch die wichtigsten Lehren des Christenthums mit unnützen Fragen überladen werden können, und auch solche, welche Wahrheit in sich fassen oder erzeugen helfen, oft entbehrlich sind, weil sie eine Quelle von Zänkereyen abgeben: so hatte der Kaiser vollkommen Recht, den beiden Streitenden hierinne Mäßigung zu empfelen. Denn jeder von ihnen hatte in einer Lehre, die er vor ein Geheimniß erkannte, seinen Scharfsinn, mit ziemlicher Einbildung, gleichsam auf Kosten der heiligen Schrift zeigen, die unerklärliche Zeugung des Sohnes Gottes erklären wollen: und jeder bekam daher den Verweis, welchen er verdiente.

Mit diesem Schreiben schickte der Kaiser den Bischof Hosius, dem er um diese Zeit in Kirchenangelegenheiten sein Vertrauen besonders scheint geschenckt zu haben, nach Alexandrien. Hosius, der vom Eusebius (de vita Constant. L. II. c. 63.) als ein gottseeliger, durch ächten Glauben, und das in vorigen Zeiten für die Religion abgelegte Bekenntniß berühmt gewordener Mann gepriesen wird, war in seinem Geschäfte, Frieden zu stiften, nicht glücklich. (Euseb. l. c. c. 73. Socr. Hist. Eccl. L. I. c. 7. 8. Sozom. Hist. Eccl. L. I. c. 16.) Er machte, wie Socrates (L. III. c. 7.) berichtet, bey dieser Gelegenheit, die Frage vom Unterscheide des Wesens und der Person in der göttlichen Dreyeinigkeit, zuerst recht rege, wohnte auch, (nach dem Athanasius, (Apologia II. p. 614.

T. I.

T. I. Opp. ed. Commelin.) einer Kirchenversammlung zu Alexandrien bey, auf welcher Colluthus abgesetzt, und, wie einige glauben, auch die Arianischen Händel vorgenommen wurden. Die wichtigste Nachricht bis würde die beym Philostorgius (Hist. Eccl. Epit. L. I. c. 7.) befindliche seyn, wenn man sie ihm allein glauben könnte; nemlich, daß der Bischof von Alexandrien um diese Zeit nach Nicomedien gekommen sey, und sich mit dem Hosius auch andern Bischöfen auf einer Kirchenversammlung, die den Arius mit dem Banne belegt, darinne vereinigt habe, daß man Christum gleiches Wesens (ὁμοούσιος) mit dem Vater nennen müsse. Der Eifer mit welchem nachher die sogenannten Rechtgläubigen auf das eben gedachte Wort drangen, macht es allerdings glaublich, daß sie dasselbe zeitig mit einander zum Kennzeichen ihrer Lehrrichtigkeit festgesetzt haben. Sonst aber scheint die Erzählung des Philostorgius verworren und falsch zu seyn.

An Statt also daß die Bemühungen des Kaisers den Kirchenfrieden wieder hergestellt hätten, wurden die Unruhen in Aegypten noch stürmischer: zumal da auch die Meletianischen Händel daselbst immer fortdauerten. In den meisten Städten, sagt Eusebius, (de vita Const. L. III. c. 4.) traten Bischöfe gegen Bischöfe, und ein Theil der Gemeine gegen den andern auf. Der Pöbel vergieng sich sogar in seiner Wuth so weit, daß er die öffentlichen Bildsäulen des Kaisers mißhandelte. Noch gab es eine andere, zwar nur unerhebliche, aber doch sehr alte und allgemeine Uneinigkeit unter den Christen, über die Feyer des Pascha, die, wenn sie gleich bisher die Kirchengemeinschaft nicht zerstört hatte, doch allerhand unangenehm auffallende Folgen zeigte. Alles dieses bewog den Kaiser, ein bisher ungewöhnliches, und wie er hoffte, ein sehr kräftiges Mittel zur Stillung so vieler Bewegungen anzuwenden. Und dieses sollte eine allgemeine Kirchenversammlung von Bischöfen seines Reichs seyn.

F. n.
C. G.
306
bis
337.

Ohne Zweifel war ihm solche von einigen Bischöfen selbst vorgeschlagen worden; wenigstens muß er zu der Zeit, da er den Entschluß dazu faßte, schon einen andern Begriff über die Wichtigkeit der Arianischen Streitfrage angenommen haben. Er hatte zwar bereits in der Donatistischen Angelegenheit Kirchenversammlungen halten lassen, die einen fruchtlosen Ausgang gewonnen hatten. Vermuthlich aber versprach er sich von einer noch zahlreichern, die er nunmehr erst zusammen zu berufen im Stande war, eine desto gewissere Würkung: sein Vertrauen und seine Ergebenheit gegen die Bischöfe waren auch viel zu stark, als daß er einen solchen Rath verworfen haben sollte. Es ist wahr, daß sich fruchtbarere und gewissermaaßen anständigere Anstalten denken lassen, welche der Kaiser wider alle diese Zwistigkeiten, besonders die Arianischen, hätte treffen können: unter andern ein schärferer mit Macht unterstützter Befehl wider die Ausschweifungen der beiderseitigen Erbitterung; eine Berathschlagung einiger der gemäßigtesten Lehrer von beiden Partheien, oder wo möglich solcher, die dabey gar keine Parthey ergriffen hatten; und in jeder Gemeine eine feierliche Wiederholung desjenigen Glaubens in seiner ungekünstelten Gestalt, dem die Christen vom Anfange her zugethan gewesen waren. Doch auf der andern Seite hatte der Nahme einer allgemeinen Kirchenversammlung (oecumenica Synodus) etwas vielversprechendes an sich. Man erwartete von derselben, wie schon anderwärts (oben S. 119.) gezeigt worden ist, die vereinigten Stimmen vieler der weisesten, gelehrtesten und frömmsten Lehrer des Reichs:

und da ihre Schlüsse durch die Bestätigung des Kaisers zu allgemeinen Reichsgesetzen wurden, so war auch deswegen zu hoffen, daß ihnen niemand ungehorsam seyn würde. Man zog daher verschiedene Bedenklichkeiten, nachtheilige Folgen und unbequeme Umstände, die sich bey solchen weitläuftigen Versammlungen fanden, weniger in Betrachtung. Was auch bereits oben (S. 319.) von den Kirchenversammlungen überhaupt bemerkt worden ist, daß eine Anzahl verbundener Bischöfe von sehr verschiedenen Fähigkeiten, unmöglich ein Urtheil von Wichtigkeit über Glaubenslehren fällen konnte, das gilt in der That noch mehr von vielen hundert oder gegen tausend derselben. Kein Mensch wird glauben, daß der größere Theil dieser Bischöfe eine vorzügliche Geschicklichkeit zu solchen Untersuchungen besessen habe. Zu den wenigen, die gelehrt, scharfsinnig und freymüthig genug dazu waren, gesellte sich eine Menge anderer: und es konnte sich oft ereignen, daß nach vorläufigen Verabredungen, alles einen solchen Ausgang nahm, als wenn nur zween oder drey eine Verbindung mit einander errichtet hätten. Die Verwirrung nahm überhaupt bey einer solchen Anzahl, welche durch vorhergehende Streitigkeiten entflammt war, leicht überhand. Diese großen Versammlungen verursachten dem Kaiser unermeßliche Kosten; ohne daß sie meistentheils ihre Hauptabsicht, die Beilegung fürchterlicher Händel in der Kirche, erreicht hätten. Sie gaben den Bischöfen zum Nachtheil der andern christlichen Lehrer, ein hohes und im Grunde richterliches Ansehen in Glaubenssachen, und halfen die gesetzgebende Gewalt in der Kirche in ihre Hände übertragen. Man kann noch hinzusetzen, daß durch eine unter so vielen Beschwerlichkeiten veranstaltete zahlreiche Zusammenkunft aus so vielen und entfernten Ländern, die einer Gerichtsversammlung ähnlich

lich sah, die Zwistigkeiten der christlichen Lehrer ein zu fürchterliches Ansehen bekamen, als wenn sie der Religion selbst den Untergang drohten, und diese nur durch eine solche gemeinschaftliche Hülfe gerettet werden könnte. Auch wurde es bald eine natürliche Folge des außerordentlichen Antheils, den der Kaiser an diesen Versammlungen nahm, daß sich politische Absichten damit verbanden, und nur diejenige Parthey auf denselben die Oberhand behielt, deren Lehrer sich die Gunst des Hofs erworben hatten. Daß die ócumenischen Kirchenversammlungen auch einiges Gute gestiftet haben, beweiset ihre Geschichte; aber ob dasselbe nicht meistentheils zweydeutig, und für den Aufwand aller Art zu gering gewesen sey? daran läßt sich mit vielem Grunde zweifeln.

Constantinus, der an einer so feyerlichen Versammlung auch eine Nahrung für seine Prachtliebe und Freygebigkeit fand, berief die erste derselben auf das Jahr 325. nach Nicäa, einer der vornehmsten Städte von Bithynien, in Klein Asien. Die Befehle, welche er deswegen an alle Bischöfe seines Reichs ergehen ließ, und so viele andere Maaßregeln, welche er dabey nahm, lehren nebst dem ausdrücklichen Zeugnisse der ältesten Geschichtschreiber, (Euseb. de vita Constant. L. III. c. 6. 9. Socrat. Hist. Eccl. L. I. c. 18. Sozom. Hist. Eccl. L. I. c. 17. Theodoret. Hist. Eccl. L. I. c. 7.) hinlänglich, daß die ganze äußerliche Anordnung dieser Versammlung von der höchsten Gewalt des Kaisers hergekommen sey. Vergebens haben die neuern Verfechter der Gewalt der Römischen Bischöfe, der ganzen Kirchenverfassung dieser Zeiten zuwider, behauptet, es sey die Erlaubniß und das Ansehen des Bischofs von Rom, Silvester, nöthig gewesen, um eine allgemeine Kirchenversammlung anzustellen. Nicht einmal

einmal die Stelle in den Handlungen der sechsten öcumenischen Synode vom Jahr 680. zu Constantinopel, worinne gesagt wird, daß Constantinus und Silvester die Bischöfe zu Nicäa versammlet hätten, kann mehr anzeigen, als daß der Kaiser sein Ausschreiben nicht ohne Rath und Uebereinstimmung der angesehensten Bischöfe vorgenommen, auch durch die Metropolitanen, unter welchen der Römische der vornehmste war, es den übrigen bekannt gemacht habe. Der Kaiser ertheilte den Bischöfen für sich und diejenigen, welche sie nach Nicäa mitbringen wollten, freye Fuhren. Unterdessen erschienen doch daselbst beynahe keine andere, als aus den Morgenländern, zu welchen die gedachte Stadt selbst gehörte. Die abendländischen Bischöfe entschuldigten sich vermuthlich bey dem Kaiser leicht durch ihre große Entfernung; und außerdem giengen die meisten Streitigkeiten, über welche zu Nicäa berathschlagt werden sollte, hauptsächlich nur die morgenländische Kirche an. Hosius allein war von Bischöfen der abendländischen gegenwärtig; und im Nahmen des Silvester kamen zween Aeltesten, Vitus und Vincentius. Obgleich solchergestalt diese Kirchenversammlung in Ansehung des Umfangs der Römischen Länder, aus welchen Bischöfe anwesend waren, bey weitem nicht allgemein heissen konnte; so war sie es doch wegen ihrer Grundlage, und wegen der Gültigkeit ihrer Gesetze im ganzen Reiche: zwey Umstände, die nachmals auch weniger zahlreichen Synoden den Nahmen und das Ansehen einer öcumenischen verschafft haben. Zwar kann die Anzahl der Bischöfe auf der Nicänischen Versammlung nicht unwidersprechlich bestimmt werden. Eusebius (l. c. c. 8.) giebt dieselbe zweyhundert und funfzig an; Athanasius aber, der eben sowohl als er, ein Augenzeuge war, versichert bald, (Synod. Nicaen. decret. p. 402. ad

So-

Solitarios, p 660. sq. T. I. Opp. ed. Commelin.) es waren ohngefähr dreyhundert, oder etwas mehr Bischöfe gewesen; bald setzt er die Zahl auf dreyhundert und achtzehn, (Epist. ad Africanos, p. 718.) Allein diese letztere Bestimmung ist wohl die wahrscheinlichste, weil sie fast von allen Schriftstellern, die gleich auf den Athanasius gefolgt sind, und selbst gewissermaaßen vom Socrates, (Hist. Eccl. L. I. c. 8.) ob er gleich sonst die eigenen Worte des Eusebius einrückt, angenommen worden ist, auch die Nahmen von so vielen gegenwärtigen Bischöfen noch zu den Zeiten des Epiphanius (Hær. 69. c. 11.) bekannt waren. Die von spätern Arabischen Schriftstellern beym Selden (Commentar. ad Eutychii Origines Alexandrin. p. 71. Londin. 1642. 4.) auf mehr als zweytausend Bischöfe erhöhete Anzahl hat alles wider sich. Hingegen war die Menge der Aeltesten und Kirchendiener, die ihre Bischöfe begleiteten, ungleich zahlreicher, als diese. Und alle diese Anwesende wurden von dem Kaiser frey unterhalten.

Als die Bischöfe zusammen gekommen waren, nahm die Erörterung der streitigen Glaubenslehren ihren Anfang. Arius selbst, und beynahe zwanzig Bischöfe von seinen Freunden, darunter Eusebius von Nicomedia, Theognis von Nicäa, und Maris von Chalcedon, ohngefähr die vornehmsten waren, hatten sich auch daselbst eingefunden: Männer, die besonders im Disputiren eine vorzügliche Stärke besaßen. Von der andern Seite hatte der Bischof Alexander von Alexandrien seinen Diaconus, den Athanasius, mitgebracht, der damals zuerst in diesen Streitigkeiten sich hervorthat; wiewohl er kaum das dreyßigste Jahr zurückgelegt hatte. Der allergrößte Theil der Bischöfe erklärte sich sogleich wider den Arius,

Kirchenversammlung zu Nicäa.

als dieser seine Lehrsätze von neuem behauptete, daß nemlich der Sohn Gottes aus Nichts hervorgebracht worden, nicht immer vorhanden gewesen, und ein Geschöpf Gottes sey, das zum Laster eben sowohl als zur Tugend Fähigkeit habe. (Socrat. Hist. Eccl. L. I. c. 8. 9. Sozom. Hist. Eccl. L. I. c. 17. 19.)

§. n.
C. G.
306
bis 337.

Unter andern waren auch, nach dem Berichte des Sozomenus, (c. 18.) einige heidnische Philosophen auf diese Kirchenversammlung gekommen: manche aus Neubegierde, um die christliche Religion genauer kennen zu lernen; andere aber, die wegen der Unterdrückung ihrer Religion rachbegierig waren, in der Absicht, durch spitzfindige Fragen und Einwürfe, Uneinigkeit unter den christlichen Lehrern auszustreuen. Einer darunter von vorzüglicher Beredsamkeit spottete nur der Bischöfe, die ihn, ohngeachtet sie nicht ungeübt in solchen Künsten waren, dennoch durchaus nicht zum Stillschweigen bringen konnten. Zuletzt trat ein alter ungelehrter Bischof, der ehemals ein Bekenner der Religion geworden war, hervor, und erhielt die Erlaubniß, diesen fürchterlichen Gegner zu bekämpfen. „Philosoph, sagte er zu demselben, höre mich im Nahmen „Jesu Christi! Es ist Ein Gott, der Himmel und „Erde, alles Sichtbare und Unsichtbare geschaffen, „alles dieses durch die Kraft seines Sohnes gemacht, „und durch die Heiligkeit seines heiligen Geistes ge-„stärkt hat. Dieses Wort nun, das wir den Sohn „Gottes nennen, hat aus Mitleiden gegen den Irr-„thum und das thierische Leben der Menschen, von ei-„nem Weibe gebohren werden, unter den Menschen le-„ben, und für sie sterben wollen. Er wird aber wie-„der als ein Richter über alles was in diesem Leben ge-„schehen ist, kommen. Daß dieses sich so verhalte, „glauben wir ohne viele Untersuchung. Bemühe dich
„also

„also nicht vergeblich, auf eine Widerlegung deſſen „was der Glaube als richtig annimmt, zu denken; „oder nach der Art und Weiſe zu forſchen, wie dieſes „geſchehen oder nicht geſchehen könne. Vielmehr, „wenn du glaubſt, ſo antworte mir auf meine Frage." Beſtürzt durch dieſe Anrede, ſagte der Philoſoph: ich glaube. Er dankte zugleich dafür, daß er überwunden worden wäre; verſicherte, daß dieſe plötzliche Veränderung bey ihm durch Gott ſelbſt gewürkt worden ſey, und ermahnte auch die übrigen Philoſophen, ſeinem Beiſpiele zu folgen. — Neuern Leſern kann es freylich verdächtig vorkommen, daß ein ſo beredter und ſcharfſinniger Mann bloß durch das ungekünſtelte Glaubensbekenntniß eines Ungelehrten beſchämt und überzeugt worden ſeyn ſollte. Auch hilft eine ähnliche Geſchichte, die Sozomenus gleich darauf beifügt, nach welcher ein Biſchof, der zwar ein rechtſchaffener Mann, aber ſonſt den heidniſchen Philoſophen gar nicht gewachſen war, einen von dieſen bloß dadurch zum Stillſchweigen gebracht haben ſoll, daß er ihm im Nahmen Chriſti das Reden verbot; dieſe unwahrſcheinliche Erzählung hilft die Glaubwürdigkeit der vorhergehenden eben nicht beſtätigen. Unterdeſſen findet ſich die erſtere, wiewohl mit etwas veränderten Umſtänden, auch beym Socrates, (Hiſt. Eccl. L. I. c. 8.) und das Glaublichſte an derſelben bleibt immer dieſes, daß auch die kürzeſte und einfältigſte Vorſtellung der Hauptlehren des Chriſtenthums zu viel Edles und Großes an ſich habe, als daß ſie nicht ſelbſt bey den Feinden deſſelben plötzlichen Eindruck machen könnte. Wenigſtens hätte eine ſolche Begebenheit den Lehrern der Nicäniſchen Verſammlung die kunſtloſe Erklärung der chriſtlichen Glaubenslehren deſto mehr empfelen ſollen.

End-

Endlich langte der Kaiser zu Nicäa an, um sein angefangenes Werk selbst zu vollenden. Sogleich überreichten ihm viele Bischöfe Bittschriften gegen einander, in welchen sie allerley Beschwerden vortrugen. Den Tag darauf wurde die Versammlung auf einem Saale des kayserlichen Palastes gehalten. Als der Kaiser, von seinen Hofleuten begleitet, dahin kam, blieb er oben bey einem kleinen goldenen Stuhle stehen, auf welchem er sich nicht eher niedersetzte, als bis ihn die Bischöfe durch einen Wink dazu eingeladen hatten, worauf sie seinem Beispiele folgten. Derjenige unter ihnen, der ihm zur Rechten zuerst saß, und allem Ansehen nach Eustathius, Bischof zu Antiochien war, hielt darauf eine Anrede an den Kaiser, in welcher er Gott für die dem Fürsten erwiesene Wohlthaten dankte. Nun sprach der Kaiser selbst, bezeigte sein ungemeines Vergnügen darüber, die Bischöfe versammelt zu sehen, und ermahnte sie lebhaft zur Wiederherstellung der Einigkeit in der Kirche, deren Störung ihm gefährlicher als alle Kriege, vorkäme. Um ihnen zu zeigen, wie ernstlich er ihre Zwistigkeiten unter einander verabscheue, ließ er alle Klageschriften, die sie eingegeben hatten, vor ihnen verbrennen, und setzte die Worte hinzu: **Christus befiehlt, daß derjenige seinem Bruder vergebe, welcher für sich selbst Vergebung wünscht.** (Euseb. de vita Constant. L. III. c. 10 — 12. Socrat. Hist. Eccl. L. I. c. 8.) Allein nach dem Sozomenus (Hist. Eccl. L. I. c. 17.) gab er noch einen besondern Grund dieses Verfahrens an, der zur Demüthigung der Bischöfe weniger beitrug, und seiner ausnehmenden Ergebenheit gegen sie gemäß war. Diese Anklagen, sagte er, gehören vor den Tag des großen Gerichts, da alles von dem allgemeinen Richter gerichtet werden soll. Für mich aber, der ich ein Mensch bin, schickt es sich nicht, mir die gerichtliche Untersuchung

chung darüber anzumaaßen, da es Priester sind, welche klagen, und auch welche verklagt werden. Denn sie sollten sich nicht so aufführen, daß sie von andern gerichtet werden müßten.

Hierauf überließ Constantinus die weitere öffentliche Erörterung der kirchlichen Streitigkeiten den Vorsitzern der Kirchenversammlung. Schon dieser Ausdruck des Eusebius (l. c. cap. 13. τοῖς προέδροις) zeigt deutlich genug an, daß der Vorsitz und die damit verbundene Aufsicht und Leitung der Geschäfte, nicht von Einem Bischof, sondern abwechselnd von mehrern geführt worden sey, denen diese Ehre nach der längst eingeführten Kirchenverfassung zukam. Die beiden vornehmsten anwesenden Metropolitanen waren Eustathius von Antiochien, und Alexander von Alexandrien. Es ist also nichts wahrscheinlicher, als daß bald jener, bald dieser, seinen Rang hierinne behauptet habe. Würklich findet man auch, daß der erstere von Schriftstellern des fünften Jahrhunderts (insonderheit vom Theodoretus, Hist. Eccl. L. I. c. 6.) als der erste Bischof auf der Kirchenversammlung angegeben wird: und von dem letztern sagt die Versammlung selbst in ihrem Schreiben, (beym Socrates, Hist. Eccl. L. I. c. 9.) daß er einen Hauptantheil an allem was sie vorgenommen gehabt habe. Gleichwohl haben viele in den mittlern und neuern Zeiten es vor ausgemacht gehalten, daß der Bischof Hosius den Vorsitz geführt habe: nicht nur, weil der Bischof Gelasius von Cyzicum im fünften Jahrhunderte (Acta Concil. Nic. p. 423. T. I. Harduini Act. Concilior.) ihn die Schlüsse der Kirchenversammlung zu allererst, und zwar im Nahmen des Römischen, auch aller andern abendländischen Bischöfe, unterschreiben läßt; sondern, weil ihn auch Eusebius

(c. 7.)

(c. 7.) unter allen anwesenden Bischöfen allein, und Socrates (c. 13.) zuerst nennt; Athanasius aber (Apolog. ad Constantium, p. 547. ad Solitarios, p. 648. T. I. ed. Comm.) versichert, er sey der Vorsteher und Anführer aller Kirchenversammlungen gewesen. Allein es ist gewiß, daß Hosius, nach der kirchlichen Einrichtung seiner Zeit, weder als Bischof von Corduba, noch im Nahmen eines der ersten Metropolitanen, den eigentlichen Vorsitz (προεδρία) habe bekleiden können. Die Sammlung des Gelasius, welche aus guten und schlechten Quellen, ohne sonderliche Beurtheilung, zusammen getragen ist, kann hier zu keinem Beweise dienen. Selbst die Unterschriften dieser Kirchenversammlung beym Harduin (l. c. p. 311. sq.) sind übel zusammenhängend, und widersprechen zum Theil den ältesten Geschichtschreibern. Und wenn darinne Hosius noch vor den beiden römischen Aeltesten, die an Statt ihres Bischofs unterschrieben vorkommt: so ist es offenbar, daß er, wie bey den Schriftstellern, nur wegen des großen Ansehens, in welchem er bey dem Kaiser stand, der in den Kirchensachen meistentheils alles nach seinem Rathe veranstaltete, eine so vorzügliche Stelle bekommen habe. Die alte Meinung, daß er Präsident der Nicänischen Versammlung gewesen sey, ist von dem Herrn Prof. August Wilhelm Ernesti, meinem werthesten Freunde, (Diss. qua Hosium Concilio Nicaeno praesedisse, ostenditur, Lips. 1758. 4.) gelehrt und überzeugend widerlegt worden. Sie hat sich in der Römischen Kirche besonders desto länger erhalten, weil einige Verehrer der Päbste eine Person suchten, durch welche der abwesende Römische Bischof die höchste Gewalt über die Kirchenversammlung ausgeübt hätte, und sie am Hosius zu finden glaubten.

Gewissermaaßen fuhr der Kaiser selbst fort, die Oberaufsicht über die Kirchenversammlung zu verwalten. Er wohnte, wie Eusebius (de vita Constant. L. III. c. 13.) berichtet, den Unterredungen der streitenden Bischöfe bey, hörte zwar die hitzigen Vorwürfe, die sie einander machten, geduldig an; vergaß aber niemals, sie zur Mäßigung und Einigkeit zu ermahnen. Er half bald der einen Parthey, bald der andern; brachte einige durch Gründe, andere durch Bitten oder durch Lobsprüche, auf seine Seite; allen aber begegnete er mit solcher Sanftmuth, daß er endlich seinen Endzweck, eine Vereinigung zu stiften, erreichte. Nach dem Theodoretus (Hist. Eccl. L. I. c. 7.) erinnerte er sie sogar, er, ein noch ungetaufter Christ, der noch nicht weit über die Anfangsgründe der Religion hinausgekommen seyn konnte, sie möchten alle Streitfragen bloß nach den Zeugnissen der göttlichen Schriften der Propheten, Evangelisten und Apostel entscheiden.

Da unterdessen alles eine solche Wendung gewann, daß man voraus sehen konnte, die Arianische Parthey müsse unterliegen, suchte der Bischof Eusebius von Nicomedien, der die Hauptstütze derselben war, durch geheime Fürbitten bey dem Kaiser, sich wenigstens in seinem Amte zu erhalten. (Theodoret. l. c. c. 20.) Er und seine Freunde übergaben der Kirchenversammlung ein Glaubensbekenntniß; das aber sogleich von den Bischöfen, mit Bezeigung ihres Abscheues über die darinne enthaltene Lehre, zerrissen wurde. (Theodoret. c. 7. 8.) Hier hat man einige Ursache zu zweifeln, ob diese Schrift eben dasselbe Glaubensbekenntniß sey, das Eusebius, Bischof von Cäsarea, entworfen und den versammleten Bischöfen überreicht hat, das er auch in einem Schreiben

beym

beym Athanasius (de decret. Synod. Nicaen. T. I. Opp. P. I. p. 238. ed. Bened.) Socrates (Hist. Eccl. L. I. c. 8.) und Theodoretus (l. cit. c. 12.) mittheilt. Aber es ist der Mühe werth, dieses letztere mit der ganzen Erzählung seines Verfassers, erst hieher zu setzen, ehe eine solche Vergleichung angestellt werden kann.

Eusebius meldet seiner Gemeine zu Cäsarea, er habe ein Glaubensbekenntniß aufgesetzt, das in Gegenwart des Kaisers vorgelesen, und von allen recht und richtig befunden worden sey, folgenden Inhalts: „Wie wir den Unterricht von unsern Vorgängern, den „Bischöfen, erhalten, da wir noch Lehrlinge waren, „und da wir getauft wurden; wie wir aus der heiligen „Schrift gelernet, und sowohl im Aeltesten-Amte als „im Bischöflichen geglaubt und gelehrt haben: so glau„ben wir auch jetzt, und legen euch unsern Glauben „vor, welcher dieser ist: Wir glauben an Einen Gott, „den allmächtigen Vater, den Schöpfer von allem „Sichtbaren und Unsichtbaren, und Einen Herrn Je„sum Christum, das Wort Gottes, Gott aus Gott, „Licht aus Licht, Leben aus Leben, den eingebohrnen „Sohn, den Erstgebohrnen vor aller Creatur, der vor „allen Zeiten (αἰώνων) aus Gott dem Vater gezeugt „worden; durch welchen alle Dinge gemacht sind; der „um unserer Seligkeit Willen Fleisch geworden, unter „den Menschen gelebt, gelitten, am dritten Tage auf„erstanden, und zu seinem Vater aufgefahren ist, und „in Herrlichkeit wieder kommen wird, um Lebendige „und Todte zu richten. Wir glauben auch an Einen „heiligen Geist. Wir glauben, daß jeder von diesen „sey und bestehe; (εἶναι καὶ ὑπάρχειν) daß der Vater „wahrhaftig Vater, der Sohn wahrhaftig Sohn, der „heilige Geist wahrhaftig heiliger Geist sey, wie auch „unser Herr gesagt hat, da er seine Jünger zur Pre„digt

<small>J. n.
C.G.
306
bis
337.</small>

"digt aussandte: Gehet hin, und lehret alle Völker, "und taufet sie im Nahmen des Vaters, des Sohnes, "und des heiligen Geistes!" Eusebius versichert, daß er stets so gelehrt, und auch künftig lehren werde, worüber er Gott zum Zeugen anruft. Er setzt hinzu, daß niemand dieser Glaubensformel widersprochen habe; selbst der Kaiser habe zuerst bezeugt, daß sie vollkommen richtig sey, auch alle ermahnt, ihr beyzutreten, und sie zu unterschreiben: nur daß das einzige Wort gleiches Wesens, (ὁμοούσιος) hinzugefügt werden möchte. Der Kaiser habe auch dieses Wort selbst erkläret: daß nemlich der Sohn nicht in einem körperlichen Verstande so genannt werde, auch nicht durch eine Trennung oder Absonderung vom Vater bestehe. Denn freylich könne eine Natur, welche ohne Materie, vernünftig und unkörperlich sey, keine körperliche Leidenschaft zulassen; sondern man müsse es auf eine Gott anständige, obgleich unbeschreibliche Weise, verstehen.

Bey dem ersten Anblicke dieser Erzählung scheint es gar nicht, daß man das Glaubensbekenntniß des Eusebius von Cäsarea vor einerley mit demjenigen halten könne, welches die Arianer übergeben, und die sogenannten Catholischen sogleich verworfen hatten. Denn diese konnten in der Lehre des erstern unmöglich etwas zu tadeln finden; und daß es demselben an dem Ausdrucke, gleiches Wesens, fehlte, war zu einer Zeit, da man diesen noch nicht in die Lehrvorschrift eingeführt hatte, kein beträchtlicher Mangel. Dasjenige aber, was Eusebius von der guten Aufnahme seiner Schrift meldet, verdächtig zu machen, wie Neuere versucht haben, dazu hatten sie keinen andern Grund, als weil sie ihn überhaupt als einen Vertheidiger des Arianischen Lehrbegriffs betrachteten. Freylich ist dieses eine seltsame und unbillige Art zu schlieſ=

schliessen, daß ein Schriftsteller, der eine irrgläubige Parthey begünstigt, schlechterdings keinen Glauben verdiene; ein anderer hingegen, der diese Parthey mit allem Eifer bestreitet, und durchaus mit den schwärzesten Farben abschildert, (wie es Athanasius in so vielen Schriften in Absicht auf die Arianer gethan hat,) allein glaubwürdig sey. Aber eben weil diese Denkungsart schon damals, wie in allen spätern Zeiten der Kirche, die herrschende gewesen ist, und weil man auch diesen Eusebius so zeitig den Ketzern beygesellt hat, läßt sich auch dieses nicht schwer erklären, wie sein Aufsatz, wider den man anfänglich nichts einzuwenden hatte, bald darauf vor gefährlich und verabscheuungswürdig habe ausgegeben werden können. Eusebius war, ob ihn gleich Arius selbst, wie man oben gesehen hat, unter seine Anhänger rechnete, doch nur in sofern ein Freund desselben gewesen, daß er glaubte, der Bischof Alexander sey diesem zu hart begegnet, und ihr beiderseitiger Streit wäre keiner solchen ungestümen Hitze werth. Sein Glaubensbekenntniß, und die damit verbundene eidliche Versicherung beweisen genugsam, daß er den Lehrsätzen des Arius bisher niemals beygepflichtet habe. Allein bey seiner mildern Gesinnung wollte er wenigstens, auch noch zu Nicäa, einen Friedensstifter abgeben: und daß dieses die Catholischen in ihrem Mißtrauen gegen ihn bestärkt habe, zumal da er auch nachher immer einigermaaßen in der Mitte zwischen beiden Partheien blieb, das sieht man aus ihren nachtheiligen Urtheilen, unter welchen sein Andenken gelitten hat.

F. n.
F. G.
306
bis
337.

In aller Betrachtung ist es ein wichtiger Verlust, daß die ächten Handlungen der Kirchenversammlung zu Nicäa, oder die feyerlich aufgesetzten Berichte von dem ganzen Inhalte ihrer Zusammenkünfte und Berath-

rathschlagungen untergegangen sind. Jetzt können wir von dem Gange, den die größte Angelegenheit derselben genommen hat, kaum nach einigen Vermuthungen urtheilen, weil wir darüber beynahe keine andere Berichte, als von den Gegnern des Arius, besitzen. Nach denselben hatten die Bischöfe von ihrer Parthey, an Wahrheit des Glaubens, gründlicher Gelehrsamkeit, Frömmigkeit und Heiligkeit des Lebens, den unleugbarsten Vorzug. Sabinus hingegen, ein Bischof von der nachmaligen Macedonianischen Parthey verlacht diese Bischöfe beym Socrates (H. E. L. I. c. 8.) als einfältige und ungelehrte Leute. Er bedachte nicht, sagt der Geschichtschreiber, (c. 9.) selbst unbedachtsam genug, daß sie, wenn sie gleich unwissend wären, doch von Gott und durch die Gnade des heiligen Geistes erleuchtet worden, und also von der Wahrheit nicht haben abweichen können. Eine Antwort, die darum bemerkenswerth ist, weil man eben gegen diese Zeiten den Begriff unter den Christen völlig eingeführt hat, daß die Kirchenversammlungen heilige, von Gott geleitete Zusammenkünfte, und ihre Schlüsse untrüglich wären. Eben so erzählen die oftgenannten Geschichtschreiber, daß zu Nicäa alles ohne die geringste Uebereilung, und mit der sorgfältigsten Untersuchung, vorgenommen worden sey; so daß man gar nichts Streitiges übrig gelassen habe. Athanasius insonderheit meldet, (Synodi Nicaen. decret. p. 415. sq. T. I. ed. Commel.) die Versammlung sey durch die Verstellung und die betrügerischen Kunstgriffe der Arianer genöthigt worden, ausdrücklich festzusetzen, daß der Sohn Gottes aus dem Wesen des Vaters sey, weil jene die vorgeschlagene Redensart, er sey aus Gott zwar gebilligt hätten; aber nur in dem Verstande, wie auch die Geschöpfe aus Gott wären. Gleichergestalt wären sie bereit gewesen, mit den Catholischen zu sagen, das Wort
sey

sey die wahrhaftige Kraft, und das Bild des Vaters, und ihm in allem ohne den geringsten Unterschied gleich, und unveränderlich, und allezeit, und unzertrennlich in ihm. Allein wegen ihrer falschen Deutungen, durch welche sie diese Bestimmungen auf die Geschöpfe gezogen hätten, habe man lieber das bestimmteste Wort: gleiches Wesens, angenommen. Aus der oben stehenden Erzählung des Eusebius hingegen wird es wahrscheinlich, daß der Kaiser schon im voraus mit den vornehmsten Bischöfen einig geworden sey, das erstgedachte Wort zur Vorschrift bey der Erklärung der Gottheit Christi zu gebrauchen. Die Erläuterungen welche er nach eben diesem Schriftsteller hinzufügte, kamen ohne Zweifel auch von den Eingebungen der Bischöfe her.

Die Kirchenversammlung beschloß also endlich durch die allermeisten Stimmen, zur Behauptung der richtigen Lehre wider die Arianer, folgendes Glaubensbekenntniß festzusetzen: „Wir glauben an Einen „Gott, den allmächtigen Vater, den Schöpfer aller „sichtbaren und unsichtbaren Dinge; und an Einen „Herrn Jesum Christum, den Sohn Gottes, den „Eingebohrnen, der aus dem Vater, das heißt, aus „dem Wesen des Vaters gezeugt worden; Gott „aus Gott, Licht aus Licht, den wahrhaftigen Gott „aus dem wahrhaftigen Gott; der gezeugt, nicht „gemacht worden, der mit dem Vater gleiches „Wesens (ὁμοούσιος) ist, durch welchen alles gemacht „worden, sowohl was im Himmel, als was auf der „Erde ist; der um uns Menschen und um unserer See„ligkeit Willen herabgekommen, Fleisch geworden, „Mensch geworden, und gelitten hat, der am dritten „Tage auferstanden, in den Himmel aufgefahren ist, „und kommen wird, zu richten die Lebendigen und die

F. n.
S. G.
306
bis
337.

„Todten. Und an den heiligen Geist. Diejenigen „aber, welche sagen: Es war eine Zeit, da er nicht „war; und: er war nicht, ehe er gezeuget wor„den; und: er ist aus Nichts entstanden; oder, „die behaupten, er sey aus einer andern Substanz, „(ὑποστάσεως) oder einem andern Wesen (ουσίας;) „oder er sey erschaffen, oder veränderlich, oder „der Abwechselung unterworfen, diese verflucht „(ἀναθεματίζει) die heilige, catholische und aposto„lische Kirche." (Socrat. Hist. Eccl. L. I. c. 8. und bey andern mehr.)

Es leuchtet in die Augen, daß dieses Glaubensbekenntniß viele Aehnlichkeit mit dem vom Eusebius zu Cäsarea übergebenen habe; überhaupt aber, so wie dieses, auf den Grund desjenigen Bekenntnisses erbauet worden sey, das von alten Zeiten her die Lehrlinge des Christenthums, besonders in den morgenländischen Gemeinen, ablegten, wenn sie die Taufe empfangen sollten. Daß es besonders als ein Verwahrungsmittel wider die Arianischen Lehrsätze eingerichtet worden ist, kann den Nicänischen Bischöfen nicht verargt werden, weil sie dieselben als grobe Irrthümer betrachteten; wenn gleich durch diese Anstalt nicht sowohl mehr Ueberzeugung, als mehr äußerliche Einförmigkeit im Lehrbegriffe befördert wurde. Daß aber in ein Glaubensbekenntniß, welches eben sowohl für den großen Hauffen der Christen, als für ihre Lehrer dienen sollte, die philosophischen Kunstwörter, Wesen und Substanz, eingerückt wurden, mußte die Deutlichkeit und Brauchbarkeit desselben etwas vermindern. Es gehörten bloß Vorstellungsarten der heiligen Schrift von der Gottheit Christi in dasselbe. Und wenn man sagen wollte, daß diese nicht faßlich und bestimmt genug wären: so müßte entweder für den Unterricht der Menschen über jene Lehre durch die heilige Schrift zu

wenig

wenig gesorgt seyn; oder einige Bischöfe mehr Fähigkeit gehabt haben, dieselbe aufzuklären, als Christus und seine Apostel. Soll aber die oft entstandene Uneinigkeit über biblische Erklärungen, diesen Gebrauch von gelehrten Kunstwörtern rechtfertigen: so überlegt man nicht, daß die letztern zu noch größern Streitigkeiten Anlaß geben können, als die erstere. Nur schweren und bildlichen Ausdrücken der heiligen Schrift sollten andere, aber gemeinverständliche und ungekünstelte, in solchen Aufsätzen vorgezogen werden. Auch die Verfluchung der Arianischen Meinungen und Redensarten scheint einem christlichen Glaubensbekenntnisse nicht sehr anständig zu seyn: unter andern schon deswegen, weil sie eine unauslöschliche Erbitterung wider die Christen von dieser Parthey, bey den übrigen unterhielt.

Andere Vorwürfe aber, die man diesem Glaubensbekenntnisse in alten und neuen Zeiten, und besonders sogleich von Seiten der Arianer, gemacht hat, können ziemlich wohl beantwortet werden. Da der Ausdruck, gleiches Wesens, das eigentliche Unterscheidungszeichen zwischen beiden Partheien abgeben sollte: so würde der Einwurf, daß derselbe nicht biblisch sey, gar nichts zu bedeuten haben, wenn man ihn bloß in eine Formel für Gelehrte gesetzt hätte. In dieser Betrachtung wäre auch die Zweideutigkeit desselben, über die man geklagt hat, bald weggefallen; indem die Catholischen den Verstand desselben nach ihrer Absicht mit vieler Genauigkeit bestimmt haben. Es konnte daher nicht gezweifelt werden, daß sie durch dieses Wort keine Einheit der Gattung, (unitas specifica, wie man es zu nennen pflegt;) sondern eine Einheit der Zahl, (unitas numerica) nemlich in Ansehung des Wesens, haben anzeigen wollen. Die wichtigste Bedenklichkeit blieb allemal diese, ob nicht das oftgedachte Wort an sich in diesem Gebrauche neu gewesen sey, und ob es nicht einen neuen Glauben unter den Christen eingeführt habe? Es ist gewiß, daß die griechischen Philosophen sich desselben häuffig, und in einer andern Bedeutung, als die zu Nicäa versammleten Lehrer bedient haben; allein die letztern hatten doch auch darinne ihre Vorgänger, wie man in der Geschichte des dritten Jahrhunderts (Th. IV. S. 174. fgd.) bereits gesehen hat. Man muß unterdessen zugeben, daß die Christen vor der Nicänischen Kirchenversammlung mehr solche Lehrsätze bestritten haben, welche die wahre Persönlichkeit und Gottheit Christi aufhuben, als daß sie diese selbst recht scharf und genau erörtert hätten. Jetzt schien es mehr als jemals nothwendig zu seyn, daß ihr schwankender Vortrag, seine gehörige Festigkeit erhielte, und nicht leicht war ein Wort dazu schicklicher, als eben das oftgenannte, (ὁμοούσιος.) Dieses einführen, hieß eigentlich nicht den Glauben verändern; es war nur eine neue Versicherung der herrschenden Lehre gegen neue Widersprüche. Insonderheit sollte der Ausdruck, **gleiches Wesens mit dem Vater**, gerade das Gegentheil von demjenigen festsetzen, was die Arianer von Christo lehrten, er sey von dem Vater aus Nichts geschaffen worden. Athanasius selbst, von dem man den zu Nicäa vorgeschriebenen Lehrbegriff in den neuern Zeiten den Athasianischen zu nennen gewohnt ist, weil er ihn am eifrigsten unter allen damaligen Lehrern vertheidigt hat; ob es gleich wahrscheinlicher ist, daß Hosius den ersten Vorschlag zu dem feierlichen Ausdrucke (ὁμοούσιος) gethan habe, beharrte dennoch nicht so unveränderlich auf demselben, wenn beide Partheien über einen andern gleichbedeutenden übereinkommen könnten. Wenn sich die Arianer, (so schreibt er (Epist. ad Africanos, p. 724.

p. 724. T. I. Opp. ed. Commelin.) so sehr vor diesem
Worte scheuen: so mögen sie ganz einfältig sagen und
denken: der wahrhaftige Sohn, der Sohn von
Natur, (ἀληθῶς τὸν υἱὸν, φύσει υἱόν.) Uebrigens
haben Georg Bull, (Defensio fidei Nicaenae, in
Opp.) Johann Lami, (de recta Patrum Nicaenorum fide Dissert. Venet. 1730. 4.) und andere mehr,
sich viele gelehrte Mühe gegeben, zu zeigen, daß zu
Nicäa eben derselbe Glaube bestätigt worden sey, den
man in der rechtgläubigen Kirche von den ältesten Zeiten an bekannt habe. Ihre Sammlungen und Erläuterungen sind in der That schätzbar: sie haben auch gegen einige ihrer Zeitgenossen zulänglich bewiesen, daß
die Bischöfe zu Nicäa der Kirche keinen ganz neuen
Glauben aufgedrungen haben. So hatte unter andern Clericus behauptet, (Art. Criticae Vol. I. P. II.
sect. 1. c. 15. p. 309. sq. Amstel. 1730. 8.) der Nicänische Lehrbegriff sey nach und nach aus Platonischen Redensarten gebildet worden. Aber oft genug
haben doch jene Schriftsteller eine zu ausgekünstelte
und gezwungene Uebereinstimmung zwischen den Nicänischen Lehrern und ihren Vorgängern angegeben.

Wiederum ist auch in Ansehung dieses zu Nicäa
ausgefertigten Glaubensbekenntnisses, das Betragen,
welches Eusebius von Cäsarea dabey beobachtet hat,
sehr merkwürdig. „Nachdem dasselbe, sagt er in sei-
„nem oben angeführten Schreiben an seine Gemeine,
„war vorgelesen worden, haben wir die Ausdrücke:
„aus dem Wesen des Vaters, und: gleiches
„Wesens mit dem Vater, nicht ohne Untersuchung
„gelassen. Daraus entstanden allerhand Fragen und
„Antworten, und die Bedeutung dieser Redensarten
„wurde genau erörtert. Die Bischöfe gestanden, daß
„die Worte, aus dem Wesen, anzeigen sollten, der
„Sohn

„Sohn sey zwar aus dem Vater; aber er sey nicht als „ein Theil des Vaters vorhanden. In diesem Verstande, der mit der frommen Lehre übereinkommt, „haben wir diesen Worten auch Beifall gegeben. So „haben wir auch den Ausdruck, gleiches Wesens, „um der friedlichen Absicht Willen, die wir stets vor „den Augen haben, und um den wahren Verstand „nicht zu verfehlen, nicht verworfen. Eben so haben „wir die Worte: gezeugt, nicht gemacht, ange„nommen. Denn sie sagten, das Wort gemacht sey „einer allen Geschöpfen, die durch den Sohn gemacht „worden, gemeine Benennung, denen doch der Sohn „gar nicht ähnlich sey; und er sey daher auch nicht et„was Gemachtes, noch den durch ihn gemachten Din„gen ähnlich; sondern eines bessern Wesens, als alle „Geschöpfe. Daß dieses Wesen aus dem Vater „gezeugt sey, lehret das göttliche Wort; ohne daß „diese Art einer geheimen Zeugung mit Worten ausge„drückt, oder von irgend einem Geschöpfe begriffen „werden könnte. So ist man auch, nachdem man die „Worte, daß der Sohn gleiches Wesens mit „dem Vater sey, sorgfältig untersucht hat, überein „gekommen, daß dieses nicht auf eine körperliche Art; „noch wie es von sterblichen Thieren gesagt wird; noch „von einer Trennung des Wesens; noch von einer Ab„schneidung oder Entfernung von dem Wesen und der „Kraft des Vaters, zu verstehen sey. Denn die unge„zeugte Natur des Vaters gestatte nichts von diesem „allem. Der Ausdruck: gleiches Wesens mit dem „Vater, sey dergestalt zu nehmen, daß der Sohn „Gottes gar keine Aehnlichkeit mit den gezeugten Ge„schöpfen habe; sondern allein dem Vater, von dem „er gezeugt worden, auf alle Weise ähnlich, auch nicht „aus einer andern Substanz oder Wesen; sondern aus „dem Vater sey." Eusebius setzt hinzu, daß schon
einige

einige alte und berühmte Bischöfe sich des Worts glei=
ches Wesens in der Lehre von Gott und seinem Sohne
bedient hätten, und daß zu Nicäa alle beygetreten wären, nicht ohne Ueberlegung; sondern nach dem angeführten Verstande. Er habe auch den angehängten
kirchlichen Fluch angenommen, weil dadurch nur verboten werde, Ausdrücke zu gebrauchen, die nicht in
der heiligen Schrift stünden; als woraus alle Uneinigkeit und Zerrüttung der Kirchen entstanden sey. Es
fänden sich aber in keiner von Gott eingegebenen Schrift
die Worte, der Sohn sey aus nicht vorhandenen
Dingen gemacht, oder: es sey eine Zeit gewesen,
da er nicht war: und er habe selbst auch niemals so
gelehrt. Eben so wenig habe er es vor unschicklich gehalten, daß der Ausdruck, er war nicht, ehe er
gezeugt wurde, verdammt würde, indem doch alle
bekenneten, daß der Sohn Gottes vor seiner Geburt
nach dem Fleische da gewesen. Es habe auch der Kaiser durch einen besondern Grund bewiesen, daß der
Sohn Gottes, nach seiner göttlichen Zeugung, vor
allen Zeiten da gewesen sey. „Denn ehe er würklich
„(ἐνεργείᾳ) gezeugt worden, war er der Möglichkeit
„nach (δυνάμει) im Vater, ohne gezeugt zu seyn, indem
„der Vater immer Vater ist, so wie er auch stets Kö-
„nig und Heiland, und der Möglichkeit nach alles ist,
„auch sich stets auf einerley Weise verhält." Zuletzt
meldet' Eusebius seiner Gemeine, sie würde hieraus
sehen, wie bedachtsam er im Zweifeln und auch im Beifall gewesen sey; er habe bis auf die letzte Stunde wi-
derstanden, so lange sich noch etwas anstößiges im
schriftlichen Entwurfe befunden; endlich aber habe er
denselben ohne Zanksucht angenommen, nachdem er
bemerkt habe, daß derselbe mit dem von ihm übergebenen Glaubensbekenntnisse übereinkomme.

Diese

Diese Nachricht von einem Manne, der so viele Wahrheitsliebe und Mäßigung mit einander verband, klärt, zum wenigsten meines Erachtens, mehr in der Geschichte der Nicänischen Kirchenversammlung auf, als das allgemein abgefaßte Lob, oder der eben so ausgedrückte Tadel desselben bey andern Schriftstellern. Man hat dem Eusebius wegen dieser seiner Erklärung, in alten und neuen Zeiten, Arglist und Verstellung Schuld gegeben; er soll nur aus Furcht vor den von dem Kaiser angedrohten Strafen, das Symbolum der Kirchenversammlung angenommen, oder es vielmehr nur nach seiner Denkungsart gedeutet und gedreht haben. Zu allen diesen Beschuldigungen berechtigen uns die von ihm vorhandenen Nachrichten, und das angeführte Schreiben insonderheit, ganz und gar nicht; zumal da jene die Gesinnungen und Neigungen dieses Lehrers betreffen. Aber das ist unleugbar, daß er seiner Gemeine einen sehr behutsamen Unterricht über die Entscheidung der großen Streitfrage ertheilt habe; daß die Auslegungen des Nicänischen Glaubensbekenntnisses unter denen selbst die es unterschrieben, nicht völlig gleichförmig geblieben sind; und daß der Kaiser das meiste dazu beigetragen habe, die Gemüther zu besänftigen und zu vereinigen; obgleich nicht durchaus auf dem geradesten Wege, auf dem sie einander begegneten. Sein vermeinter Beweisgrund, den Eusebius am Ende beibringt, wirft gewissermaaßen jeden vorhergehenden rechtgläubigen Lehrsatz über den Hauffen. Allem Ansehen nach hat Socrates eben deswegen diesen so ketzerisch klingenden Absatz des Schreibens weggelassen. Der Kaiser hatte doch wenigstens etwas Auffallendes und Scheinbares gesagt; in einem solchen Falle aber thun öfters auch sehr unreife Einfälle der angesehensten Personen ihre Würkung.

Außer

Außer dem Eusebius von Cäsarea, weigerten sich anfänglich auch alle Freunde der Arianischen Lehre, die zu Nicäa gegenwärtig waren, zusammen siebzehn Bischöfe, nach dem Sozomenus, (Hist. Eccl. L. I. c. 20.) das Glaubensbekenntniß, das die übrige Versammlung ausgefertiget hatte, zu unterschreiben. Nach und nach blieben nur fünf davon übrig: Eusebius von Nicomedien, Theognis von Nicäa, Maris von Chalcedon, Theonas von Marmarica, und Secundus von Ptolemais. Sie spotteten, nach dem Berichte des Sozomenus, Hist. Eccl. L. I. c. 8.) über den Ausdruck: gleiches Wesens, indem solcher, ihrer Meinung zufolge, nur von Dingen gebraucht werden könne, die aus einem andern durch Theilung, Ausfluß oder Ausbruch wären; auf keine dieser Arten aber sich von dem Sohne Gottes sagen liesse. Aber auch von diesen traten die drey erstern den andern bey. Da der Kaiser alle diejenigen mit der Landesverweisung bedrohte, welche ihre Unterschrift verweigern würden: so ist es nicht zu verwundern, daß ihm beinahe niemand mehr widerstehen konnte. Philostorgius (Hist. Eccl. Epit. L. I. c. 9.) gesteht, daß diese Arianischen Bischöfe, die vom Nicomedischen Eusebius auch Eusebianer genannt wurden, sich nur das Ansehen gegeben hätten, als wenn sie den Lehrbegriff der Kirchenversammlung annähmen, indem sie an Statt des Worts gleiches Wesens (ὁμοούσιος) das im Griechischen fast gleichlautende, ähnlichen Wesens, (ὁμοιούσιος) sich eigen gemacht hätten; ein Kunstgriff, der ihnen von der Schwester des Kaisers, Constantia, an die Hand gegeben worden wäre. Haben sie würklich die Kirchenversammlung betrogen: so ist der gewaltsame Zwang, den Constantinus wider sie zu gebrauchen anfieng, desto tadelnswürdiger.

V. Theil.   Aa   Arius

Arius war also mit den beiden erstgenannten Bischöfen, allein von der Kirchenversammlung getrennt geblieben. Denn daß er den Glauben derselben angenommen haben sollte, wie der einzige Hieronymus (Dialog. contra Luciferian. c. 7.) erzählt, ist billig längst unter die Erdichtungen gerechnet worden. Er wurde vielmehr von der Versammlung, (wie sie selbst in ihrem Schreiben an die Aegyptischen und benachbarten Gemeinen, beym Socrates, Hist. Eccl. L. I. c. 9. meldet,) nachdem seine Lehrsätze und Schriften verflucht worden waren, nebst den beiden Bischöfen aus der Kirchengemeinschaft gestoßen: und dieses galt auch seine übrigen Anhänger. Verschiedene derselben nebst ihm verwies der Kaiser nach Illyrien. Er gab zugleich einen Befehl, daß die Schriften des Arius und seiner Freunde überall zum Verbrennen ausgeliefert werden sollten, und bedrohte diejenigen mit der Lebensstrafe, bey denen man solche versteckt antreffen würde. Weiter verordnete er, daß, weil Arius den gottlosen Philosophen und Feind des Christenthums, Porphyrius, in der Bestreitung der Religion nachgeahmt hatte, er und seine Anhänger künftig Porphyrianer heißen sollten. (Socrat. Hist. Eccl. L. I. c. 9. Sozomen. Hist. Eccl. L. I. c. 21.) In allen diesen Veranstaltungen war sehr viel unüberlegte Heftigkeit von einem schlimmen Beispiele. Die anbefohlne Verbrennung ketzerischer Schriften, die erste in ihrer Art, gab an sich ein zu grausames Mittel ab, die Ausbreitung irriger Lehrsätze zu vermeiden; sie wurde aber auch eine Veranlassung, daß unzählige freyere und nützliche Schriften, unter gleichem Vorwande, nachmals vernichtet worden sind. So konnte auch die auf die Verbergung solcher Bücher viel zu streng gesetzte Todesstrafe, und der gesetzmäßige Schimpfnahme, den die Arianer führen sollten, nichts anders als den äußersten Haß und Abscheu gegen sie hervorbringen. Dieses nach und nach so allgemein gewordene Vorurtheil der Christen, als wenn die sogenannten ketzerischen Partheien auf das verächtlichste und feindseeligste behandelt werden müßten, brachte sehr oft Folgen hervor, die man gar nicht suchte. Sie fanden dadurch den Weg zu allen sanften Mitteln einer Aussöhnung mit den Catholischen verschlossen; verstärkten sich desto mehr zu ihrer Vertheidigung, und erhielten sich also desto länger. Constantinus scheint überhaupt mit der Kirchenversammlung zu Nicäa viel von seiner ehemaligen glimpflichen Gesinnung in Religionsgeschäften verloren zu haben. Er hatte aber auch von einer solchen Versammlung, nach dem Socrates, (Hist. Eccl. L. I. c. 9.) die hohe Meinung angenommen, zu der sie ihn eigentlich selbst leitete: dasjenige was dreyhundert Bischöfe gebilligt hätten, sey die Meinung Gottes selbst; zumal da der heilige Geist in den Gemüthern so großer Männer seinen Sitz nehme, und ihnen den göttlichen Willen erkläre.

Nachdem die versammleten Bischöfe solchergestalt die Arianische Angelegenheit entschieden hatten, nahmen sie auch die übrigen vor, die ihrer Untersuchung empfolen waren. Sie faßten nunmehr einen Schluß wegen der Meletianischen Händel in Aegypten. Allein der Inhalt desselben ist bereits oben (S. 285. fg.) angegeben, und dabey bemerkt worden, welche Würkung er gehabt habe. Hierauf kam die Reihe an den alten Streit über das Pascha, oder theils über die Osterlammsmahlzeit, welche jährlich von den Christen zum Andenken des Todes Jesu gehalten wurde; theils über das darauf zu feyernde Fest der Auferstehung desselben; wovon in der Geschichte des ersten Zeitraums, (Th. III. S. 52. fg.) Nachricht gegeben wor-

worden ist. Noch richteten sich die Christen in Syrien und Mesopotamien, in Ansehung jener Mahlzeit, nach der Zeit, da die Juden ihr Osterlamm aßen, und begiengen auch derselben zu Folge, das eigentliche Osterfest. Da aber alle übrige Christen einer andern Zeitbestimmung folgten: so trug es sich oft zu, daß sie in diesen öffentlichen Feyerlichkeiten weit von einander abwichen. Die Kirchenversammlung verordnete daher, daß künftig alle Christen das Auferstehungsfest an einerley Tage feyern sollten. „Es ist sehr unanständig, sagt der Kaiser, indem er dieses den Gemeinen, deren Bischöfe sich zu Nicäa nicht eingefunden hatten, in einem Schreiben meldet, beym Eusebius, (de vita Constant. L. III. c. 18.) und beym Theodoretus (H. E. L. I. c. 10.) daß wir hierinne der Gewohnheit der irrgläubigen und so feindseelig gesinnten Juden folgen, die in einer solchen Verwirrung der Zeiten leben, daß sie zuweilen das Osterlamm mehr als einmal des Jahres essen. Wir müssen vielmehr alle den seit dem Leiden Christi üblichen Gebrauch beobachten; besonders auch deswegen, weil über ein so heiliges Fest keine Uneinigkeit bleiben darf." Die Kirchenversammlung selbst gab den ägyptischen Gemeinen in ihrem Schreiben beim Socrates, (H. E. L. I. c. 9.) Nachricht davon, daß ihre und die Römische Gewohnheit in diesem Theil der Religionsübung, auch von allen morgenländischen Christen angenommen worden sey. Aus dem Epiphanius (Haer. 70. c. 9. sq.) sieht man genauer, welche Einrichtung nunmehr die allgemein herrschende werden sollte. Das Osterfest sollte künftig stets an dem Sonntage gefeyert werden, welcher zunächst auf den Vollmond des Frühlingsäquinoctium folgen würde; fiele aber dieser Vollmond an Einen Tag mit dem Sonntage, so sollte das Fest acht Tage später begangen werden, um nicht mit dem jüdischen Ostern zusammen zu treten.

Ver-

Vermuthlich wurde diese Anordnung der Kirchenversammlung darum nicht unter ihre übrigen Gesetze (canones) gerückt; sondern nur durch Schreiben bekannt gemacht, weil die sorgfältigere Bestimmung der Osterfeier, astronomische Ausrechnungen und Vorschriften erforderte, die von den meisten anwesenden Bischöfen nicht verlangt werden konnten. Zween Schriftsteller des fünften Jahrhunderts, Cyrillus von Alexandrien, (Epist. 64. ad Marcianum) und der Römische Bischof Leo der Große, (in Bucherii Doctr. tempor. p. 482.) berichten sogar, die gesammten Bischöfe hätten jene Bestimmung den Alexandrinischen Bischöfen aufgetragen, weil in ihrer Stadt die dazu nöthigen mathematischen Kenntnisse von Alters her geblühet hätten. Allein da sich dieser Umstand selbst in dem vorher angeführten Schreiben der Synode, wo sie des Alexandrinischen Bischofs gedenkt, nicht findet: so scheinet die Nachricht mehr aus dem üblichen Herkommen in der Kirche entstanden zu seyn. Denn freilich wandte man sich in den folgenden Zeiten sogar von Rom aus öfters nach Alexandrien, wenn man die Zeit des Osterfestes genau wissen wollte. Hieronymus (Catal. Scriptt. ecclesiast. c. 61.) schreibt zwar dem Eusebius von Cäsarea die Verfertigung eines Zeitzirkels (Cyclus) von neunzehn Jahren (Enneadecaëteris) zu, der nachmals zur Berechnung des Osterfestes so dienlich befunden worden ist. Man pflegt ihn auch sonst den Mondzirkel (Cyclus lunae) zu nennen, weil er die Anzahl von Jahren ausmacht, nach deren Ablauf die Neumonde und Vollmonde auf eben dieselbe Tage des Jahrs wieder fallen, auf welche sie am ersten Tage des Zirkels fielen. Daraus ist nachher die noch sogenannte güldene Zahl entstanden, welche bestimmt, das wie vielste Jahr im Mondzirkel ein gewisses Jahr nach Christi Geburt sey. Doch diese Erfindung

F. n.
C. G.
306
bis
337.

findung gehört vielmehr dem Anatolius zu, der gegen das Ende des dritten Jahrhunderts lebte, wie Eusebius selbst (Hist. Eccl. L. VII. c. 32.) bemerkt, und wenn man sie dem letztern beigelegt hat, ist es vielleicht nur wegen seines Buchs vom Pascha geschehen, in welchem er sie bestätigt haben mag. Dieser Zeitzirkel wurde auch damals noch nicht zur durchgängigen Vorschrift der Ausrechnungen des Osterfestes gebraucht: und in den neuern Zeiten hat man ihn ziemlich mangelhaft zu dieser Absicht befunden. Es blieb also auch nach der Nicänischen Synode unter denen selbst, welche ihrem Befehle wegen des Osterfestes folgten, noch viele Uneinigkeit über dasselbe übrig. Sie erstreckte sich so weit, noch im sechsten Jahrhunderte, daß dieses Fest zuweilen in einem Jahre zu drey verschiedenen Zeiten von den Christen begangen wurde. Aber es gab auch noch ferner kleine Partheien unter ihnen, die das Osterfest mit den Juden zu feiern fortfuhren. Ihr Ungehorsam gegen eine allgemeine Kirchenversammlung hatte die Folge, daß sie, wiewohl hart genug, von Kirchenversammlungen und Schriftstellern (Concil. Constantinop. I. can. 7. Epiphan. haer. 50 et 70.) unter die Ketzer gerechnet, auch mit einem besondern ketzerischen Spottnahmen (Τεσσαρεσκαιδεκατιται, Quartadecimani, gleichsam die Vierzehner, weil sie ihre Ostern nach dem vierzehnten Tage des Jüdischen Monaths Nisan bestimmten,) belegt wurden. Sie haben aber auch, weil ihr Ostern früher fiel als der übrigen Christen ihres, davon noch einen besondern Nahmen (πρωτοπασχιται) erhalten. Ueberhaupt ist die Verschiedenheit in der Zeitbestimmung dieses Festes unter den Christen erst im neunten Jahrhunderte gänzlich gehoben worden. Viele nützliche Nachrichten darüber hat Bingham (Origg. Ecclesiast. Vol. IX. p. 93. sq.) gesammelt.

Nächst-

Kirchenversammlung zu Nicäa.

Nachstdem gab die Nicänische Versammlung noch eine Anzahl Gesetze über die innere Verfassung der Kirche, über die Lehrer, und die Kirchenzucht. Wie viel derselben waren, darüber ist ehemals ohne Noth gestritten worden. Denn es giebt nicht allein Theodoretus (H. E. L. I. c. 8.) nur zwanzig an; es haben auch diese allein, welche noch griechisch vorhanden sind, alle Kennzeichen der Glaubwürdigkeit an sich. Man liest sie, von ältern Auslegungen griechischer Canonisten begleitet, beym Beveridge, (Pandect. Canonum, T. I. p. 58. sq. auch arabisch und lateinisch, p. 68. sq.) und in der Sammlung des Harduin, (Acta Concilior. T. I. p. 319. sq.) Andere achtzig, auch wohl vier und achtzig vermeinte Canones dieser Kirchenversammlung, die sich nur arabisch erhalten haben sollen, und in der lateinischen Uebersetzung auch beym Harduin (l. c. p. 463. sq.) stehen, werden zwar noch in der eigentlichen morgenländischen Kirche, das heißt, bey den Jacobiten, Nestorianern, und andern solchen Gemeinen hochgeschätzt; sind aber nur eine Sammlung mancherley kirchlichen Verordnungen, die man, um ihnen ein Ansehen zu geben, zugleich mit den ächten, den Nicänischen Bischöfen zugeschrieben hat.

Von jenen zwanzig Gesetzen verordnet das erste, daß diejenigen Christen, welche einer Krankheit wegen, oder von den Barbaren verschnitten worden, im Lehrstande bleiben sollten; nicht aber solche, welche sich selbst verschnitten hätten. Das zweite Gesetz verbietet, die bekehrten Heiden nicht so geschwind zu taufen; noch sie gleich nach der Taufe unter die Lehrer zu versetzen, weil doch Unterricht und Prüfung Zeit verlangten. Würde aber ein solcher Lehrer in der Folge durch zween oder drey Zeugen einer Versündigung überwiesen: so sollte er abgesetzet werden, und diejenigen welche sich der Kirchenversammlung hierinne widersetzten, sollten selbst Gefahr laufen, ihre geistliche Stelle zu verlieren. Sie untersagte durch das dritte Gesetz allen Bischöfen, Aeltesten, Kirchendienern, und andern, die zum Clerus gehörten, keine fremde Frauensperson bey sich im Hause zu haben; nur ihre Mutter, Schwester, ihres Vaters oder Mutter Schwester, und andere unverdächtige Personen ausgenommen. Es war immer noch der alte Mißbrauch, unter dessen Schutze viele vom geistlichen Stande sich das Ansehen eines ehelosen Lebens gaben. Im vierten Gesetze wurde befohlen, daß ein Bischof von allen Bischöfen seiner Provinz, oder, wenn wichtige Ursachen es verhinderten, wenigstens von drey derselben, und mit schriftlicher Einwilligung der übrigen, geweiht werden sollte. Alles aber, was in jeder Provinz in Kirchensachen vorgenommen wird, soll unter dem Ansehen und mit Genehmigung des Metropolitans derselben geschehen.

Die beiden folgenden Gesetze gehören unter die merkwürdigsten. Nach dem fünften sollen diejenigen welche von einem Bischof aus der Kirchengemeinschaft ausgeschlossen worden sind, von einer andern Gemeine nicht in dieselbe aufgenommen werden. Nur wird vorausgesetzt, daß jene Ausschliessungen nicht aus einer Leidenschaft des Bischofs geflossen, und überhaupt nicht ungerecht gerathen sind. Damit dieses also gehörig untersucht werden könne, sollen jährlich in jeder Provinz zwo Versammlungen aller Bischöfe aus derselben gehalten werden: die eine vor dem vierzigtägigen Fasten, auf daß man, nach Wegschaffung aller Händel, Gott ein desto reineres Geschenk, (vermuthlich des Gebets,) darbringen könne; die andere im Herbste. Findet man alsdann die kirchliche Ausschliessung gegründet: so soll derjenige den sie getroffen hat, durchgehends

gehends von der Gemeine abgesondert bleiben, bis es die Kirchenversammlung vor gut befindet, ihn wieder aufzunehmen. Man sieht aus diesem Canon, wie unabhängig damals die Bischöfe und Gemeinen einer bis jeden Provinz von den andern waren; auch daß man von den eigenmächtigen Handlungen einzeler Bischöfe, bey den jährlichen Kirchenversammlungen des Landes, eine sichere Zuflucht gefunden habe. Wenn hier ausserdem der vierzigtägigen Fastenzeit (τεσσαρακοϛή, quadragesima) gedacht wird: so ist es zwar glaublich, daß schon damals viele Christen, zum Andenken des vierzigtägigen Fasten ihres Erlösers, und zu besserer Vorbereitung auf sein Auferstehungsfest, die vierzig nächstvorhergehenden Tage dergestalt zugebracht haben, daß sie sich bis zum Untergange der Sonne aller Speise enthielten; wobey aber die dazwischen fallenden Sonntage, als an welchen niemals in der alten Kirche gefastet wurde, stets ausgenommen waren. Allein zu einer allgemeinen Beobachtung war dieses noch so wenig unter ihnen geworden, daß vielmehr auch gegen die Mitte des fünften Jahrhunderts, nach dem Socrates (Hist. Eccl. L. V. c. 22.) und Sozomenus, (H. E. L. VII. c. 19.) hierinne noch eine sehr große Verschiedenheit, sowohl in Ansehung der Dauer dieser Fasten, als in Absicht auf die Speisen, deren man sich während derselben enthielt, übrig war.

Hierauf verordnete die Kirchenversammlung in ihrem sechsten Canon folgendes: „Die alte Gewohn„heit in Aegypten, Libyen und Pentapolis soll noch „ferner beobachtet werden, nemlich, daß der Bischof „von Alexandrien die kirchliche Gerichtsbarkeit über „alle diese Länder habe; so wie sie der Römische Bi„schof gleichfals, dem Herkommen nach, über die Ge„meinen gewisser Länder hat. Gleichermaaßen sollen

F. n.
C. G.
306
bis
337.

„auch der Kirche zu Antiochien, und den Kirchen in „den übrigen Provinzen, ihre Vorrechte erhalten wer„werden. Ueberhaupt ist es offenbar, daß die große „Kirchenversammlung, denjenigen, der ohne Bestim„mung des Metropolitans Bischof geworden ist, „nicht Bischof bleiben lassen will. Wenn aber einer „einmüthigen und nach den Kirchengesetzen angestellten „Bischofswahl nur von zween oder drey aus Zanksucht „widersprochen wird: so soll die Meinung der allermei„sten gelten." Nichts kann deutlicher seyn, als daß durch diese Verordnung die Rechte der Metropolita̅ nen, besonders der größten unter ihnen, die nachher Patriarchen genannt wurden, der Bischöfe zu Rom, Alexandrien und Antiochien, aufrecht erhalten werden sollten. Meletius hatte einen Eingriff in die Rechte des alexandrinischen Bischofs gethan, der von sehr unangenehmen Folgen gewesen war. Aehnliche Unordnungen sollten also daselbst, und sonst in der ganzen Kirche, verhütet werden. Zu mehrerer Erläuterung durch ein bekanntes Beispiel, wird die kirchliche Gerichtsbarkeit des Alexandrinischen Bischofs mit derjenigen verglichen, welche der Römische ebenfals in mehrern Provinzen hatte. Dabey wird doch auch den geringern Metropolitanen, oder den Hauptbischöfen einzeler Provinzen, ihr Ansehen bestätigt.

So klar aber dieser Inhalt des angeführten Gesetzes ist: so berühmt ist es doch durch die darüber entstandenen Streitigkeiten geworden, die keinen andern Grund haben, als weil man es in einer partheiischen Absicht gelesen und erklärt hat. Die eifrigern Diener der Römischen Bischöfe in den spätern Jahrhunderten fanden, daß darinne die gedachten Bischöfe mit andern ihrer Zeit in eine völlige Gleichheit gesetzt wurden; und hielten dieses ihrer Meinung von der höchsten

ſten Gewalt derſelben über die Kirche, mit Recht vor
deſto nachtheiliger, da es das älteſte Kirchengeſetz iſt,
das eine ſolche Beſtimmung, und zwar im Nahmen
der erſten allgemeinen Kirchenverſammlung, enthält.
Sie trugen alſo jene ihre Meinung in das Geſetz hinein, und ließen die Nicäniſchen Biſchöfe ſagen, daß der
Alexandriniſche ſeine Kirchenprovinzen mit derjenigen
Gewalt regiere, welche ihm der Römiſche ſchon lange
zu überlaſſen gewohnt geweſen ſey; von dem er alſo
gleichſam nur einen Statthalter abgebe. Um dieſe
Deutung dem Geſetze deſto mehr aufzudringen, ruͤck-
ten ſie ſchon in ältere lateiniſche Ueberſetzungen deſſelben
die Worte ein, daß es den oberſten Rang des Römiſchen Biſchofs in der Kirche betreffe. Wenn etwas in
dieſem Canon würklich dunkel wäre: ſo müßte er ſchon
durch die Ergänzung, welche bereits im vierten Jahrhunderte Rufinus (Hiſt. Eccl. L. I. c. 6.) in ſeiner
Ueberſetzung angebracht hat, die vollkommenſte Deutlichkeit erhalten. Dieſer Schriftſteller ſetzt nemlich
hinzu, es ſey hier nur von der Aufſicht des Römiſchen
Biſchofs über die Gemeinen derjenigen Provinzen die
Rede, welche Rom am nächſten lagen, (eccleſiae
ſuburbicariae) oder der Provinzen, die zu dem Gebiete
des Statthalters von Rom gehörten, (regiones ſuburbicariae.) Das würde ohngefähr der mittlere und untere Theil des heutigen Italiens ſeyn. Auch ohne
den Rufinus würde man leicht auf die Spur gerathen
ſeyn, daß der oftgedachte Biſchof als Metropolitan
keinen größern Kirchenſprengel haben konnte; ob ſich
gleich dieſer, wenn man den Biſchof als einen der Pri-
maten oder Patriarchen, betrachtete, über die meiſten abendländiſchen Gemeinen erſtreckte. Allein es iſt
ſelbſt über dieſe Stelle ein neuer Streit entſtanden,
den drey der gelehrteſten Männer des vorigen Jahrhunderts, der Jeſuit Sirmond, Jacob Godefroy

und

J. n. C. G. 306 bis 337.

und Saumaise mit einander geführt haben, indem der erstere in mehrern Schriften zu beweisen suchte, daß die vom Rufinus dem Römischen Bischof beigelegten Kirchen alle abendländische wären. Die Geschichte dieses lehrreich genug fortgesetzten Streits hat Christian Kortholt (Commentatio de Ecclesiis suburbicariis, Leipzig 1730. und 1731. 4.) beschrieben, und die Sache selbst sehr wohl erläutert. Unter den vielen Schriftstellern aber, welche überhaupt die richtige Erklärung des sechsten Nicänischen Canon befestigt haben, sind nicht nur Protestanten, wie Friedrich Spanheim der jüngere, (Diff. ad Can. VI. Nicaenium, de aequalitate veterum metropoleων, in Differtt. Lugd. B. 1697. 8.) sondern auch Römischcatholische, insonderheit Edmond Richer, (Hist. Concilior. general. P. I. C. 2. §. 11 sq. p. 49. sq. ed. Colon.) Johann Launoi, (de recta Can. VI. Nic. intelligentia, Paris 1662. 8. und in der Vertheidigung dieser Schrift wider des Valesius Observatt. ecclesiast. in Socrat. et Sozom. ebendas. 1671. 8.) und Du Pin (de antiqua Eccles. disciplina, Diff. I. p. 83. sq.) gewesen.

Mit diesem Kirchengesetze hängt auch noch das siebente zusammen. „Weil es, so schreibt die Nicänische Versammlung, das Herkommen und eine von „Alters her fortgepflanzte Meinung ist, daß dem Bi„schof von Aelia ein gewisser Vorzug gebühre: so soll „ihm derselbe mit allem dazu gehörigen bleiben. Doch „soll auch der Hauptkirche der Provinz ihre eigenthüm„liche Würde erhalten werden." Die Kirche zu Jerusalem, (welche Stadt nunmehr nach und nach den vom Adrianus empfangenen Nahmen Aelia wieder ablegte,) war stets unter den Christen, als eine von Christo und den Aposteln selbst gestiftete Kirche, und als die Mutter aller übrigen Gemeinen, wie man sie nannte, mit besonderer Ehrerbietung angesehen worden. Zwar konnten die Rechte einer Metropolitan-Kirche von Paläſtina der Kirche zu Cäſarea nicht entzogen werden; ihre Biſchöfe mußten daher den Vorſitz auf den Kirchenverſammlungen der Provinz führen. Doch wurde den Biſchöfen zu Jeruſalem gewiſſermaaßen ein Vorrang bey andern Gelegenheiten zugeſtanden: und nach und nach haben ſie ſogar den Nahmen eines Patriarchen erlangt.

In dem achten dieſer Geſetze traf die Kirchenverſammlung einige Anſtalten wegen der noch übrigen Novatianer, die noch mehr unter dem Nahmen der Reinen (Καθαροὶ) bekannt waren. Sie ſollten, wenn ſie in die catholiſche Kirche zurückkehren wollten, in dieſelbe mit der Bedingung aufgenommen werden, daß ſie ſchriftlich verſprächen, die Lehren derſelben zu beobachten, das heißt, mit den zweymal verheyratheten und mit denen die während der Verfolgung abgefallen waren, die Kirchengemeinſchaft zu unterhalten; ſo wie die Kirche dieſe Büſſende nach und nach zu derſelben zulaſſen würde. Diejenigen Novatianer, welche ſich im geiſtlichen Stande befänden, könnten, wenn ihnen vorher die Hände aufgelegt worden wären, darinne bleiben. Wenn ſich einer ihrer Biſchöfe in einer Stadt, wo es bereits einen catholiſchen Biſchof giebt, mit der Kirche vereinigt: ſo ſoll er nur einer der Aelteſten oder ein Aufſeher einer Landgemeine werden; es müßte ihm denn jener den Ehrennahmen eines Biſchofs bewilligen. Conſtantinus, der alle von der catholiſchen Kirche getrennte Partheien ſcheint mit derſelben haben vereinigen wollen, hatte auch den damaligen Biſchof der Novatianer, Aceſius, nach Nicäa berufen. Als die Entſcheidung über den Glauben

ben und über das Osterfest daselbst zu Stande gekommen war, fragte ihn der Kaiser, ob dieses auch seine Meinung sey. Allerdings, antwortete der Bischof: denn beides ist von den Zeiten der Apostel an, von den Christen angenommen worden. Warum sonderst du dich denn, fuhr der Kaiser fort, von unserer Gemeinschaft ab? Der Bischof gab die bekannte Ursache an, daß seine Parthey denen die nach der Taufe eine Todtsünde begangen hätten, die Wiederaufnahme in die Kirche auf immer versage; sie zwar zur Busse ermahne; aber die Vergebung der Sünden dieselben bloß von Gott, der sie allein ertheilen könne, erwarten lasse. Darauf sagt der Kaiser spöttisch zum Acesius, der sich solchergestalt mit den seinigen frey von groben Sünden glaubte: „Setze dir eine Leiter, auf welcher du allein in den Himmel steigen kannst." Diese Begebenheit, welche Socrates (Hist. Eccl. L. I. c. 10.) und Sozomenus (Hist. Eccl. L. I. c. 22.) erzählen, hat wahrscheinlicherweise etwas dazu beigetragen, daß den Novatianern durch das angeführte Kirchengesetz die Rückkehr zu den Rechtgläubigen noch mehr erleichtert worden ist: und ohnedieß hatte die vornehmste Quelle ihrer Trennung mit den heidnischen Verfolgungen aufgehört.

Mehrere folgende Gesetze unter den Nicänischen, betreffen die innere Kirchenzucht noch genauer. Nach dem neunten und zehnten sollen die Aeltesten, welche vor ihrer Bestellung zum Lehramte grobe Verbrechen begangen hatten, man mag nun diese, als sie geweiht wurden, gekannt haben, oder nicht, ihr Amt verlieren; besonders auch diejenigen, welche während einer Verfolgung vom Glauben abgefallen waren. Eben solche abtrünnige Christen kommen im eilften und den drey folgenden Gesetzen vor. Diejenigen, welche ohne gezwun-

gezwungen zu werden, und ohne einige Gefahr, ihre Religion verleugnet hätten, sollten, ob sie gleich gar kein Mitleiden verdienten, zehn Jahre unter den Büssenden bleiben, wenn sie schon getauft wären, und noch bis zwey andere Jahre vom heiligen Abendmahl ausgeschlossen seyn. Dreyzehn Jahre hingegen sollten diejenigen Kirchenbusse thun, welche anfänglich ihre bürgerliche Aemter verlassen hätten, um wegen der Religion zu leiden; nachmals aber mit Geringschätzung dieser Ehre, sich eifrig wieder um dieselben beworben hatten. Unterdessen sollte doch der Bischof die Erlaubniß haben, wenn der Büssende viele Merkmale der Besserung giebt, die Zeit seiner kirchlichen Strafe abzukürzen. Ueberhaupt sollte, dem alten Kirchengesetze zu Folge, kein Sterbender der letzten und nothwendigsten Wegzehrung (ἐφόδιον) beraubt werden, wenn er solche begehrte; doch nicht ohne einige Prüfung des Bischofs. Wenn aber solchergestalt auch ein Büssender das heilige Abendmahl empfangen hat, und wieder gesund worden ist: so soll er noch eine Zeitlang unter denen bleiben, welche nur mit der Gemeine beten. Die Lehrlinge, welche der Taufe nahe waren, und vom Glauben abfielen, sollten drey Jahre hindurch in eine niedrigere Classe versetzt werden.

Die vier folgenden Verordnungen, von der funfzehnten an, sind gegen allerhand Mißbräuche im Lehrstande gerichtet. Es wird wegen vieler Unruhen die daraus entstünden, die alte Gesetzwidrige Gewohnheit, nach welcher öfters ein Bischof, Aeltester oder Kirchendiener, von einer Gemeine zu einer andern versetzt wurde, verboten; mit angehängtem Befehl, daß diejenigen, welche künftig dagegen handeln würden, zu der Gemeine welche sie verlassen hätten, zurückkehren sollten. Eines von den Gesetzen der Kirchen-

Jn
T.G.
306
bis
337.
chenversammlung, welches am häuffigsten, und bald nach ihrer Endigung, übertreten worden ist; obgleich in dem folgenden noch besonders, und bey Strafe des Verlustes der Kirchengemeinschaft geboten wurde, daß kein Lehrer von seiner Gemeine weichen sollte. Weiter wird jedem Clericus, der Wucher treiben, oder sonst auf eine niedrige Art Gewinnst suchen würde, die Absetzung von seinem Amte gedroht. Auch verbietet die Kirchenversammlung, daß kein Diaconus den Aeltesten das heilige Abendmahl, das er doch nicht einsegnen kann, reichen, auch keiner solches vor jenen, oder vor dem Bischofe, dessen Diener er ist, nehmen; sondern von diesem, oder von einem der Aeltesten bekommen, und beym Gottesdienste nicht unter den Aeltesten sitzen soll; alles bey Strafe sein Amt zu verlieren.

Von den beyden letzten Nicänischen Kirchengesetzen verordnet das neunzehnte, daß die Paulianisten, (oder die Anhänger des Paulus von Samosata,) wenn sie sich mit den Catholischen vereinigen wollen, wieder getauft, auch diejenigen ihrer Lehrer und Kirchendiener, welche würdig sind, es zu bleiben, nach empfangener Taufe geweiht werden sollen. Eben dieses wird in Ansehung der Kirchendienerinnen oder Diaconissen, vergönnt, wenn ihnen gleich nicht die Hände aufgelegt, und sie nicht zum Clerus gezählt werden. Im zwanzigsten Canon wird endlich befohlen, daß jedermann am Sonntage, und von Ostern bis Pfingsten, sein Gebet in der Gemeine stehend verrichten soll, weil die Gewohnheit einiger, zu dieser Zeit es knieend zu thun, dem alten Herkommen zuwider laufe.

Indem die Bischöfe zu Nicäa sich mit der Abfassung dieser Gesetze beschäftigten, waren sie schon im Begriff,

Kirchenversammlung zu Nicäa.

Begriff, noch ein anderes zu geben, Kraft dessen alle Bischöfe, Aeltesten und Kirchendiener, sobald sie in den geistlichen Stand getreten wären, schuldig seyn sollten, sich alles vertrautern Umgangs mit ihren bisherigen Ehefrauen zu enthalten. Man sammlete bereits darüber die Stimmen, als Paphnutius, ein ägyptischer Bischof, aufstand, und sich dagegen setzte. Er war ein so gottseeliger Mann, sagt der Geschichtschreiber, der dieses erzählt, (Socrates H. E. L. I. c. 11.) daß er auch Wunder verrichtete. In der Verfolgung war ihm ein Auge ausgerissen worden: deswegen schätzte ihn der Kaiser desto höher, ließ ihn oft zu sich kommen, und küßte ihn auf jenen Theil des Gesichts. Dieser Bischof stellte den übrigen mit einer gewissen Heftigkeit in der Stimme vor, man dürfe dem geistlichen Stande kein so schweres Joch auflegen; die Ehe sey etwas geehrtes, und das Ehebette unbefleckt; man möchte der Kirche durch übertriebene Schärfe nicht Schaden zufügen, indem nicht alle im Stande wären, eine so strenge Enthaltsamkeit zu ertragen, und bey einer solchen Anordnung die Keuschheit einer jeden Ehefrau desto weniger würde erhalten werden. Denn eben die genaueste Vereinigung mit einer rechtmäßigen Frau, nannte er Keuschheit. Es sey genug, sagte er, daß diejenigen welche in den Clerus aufgenommen würden, nach dem alten kirchlichen Herkommen sich weiter nicht verheiratheten; niemand hingegen dürfe von derjenigen, die er noch als Laie gesetzmäßig zur Frau genommen habe, getrennt werden. Paphnutius, der alles dieses so eifrig einschärfte, lebte selbst außer der Ehe, war von seiner ersten Jugend an in einem Kloster erzogen, und durch seine Keuschheit berühmt worden. Desto mehr Eindruck machten seine Reden: es wurde daher einmüthig beschlossen, daß die Geistlichkeit in diesem Stücke alle Freiheit haben sollte; zu handeln, wie sie wollte.—

V. Theil. Bb

te. — Diese Geschichte, welche sich auch beym Sozomenus (Hist. Eccl. L. I. c. 23.) findet, ist von einigen neuern Schriftstellern der Römischen Kirche, selbst vom Valesius, (Not. ad Socr. et Sozom. l. c.) vergebens vor eine Erdichtung ausgegeben worden. Sie hilft freilich, nebst vielen andern Begebenheiten und Gesetzen, wider die Absicht dieser Kirche, beweisen, daß man dem Lehrstande erst spät, und eben so unüberlegt, den ehelosen Stand aufgedrungen habe.

Mehr von erheblichen und glaubwürdigen Handlungen dieser berühmten Versammlung, ist in unsern Zeiten nicht bekannt. Außer den Gesetzen, die man ihr in spätern Jahrhunderten ohne Grund beigelegt hat, sind auch Sammlungen von ihren Berathschlagungen, Unterredungen mit den Arianern, und andern dahin gehörigen Geschäften oder feyerlichen Schriften, (die man unter dem Worte Acta begreift,) zum Vorschein gekommen, die offenbar nicht aus ihrem Zeitalter selbst sich herschreiben. Selbst die älteste dieser Sammlungen vom Gelasius aus Cyzicum, ist, wie oben bereits bemerkt worden, von einem sehr vermischten Werthe. Er wollte gegen das Ende des fünften Jahrhunderts, die vollständigen Akten dieser Kirchenversammlung, die alles enthielten, was daselbst gesagt, vorgenommen und festgesetzt worden, in einer Handschrift gefunden haben. Aber er widerspricht sich selbst, indem er hinzusetzt, (Gelas. Cyz. Vol. Actor. Conc. Nic. p. 348. T. I. Act. Concilior. Harduini,) er habe um der Vollständigkeit Willen auch andere Schriftsteller zu Rathe gezogen. Und wenn man überdieß sieht, daß er aus dem Eusebius, Rufinus und andern Geschichtschreibern viele Stellen eingerückt, aber denselben Zusätze beigefügt hat, von denen man nicht weiß, woher sie kommen; daß er den Rufinus auf der Kirchenversammlung von Nicäa erscheinen läßt, der dieselbe, seines Alters wegen, unmöglich hat besuchen können; auch überhaupt viele unwahrscheinliche und gedähnte Berichte mittheilt: so darf man kaum zweifeln, daß er alles zusammengerafft habe, was ihm von Schriften und Sagen unter die Hände kam; vielleicht auch bloß zur Uebung aufgesetzte Streitunterredungen catholischer Bischöfe mit Arianischen Philosophen. Wahres ist also genug darunter; aber es alles herauszusuchen, ist unmöglich. Am schärfsten und richtigsten hat ihn Launoi in einer lesenswürdigen Abhandlung von den Vorsitzern der Nicänischen Synode, (Epistolar. Parte VIII. Ep. I. p. 697. sq. Cantabrig. 1689. fol.) beurtheilt. Mit noch weit mehr sichtbarer Kühnheit hat der Jesuit Alphonsus Pisanus die Geschichte dieser Kirchenversammlung zu ergänzen gesucht; (de actis Concilii Nicaeni Libri IV. Dillingae 1572. 8. und öfters, auch in ältern Conciliensammlungen gedruckt,) er hat aber nur gezeigt, wie es auf dieser Versammlung nach den Grundsätzen und zum Vortheil seiner Kirche, besonders ihres obersten Bischofs, hätte zugehen sollen. Aus den bisher häuffig angeführten Geschichtschreibern, vom Eusebius an bis auf den Theodoretus, aus verschiedenen Werken des Athanasius, dem Buche des Epiphanius über die Ketzereyen, ingleichen der Sammlung der Nicänischen Kirchengesetze, mit ihren alten lateinischen Uebersetzungen und Erläuterungen, kann die Geschichte der oftgenannten Versammlung am lautersten geschöpft werden. So haben dieselbe auch einige Neuere erörtert, unter welchen Edmond Richer (in dem vortrefflichen Werke, Historia Concilior. general. L. I. c. 2. p. 19. sq. ed. Colon.) zuerst, obgleich ein Römischcatholischer, umständlich gezeigt hat, daß daraus nichts weniger als die alleinige Herrschaft eines einzigen Bischofs über die gesammte Kirche; sondern vielmehr die getheilte und gemäßigte, unter dem Schutze und höchsten Ansehen des Kaisers geführte Regierung der Gemeinen, durch viele von einander unabhängige Bischöfe, überzeugend bewiesen werden könne. Ausserdem verdienen noch **Tillemont**, wiewohl er sehr partheiisch für die Nicänischen Bischöfe ist, doch wegen seines überaus sorgfältigen Fleißes, (Mémoires, T. VI. p. 271. sq. 354. sq. ed. fol.) und **Thomas Ittig**, (in Historia Concilii Nicaeni, Lips. 1712. 4.) hinzugefügt zu werden. Mit diesem letztern Buche können die Nachrichten des **Fabricius** (Biblioth. Graecae Vol. XI. p. 354. sq.) nützlich verglichen werden.

Alle welche in die Abfassung der Schlüsse dieser Kirchenversammlung gewilligt hatten, unterschrieben auch dieselben, nach dem **Eusebius**, (de vita Constant. L. III. c. 14.) Aber auf ihre noch vorhandene verstümmelte Unterschriften, (unter andern in Harduini Act. Concil. T. I. p. 311. sq.) kann sehr wenig gerechnet werden. Eben diese Schlüsse wurden auch von dem Kaiser bestätigt, und zu allgemeinen Reichsgesetzen gemacht. Seine Gegenwart allein bey den Sitzungen der Bischöfe, und sein häufiger Antheil an ihren Berathschlagungen, mußten an sich schon so viel Würkung thun, als eine feierliche Genehmigung. Dazu kamen aber noch die bereits oben angeführten Schreiben des Kaisers, (beym **Socrates**, Hist. Eccl. L. I. c. 9.) an die Alexandrinische, und auch an alle Gemeinen überhaupt, worinne er sie zur Beobachtung dessen, was zu Nicäa beschlossen worden war, ermahnte; seine Verordnungen wegen des Arius, und der Anhänger desselben, auch überhaupt die Befehle, welche er über die Angelegenheiten, mit denen sich diese Versammlung beschäftigt hatte, zu geben fortfuhr. Sie selbst erkann-

Kirchenversammlung zu Nicäa.

erkannte in ihrem Schreiben an die ägyptischen Gemeinen, (Socr. l. c.) dieses Ansehen des Landesfürsten deutlich genug. Ihr Glaubensbekenntniß und ihre Gesetze wurden nach und nach auf besondern Kirchenversammlungen einzeler Provinzen angenommen. Es konnte sich hierbey die Freyheit der Christen in Ansehung des zu Nicäa festgesetzten Glaubens, den sie, christlichen Grundsätzen gemäß, immer noch anzunehmen oder zu verwerfen die Wahl hatten, zeigen; ob sie gleich dieselbe nicht ausübten. Ueberhaupt aber kam doch die Gültigkeit der Nicänischen Kirchengesetze nicht mehr auf den Beitritt einzeler Gemeinen an, nachdem sie von einer allgemein anerkannten öcumenischen Synode waren vorgeschrieben worden. Gleichwohl müßten wir, wenn gewisse sehr plump erdichtete Erzählungen und Urkunden einige Wahrscheinlichkeit hätten, glauben, daß erst die Billigung des Bischofs von Rom den Nicänischen Schlüssen ihre volle Kraft ertheilt habe. Man hat ein Schreiben der Kirchenversammlung an den Römischen Bischof Silvester, worinne sie um seine Bestätigung bittet, (apud Harduin. l. c. p. 343.) sein Antwortschreiben, wodurch er dieselbe giebt, (l. c. p. 344.) auch sogar eine besondere Kirchenversammlung, die er gleich darauf zu Rom, in Gegenwart des Kaisers, gehalten, und darauf nicht nur die Nicänische bestätigt, sondern auch neue Gesetze hinzugefügt haben soll, (ibid. p. 527. sq.) alles dieses hat man unverschämt genug ausgesonnen. Allein die barbarische, zum Theil ganz unverständliche lateinische Schreibart dieser Aufsätze, auch verschiedenes augenscheinlich Falsche und Ungereimte, das sie enthalten, hat selbst Römischcatholische Gelehrte, (wie unter andern Du Pin, (Nouv. Biblioth. des Auteurs ecclesiast. T. II. p. 318. 319.) bewogen, sie zu den untergeschobenen Schriften zu werfen,

J. n.
J. G.
306
bis
337.

§. n.
C. G.
306
bis
337.

Auf diese Art schien nunmehr die Arianische Streitigkeit völlig unterdrückt, und der Kirchenfriede wieder hergestellt zu seyn; zu dessen Erhaltung auch der Kaiser die Bischöfe, als er sie unter mancherley Gnadenbezeigungen von Nicäa abreisen ließ, ermahnte. Er fand sich aber bald in seiner Hoffnung betrogen: unerwartet vermuthlich für ihn, und für die meisten Bischöfe, welche sich vom Zwange der Gesetze und Strafen, auch in Religionssachen, viel versprachen; aber keineswegs für diejenigen, denen ein solches Mittel in einer Angelegenheit des Gewissens, aus Menschenkenntniß, von sehr geringer und oft schädlicher Würkung vorkommen mußte. Die ersten Bewegungen nach geendigter Kirchenversammlung entstanden zu Alexandrien. Die Parthey der Arianer war daselbst noch stark, und da sich die Meletianer in der Folge mit ihr vereinigten, wie an einem andern Orte (oben S. 287.) schon erzählt worden ist, wurden sie, wie es glaublich ist, desto muthiger, sich den Nicänischen Schlüssen zu widersetzen. Der Kaiser ließ zwar einige Arianer aus der gedachten Hauptstadt, wo sie Unruhen stifteten, wegschaffen. Als sie aber an dem Hofe angelangt waren, nahmen sie die beiden Bischöfe, Eusebius von Nicomedien, und Theognis von Nicäa, sehr freundschaftlich bey sich auf, und vereinigten sich mit ihnen in allem. (Sozom. Hist. Eccl. L. II. c. 21. Theodoret. Hist. Eccl. L. I. c. 20.) Damals offenbarte es sich, daß diese und andere Bischöfe den Glauben der Versammlung zu Nicäa im Grunde niemals angenommen hatten. Nach dem **Philostorgius**, (Hist. Eccl. Fragm. in Nicetae Choniat. Thesauro orthodoxae fidei, Tom. V.) haben **Eusebius, Theognis** und **Maris**, Bischof von **Chalcedon**, dem Kaiser ihre Reue darüber bezeigt, daß sie das Nicänische Symbolum unterschrieben hätten.

ten. Sozomenus (l. c.) setzt hinzu, die beiden erstern hätten sogar es dahin gebracht, daß ein von ihnen bestochener Hofbedienter ihre Unterschriften ausgestrichen; sie hätten frey den Ausdruck gleiches Wesens angegriffen; und Eusebius besonders habe, als er deswegen bey dem Kaiser verklagt worden, kühn geantwortet: „Wenn mein Kleid in meiner Gegenwart „in zwey Stücke zerrissen wird: so werde ich niemals „sagen, daß diese beide Stücke gleiches Wesens sind." Constantinus, der über alles dieses entrüstet wurde, verwies die beiden Bischöfe noch im Jahr 325. nach Gallien, und gab ihre Aemter andern. Er meldete es der Gemeine zu Nicomedien selbst, in einem Schreiben beym Theodoretus (l. c.) daß sie bisher einen in aller Betrachtung schändlichen Lehrer gehabt hätte, und ermahnte sie, desto eifriger mit ihrem neuen Bischof beym wahren Glauben zu beharren. Um diese Zeit schrieb auch der Kaiser, wie Socrates (Hist. Eccl. L. I. c. 9.) berichtet, mehrere Briefe wider den Arius und seine Anhänger, die in der Gestalt von Reden sehr bittere Spöttereyen wider denselben in sich faßten; und befohl sie in allen Städten öffentlich vorzulesen. Denn würklich waren sie eine Art von Verordnung, und drohten den Freunden des Arius neue Strafen. Eines derselben, ob sie gleich Epiphanius (Haer. 69. c. 9.) in frühere Zeiten setzt, mag wohl dasjenige seyn, das Gelasius (Vol. Actor. Concil. Nic. p. 452. sq. ed. Harduini) aufbehalten hat. Es ist aber mit so anzüglicher Schmähsucht und Heftigkeit abgefaßt, daß einige der Neuern, die es als ein Denkmal von des Kaisers Eifer rühmten, ihm dadurch eine schlechte Ehre erwiesen haben.

Nicht lange nach der Nicänischen Kirchenversammlung starb Alexander, Bischof von Alexandrien:

n. C. G.
306
bis
337.

und da ihm bald darauf Athanaſius in dieſer Würde folgte, derjenige unter allen Lehrern dieſer Zeit, der ſich dem Fortgange der Arianiſchen Parthey mündlich, ſchriftlich, und durch andere thätige Bemühungen, am lebhafteſten entgegen ſetzte, und das eben in ihrem eigentlichen Vaterlande und Hauptſitze: ſo gab dieſes eine neue Veranlaſſung zur Erweiterung dieſer Händel. Plötzlich hob auch jene Parthey, die ganz zu Boden geworfen zu ſeyn ſchien, ihr Haupt wieder mächtig empor. Im Jahr 328. oder im folgenden, rief Conſtantinus den Euſebius und Theognis aus ihrer Verweiſung zurück, gab ihnen auch ihre ehemalige Biſchöfliche Stellen zu Nicomedien und Nicäa von neuem. Daß die Schweſter des Kaiſers, Conſtantia, ihnen dazu behülflich geweſen ſey, iſt ſehr wahrſcheinlich; wenn gleich die Erzählung des Sozomenus, (Hiſt. Eccl. L. III. c. 19.) die er ſelbſt nicht vor wahr hält, großentheils nur unter den Arianern entſtanden ſeyn mag. Sie gaben nemlich vor, die gedachte Prinzeßinn ſey im Traum, oder durch eine göttliche Erſcheinung erinnert worden, daß die verwieſenen Biſchöfe rechtgläubig und unſchuldig wären; Conſtantinus habe ſie daher wieder begnadigt, und auf ſein Befragen, warum ſie von dem Nicäniſchen Glauben, den ſie doch unterzeichnet hätten, wieder abgewichen wären, zur Antwort bekommen, ihre Einwilligung wäre nur aus der Furcht entſprungen, er möchte, wenn ſie mit den übrigen uneins blieben, die chriſtliche Religion überhaupt vor ungewiß halten, ſie wieder verlaſſen, und ihre Anhänger verfolgen, da er ohnedem nur noch unter die Lehrlinge derſelben gehörte. Man findet außerdem ein Schreiben des Euſebius und Theognis an die vornehmſten Biſchöfe, (beym Socrates, Hiſt. Eccl. L. I. c. 14. und Sozomenus, Hiſt. Eccl. L. II. c. 16.) dadurch ſie ihre Zurückbe-

Fortgang der Arianischen Streitigkeiten. 393

rückberufung hauptsächlich bewürkt haben sollen. Sie erklärten sich darinne, daß sie niemals einer Ketzerey zugethan gewesen wären, und insonderheit den Ausdruck gleiches Wesens ohne Bedenken annähmen; daß sie sich aber ehemals nur geweigert hätten, den Bannfluch wider den Arius zu unterschreiben, weil sie bey ihm die Irrthümer nicht angetroffen hätten, die ihm wären Schuld gegeben worden. Es ist wahr, daß sich gegen dieses Schreiben einige Schwierigkeiten vorbringen lassen, welche Tillemont (Mémoires, Note VIII. sur le Concile de Nicée, p. 357. sq. T. VI. ed. fol.) dargestellt hat, und sie selbst vor unauflöslich hält. Allein gesetzt, daß sich nicht alle Widersprüche der Schriftsteller und chronologische Bedenklichkeiten in diesem, wie in andern Theilen der Arianischen Geschichte, heben lassen; so hindert doch solches nicht, das Schreiben selbst vor ächt zu halten. Einige jener Schwierigkeiten sind sogar ungegründet, wie unter andern diese, daß das Schreiben nach dem Socrates, noch während der Kirchenversammlung von Nicäa müßte übergeben worden seyn, und daß es unglaublich sey, die beiden Bischöfe hätten sich erkühnen können, dieser Versammlung vorzuwerfen, daß man sie nicht genug gehört habe.

J. n. C. G. 306 bis 337.

Arius hatte diesem Schreiben zu Folge, auch bereits die Erlaubniß erhalten, aus seiner Verweisung zurück zu kommen. Nach dem Socrates (l. c. cap. 25.) und Sozomenus (L. II. cap. 27.) war es ein Arianisch gesinnter Aeltester, der sich des Vertrauens, das ihm die Prinzeßinn Constantia schenkte, auf Anstiften der Eusebianer, zu dieser Absicht bediente. Er versicherte ihr, die Kirchenversammlung habe dem Arius Unrecht gethan, indem er dasjenige, was sie ihm Schuld gegeben, niemals gelehrt hätte; vielmehr

J. n.
C. G.
306
bis
337.

nur durch den Neid und die Feindschaft des Bischofs von Alexandrien gestürzt worden sey. Constantia glaubte dieses alles, und bat daher, als sie sich dem Tode näherte, ihren Bruder um diese letzte Wohlthat, daß er den gedachten Aeltesten, als einen frommen und rechtgläubigen Mann, in seine vorzügliche Gewogenheit aufnehmen möchte; denn sie wäre, wie sie sagte, besorgt, es möchte ihn ein Unglück treffen, weil er, von andern gereizt, rechtschaffene Männer ins Elend vertrieben hätte. Der Kaiser bewilligte ihr diese Bitte; erstaunte aber sehr, als ihm nachmals der Aelteste meldete, Arius lehre eben dasjenige, was die Nicänische Kirchenversammlung behauptet hätte, und würde sich auch in Gegenwart des Kaisers dazu bekennen. Auf diese Bedingung, sagte der Kaiser, sollte Arius wieder in seine vorige Würde eingesetzt werden: und da er ihm schon lange vergönnt hatte, nach Hofe zu kommen, ohne daß derselbe erschienen wäre, befohl er es ihm nun in einem eigenhändigen Schreiben, worinne er ihn seinen geliebten Bruder nannte, und ihm freies Fuhrwerk dazu anwies. Arius stellte sich also, vermuthlich im Jahr 330. nebst seinem Freunde, dem Evzoius, dem der Bischof Alexander zu Alexandrien auch das Amt eines Aeltesten genommen hatte, vor dem Kaiser. Sie mußten darauf ihr Glaubensbekenntniß demselben übergeben, das Socrates (c. 26.) und Sozomenus (l. c.) aufbehalten haben.

Sie bekannten in demselben für sich und ihre Anhänger, daß sie an Einen Gott, den allmächtigen Vater, und an den Herrn Jesum Christum, seinen Sohn, der aus ihm vor allen Zeiten gemacht worden; Gott, das Wort, durch welchen alles gemacht worden, sowohl was im Himmel als was auf der Erde ist; der herabgekommen und Fleisch geworden,

den, der gelitten hat, und auferstanden, und gen Himmel gefahren ist, und wiederkommen wird, um lebendige und Todte zu richten; und an den heiligen Geist, und an die Auferstehung des Fleisches, ein Leben der künftigen Welt, ein Reich des Himmels, und Eine catholische Kirche Gottes, die von einem Ende der Welt sich bis zum andern erstreckte, glaubten. Diesen Glauben, so erklärten sich Arius und Euzojus ferner, hätten sie aus den heiligen Evangelien, genommen, wo der Herr zu seinen Jüngern sagt: Gehet hin, und lehret alle Völker, (und wie es weiter heißt.) Wenn sie dieses nicht glaubten, und den Vater, Sohn und heiligen Geist nicht so wahrhaftig annähmen, wie ihn die ganze catholische Kirche und die heilige Schrift, der sie in allem glaubten, lehrten: so möchte Gott jetzt und im künftigen Gerichte ihr Richter seyn. Zuletzt baten sie den Kaiser, zu veranstalten, daß sie, bey so bewandten Umständen, mit Aufhebung der überflüßigen Fragen, wieder mit der Kirche, ihrer Mutter, vereinigt würden. In der That erlaubte er dem Arius, nach Alexandrien zurück zu kehren. Schon damals behaupteten verschiedene, das angeführte Glaubensbekenntniß sey nur den Worten nach von der Arianischen Lehre verschieden; im Grunde aber so zweydeutig aufgesetzt, daß man es gar wohl nach derselben erklären könne. Es ist unmöglich, mit Gewißheit zu sagen, daß Arius durch dasselbe den Kaiser, und die Catholischen mit ihm, habe hintergehen wollen. Allein das ist gewiß, daß darinne weder völlig die Nicänischen Bestimmungen, noch irgend eine von den anstößigen und verworfenen Erklärungen des Arius, vorkommen; daß es also überhaupt gar wohl vor rechtgläubig angesehen werden konnte. Man hielt es vor ein Unglück, wenn nicht alle Christen des Reichs im Glauben vollkommen mit ein-

einander übereinstimmten; und gleichwohl waren Glaubensbekenntniſſe, über welche ſich die ſtreitenden Partheien am erſten hätten vereinigen können, verdächtig, bis weil ſie nicht ausdrücklich die Unterſcheidungszeichen, der einen von ihnen, der herrſchenden, an der Stirne trugen. Am Ende alſo merkt man wohl, daß dieſe ſich immer eine erzwungene Einförmigkeit, vorgeſetzt habe; und daß die Duldung einiges Unterſcheids im Glauben, der Ruhe des Staats und der Kirche zuträglicher geweſen ſeyn würde.

Mit dem neuen Aufkommen der Arianiſchen Parthey war ſogleich die Veränderung verbunden, daß ſie ihre Gunſt bey Hofe zur Verfolgung der Catholiſchen anwandte. Die Schriftſteller der letztern klagen darüber; ob gleich dieſe bis dahin ſich völlig eben ſo gegen die Arianer betragen hatten. Euſtathius, Biſchof von Antiochien, einer von den Vorſitzern der Nicäniſchen Kirchenverſammlung, die ihm dieſes Bißthum ertheilt hatte, war einer der erſten, an dem ſich die Arianer rächten. Er hat zuerſt und viel wider ſie geſchrieben, unter andern ein Werk von acht Büchern; von dem ſich nur einige abgeriſſene Stücke beym Facundus, Biſchof von Hermiane, (Defenſ. trium Capitulor. L. XI. c. 1.) und bey andern Schriftſtellern, erhalten haben, aus welchen ſie Fabricius (Biblioth. Graec. Vol. VIII. p. 170. ſq.) geſammelt hat. Es finden ſich darunter Ausdrücke von Chriſto, die man in den folgenden Zeiten, bey andern Lehrern vor eine irrge Trennung der beiden Naturen deſſelben würde angeſehen haben. So ſchreibt Euſtathius, Gott habe um des Heils der Menſchen Willen, den Menſchen mit dem Worte vereinigt; aber ihm auch den Tag des Gerichts verborgen, damit der Menſch nicht dergleichen unausſprechliche Geheimniſſe den Menſchen

schen offenbaren möchte. Er scheint sogar in einer andern Stelle, wo er Matth. C. XIX. v. 28. erklärt, eine doppelte Person in Christo anzunehmen. Vielleicht aber war nur sein Vortrag weniger genau, als seine Begriffe. Würklich hat er in andern Stellen, die Theodoretus (Dialog. I. 2. 3.) aus einer Predigt desselben über Sprüche Salom. C. VIII. v. 22. aufbewahrt hat, darüber geschicktere Vorstellungen angebracht; aber auch nachdrücklich behauptet, daß man Christo als Gott nicht Leiden und Todt zuschreiben dürfe. Diesen kleinen Ueberbleibseln des Eustathius hat Fabricius (l. c. p. 183. sq.) noch andere aus dessen Buche von den Ueberschriften der Psalmen, und aus einem andern von der Seele, beigefügt. Man hat ihm über dieses eine Anrede an den Kaiser Constantinus, die man eben daselbst (p. 168. sq.) lesen kann, auch eine Erklärung der Schöpfungsgeschichte beigelegt, die bis auf die Zeiten der sogenannten Jüdischen Richter fortgeht, und vom Leo Allatius (zu Lion 1629. 4.) mit einer lateinischen Uebersetzung und mit Anmerkungen herausgegeben worden ist. Allein wenn gegen den erstern Aufsatz nur einige Zweifel streiten: so ist das Buch selbst an unähnlicher Schreibart und sehr schlechtem Inhalte, des Eustathius durchaus nicht würdig.

Die einzige ganze Schrift, die von ihm übrig ist, und auch merkwürdig genannt werden kann, ist seine Untersuchung wider den Origenes, von der Zauberinn (oder Hexe) zu Endor, (κατὰ Ὠριγένους διαγνωστικὸς εἰς τὸ τῆς ἐγγαστριμύθου θεώρημα) die Allatius mit dem vorhergedachten Werke, und einer Abhandlung gleiches Inhalts ans Licht gestellt hat: und so ist sie auch in eine berühmte Sammlung (Critici Sacri, Tom. VI. p. 419. — 458. ed. Francof.) eingerückt wor-

worden. Eustathius widerlegt darinne die Meinung des Origenes mit vieler Geschicklichkeit, obgleich etwas zu hart und spöttisch, als wenn die sogenannte Zauberinn würklich die Seele des Samuel in die Welt zurück gebracht hätte; als wenn ihr die Worte von dem heiligen Geiste eingegeben worden, und die Götter von denen sie sprach, Seelen der Gerechten und Engel gewesen wären. Der Teufel, sagt er, besitzt die Macht nicht, die Seelen aus der andern Welt zurück zu führen; am allerwenigsten die Seelen der Gerechten. Es ist nicht wahrscheinlich, daß die Zauberinn entweder bloß die Seele, oder auch zugleich den Leib des Samuel zur Erscheinung habe aufführen können. Saul aber hat gar nichts davon gesehen: er wurde bloß durch die Worte und Geberden des Weibes in Bestürzung gesetzt, und warf sich zur Erde, um dem geglaubten Samuel, nach ihrer Versicherung, seine Ehrerbietung zu bezeigen. Ihre Vorhersagung war falsch: und wäre sie sogar eingetroffen, so dürfte man sie darum noch nicht dem heiligen Geiste zuschreiben, indem der Teufel oft aus den ihm bekannten Umständen einer Sache, ihren Ausgang voraus hat ankündigen können; und hier war es nichts als ein Betrug. Daraus aber, daß die heilige Schrift das erschienene Blendwerk Samuel nennt, hätte ein Mann, wie Origenes, der das Paradies eine Fabel nennt, und so viele andere Geschichten der Bibel allegorisch erklärt, am wenigsten schliessen sollen, daß es der wahre Samuel gewesen sey. Der Teufel, welcher sowohl das Weib als den Saul in seiner Gewalt hatte, hat beide bethöret. — Obgleich Eustathius ohne Bedenken noch einen Schritt weiter hätte gehen, und behaupten können, daß zu Endor alles durch eine Gauckeley und eine der sogenannten Geisterbeschwörungen, wie sie von Kurzsichtigen oder abergläubischen Philosophen,

noch

noch in den neuesten Zeiten bewundert worden sind, zugegangen sey, indem die biblische Erzählung nicht die geringste Veranlassung giebt, dabey an die würkenden Kräfte eines bösen Geistes zu denken; so ist doch übrigens in der ganzen Abhandlung viel gesundes Urtheil mit richtigen Grundsätzen der biblischen Erklärung verbunden.

Dieser Bischof wurde auf einer Kirchenversammlung zu Antiochien im Jahr 331. seines Amtes entsetzt. Eusebius von Nicomedien und andere von dieser Parthey, die ihn als einen ihrer gefährlichsten Gegner betrachteten, zogen durch allerhand scheinbare Beschuldigungen wider ihn, auch den Eusebius von Cäsarea und andere morgenländische Bischöfe, auf ihre Seite, die der Versammlung beiwohnten. Man erneuerte die ältern Auftritte: dem Lehrer, der die Arianischgesinnten als Ketzer und sogar als Abgötter, bestritt, wurde vorgeworfen, daß er selbst Sabellianische Irrthümer hegte. Das war überhaupt bald nach der Nicänischen Kirchenversammlung in Aegypten erfolgt, sagt Socrates, (L. I. c. 23.) daß man bloß über den Ausdruck gleiches Wesens, eine Art von nächtlichem Gefechte erhob, ohne recht zu wissen, warum man einander verketzerte; da man doch in der Hauptlehre von Gott und drey göttlichen Personen einig war. So beschuldigte auch Eustathius den Eusebius von Cäsarea, daß er den Nicänischen Glauben verfälsche: und dieser erklärte ihn vor einen Sabellianer. Zu Antiochien aber wurde Eustathius auch der Hurerey angeklagt; und da eine unzüchtige Weibsperson, die man bestochen hatte, einen Eid wider ihn ablegte, wurde er vor überwiesen angesehen. Er wandte sich zwar an den Kaiser; allein auch dieser bestätigte das Urtheil der Kirchenversammlung, die

dem

§. n.
E.G.
306
bis
337.

dem Eustathius noch mehr zur Last legte, und verwies ihn, nebst mehrern seiner Aeltesten und Kirchendiener nach Thracien. Daselbst starb er um das Jahr 360. wie man aus Stellen des Chrysostomus (Laudatio Eustathii, T. I. Opp. ed. Ducaei, Francof. p. 577.) und des Theodoretus (Hist. Eccl. L. III. c. 4.) schliessen kann. Denn daß ihn einige Neuere deswegen noch unter der Regierung Constantins sterben lassen, weil seiner auch unter den folgenden Regierungen gar nicht mehr gedacht werde, ist eigentlich ein Mißbrauch des Beweises, der vom Stillschweigen der Schriftsteller hergenommen wird. Nächst den bereits angeführten ältesten Nachrichten vom Eustathius, sind auch andere, beym Hieronymus, (Catal. Scriptt. ecclesiast. c. 85. Epist. ad Evangelum presb. T. II. p. 570. ed. Bened.) Sozomenus (L. II. c. 19.) Philostorgius, (L. II. c. 7. L. III. c. 12. 15.) insonderheit beym Athanasius, (Epist. ad Solitarios, p. 629. T. I. Opp. ed. Commelin.) befindlich, die mit jenen übereinstimmen. Da beynahe alle diese Schriftsteller Catholische waren: so legen sie seinem Eifer für den Glauben, seiner Geduld, Wissenschaft und Beredsamkeit große Lobsprüche bey. Doch könnte es wohl seyn, daß ihn der Haß der Arianischen Ketzerey, der an ihm gerühmt wird, zu einiger hitzigen Unverträglichkeit verführt, und dadurch unglücklich gemacht hätte. Unter den Neuern hat ihn, außer dem Fabricius (l. c. p. 166. sq.) vorzüglich Du Pin (Nouv. Biblioth. des Aut. Eccl. T. III. p. 26. sq.) größtentheils richtig beurtheilt.

Seine Absetzung gab zu vielen Unruhen in der Gemeine von Antiochien Gelegenheit; besonders, da nach dem Absterben seiner beiden nächsten Nachfolger, des Paulinus, der vorher Bischof von Tyrus gewesen war,

war, und Eulalius, welche beide vor Arianer gehalten werden, ein neuer Bischof daselbst um das Jahr 332. gewählt werden sollte. Beinahe wäre es darüber zum Blutvergießen gekommen. Allein der Kaiser besänftigte die Wuth, und als der größte Theil der Einwohner den Eusebius von Cäsarea wählte, der aber diese Würde ausschlug, stellte er ihnen mit gutem Erfolge vor, daß es dem alten Herkommen der Kirche und ihren Gesetzen gemäßer sey, die Augen auf einen andern zu werfen, als die Gemeine von Cäsarea ihres Vorstehers zu berauben. (Euseb. de vita Constant. L. III. c. 59 – 62. Socrat. Lib. I. c. 24. Sozom. L. II. cap. 19.)

Ein gleiches Schicksal mit dem Eustathius traf auch andere Bischöfe, welche die Eusebianer vor ihre Feinde ansahen. Am meisten aber wandten sie ihre neuen Kräfte dazu an, den Alexandrinischen Bischof Athanasius zu stürzen. Nicht leicht konnte einer der catholischen Lehrer mit ihm an Beredsamkeit, Ansehen und eifriger Geschäftigkeit gegen die Arianer verglichen werden. Eusebius von Nicomedien, den der Kaiser jetzt sehr hoch schätzte, und der schon die Rechtmäßigkeit der Wahl des Athanasius angefochten hatte, verlangte von diesem vergebens, ihn in die Kirchengemeinschaft aufzunehmen. Eben so wenig wollte er dem Arius, der nach Alexandrien kam, und seine Lehren daselbst vortrug, dieses Begehren bewilligen: nicht einmal, da dieser einen besondern Befehl von dem Kaiser mitbrachte. Darauf fieng Constantinus an, dem Athanasius mit der Absetzung und Verweisung zu drohen, wenn er nicht jeden, der sich meldete, an der kirchlichen Gemeinschaft Antheil nehmen ließe. Dennoch blieb der Bischof unbeweglich: und dieses hielten die Eusebianer, verstärkt durch die

§. n.
E. G.
306
bis
337.

Meletianer, vor die günstigste Zeit, ihn durch allerhand Beschuldigungen zu Grunde zu richten; zumal da er bey dem Kaiser wieder Eingang zu gewinnen schien.

Sie verklagten ihn also bey diesem Fürsten, daß er von den Aegyptiern eine Art Tribut von leinenen Kleidern für die Alexandrinische Kirche einfordere. Als der Kaiser die Falschheit dieses Vorgebens entdeckte, und den Athanasius selbst an den Hof forderte, versicherten sie, er hätte einen Aufrührer durch Geld unterstützt. Auch hierinne befand ihn Constantinus unschuldig, nachdem er die Sache in Gegenwart des Bischofs untersucht hatte. Darauf aber beschuldigten sie ihn, ein von ihm abgeschickter Aeltester habe in einer Kirche die heiligen Geräthschaften zerbrochen, und die dortigen Abschriften biblischer Bücher verbrannt; er selbst habe sich mit Hurerey befleckt; ja er habe sogar einen Meletianischen Bischof, den Arsenius, umgebracht, und die Hand deßelben zu einem zauberischen Gebrauche aufbehalten. Da nun die Klagen wider den Athanasius nicht aufhörten: befohl der Kaiser dem Dalmatius seinem Bruder, diese Angelegenheit gerichtlich zu entscheiden; gleich darauf aber trug er eben dieses der Kirchenversammlung auf, die er nach Cäsarea berufen hatte. (Athanas. Apolog. II. p. 565. sq. Socrat. Hist. Eccl. L. I. c. 27. Sozom. Hist. Eccl. L. II.. c. 18. 22.)

Athanasius erschien auf dieser Versammlung, die im Jahr 333. gehalten wurde, nicht, weil er die dortigen Bischöfe vor seine Feinde hielt. Dadurch aber erzürnte er den Kaiser, der ihm desto ernstlicher befohl, sich auf der nach Tyrus im Jahr 335. ausgeschriebenen Kirchenversammlung einzufinden. Jetzt mußte

mußte er gehorchen; obgleich auch an diesem Orte seine heftigsten Gegner in beträchtlicher Anzahl zugegen waren. Ein kaiserlicher Staatsbedienter, welcher eben dahin geschickt wurde, sollte Ruhe und Ordnung unter dieser Menge von Geistlichen, die zum Theil so erbittert gegen einander waren, erhalten: der Kaiser drohte auch denjenigen Bischöfen die Verweisung, die nicht nach Tyrus kommen würden. Man wiederholte also mehrere Beschuldigungen wider den Athanasius, und setzte noch manche neue hinzu. Er verantwortete sich wegen einiger sogleich; in Ansehung anderer aber bat er sich Bedenkzeit aus. Denn bey aller seiner Standhaftigkeit wurde er doch nicht wenig erschüttert, als er sah, daß selbst solche, die er unter seine Freunde gerechnet hatte, wider ihn auftraten; daß die Versammlung das Zeugniß der Arianer und Meletianer, denen er doch allen verhaßt war, gegen ihn gelten ließ; und daß sich schon im voraus fast alle Bischöfe wider ihn erklärten. Zwey Verbrechen insonderheit, die er begangen haben sollte, wurden zur Beschämung seiner Ankläger, erdichtet befunden: die Unzucht mit einer Weibsperson, die, als sie ihm entgegen gestellt wurde, einen andern vor ihn ansah; und die Ermordung des Arsenius, der lebendig auf der Versammlung zum Vorschein kam. Dem ohngeachtet behauptete diese, es sey noch genug übrig, was ihm mit Wahrscheinlichkeit vorgeworfen würde. Der Lärmen und das Geschrey wider ihn nahmen endlich daselbst so sehr überhand, daß die Staatsbedienten ihn heimlich wegbringen ließen, weil sie besorgten, man möchte auf einmal über ihn herfallen, und ihn umbringen. Einige Bischöfe wurden von der Kirchenversammlung nach Aegypten geschickt, um eine der vorgebrachten Klagen auf der Stelle selbst, wo Athanasius dazu Gelegenheit sollte gegeben haben, zu untersuchen: und

diese,

diese, worunter freylich verschiedene der vornehmsten Arianer waren, statteten den Bericht ab, daß sie ihn schuldig befunden hätten. Die Aeltesten zu Alexandrien, auch die Aeltesten und Kirchendiener in der Marcotischen Provinz von Aegypten, beschwerten sich zwar darüber in noch vorhandenen Schreiben, daß diese Untersuchung wider ihren Bischof sehr partheyisch gerathen sey; sie widerlegten auch die Beschuldigung selbst. Die sieben und zwanzig Aegyptischen Bischöfe, welche mit dem Athanasius auf die Kirchenversammlung gekommen waren, stellten derselben ebenfals vor, daß die Eusebianer lauter unerlaubte Mittel und Ränke gebrauchten, um ihre Absicht zu erreichen.

Dieses alles konnte jedoch nicht verhindern, daß die Versammlung zuletzt den Athanasius seines Amts entsetzte. Sie verbot ihm zugleich ferner zu Alexandrien zu wohnen, damit er nicht neue Unruhen daselbst stiften möchte, und schrieb an alle Bischöfe, ihn von ihrer kirchlichen Gemeinschaft auszuschließen. Als Gründe ihres Verfahrens gab sie folgende an: er sey dem Befehl des Kaisers, nach Cäsarea zu kommen, ungehorsam gewesen; zu Tyrus habe er sich mit einer Menge seiner Anhänger eingefunden, um daselbst Zerrüttungen anzurichten, bald habe er auf die Anklagen gar nicht geantwortet, bald die Bischöfe mit Schmähworten angegriffen, bald, wenn er vorgeladen war, nicht kommen wollen; endlich sey auch die durch ihn verübte Mißhandlung von Kirchengefäßen hinlänglich bewiesen worden. Die Urkunden dieser berühmten Kirchenversammlung von sechszig morgenländischen Bischöfen, stehen beym Eusebius, (de vita Constant. L. IV. c. 42.) und in einer Schrift des Athanasius selbst, (Apolog. secunda, p. 613. sq.) Daraus hat sie Harduin (Acta Concilior. Tom. I. p. 539. sq.) abdrucken

drucken laßen. Zu ihrer Erläuterung aber müßen noch die Berichte der Geschichtschreiber, (Socrat. L. I. c. 28 – 32. Sozom. L. II. c. 25. Theodoret. L. I. c. 29) ingleichen des Epiphanius, (Haer. 68. c. 17.) hinzugesetzt werden.

Von dem Urtheil dieser Kirchenversammlung berief sich Athanasius, der sich mittlerweile nach Constantinopel begeben hatte, auf den Ausspruch des Kaisers selbst. Die Bischöfe aber, welche zu Tyrus versammlet gewesen waren, hatten von demselben Befehl erhalten, nach Jerusalem zu reisen, wo sie nebst mehrern andern der Einweihung der prächtigen Kirche beiwohnen sollten, die er zum Andenken der Auferstehung Christi hatte erbauen laßen. Nachdem diese Feierlichkeit geendigt war, hielten sie zusammen eben daselbst im Jahr 335, auf kaiserliche Erlaubniß, eine sehr zahlreiche Kirchenversammlung. Hieher schickte der Kaiser auch den Arius und Evzojus mit dem Glaubensbekenntnisse, das sie ihm ehemals überreicht hatten, und verlangte von den Bischöfen, solches zu prüfen, darauf aber ein gütiges Urtheil über beide zu fällen; sie möchten nun würklich, wie sie vorgaben, durch Neid unterdrückt worden seyn, oder ihren ehemaligen Irrthum abgelegt haben. Da sich so viele Gönner des Arius auf der Kirchenversammlung fanden: so wurde er nebst seinem Freunde von derselben wieder in die Kirchengemeinschaft aufgenommen. Sie schrieb auch an alle Bischöfe und andere Geistliche in Aegypten, ein gleiches zu thun, weil sowohl der Kaiser als die Versammlung den Glauben dieser beiden Männer, deren Bekenntnißschrift sie beifügte, vor richtig erkannt habe. Ob es gleich an Gegnern des Arius unter den Bischöfen zu Jerusalem nicht gefehlt haben mag; so scheint ihnen doch die erklärte günstige Meinung des

Kaisers ein Stillschweigen auferlegt zu haben. (Athanas. Apologia II. p. 621. ed. Commelin. Euseb. de vita Const. L. IV. c. 43. Socrat. L. I. c. 33. Sozom. L. II. c. 27.)

Unterdeßen würkten die Beschwerden welche Athanasius bey dem Kaiser angebracht hatte, wenigstens so viel, daß dieser den Bischöfen der Versammlung von Tyrus in einem Schreiben Vorwürfe wegen ihres Ungestüms und ihrer Zanksucht machte; auch ihnen anbefohl, sich nach Constantinopel zu verfügen, damit er beide Partheien hören könnte. Verschiedene unter ihnen geriethen durch dieses Schreiben in Bestürzung, und kehrten in ihre Bißthümer zurück. Der Nicomedische Eusebius hingegen kam mit seinen vornehmsten Anhängern an den Hof. Sie brachten nun, an Statt der bisherigen Beschuldigungen gegen den Athanasius, eine neue vor, indem sie dem Kaiser versicherten, er habe gedroht, nicht mehr zu gestatten, daß künftig von Alexandrien nach Constantinopel, wie es jährlich in großer Menge geschah, Korn abgeschickt würde. Die Zeugen auf welche sie sich beriefen, waren einige Bischöfe. Constantinus glaubte ihnen und wurde darüber so entrüstet, daß er den Athanasius nach Gallien verwies, wo er zu Treviri, (jetzt Trier) seine Wohnung aufschlug. Man sagte, der Kaiser habe dieses bloß aus Liebe zum Kirchenfrieden gethan, weil sich der oftgenannte Bischof durchaus weigerte, mit dem Arius und deßen Freunden in kirchlicher Gemeinschaft zu leben. (Athanas. Apolog. II. p. 622. sq. Socrat. L. I. c. 34. 35. Sozom. L. II. c. 28.

Nun glaubte Arius weiter keine Schwierigkeiten bey seiner Wiederaufnahme in die Gemeine zu Alexan=

randrien zu finden. Allein seine Ankunft in dieser Stadt, welche ohnedem mit der Verweisung ihres Bischofs unzufrieden war, veranlaßte daselbst nur neue Unruhen. Constantinus rief ihn daher im Jahr 336. nach Constantinopel zurück, wo sich seine Freunde, vorzüglich Eusebius von Nicomedien, viele vergebliche Mühe bey dem Bischof Alexander gaben, und selbst Drohungen gebrauchten, damit er den Arius zur Kirchengemeinschaft zulaßen möchte. Der Kaiser selbst, der dieses aus Friedensliebe gewünscht zu haben scheint, fragte den Arius noch einmal, ob er dem Nicänischen Glaubensbekenntniße beytrete. Er bejahte dieses nicht nur, sondern unterschrieb auch daßelbe, oder ein gleichlautendes, und beschwor es sogar auf Verlangen des Kaisers, worauf ihm dieser die Strafe Gottes ankündigte, wenn er falsch geschworen hätte. Gleichwohl betrog er, wie ein damaliges Gerücht sagte, seinen Fürsten, indem er mit seinem Schwur ein anderes nach seinen Lehrsätzen eingerichtetes Glaubensbekenntniß, das er bey sich trug, meinte. Da also Constantinus an seiner Rechtgläubigkeit weiter nicht zweifelte, befohl er dem Bischof Alexander, am folgenden Sonntage den Arius ohne Widerrede unter die Mitglieder seiner Gemeine aufzunehmen. Der Bischof hörte dieses mit der äußersten Bestürzung, und bat Gott, ehe dieses geschähe, entweder ihn, oder den Arius, aus der Welt zu nehmen. Der letztere hingegen begab sich mit einigen seiner Anhänger nach der Kirche hin, wo ihr Wunsch erfüllt werden sollte. Unterwegens nöthigte ihn eine Leibesbedürfniß, auf einen öffentlichen Abtritt in der Nähe zu gehen: und hier starb er eines plötzlichen Todes.

So haben wiederum Athanasius, (Epist. ad Serapion. de morte Arii, p. 522. sq. T. I. ed. Commelin.)

melin.) Socrates (Hist. Eccl. L. I. c. 37. 38.) Sozomenus, (Hist. Eccl. L. I. c. 29. 30.) und Theodoretus, (Hist. Eccl. L. I. c. 15.) auch noch mehrere Schriftsteller des vierten Jahrhunderts, das Ende des Arius und die vorhergehenden Umstände deßelben beschrieben. Der erste unter ihnen, und mit ihm die meisten folgenden, schildern die Todesart des Arius fürchterlich ab, indem sie ihn an der Verschüttung aller seiner Eingeweide umkommen laßen. Sie halten dieses zugleich meistentheils vor ein Wunder, durch welches ihn Gott wegen seines Meineides bestraft, oder auch das Gebet des Bischofs Alexander erhört habe, der auch Gott mit andern Christen in der Kirche vor diese Erlösung dankte. Es ist eben nicht zu verwundern, daß einige Neuere den Verdacht rege gemacht haben, ob nicht diese ganze Erzählung, deren Hauptquelle in den Schriften des hitzigsten Gegners vom Arius sich befindet, und die einen schon damals sehr verhaßten Mann betrift, vor eine Erdichtung anzusehen sey. Unterdeßen wird sie doch in ihren Hauptumständen so einstimmig auch von denen, welche die übrigen verschiedentlich angeben, berichtet; und der Ort des Todes war, nach dem Zeugniße des Socrates, noch im fünften Jahrhunderte so allgemein bekannt, daß man an der Wahrheit dieser Begebenheit überhaupt nicht befugt ist zu zweifeln. Desto weniger aber kann bewiesen, oder nur wahrscheinlich gemacht werden, daß der schnelle Tod des Arius eine Wundervolle göttliche Strafe gewesen sey. Schon Sozomenus meldet, daß ihn einige sogleich damals vor die Folge einer Krankheit gehalten hätten, die gerade zu auf das Herz gewürkt habe; andere hätten auch wohl geglaubt, die plötzliche Freude, welche er über den guten Fortgang seiner Angelegenheiten empfunden, habe ihm diesen jähen Tod zugezogen. Immer gehört sehr viel dazu, an einer

einer Begebenheit, die sich aus natürlichen Ursachen erklären läßt, etwas Uebernatürliches und eine strafende göttliche Absicht zu erkennen. Allein unter solchen Umständen haben es die Christen zu allen Zeiten vor sehr leicht gehalten, ein so verwegenes Urtheil zu fällen. Ohnedem ist auch der Todt des Arius so entsetzlich als möglich abgebildet, und insonderheit vom Athanasius nicht undeutlich mit dem Ende des Verräthers Judas verglichen worden: auf der andern Seite hat man das seltsame Gebet des Bischofs Alexander wider ihn, nicht allein ohne Tadel gelaßen, sondern auch vor heilig und erhört angenommen. Die Anhänger des Arius behaupteten, seine Feinde hätten ihn durch zauberische Künste aus dem Wege geräumt: und noch in den neuesten Zeiten haben scharfsichtige Schriftsteller gemuthmaaßt, er könnte wohl vergiftet worden seyn. Das ist jedoch nur eine Vermuthung, wie sie oft bey dem unerwartet geschwinden Tode solcher Personen, die viele oder mächtige Feinde hatten, angebracht worden ist. Es bleibt also nichts mehr übrig als dieses: Arius starb eines schnellen Todes; aber die Ursache deßelben ist unbekannt.

Sein Todt war auch die letzte erhebliche Begebenheit in den Arianischen Händeln zu den Zeiten Constantins; aber doch keine entscheidende. Zwar sollen nach dem Athanasius (l. c.) viele Arianer darauf zu den Rechtgläubigen übergegangen seyn; aber ihre Parthey fühlte sich dadurch nicht geschwächt, da die Häupter derselben ihr getreu verblieben. Vielleicht hatten diese ansehnlichen Lehrer einige Vorzüge, durch welche sie sich bey Hofe und unter den Christen überhaupt empfolen. Einige von ihnen sind unleugbar gelehrte, scharfsinnige und beredte Männer gewesen. Daß sie aber und alle übrige Anhänger des Ari-

§. n.
T. 3.
306
bis
337.

us, ihn selbst nicht ausgeschloßen, durchaus groben Irrthum, Arglist, Verstellung, Verleumdungssucht, Gewaltthätigkeiten und Verfolgungsgeist zu ihrem unterscheidenden Eigenthum gehabt, mit einem Worte, daß diese ganze Parthey schändlich gedacht, gelehrt und gehandelt habe; daß immer Wahrheit, Recht und Frömmigkeit nur auf der Seite der Catholischen, und Athanasius stets der unschuldig verfolgte, niemals würkliche Veranlaßung zu neuen Händeln, oder zur Erweiterung der alten, gewesen sey; dieses alles können wir den catholischen Schriftstellern dieser und der gleich folgenden Zeiten unmöglich glauben: eben darum, weil sie es allein sind, welche solches berichten, und die völlige Geschichte des Arianismus fast nur auf ihren Vorstellungen beruhet. Die zu derselben gehörigen Urkunden helfen noch hin und wieder zu unpartheyischern Begriffen; seltener die Geschichtschreiber des fünften Jahrhunderts, die man aber doch weder als besondere Zeugen, noch als vom Athanasius und seinen Zeitgenoßen sehr verschiedene Schriftsteller betrachten darf, weil sie beynahe durchgehends die Denkungsart derselben angenommen, und Auszüge aus ihren Schriften verfertigt haben. Wäre die Kirchengeschichte des Arianers Philostorgius ganz für unsere Zeiten übrig geblieben: so würden wir zwar darinne nicht unpartheyische Nachrichten von den Arianischen Streitigkeiten, (denn er ist, wie leicht zu erachten, auf eine den Catholischen entgegen gesetzte Art partheyisch,) wohl aber solche finden, welche mit den gegenseitigen verglichen, eine festere Glaubenswürdigkeit verschaffen könnten. Er fällt zwar zuweilen in offenbare historische Fehler; allein Epiphanius und Rufinus, die den ersten Zeiten des Arianismus weit näher als er waren, sind in ähnliche gefallen. Auch in dem mangelhaften Auszuge seiner

ner Geschichte, den wir besitzen, kommen einige Spuren von eigener, nicht bloß dem Arius ergebenern Denkungsart vor: wie wenn er (L. II. c. 3. p. 9. ed. Gothofr.) denselben tadelt, daß er behauptet habe, Gott könne weder von den Menschen, noch selbst von seinem Sohne, begriffen werden; welchen ungereimten Satz aber sagt er, weder Eusebius von Nicomedien, noch andere der vornehmsten von seinen Freunden angenommen hätten. Die neuern Schriftsteller, welche es unternommen haben, die Arianische Geschichte zu erläutern, sind meistentheils den Nachrichten der damaligen Catholischen, fast ohne sie jemals zu bezweifeln, oder mildern Muthmaaßungen Platz zu geben. Zween der fleißigsten und gelehrtesten darunter sind Tillemont (Mémoires, p. 102. sq. Notes sur les Ariens, p. 319. sq.) und der Theatinermönch, Cajetans Maria Travasa, (Storia critica della vita di Arrio, primo Eresiarca del quarto Secolo, Venedig, 1746. 8.) gewesen, dazu auch die geschicktesten Verfaßer von Lebensbeschreibungen des Athanasius gerechnet werden müßen, die in der vollständigen Geschichte dieses berühmten Mannes genannt werden sollen. Einige Protestanten aber haben sich desto mehr Mühe gegeben, in dieser Geschichte sorgfältige Untersuchungen durch strenge Wahrheitsliebe und Mäßigung zu veredeln. Ein Ruhm, den man besonders dem Hrn. D. Semler, (Geschichte der christlichen Glaubenslehre, dem Dritten Bande von Baumgartens Untersuchung theologischer Streitigkeiten vorgesetzt, S. 21 sgl.) und dem Hr. C. R. Walch, (in dem Entwurfe einer vollständigen Historie der Ketzereyen, ꝛc. Zweyter Th. S. 385. sgl.) nicht versagen kann.

Taufe und Todt des Kaisers Constantinus.

J. n.
C. G.
306
bis
337.

Der Kaiser wurde, wenn man dem Athanasius (ad Episcopos Aegypti et Libyae Disput. I. p. 130. T. I. ed. Commel.) und dem Socrates (L. I. c. 38.) glauben darf, durch die Nachricht von dem unvermutheten Ende des Arius völlig überzeugt, daß derselbe ein Meineidiger und ein Irrlehrer gewesen sey: er blieb auch dem Nicänischen Glauben desto getreuer. Aber dennoch, (und dadurch wird die Größe des Eindrucks, den diese Begebenheit bey ihm gemacht haben soll, etwas verdächtig,) wollte er gar nichts von der Zurückberufung des Athanasius hören. Umsonst schrieb der berühmte Vater der Mönche, Antonius, (wie Sozomenus L. II. c. 31. erzählt,) öfters an den Kaiser, er möchte den Verleumdungen der Meletianer gegen den Bischof nicht trauen; auch die Geistlichkeit zu Alexandrien überhaupt, und die geweihten Jungfrauen daselbst legten eine solche Fürbitte ein; die übrige Gemeine aber rief Gott öffentlich in ihrem Gebete darum an. Constantinus gab den Geistlichen durchaus eine abschlägliche Antwort. Der Gemeine warf er Unverstand und Leichtsinn vor. Dem Antonius aber meldete er, daß er das Urtheil der Kirchenversammlung unterstützen müsse: wenige Bischöfe könnten wohl aus Leidenschaften handeln; aber nicht so viele kluge und fromme; und ohnedieß sey Athanasius schmähsüchtig, stolz, ein Stifter von Uneinigkeiten und Empörungen. Da jedoch

Taufe und Todt des K. Constantinus.

doch die Aegyptischen Gemeinen in zwo Partheyen getheilt waren, davon die eine den abgesetzten Bischof, die andere den Johannes, den Nachfolger des Meletius, zum Anführer hatte: so verwies der Kaiser auch diesen außer Landes; ob ihn gleich die Kirchenversammlung von Tyrus in seiner Würde bestätigt hatte.

J. n.
C. G.
306
bis
337.

Erst im folgenden Jahre 337. beschloß der Kaiser, dem Athanasius die Rückkehr nach Alexandrien zu erlauben. (Sozom. L. III. c. 2.) Allein der Todt hinderte ihn an der Ausführung dieses Vorhabens. Als er die Annäherung desselben merkte, „glaubte er, (dieses sind die Worte des Eusebius, (de vita Constant. L. IV. c. 61.) die Zeit sey nunmehr vorhanden, da er sich von allen jemals begangenen Sünden reinigen könne, indem er überzeugt war, daß alle Vergehungen eines Menschen durch die Kraft geheimer Worte, und durch das heilsame Bad, von der Seele abgewaschen werde." Eben dieses also war eine Haupturfache der von dem Kaiser so lange aufgeschobenen Taufe: die gewisse Hoffnung die er hatte, daß er durch dieselbe für alle Sünden seines Lebens, am Ende desselben, auf einmal Vergebung erlangen werde. Er bat daher Gott knieend darum, und bekannte ihm seine Sünden in der Kirche zu Helenopolis, wo er sich damals befand: und da wurde er zuerst gewürdigt, so drückt sich wiederum Eusebius aus, daß ihm unter Gebet die Hände aufgelegt wurden. Damals ist er also erst eigentlich und feyerlich unter die Catechumenen aufgenommen worden; wiewohl er zugleich, ohne die untern Classen derselben zu berühren, alsbald in die oberste trat, welche das Recht der nahen Taufe hatte. Zwar befremdet es sehr zu hören, daß ein Fürst, der über zwanzig Jahre lang nicht nur mit allem ersinnlichen Eifer den äußerlichen Wohlstand der

christ=

christlichen Kirche befördert, und sich gewissermaaßen ihren Bischof genannt, sondern sogar an der Untersuchung der schwersten Religionsfragen in derselben einen fast eben so unmittelbaren Antheil genommen hat, als die Lehrer selbst, daß dieser noch nicht einmal förmlich unter ihre Lehrlinge sollte aufgenommen worden seyn. Allein die Ausdrücke des Eusebius sind zu deutlich, als daß man daran zweifeln könnte. Der Mangel an Taufe beweise unwidersprechlich, daß der Kaiser bis auf die letzten Tage seines Lebens, noch nicht unter die eigentlichen Gläubigen gehört habe: und nirgends findet man eine Spur davon, daß er in der öffentlichen Gemeine mit den übrigen Christen Handlungen des Gottesdienstes vorgenommen hätte. Kein Wunder ist es auch, daß das erste Beispiel eines Fürsten, der zum Christenthum übergieng, und dessen Würde mit der Kirchenverfassung vereinigt werden sollte, manches Außerordentliche an sich gehabt hat. Alles übrige erklären die besondern Ursachen, welche er hatte, sich erst so spät taufen zu lassen.

Noch eine derselben eröfnete er den Bischöfen, als er sich hierauf nach Nicomedien hatte bringen lassen. „Dieses ist, sagte er, (beym Eusebius, l. c. c. 62.) die von mir längst gewünschte Zeit, das Heil durch Gott zu erlangen. Es ist Zeit, daß auch wir das Siegel welches Unsterblichkeit ertheilt, bekommen. Ich hatte zwar beschlossen, dieses im Jordan zu thun, wo auch unser Erlöser zum Vorbilde für uns, des Bades theilhaftig worden ist; allein Gott würdigt uns dessen schon hier: mithin mag es ohne Bedenken geschehen. Denn wenn mir Gott das Leben ferner erhalten sollte: so bin ich einmal entschlossen, mich künftig ganz mit dem Volke Gottes zu vereinigen, und an dem Gebete mit allen in der Kirche (Ἐκκλησίσιάζοντα) Theil zu nehmen. Auch will ich mir solche Lebensregeln vorschreiben, die Gott anständig sind." Hierauf empfieng er, unter den gewöhnlichen Cärimonien, und mit dem nöthigen Unterrichte, die Taufe; vermuthlich auch bald darauf zum erstenmal das heilige Abendmahl. Er zog sodann, wie es bey Neugetauften üblich war, eine ganz weisse Kleidung an, und wollte den Kaiserlichen Purpur nicht mehr tragen. Seine Freude, Dankbarkeit gegen Gott, und Begierde zu sterben, waren nun gleich groß. Er endigte sein Leben, am zwey und zwanzigsten May des Jahrs 337, im fünf und sechszigsten Jahre seines Alters. Sein Leichnam wurde, nach seinem Willen, in der Apostelkirche zu Constantinopel begraben.

J. n. C. G. 306 bis 337.

Da er die Taufe von dem Bischof Eusebius zu Nicomedien empfangen hatte: so schloß daraus bereits Hieronymus, (Chron. ad h. a.) er sey als ein Arianer aus der Welt gegangen: und es hat nicht an neuern Gelehrten gefehlt, welche dieses übereilte Urtheil nachgesprochen haben. Nichts war natürlicher, als daß der Kaiser von dem Bischof derjenigen Gemeine, in welcher er feierlich unter die Mitglieder der christlichen Kirche aufgenommen ward, getauft wurde. Er hatte auch, wie man bereits in der vorhergehenden Geschichte gesehen hat, keine Ursache, den Eusebius noch vor einen Arianer zu halten. Und alles was er seit der Nicänischen Kirchenversammlung, in Ansehung des von ihr festgesetzten Glaubens, gethan hat, beweiset genugsam, daß diesen zu erhalten, aber die Friedensstörer von beiden Seiten zur Ruhe zu nöthigen, eine seiner Hauptabsichten gewesen sey.

Kein anderer christlicher Fürst hat bey der Nachkommenschaft ein so ehrwürdiges und dankbares Andenken

denken durch alle folgende Jahrhunderte behalten, als Constantinus. Vermuthlich noch bey seinem Leben ist ihm der Ehrennahme des Großen beygelegt worden. Die Lobsprüche, durch welche ihn Eusebius gleich nach seinem Tode, in dem oft angeführten Werke, über die größten Fürsten aller Zeiten erhob, sind in der That ausschweifend; aber er versichert vielmehr zugleich, daß Gott allein das Leben desselben würdig beschreiben könne. Im fünften Jahrhunderte fieng man an, ihn als einen Heiligen zu betrachten: und nach und nach ist er auch als ein solcher verehrt worden. Man hat ihm in der griechischen und coptischen Kirche in Aegypten besondere Feste gewiedmet; er ist in verschiedenen Gegenden der abendländischen Gemeine als ein Heiliger angerufen worden, und die neuern griechischen Schriftsteller legen ihm ordentlich den Nahmen eines Apostelgleichen Mannes bey. Die Beweise von diesem allem kann man in dem großen Werke der Antwerpischen Jesuiten über den Heiligen-Kalender, (Acta Sanctorum, ad d. 21 Maii, p. 13. sq.) auch zum Theil in einem Buche des Tillemont, (Histoire des Empereurs, T. IV. P. I. p. 428. sq. à Bruxell. 1709. 12.) finden.

Es würde eine für diese Geschichte fremde Untersuchung seyn, die wahre Größe dieses Fürsten genauer zu bestimmen. Denn sie kann nicht wohl anders beurtheilt werden, als wenn zugleich mit seinen Thaten für die Religion und Kirche, auch die Staatsklugheit seiner Regierung, seine kriegerischen Eigenschaften, und sein ganzes sittliches Bild in Betrachtung gezogen werden. Das erfordert aber nicht weniger als eine vollständige Lebensbeschreibung desselben. Was er als Christ, und zum Besten des Christenthums verrichtet hat, ist bisher ohne eigentliche Theilnehmung an den lobrednerischen Berichten, aus welchen es geschöpft werden muß, erzählt worden. Wie groß er also in der Kirche, oder in allem was die Religion betraf, gewesen sey, ist nicht mehr eine schwere Folgerung an diesem Orte.

F. n.
f. G.
306
bis
337.

Seine vielen und ungemeinen Wohlthaten gegen die Christen, gegen den äußerlichen Zustand ihrer Religion, und vorzüglich gegen ihre Lehrer, haben ihm ohne Zweifel mehr als alles andere, was er merkwürdiges ausgeführt hat, den Nahmen des Grossen, zumal durch den Dienst der ihn bewundernden christlichen Schriftsteller, zugezogen. Allerdings war es kein geringes Verdienst, die so lang gedrückte und von dem mächtigsten Theil seines Reichs gehaßte, aber auch die weiseste und gemeinnützigste unter allen Religionen, zur herrschenden darinne gemacht zu haben. Er hinterließ die ihr zugethane große Gesellschaft in einer meistentheils festen und blühenden Verfassung. Kaum konnte so viel von einem einzigen Fürsten erwartet werden, als er zu ihrem Vortheil zu Stande gebracht hat. Seine Sorgfalt gieng hierinne auch über die Gränzen des Römischen Reichs hinaus. Er empfol dem Persischen Könige Sapor in einem Schreiben, das Sozomenus (L. II. c. 15.) aufbehalten hat, die Christen in Persien als Bekenner einer Religion, deren Vortreflichkeit allein Schutz und Gewogenheit verdiente. Denn daß er dieses in der Absicht geschrieben habe, um den König von einer grausamen Verfolgung, die er über die Christen hatte ergehen lassen, abzuziehen, wie dieser Geschichtschreiber meldet, scheint aus einer Verwechselung späterer Zeiten mit diesen frühern entstanden zu seyn. Ueberhaupt hatte Constantin mit den Christen seiner Zeit das Vergnügen zu sehen, daß ihr Glaube sich unter den benachbarten Völkern immer

V. Theil. D d mehr

mehr ausbreitete. Die Iberier auf der einen Seite des schwarzen Meeres, in der jetzigen Asiatischen Landschaft Georgien, und die Gothen, auf der andern Seite, und längst der Donau, gegen ihre Mündung hin, hatten während seiner Regierung sich schon in grosser Anzahl demselben ergeben. Begebenheiten, die man bald mit ähnlichen andern, nach ihrem Zusammenhange, in der Fortsetzung dieser Geschichte lesen wird. Es gab noch Heiden genug im Römischen Reiche, als Constantinus starb, und auch häuffige Uebungen ihrer Religion waren übrig. Allein das Christenthum hatte durch ihn dergestalt die Oberhand bekommen, und sein Ansehen bey auswärtigen Nationen war so groß, daß es nun gleichsam einen gebahnten Weg zu denselben vor sich hatte.

Man muß hingegen auch zugeben, daß alle Verdienste Constantins um die christliche Religion und Kirche noch nicht eigentlich das Werk eines grossen Mannes gewesen sind. Ihm, der beständig siegte, fiel es sehr leicht, eine Religion neben den Thron zu setzen, die auch weit weniger Anhänger, und nicht so viel Empfelendes an sich gehabt hätte. Weder die Ueberwindung grosser Gefahren, noch außerordentliche Anstrengung des Geistes, gehörten dazu, diese Religion zu erkennen, mit Ueberzeugung zu lieben und zu verehren. Seine Freygebigkeit gegen ihre Anhänger war einem eifrigen Freunde derselben und einem Prachtliebenden Fürsten natürlich: er wurde auch zum Theil durch die ausnehmenden Lobsprüche, die er für eine so mannichfaltige und anhaltende Sorgfalt erhielt, belohnt. Das einzige, wodurch er sich bey dieser ganzen Unternehmung über viele seiner Zeitgenossen und über sich selbst hätte erheben können, wäre dieses gewesen, daß er der Religion, für die er alles that, oder

zu

zu thun schien, auch alle seine Leidenschaften und Laster aufgeopfert hätte; wenn ihn gleich sein Stand, seine Macht, und andere Umstände aufmunterten, in seinem Betragen nichts zu ändern. Aber eben dieses einzige, worinne sich der grosse Geist hätte zeigen können, vermißt man an ihm: er wurde durch das Bekenntniß des Christenthums nicht tugendhafter; oder er wurde es erst in sehr späten Jahren. Noch weniger vertragen sich die Gesinnungen des Aberglaubens bey einer Religion, welche ausdrücklich dazu eingerichtet war, das Herz von spielenden Cärimonien und Uebungen der Andacht zu einer ganz geistigen Frömmigkeit zu erheben, mit der wahren christlichen Grösse der Seele.

Gleichwohl ist die Nachwelt so wenig berechtigt, diesen Fürsten als Christen zu verachten, daß sie ihm auch noch jetzt ihre Dankbarkeit nicht versagen darf. Die vollkommene Freiheit, welche er den Christen ertheilte, war doch der Grund, auf welche sie unzähliche edle Thaten zur Ehre ihrer Religion bauen konnten. Sie zu unterrichten, wie sie diese Freiheit nützen müßten, und ihnen das nachahmungswürdigste Beispiel darüber zu geben, war nicht sowohl seine Pflicht, als der Lehrer ihre, von denen seine und ihre Einsichten gebildet wurden. Man konnte kaum etwas anders erwarten, als daß der Fürst, der an den blendenden Schimmer der heidnischen Religion gewohnt war, einen solchen Geschmack beibehielt, auch nachdem er zum Christenthum übergetreten war, wenn er nur einige Nachsicht oder Aufmunterung bey den christlichen Lehrern darinne fand; daß er jeden Eindruck von ihnen annahm, und ehrerbietig, folgsam, freygebig gegen diejenigen verblieb, denen er die wichtigsten und heilsamsten Kenntnisse schuldig zu seyn glaubte. Und bennoch behauptete er nicht selten einige Ueberlegenheit des Geistes über die meisten dieser Lehrer; besonders, wenn sie seiner herrschenden Liebe des Kirchenfriedens entgegen arbeiteten. Sie selbst wurden freylich durch die ungewohnte grosse Veränderung ihres Glücks, durch die hohen Ehrenbezeigungen, und andere neue Reitzungen verleitet, sich nebst den übrigen Christen mit unbedachtsamer Freude, und in einer guten Meinung, nicht das geringste zu untersagen, was ihren Eifer für die Religion ausdrücken konnte, und lieber zu viel, als ihren Begriffen nach, zu wenig in dieser Absicht zu thun. Allein wenn es leicht und nicht ungerecht ist, sie deswegen zu tadeln: so steht ihnen doch einige Entschuldigung, oder doch ein gewisses Mitleiden, das aus der Betrachtung des gemeinen Schicksals des menschlichen Herzens unter gleichen Umständen fließt, offen. Die Geschichte begnügt sich daran, zu zeigen, wie sehr sich in dem Zeitalter Constantins auf allen Seiten, und sogar oft wider Wissen und Willen der vornehmsten Mitglieder der christlichen Kirche, alles vereinigt habe, eine neue Gestalt der christlichen Religion und Gottseligkeit, des Lehramtes und der ganzen kirchlichen Verfassung hervorzubringen; Veränderungen zu stiften, deren Folgen sich zum Theil bis auf unsere Zeiten erstrecken.

Ende des fünften Theils.

Register.

A.

Abendmahl, heil. soll allen Sterbenden gereicht werden. 383.

Aberglauben, Wachsthum desselben seit den Zeiten Constantins. 128 fg. Ursachen davon. 130.

Abgefallene Christen, Gesetze wegen derselben. 59. 313. 382 fg. Streitigkeiten wegen derselben. 282.

Acesius, Bisch. der Novatianer, sein Gespräch mit dem K. Constantinus. 382.

Alexander, Bischof von Alexandrien. 324 fg. Schreiben und Lehrsätze desselben. 327. fg.

Amon, Stifter der Mönchszellen in der Sketischen Wüste. 174.

Anachoreten, eine Art Mönche. 179.

Antonius, der Vater des Mönchslebens, sein Leben. 154. fg. seine Uebungen und Wunder. 156. fg. besucht den Einsiedler Paulus. 159. seine Briefe und Vorschriften. 160. seine Fürbitte für den Athanasius. 412.

Apollonius von Tyane wird vom Hierocles mit Christo verglichen. 213.

Apphianus, Wunder bey seinem Tode. 52.

Arbeitloses Leben, vermeintes heiliges. 163.

Arius, sein Leben. 321. fg. seine Schriften. 323. Streitigkeiten desselben mit dem Bischof von Alexandrien. 324. fg. seine Meinungen. 325. 327. zween Briefe desselben. 330. zu Nicäa. 350. wird dort als Ketzer verurtheilt. 370. wird aus seiner Verweisung zurückberufen. 393. sein Glaubensbekenntniß. 394. er wird in die Kirchengemeinschaft wieder aufgenommen. 405. sein Tod. 407. von den Ursachen desselben. 408. fg.

Arianer und Meletianer verbunden. 287. ihr Betragen zu Nicäa. 360.

Arianische Geschichte, ihre Bearbeitung. 410. fg.

Armenier, ihre Bekehrung zum Christenthum. 47.

Asceten, ihr Unterscheid von den Mönchen. 153.

Athanasius, Diaconus zu Alexandrien. 351. 364. sein Widerstand gegen die Arianer. 401. Beschuldigungen wider ihn. 402. fg. er wird seines Amtes entsetzt. 404. und nach Gallien verwiesen. 406.

Augustinus, seine Nachrichten von den Donatisten. 290.

B.

Begräbniß in den Kirchen, erstes Beispiel davon. 134.

Begräbnißplätze, Gesetze wegen derselben. 65 fg.

Bilder der Götter, ihre Vernichtung und Beschimpfung. 108.

Bischöfe, Anfang ihrer Gerichtsbarkeit. 97. ihr Antheil an der Regierung der Kirche. 114. fg. ihr Ansehen steigt hoch. 118. fg.

Büssende, Gesetze wegen derselben. 59. 62. 313.

C.

Cäcilianus, Streit über seine Bischofswahl. 294.

Cärimonien, Wachsthum derselben unter den Christen. 128 fg.

Canon, biblischer, Nachricht davon beym Eusebius von Cäsarea. 220.

Canones. S. Kirchengesetze.

Χειμαζόμενοι. 315.

Christen, Verfolgungen derselben. 39. fg. Gesetze zu ihrem Besten. 44. 48. 90. ihr Aberglaube. 128. fg.

Christliche Religion, Vorwürfe der Heiden gegen dieselbe. 85. wie sie im Röm. Reiche die Oberhand bekommen habe? 104. Beweis ihrer Wahrheit. 204 fg.

Christus, Lehre des Eusebius von Cäsarea, von demselben. 187. 204. 207. fg. 215. fg. 357. 365. Lehre des Lactantius von demselben. 245 fg. Lehre des Bischofs Alexander und des Arius von ihm. 325. fg. 331. der Nicänischen Synode. 361. Lehre des Eustathius von Antiochien. 396.

Coenobiten, eine Art Mönche. 178.

Concilium plenarium. 303.

Constantia, Schwester des K. Constantin, unterstützt die Arianer. 393.

Constantinopel, ein Sitz des Christenthums. 110.

Constantinus der Große, seine Bekehrung zum Christenthum. 66. fg. Erscheinung am Himmel die er sah. 69. fg. 78. ob er sie erdichtet habe? 81. ob seine Bekehrung nur politisch gewesen sey? 87. seine ersten Gesetze für die Christen. 90. fg. viele andere derselben. 94. fg. sein Glimpf und Zwang gegen die Heiden. 105. fg. seine Gesetze wider die Juden. 112. in wie fern er Bischof der Christen war? 115. ob er vom Bischof Silvester getauft worden sey? 122. fg. seine vermeinte Schenkung an die Röm. Bischöfe untersucht. 125. fg. bauet viele Kirchen. 133. sein Aberglauben. 137. seine Frömmigkeit. 143. ob er ein aufrichtiger Christ gewesen sey? 145. sein Leben vom Eusebius. 225. nimmt sich der Donatistischen Händel an. 296. sein Schreiben an den Alexander und Arius. 340. fg. beruft die Kirchenver-

versammlung von Nicäa. 348. sein Antheil an derselben. 353. er bestätiget die Nicänischen Schlüsse. 388. verweiset den Athanasius. 406. wird ein Catechumenus. 413. wird getauft. 415. stirbt ebendas. ob als ein Arianer? ebendas. wie groß er als Christ gewesen? 416. fg.
Constantius Chlorus stirbt. 31.
— — Constantins Sohn, sieht ein Kreutz am Himmel. 78.
Cosmas und Damianus. 55.
Cyclus zur Berechnung des Osterfestes. 373.

D.

Diocletianus, Verfolgung der Christen durch ihn. 39. fg.
Donatisten, ihre Geschichte. 288. fg. ihr Wachsthum. 306. fg. Schriftsteller von ihnen. 312.
Donatus der Gr. 297. 308.
Dreieinigkeit, göttliche, Vorstellungen von dieser Lehre, beim Eusebius. 200. fg. beim Lactantius. 250. fg. Streitigkeiten darüber. 320. fg.

E.

Eheloser Stand, Beförderung desselben. 99.
Ehestand der Geistlichkeit, Gesetze deswegen. 63. 315. 317. vergeblicher Versuch dagegen zu Nicäa. 385.
Einsiedler, ihnen sind die ersten Mönche ähnlich. 177.

Eusebius, Bischof von Cäsarea, sein Leben. 185. fg. Auszug einer Rede von ihm. 186. fg. ob er ein Arianer gewesen sey? 190. fg. 359. bewundert den K. Constantinus zu sehr. 193. seine allgemeine Weltchronick. 194. fg. Auszug aus seiner Evangelischen Vorbereitung. 197. fg. Auszug aus seinem Beweise von der Wahrheit des Evangelium. 204. fg. sein Werk wider den Hierocles. 212. seine Kirchengeschichte. 214. seine Werke über die heilige Schrift. 226. Schriftsteller von seinem Leben. 231. sein Glaubensbekenntniß? 357. er unterschreibt das Nicänische. 365. ob er einen Ostercyclus verfertigt habe? 373.
Eusebius, Bischof von Nicomedien. 337. ein Glaubensbekenntniß von ihm. 356. er unterschreibt das Nicänische. 369. wird nach Gallien verwiesen. 391. und zurückberufen. 390.
Eusebius, Bisch. von Vercellä, befördert das Mönchsleben. 177.
Eustathius, Bischof von Antiochien, sein Leben und seine Schriften. 396. fg. wird abgesetzt. 399.
Eustathius, Bischof von Sebaste, befördert das Mönchsleben. 175.

Euzojus, ein Freund des Arius. 394.

F.

Fasten, Gewohnheiten der Christen dabey. 61.
— — vierzigtägiges. 377.

G.

Galerius verfolgt die Christen. 40. 42. sein Befehl zum Besten derselben, und sein Todt. 44.

Geistlichkeit. S. Bischöfe, Ehestand, Lehrer.

Gelasius von Cyzicum, seine Akten der Nicän. Synode. 354. fg. 386.

Gelehrsamkeit der Heiden im Anfange des zweyten Zeitraums. 34. fg.

Gemählde in den Kirchen verboten. 64.

Georgius, der Ritter. 55.

Gerechtigkeit, Erklärung derselben. 252.

Glaubensbekenntniß des Eusebius von Nicomedien und der Arianer. 356. fg. des Eusebius von Cäsarea. 357. der Kirchenversamml. zu Nicäa. 361.

Gott, Beweis, daß nur Einer sey und regiere. 235.

Gottes Zorn vom Lactantius erklärt. 270.
— — Vorsehung beschrieben. 272. fg.

Götter, ihr Dasein wird bestritten. 236. fg.

Gottesdienst, vom wahren. 254.

Gottheit Christi. 330. fg.

H.

Heiden, ihr Urtheil von Constantins Bekehrung. 84. fg. sie werden von ihm zum Christenthum eingeladen. 105. sie nehmen dasselbe an. 111. werden von den Christen im Gottesdienste nachgeahmt. 131. ihr Urtheil von den Mönchen. 182. ihre Vorwürfe gegen die Christen. 198.

Heidnische Religion, ihr Zustand im Anfange des zweyten Zeitraums. 33. fg. wird vom Constantinus gedrückt. 107. 109. ihr Oberpriesterthum vom Constantin verwaltet. 145. fg. sie wird vom Eusebius bestritten. 199. fg.
— — Gelehrsamkeit geht zu den Christen über. 37.
— — Soldaten müssen am Sonnt. beten. 101. fg.

Heilige, ihre Ueberbleibsale. 141.

Helena, Constantins Mutter, ihre Gottseeligkeit und ihr Aberglauben. 136. fg.

Hexe zu Endor, ihre Geschichte untersucht. 397. fg.

Hierocles wird vom Eusebius widerlegt. 212. fg.

Hilarion, ein Beförderer des Mönchslebens. 166. denkt von Wallfahrten richtig. 168.

Hof um die Sonne wird zum Wunder. 83.

Hosius, Bischof von Corduba. 343. fg. 349. ob er zu Nicäa den Vorsitz geführt habe? 354. fg. 364.

J.

Jahrbuch des zweyten Zeitraums. 3 — 26.

Janu=

Jamblichus, Leben und Schriften desselben. 34. fg.

Jerusalem, Vorzug dieser Gemeine bestimmt. 380.

Jliberis. S. Kirchenvers.

Immunitas der christlichen Lehrer. 95.

Johannis Offenbarung. 222. fg.

Juden, ihr Zustand im Anfange des zweyten Zeitraums. 38. fg. Gesetze Constantins wider sie. 113.

Jüdische Religion, Abriß derselben. 200. Vergleichung derselben mit der christlichen. 205.

Jungfrauen, Gottgew. 182.

Juvencus, ein christlicher Dichter. 277. fg. Ausgaben seines Gedichts. 279.

K.

Ketzertaufe, Entscheidung darüber. 301.

Kirche, christliche, ihre neue Verfassung und Regierung. 114. fg.

Kirchen, grosse Vermehrung derselben. 132. fg. Beschreibungen von zwo derselben. 133. fg.

Kirchengesetze, des B. Petrus von Alexandr. 59. der Synode zu Jliberis. 62. Constantins des Gr. 194. fg. von Arelate. 301. von Ancyra. 313. von Neucäsarea. 317. zu Nicäa. 375. fg.

Kirchengeschichte des Eusebius. 215.

Kirchenversammlungen zu Jliberis. 61. allgemeine oder öcumenische. 117. 346. fg. zu Cirta. 291. zu Arelate. 300. eine Donatistische. 307. zu Ancyra. 312. zu Neucäsarea. 316. zu Alexandrien. 335. zu Nicäa. 348. fg. zu Tyrus. 402. zu Jerusalem. 405. zu Constantinopel. 406.

Klosterleben, Entstehung desselben. 168.

Kreuz am Himmel, ob Constantinus eines gesehen habe? 69. fg. erscheint seinem Sohne und andern Christen. 79.

Kreuzeszeichen, abergläubische Verehrung desselben. 137.

L.

Labarum, Beschreibung und Kraft desselben. 70. 74.

Lactantius, sein Leben und seine Meinungen. 232. fg. sein Widerspruch gegen den Eusebius. 71. 76. seine Anleitung zur wahren Religion im Auszuge. 294. ob er ein Manichäer gewesen sey? 238. fg. 240. 260. Urtheil von ihm. 268. andere Schriften desselben. 270. fg. Ausgaben seiner Werke. 275. was er vom heil. Geiste gelehrt habe? 276.

Lebensarten, zweyerley in der Kirche Gottes. 206.

Lehrer, christliche, ihre Sitten. 53. Gesetze wegen ihres Ehestandes. 63. 315. 317. werden von öffentlichen Bedienungen befreyet. 95. und von Abgaben. 96.

96. Anfang ihrer Gerichtsbarkeit. 97. Kirchengesetze in Ansehung derselben. 314. fg. 317. fg. 376. 384.

Licinius, seine Verordnungen für die Christen. 90. fg. verfolgt die Christen. 92. wird umgebracht. 93.

M.

Märtyrergeschichten, ihr Werth. 51. fg.

Märtyrer, in Palästina, beschrieben. 225.

Majorinus, Bischof zu Carthago. 295.

Manichäische Stellen im Lactantius. 238. 260.

Marcellinus, Röm. Bischof, ob er vom Christenthum abgefallen sey? 55. fg.

Martinus, Bischof von Turonum, seine Geschichte. 175.

Μαρτύριον, Bedeutung des Worts. 136.

Maxentius schützt die Christen. 40.

Maximinus, ein Feind der Christen. 42. fg. 45. fg. er schützt sie. 49. fg.

Meletius, seine kirchliche Händel. 280. fg.

Mensch, Meinungen des Lactantius von ihm. 240.

Mensurius, Bischof zu Carthago. 292.

Metropolitane, Nicänische Verordnung wegen derselben. 377.

Mittler, warum Christus so heisse? 249.

Mönche, ihr Ursprung. 150. fg. ob sie zu den Zeiten der Apostel entstanden sind? 152. fg. ihre mannichfaltige Abweichungen vom Geiste des Christenthums. 162. fg. sind noch keine Lehrer oder Gelehrte. 161. 164. in Syrien und Palästina. 168. in Armenien, Paphlagonien und Pontus. 175. zu Rom und in Gallien, ebendaselbst. führen zu erst ein Einsiedler-Leben. 177. ob sie Philosophen waren? 179. werden dem Staate gefährlich. 180.

Monogramma Christi. 78.

Montenses. 307.

Müßiggang der Mönche. 180.

N.

Nicäa, Kirchenversammlung daselbst, ihre Akten. 386.

Nonnen, ihr Ursprung. 183. Bedeutung ihres Nahmens. 184.

Novatianer, in wie fern sie den Donatisten ähnlich waren? 310. Gesetz wegen ihrer Wiederaufnahme in die Kirche. 381.

O.

Oecumenische Kirchenversammlung, was sie sey? 117. 346.

Offerre. 303.

Οἰκονομία. 215.

Ὁμοιούσιος. 369.

Ὁμοούσιος. 326. 345. 361. 369

Optatus, Bischof zu Milevi, sein Werk. 289.

Osterfest. S. Cyclus. Pascha.

P.

P.

Pachomius, stiftet die ersten Klöster. 168. seine Regel. 171.

Pamphilus, Freund des Eusebius. 186.

Paphnutius, seine Meinung vom Ehestande des Clerus. 385.

Pascha, Streit darüber entschieden. 371.

Paulianisten, Gesetz wegen derselben. 384.

Paul der Einfältige. 175.

Paul der Einsiedler stirbt. 159.

Persien, Zustand der Christen daselbst. 417.

Petrus, des Apostels, Schriften. 221.

Petrus, Bischof von Alexandrien, seine Geschichte. 57. seine Kirchengesetze. 59. seine Streitigkeiten mit dem Meletius. 281. fg.

Pfingsten, Feyer dieses Festes. 65.

Philosophen der Heiden beurtheilt. 243. fg. auf der Kirchenversammlung zu Nicäa. 351.

Philosophie der Mönche. 179. — — der Heiden. 202. vom Lactantius bestritten. 242.

Philostorgius, seine Arianische Geschichte. 410.

Pisanus, Alphonsus, sein Werk. 387.

Pontifex Maximus ist Constantinus. 145.

Porphyrianer, ein ketzerischer Schimpfname. 370.

Psalmen, Erkl. derselben durch den Eusebius von Cäsarea. 228.

R.

Reich, tausendjähriges Christi, vom Lactantius vorgetragen. 265.

Religion. S. christliche, jüdische, heidnische, Religion.

Reliquien, ihre eifrigere Sammlung fängt an. 141.

Richer, Edmond, sein Lob. 387.

Römische Bischöfe, ihr Ansehen. 122. ob ihnen Constantinus die Hälfte seines Reichs geschenkt habe? 125. wie groß ihr Kirchensprengel zur Zeit der Nicänischen Synode gewesen sey? 379. fq.

Römische Gesetze wider den ehelosen Stand werden aufgehoben. 99.

Römisches Reich, Zustand desselben unter Constantin dem Grossen. 30. fg. neue Staatsverfassung darinne von ihm eingeführt. 120.

Romanus, vermeinte Wunder bey seinem Tode. 52.

S.

Samuel, ob er nach seinem Tode erschienen sey? 398.

Sanchuniathons Fragment. 199.

Sarabaiten, eine Art Mönche. 178.

Schöpfung, erklärt vom Lactantius. 239.

Schriften, heilige der Christen. 220. Werke des Eusebius v. Cäsarea darüber. 226.

Seele, Gründe für ihre Unsterblichkeit. 260.

Silvester, Röm. Bischof, ob er den Kaiser Constantinus getauft habe? 122. fg. ob er die Nicänische Kirchenversammsammlung berufen? 348. fg. ob er die Nicänischen Schlüsse bestätigt habe? 389.

Sonntag, an demselben wurde stehend gebetet. 61. strengere Feyer desselb. eingeführt. 100.

Sprüche Sal. C. 8. v. 12. 217.

Städte der heil. Schrift. 227.

Suburbicariæ Ecclesiæ. 379.

Sünden, wenn sie Gott vergiebt? 258.

Symbolum. S. Glaubensbekenntnis.

T.

Taufe, warum sie von den Christen viele Jahre aufgeschoben worden sey? 148. Constantins. 122. Gedanken des Lactantius davon. 244. warum sie Constantinus bis ans Ende seines Lebens aufgeschoben habe? 413.

Tempel, heidnische, Zerstörung und Veränderung derselben. 107.

Θεολογία. 215.

Teufel, Gefechte mit demselben. 156. 170. Meinungen des Lactantius von ihm. 238. 240. fg.

Theognis, Bis. v. Nicäa, wird nach Galilen verwiesen. 391. und zurück berufen. 392.

Tiridates, König der Armenier, wird ein Christ. 47.

V.

Verbrennung ketzeris. Schriften zuerst, anbefohlen. 370.

Verfolger der Christen, ob ihr unglücklicher Todt einen Beweis für das Christenthum abgebe? 50. 273.

Verfolgungen der Christen. 39. fg.

Versöhnungen der Gottheit. 206.

Vorsehung, göttliche. 272.

Vorsitzer der Kirchenversammlung zu Nicäa. 354.

W.

Wallfahrten an heilige Oerter kommen auf. 138. fg.

Weisheit, wahre, erklärt vom Lactantius. 244.

Weissagungen von Christo. 209. fg.

Welt, wenn ihr Ende erfolgen wird? 261.

Wiedertaufe der Ketzer, von der Nicänischen Synode befohlen. 384.

Wunder, ungewisse in der Märtyrergeschichte. 52. ob Gott eines zur Bekehrung Constantins gethan habe? 69. fg. ob der Todt des Arius eines gewesen sey? 408. fg.

Verbesserungen.

S. 16 Z. 1. sa ist statt: Sie hatte am bis heil. Schrift, zu lesen: Sie eignete sich den — heil. Schrift zu S. 96. Z. 16. statt Ausgaben l. Abgaben. S 127 Z 12. statt Urkund eim. l. Urkunde im. S. 130. Z. 6. statt übertreffen l. übertreffen S. 15 Z 16. statt Asceticum l. Asceticorum. Z. 155. Z. 4. von unten, statt verstanden l. verstandenen. S 232. Z.6 statt pflegten l. pflegte. S. 250. Z. 1. statt Freundschaft l. Feindschaft

www.ingramcontent.com/pod-product-compliance
Lightning Source LLC
Chambersburg PA
CBHW051735300426
44115CB00007B/567